编委会成员名单

万志前　王广辉　王志敏　韦宝平　牛余凤　石先钰

冯瑞琳　刘　红　刘立霞　刘　杰　刘新凯　孙孝福

孙淑云　邢　亮　朱建华　李　文　李雨峰　李艳华

李振华　李祖军　陈训敬　陈会林　陈　虎　陈　苇

张　功　张培田　张新奎　张　耕　汪世虎　沈　萍

杨树明　范忠信　范　军　罗　洁　周庭芳　段　凯

赵立新　侯　纯　姚　欢　晁秀棠　陶　虹　秦瑞亭

黄名述　黄　笛　曹海晶　曹艳春　程开源　喻　伟

曾文革　赖达清　雷　振　谭振亭

全国高等院校法学专业基础教材

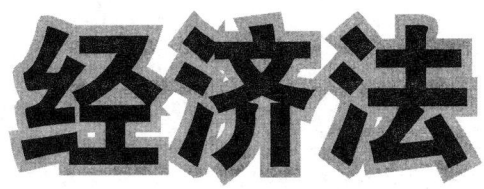

（经济、管理专业适用）

主　编　赵立新

副主编　孙玉凤　王新平　皇甫涛

撰稿人（以撰写章节先后为序）

赵立新　孙玉凤　侯永兰　叶志友

伊媛媛　陈卫蓉　皇甫涛　陈　丽

陈晋萍　扈春海　王蔚雯　卢岩岩

王　垚　石金刚　童　珊　王　辉

王新平　索晓惠　洪敏珏　曹晓燕

中国政法大学出版社

2010·北京

出 版 说 明

　　法学是集理论性与实践性于一体的社会科学。然而，现行的法学本科教材普遍存在"重理论、轻实践"的现象，这既不适应应用型法学人才的培养，也与司法考试、研究生考试和公务员考试严重脱节，致使其实用性大打折扣。

　　鉴于此，由全国独立学院法学教育协作机制秘书处和中国政法大学出版社发起，成立了"全国高等院校法学专业基础教材"编委会，旨在编写适应法学专业应用型人才培养要求的"厚基础、重实务"的系列教材。中南财经政法大学、西南政法大学、华中师范大学、湖北大学、中南民族大学、江汉大学、重庆大学、湖北经济学院、武汉科技大学中南分校、西南大学育才学院、南开大学滨海学院、海南大学三亚学院、福州大学阳光学院、浙江大学宁波理工学院、中国石油大学胜利学院、南京师范大学泰州学院、黄河科技学院、中南财经政法大学武汉学院、中南民族大学工商学院、华中科技大学武昌分校、华中师范大学汉口分校、华中科技大学文华学院、武汉科技大学城市学院、河北工程大学文学院、燕山大学里仁学院、贵州民族学院人文科技学院、东莞理工学院城市学院、江汉大学文理学院、湖北大学知行学院、湖北经济学院商贸学院、福建江夏学院、河南师范大学新联学院等全国三十多所高等院校的百名法学专业教师共同参与了这套教材的编写工作。

　　本套教材在内容设计上充分考虑了与司法考试和公务员考试的接轨，注重基础理论阐述和实务能力培养的有机结合，力求展现以下特点：

　　第一，基础性。本套教材的编写内容定位于对基本理论、基本概念、基本知识的阐释和对基本法律实务技能的培养。

　　第二，简洁性。本套教材以各学科成熟的理论体系为主，不涉及太深奥的法律问题；以通俗和主流观点为主，除核心观点、理论有简要论证之外，避免过多论述有争议的观点或作者个人观点。

　　第三，实用性。本套教材充分突出实用性，主要服务于法学专业学生参加司法考试和考公务员的目标，教材内容及结构与最新司法考试大纲保持一致，大量引入司法考试、公务员考试真题和案例。

第四，新颖性。本套教材力求突出形式设计上的新颖性。根据各教材的不同特点，有的在每章开头有简短的案例导入，使相关知识点、重点及难点一目了然；有的在正文中穿插案例或合理设置图表，以方便学生阅读，符合学生应试要求；有的在每章结尾处设置思考题和案例分析题，以供学生参考使用。

本套法学教材涵盖了法学专业教育指导委员会确定的 16 门法学主干课程和 14 门实务性较强的非主干课程，共 30 种。本套教材由于编写作者较多，涉及内容广泛，教材的编写统稿难度较大，更囿于水平有限，挂一漏万在所难免，恳请各位专家、同行及广大读者批评指正，帮助我们在后续的工作中加以完善。

《全国高等院校法学专业基础教材》编委会
2009 年 8 月

编写说明

　　一直以来，每当为经济、管理专业学生讲授经济法课程时，我们总是为了能找到一本知识体系、文字表述合于非法学专业学生的教材而大费周折。有的教材过于偏重法学专业的经济法理论思维，这种以民商法、行政法严格区分的经济法知识架构来阐述公共经济法知识体系，与非法学专业学生旨在全面了解经济法律知识的实际需要不符；有的仅从经济、管理学科思维出发，简单地将一些经济法律知识罗列在一起，体系松散，文字表述不够规范。这难免会误导未受过系统法律知识训练的学生对经济法知识体系的理解。

　　为了适应经济、管理专业学生系统地掌握经济法律知识的需要，在中国政法大学出版社的大力支持下，我们编写了这本《经济法》。本书依据经济关系法律调整的基本逻辑，结合 2009 年国家注册会计师考试大纲对经济法知识体系的新要求，并充分考虑了经济、管理专业学生在未来的学习和工作中可能会经常遇到的法律问题，精心设计各章节的内容，并按经济主体制度、财产制度、市场交易和市场竞争制度、市场管理和宏观调控制度、经济纠纷的解决机制这一经济关系在现实生活中的逻辑顺序对各章节进行编排。让学生能够在章节的渐次展开中了解和掌握经济关系法律调整的基本理论和规范内容，从而在清晰的条理中体会市场经济就是法治经济的客观规律。

　　本书由赵立新任主编，孙玉凤、王新平、皇甫涛为副主编，参加各章编写的作者及分工如下：

　　第一章（赵立新），第二章（孙玉凤），第三章（侯永兰），第四章（叶志友），第五章（赵立新、伊媛媛、陈卫蓉），第六章（皇甫涛、陈丽），第七章（陈晋萍），第八章（扈春海），第九章（王蔚雯），第十章（陈晋萍），第十一章（卢岩岩），第十二章（王垚），第十三章（赵立新），第十四章（石金刚），第十五章（童珊），第十六、十七章（王辉），第十八章（王新平），第十九章（索晓惠），第二十章（洪敏珏、曹晓燕）。

　　江汉大学高教所的张影女士为本书承担了繁重的校对工作，全体作者在此感谢她所付出的辛劳。

本书由赵立新最后统稿。

鉴于本书知识点分布十分广泛，所以各章节只对所涉知识点的基本概念和主要制度作简明陈述。各章节的引例和穿插于正文中的小案例既可以激发学生的学习兴趣，也有利于引导学生养成理论联系实际的思维习惯。逻辑严密、内容通俗、体系完整、深入浅出是全体作者追求的风格，我们希望通过这种尝试来为经济、管理专业的学生提供一种轻松有效的学习资源。

由于能力和时间的制约，最后形成的书稿距离我们想象中的效果还有相当大的差距，行文中也难免存在不当和疏漏。在此，全体撰稿人欢迎使用本教材的师生读者反馈信息，我们将虚心接受您宝贵的批评和指正意见。

编　者
2009 年 11 月 30 日

目 录

第一章 绪 论 ……………………………………………………………… 1

◎ 第一节 经济关系的法律调整／1
◎ 第二节 经济法律关系／8
◎ 第三节 法律行为与代理／13

第二章 企业法 …………………………………………………………… 17

◎ 第一节 企业法概述／17
◎ 第二节 个人独资企业法／20
◎ 第三节 合伙企业法／24
◎ 第四节 外商投资企业法概述／37

第三章 公司法 …………………………………………………………… 48

◎ 第一节 公司法概述／48
◎ 第二节 有限责任公司／50
◎ 第三节 股份有限公司／56
◎ 第四节 公司债券／62
◎ 第五节 公司的财务、会计制度／63
◎ 第六节 公司的变更、终止与清算／65

第四章 破产法 …………………………………………………………… 71

◎ 第一节 破产法概述／71

◎　第二节　破产申请与受理／73

◎　第三节　债务人财产与管理人／74

◎　第四节　破产费用与破产债权／77

◎　第五节　债权人会议和债权人委员会／79

◎　第六节　破产和解与破产重整制度／81

◎　第七节　破产清算／83

第　五　章　物权法 ……………………………………………… 89

◎　第一节　物权法基本原理／89

◎　第二节　所有权／92

◎　第三节　用益物权／100

◎　第四节　担保物权／105

第　六　章　知识产权法 ………………………………………… 110

◎　第一节　知识产权法概述／110

◎　第二节　著作权法／111

◎　第三节　专利法／121

◎　第四节　商标法／129

第　七　章　合同法 ……………………………………………… 138

◎　第一节　合同法概述／138

◎　第二节　合同的订立／141

◎　第三节　合同的效力／144

◎　第四节　合同的履行与担保／147

◎　第五节　合同的变更、转让和终止／153

◎　第六节　违约责任／156

◎　第七节　合同法分则／158

第　八　章　竞争法 ……………………………………………… 164

◎　第一节　竞争法概述／164

◎　第二节　反垄断法 / 165
◎　第三节　反不正当竞争法 / 173

第 九 章　产品质量法 ··· 180

◎　第一节　产品质量法概述 / 180
◎　第二节　产品责任 / 182
◎　第三节　产品质量监督 / 185
◎　第四节　生产者、销售者的产品质量义务 / 189
◎　第五节　违反产品质量法的法律责任及争议处理 / 191

第 十 章　消费者权益保护法 ····································· 196

◎　第一节　消费者权益保护法概述 / 196
◎　第二节　消费者的权利与经营者的义务 / 198
◎　第三节　消费者权益的保护 / 203

第十一章　银行法 ··· 209

◎　第一节　中央银行法 / 209
◎　第二节　商业银行法 / 212
◎　第三节　政策性银行法 / 218
◎　第四节　银行业监督管理法 / 220

第十二章　票据法 ··· 224

◎　第一节　票据法概述 / 224
◎　第二节　票据行为 / 226
◎　第三节　票据权利 / 229
◎　第四节　票据义务 / 232
◎　第五节　汇票 / 233
◎　第六节　本票和支票 / 238
◎　第七节　法律责任 / 240

第十三章　证券法 ·· 243

　　◎　第一节　证券法概述 / 243
　　◎　第二节　证券机构 / 246
　　◎　第三节　证券的发行与交易 / 249
　　◎　第四节　违反证券法的法律责任 / 255

第十四章　财政法 ·· 260

　　◎　第一节　财政和财政法概述 / 260
　　◎　第二节　财政支出法 / 264
　　◎　第三节　财政收入法 / 267
　　◎　第四节　财政平衡法 / 271
　　◎　第五节　预算法 / 273

第十五章　税　法 ·· 276

　　◎　第一节　税法总论 / 276
　　◎　第二节　流转税法 / 278
　　◎　第三节　所得税法 / 287
　　◎　第四节　财产税、行为及目的税法 / 294

第十六章　国有资产法 ·· 298

　　◎　第一节　国有资产的界定 / 298
　　◎　第二节　国有资产产权登记制度 / 300
　　◎　第三节　国有资产产权交易制度 / 302
　　◎　第四节　国有资产评估制度 / 306

第十七章　房地产法 ·· 310

　　◎　第一节　房地产法概述 / 310
　　◎　第二节　房地产所有权法律制度 / 313

◎　第三节　房地产开发法律制度／316

◎　第四节　房地产交易法律制度／319

◎　第五节　物业管理法律制度／322

第十八章　会计法 ··· 327

◎　第一节　会计法概述／327

◎　第二节　会计监督／328

◎　第三节　会计机构和会计人员／331

◎　第四节　违反会计法律制度的法律责任／335

第十九章　劳动法 ··· 339

◎　第一节　劳动法概述／339

◎　第二节　劳动合同／340

◎　第三节　工作时间和休息休假／345

◎　第四节　工资／347

◎　第五节　社会保险／348

◎　第六节　劳动争议的处理／352

第二十章　经济纠纷的解决 ······································· 356

◎　第一节　经济纠纷的解决途径概述／356

◎　第二节　仲裁／359

◎　第三节　民事诉讼／363

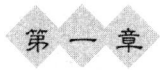

绪　论

◘ 引例

张雅，16 岁，在一家服装工厂做临时工，月工资 800 元。一天张雅到某公司以 4000 元购买了一台电脑，父母认为张雅尚未成年，没有征得家长同意，不能进行大数额的买卖，要求公司退款。而张雅则提出她已经有工作，可以自食其力，不愿退货。

☞ 要点

经济关系的法律调整；经济法的调整对象；经济法律关系的构成要素；法律行为；代理

第一节　经济关系的法律调整

一、市场经济就是法治经济

（一）市场经济的法治内涵

经济是人们在物质资料生产过程中形成的，与一定的社会生产力相适应的人的生产、分配、交换、消费活动的总和。对经济关系的调整是法的首要任务。市场经济亦称商品交换经济，它是伴随着近代资本主义生产关系而产生和发展起来的，以维护产权，促进平等和保护自由的市场制度为基础，以自由选择、自愿交换、自愿合作为前提，以分散决策、自发形成、自由竞争为特点，以市场机制导向社会资源配置的经济形态。人格平等、产权明晰、契约自由、公平竞争是市场经济发展的基本条件，也是市场经济对法律需求的深厚基础。市场经济作为一种高效、有序的经济形态，是以法律规则的有效规范、调节、控制和保障为条件的。在市场经济的运行过程中，如市场的准入、市场的交易、市场的竞争都必须由法律来规范、保证和约束，政府管理部门也要按照相应的法律、法规体系来协调与管理市场上的各种经营活动。没有好的法制环境，市场主体的独立性、市场竞争的有效性、政府行为的规范性和市场运行的有序性都将缺乏根本的保证。因此，从根本上讲，健全的法律制度是市场经济的内在要求。离开法律制度的规范必然导致市场经济的无序和混乱。

现代市场经济对法治的需求还可以通过市场机制的二重性特征加以说明。市场机制既具有利益原动力和竞争机制所驱使的促进经济发展的作用及价值规律所蕴含的一定自我调节能力，同时又具有自发性、盲目性、时滞性和波动性等非有序化倾向和强调本位物质利益的消极方面。因此，在发挥市场机制追求经济效率的基本功能之外，还应当引导各种经济力量在推动社会公平方面积极发挥作用；既要保护个体合法的经济利益和行为自由，也要对各种利益倾向和社会行动加以协调和制衡。就中国而言，社会主义市场经济坚持多种所有制公平竞争、共同发展，就是对社会公平与经济效率的兼顾：一方面国家提倡多劳多得、允许先富后富，使分配上拉开档次，激发人们创造财富的积极性，以有利于搞活经济、提高综合国力；同时，又积极采取措施防止两极分化和贫富悬殊，避免加大社会差距和经济差距，特别是制止那些用不正当手段攫取财富、破坏经济秩序的行为。[1]

（二）法对市场经济的调整作用

从现代市场经济的运行过程看，法的调整作用主要体现在明确主体资格、明晰财产权利、规制市场行为、引导国民经济运行、提供社会保障等方面。

首先，在经济主体制度方面，法律主要通过对市场经济中各类主体的法律地位加以规范，赋予其参与市场交易和自由竞争的适当资格，把握市场准入的门槛，明确其权利能力和行为能力，使市场主体权、责、利相统一，为市场经济的有序运行奠定基础。在各类经济主体制度中，企业制度是重点和核心，因为企业是从事生产、流通、服务等营业活动的组织实体，是市场经济运行中最活跃的力量，也是决定经济运行质量的最关键因素。

其次，财产是经济利益的基本载体，也是社会纷争的最根本诱因，因此对财产关系的确认和保护，定分止争，历来是法律制度的根本使命。在市场经济中，由于大量的财产作为商品进入了交易流通领域，因而围绕财产而生的利益关系也越来越复杂，因而通过物权法、债权法、知识产权法等财产法律制度来明晰财产权利的法律属性和利益边界，培养市场主体的财产权利意识，引导其正确行使经济权利，无疑是保证市场经济有序运行的根本。

再次，市场经济通过交易和竞争来实现消费需求满足、资源优化配置和财富增长等目标。在市场交易和竞争过程中，每个人都被假定为追求自身利益最大化的经济人。这种自我利益至上的价值取向必然会诱发欺诈、不正当竞争等违背诚实信用的道德风尚和社会公共利益的现象滋生、蔓延，从而动摇社会经济发展的

---

〔1〕 文正邦："论现代市场经济是法治经济"，载《法学研究》1994年第1期。

根基。因此，必须通过合同法、竞争法等法律制度对市场交易和竞争行为加以规范，以引导每个人将追求自身利益最大化的行动与社会道德和公共利益相协调。

复次，由于市场机制自身所具有的微观性、自利性、盲目性和外部性等特征，从而使得国民经济的总供给与总需求的平衡、产业结构的优化调整、各类地区的均衡发展、经济与人口增长同环境资源之间的相互协调难以获得有效保证，因而需要国家依法运用投资计划、产业政策、财政税收和价格杠杆以及金融贸易等工具对国民经济的运行进行宏观调控和规范引导，从而实现国民经济的持续、快速、健康、协调发展。

最后，市场机制以人人平等为前提假定的自由竞争会使弱势群体的生存发展利益得不到有效保障，这必然会导致社会贫富差距不断扩大。同时，市场机制所奉行的优胜劣汰法则也必然会导致企业破产和工人失业，而由此带来的社会保障与救济问题在自利的市场环境中也是找不到解决方案的。因此，以国家的力量来动员社会资源，削减贫富差距，为弱势主体提供帮助和援助，为失业人口提供救助，这对于稳定经济秩序，促进社会和谐，推动可持续发展是必不可少的。

【小资料】

　　全球金融危机已将世界经济的中心地区拖入全面衰退。世界银行的《2009年全球经济展望》认为，2009年全球经济增长率将降至0.9%，主要发达国家的经济增长率普遍出现负值。发展中国家的增长率将为4.5%，低于2008年的6.3%。此外，国际贸易将减少2.1%，25年来将首次出现负增长。同时，国际劳工组织预计2009年底全球失业总人口可能升至2.1亿，失业率将达6.6%。美国官方数据显示美国月失业率已经达到了6.7%，国际货币基金组织预计2009年美国失业率将达到6.9%。未来两年，欧盟的失业率将由2008年的7.0%上升到2009年的7.8%和2010年的8.1%。

二、什么是经济法

(一) 经济法概念的产生及其涵义理解上的分歧

"经济法"一词于1755年由法国空想主义者摩莱里在其《自然法典》中首先使用，当时所说的经济法有其特定的含义，与现代意义上的经济法风马牛不相及，1842年法国另一位空想主义者德萨米在其《公有法典》中再次使用经济法，这也不是现代意义上的经济法。现代意义上的经济法产生于资本主义时期，诞生地是德国，1919年德国颁布了世界上第一部以经济法命名的法规《煤炭经济法》。我国改革开放之后，引进了经济法的概念，随后在法治理论和实践中得到了广泛使用，但没有在概念的内涵和外延上加以统一。这就导致了人们在不同学科背景下使用的经济法概念在涵义上千差万别。特别是在经济学、管理学和法学等不同学科中，人们对经济法概念内涵与外延的理解相去甚远。在经济学、管理学等非法学学科中，经济法一词通常是对那些调整经济关系的法律规范的总称，它包括企业法、财产法、合同法、市场竞争法、财政税收法、金融法、消费者权益保护法和劳动与社会保障法等，几乎所有调整经济关系的民商法、经济法、行政法、刑法，甚至诉讼法等法律部门的基本规范都属于经济法的范畴。而法学学科中的经济法则是特指规范政府干预市场经济、调节国民经济运行行为的法律规范。它并不包括民商法中的公司法、物权法、合同法、知识产权法等调整平等主体间经济关系的法律规范。在法学学科中，经济法是与民商法、行政法、刑法并列存在的一个法律部门，因而其内容所覆盖的规范范围要远远小于经济学、管理学等非法学学科中的经济法概念。这样一来，关于经济法概念的涵义、特征、调整对象、基本原则和规范体系构成等在不同的学科中也有着明显不同的归纳。

本书是面向经济、管理专业本科生、专科生适用的法学基础教材，为使教学内容与学生所学的相关专业知识体系相衔接，并最大限度地对学生今后的学习和工作发挥指导作用，我们对经济法基本涵义的阐述及其规范体系的归纳也将以经济学、管理学学科的认识为基础，以各类会计师资格考试大纲为蓝本，以求学以致用。据此，本书将经济法定义为调整国家在管理与协调经济运行过程中发生的经济关系的法律规范的总称。

（二）经济法的调整对象

经济法的调整对象是经济法调整的社会关系。由于对经济法概念的理解存在差异，因此学界对经济法的调整对象也没有形成统一的认识。一般说来，在经济学和管理学学科中，人们多认为经济法的调整对象主要包括经济组织关系，横向的经济合作、竞争和交易关系，纵向的经济管理和经济调控关系三个方面的关系。

1. 经济组织关系是指各类经济组织在设立、变更、终止和经营管理的过程中所产生的各种社会关系。经济组织是组成国民经济有机体的细胞，承担着国民经济生产和供给的基本运行职能。因此国家为了保障国民经济的有序运行，必须对各类经济组织进行规范，对其设立、变更、终止，企业内部机构的设置，企业的财务会计制度等，都要进行必要的干预。其目的在于通过规范的经济组织制度建立公开透明和统一的市场准入机制，同时强化经济组织内部治理机制，保持经济组织的有效运行，使各类经济主体具备与其经营范围相适应的信用能力，以维护市场经济的安定有序。

2. 横向的经济关系主要是指各类市场主体在市场交易、市场竞争过程中形成的财产关系、合同关系、竞争关系等平等主体间具有经济内容的社会关系。市场经济是建立在公平竞争基础上的交易经济，它通过交易和竞争机制来实现资源的优化配置，国民经济的发展与人民物质文化生活需要的满足。因此，必须对市场交易过程中的财产关系、合同关系、竞争关系等平等主体间的经济交往关系依法加以规范，才能释放市场主体的经济活力，保障交易和竞争的顺畅进行，以实现市场运行的效率和利益分配的公平。

3. 纵向的经济关系主要是指国家在管理市场经济行为、调控国民经济运行过程中所产生的社会关系，主要包括微观经济管理关系和宏观经济调控关系。微观经济管理关系是指政府运用行政手段直接对各类市场主体的经济行为进行强制性的规范和约束过程中所产生的社会关系。其目的在于完善市场经济体制，规范市场行为，确保各类经济主体追求自身利益最大化的行动与法律、社会公德的要求保持一致。宏观经济调控关系则是政府运用经济、法律和行政等多种手段间接引导市场主体的经济行为过程中所产生的社会关系，其目的在于维护国民经济发展在结构、总量和速度上的稳定，协调眼前利益与长远利益、局部利益与整体利益、经济效益与社会效益、生态环境效益之间的关系，从而保障国民经济的健康、快速和可持续地发展。

（三）经济法的渊源

经济法的渊源，即经济法律规范藉以存在和表现的形式。它是指一定的国家机关依照法定职权和程序制定或认可的具有不同法律效力和地位的经济法律规范的不同表现形式。根据我国经济法律规范的效力来源不同进行划分，经济法主要包括以下几种渊源：

1. 宪法。宪法是规定国家制度、社会制度的基本原则，具有最高法律效力的根本大法，其主要功能是制约和平衡国家权力，保障公民权利。宪法是我国的根本大法，在我国法律体系中具有最高的法律地位和法律效力，是我国最高的法律渊源。宪法主要由两个方面的基本规范组成，一是宪法；二是其他附属的宪法性文件，主要包括：主要国家机关组织法、选举法、民族区域自治法、特别行政区基本法、国籍法、国旗法、国徽法、保护公民权利法及其他宪法性法律文件。宪法中关于国家基本经济制度的规定无疑是经济法发挥调整作用的根本依据。如《宪法》中关于"坚持公有制为主体、多种所有制经济共同发展的基本经济制度，坚持按劳分配为主体、多种分配方式并存的分配制度"和"国家实行社会主义市场经济。国家加强经济立法，完善宏观调控。国家依法禁止任何组织或者个人扰乱社会经济秩序"的规定等都是规范我国社会主义经济关系的重要渊源。

2. 法律。这里的法律主要是专指效力等级仅次于宪法的调整经济关系的规范性文件，即狭义上的法律。在我国，狭义上的法律主要是指由全国人民代表大会和全国人民代表大会常务委员会制定颁布的规范性法律文件。法律分为基本法律和一般法律（非基本法律、专门法）两类。基本法律是由全国人民代表大会制定的，调整国家和社会生活中带有普遍性的社会关系的规范性法律文件的统称，如刑法、民法、诉讼法以及有关国家机构的组织法等法律。一般法律是由全国人民代表大会常务委员会制定的调整国家和社会生活中某种具体社会关系或其中某一方面内容的规范性文件的统称。其调整范围较基本法律小，内容较具体，如公司法、合同法、物权法、商标法、文物保护法等。经济关系的法律规范分布非常广泛，上述各类法律规范性文件中都包含了大量的经济法律规范。

3. 法规。法规是效力等级低于法律的规范性文件，主要包括行政法规和地方法规两类。行政法规是国家最高行政机关国务院根据宪法和法律，就有关执行法律和行使行政管理职权的问题，以及依据全国人大的特别授权所制定的规范性文件的总称。其法律地位和法律效力仅次于宪法和法律，但高于地方性法规和法规性文件，这是我国经济法律规范中数量最庞大的组成部分。地方性法规是指依法由有地方立法权的地方人民代表大会及其常委会，就地方性事务以及根据本地区的实际情况执行法律、行政法规的需要所制定的规范性文件。有权制定地方性法规的地方人大及其常委会包括省、自治区、直辖市人大及其常委会、较大的市的人大及其常委会[1] 地方性法规只在本辖区内有效。在以经济建设为中心的时代背景下，我国各地方立法机关制定了大量规范本地经济活动、保障本地经济秩序，促进本地经济发展的地方法规。

4. 规章。规章是效力等级次于法规的规范性文件，包括部门规章和地方规章两种基本形式。在我国，法律没有对规章的定义作出规定，但根据《立法法》对规章的制定主体、制定程序、制定权限的规定，可以归纳为：规章是国家行政机关依照法律规定，为实施上位法和行使行政管理职能，根据法定程序而制定的具有普遍约束力的规范性文件。《立法法》第71条规定："国务院各部、委员会、中国人民银行、审计署和具有行政管理职能的直属机构，可以根据法律和国务院的行政法规、决定、命令，在本部门的权限范围内，制定规章。部门规章规定的事项应当属于执行法律或者国务院行政法规、决定、命令的事项。"这一规定明确了中央政府制定规章的主体是国务院各部、委员会、中国人民银行、审计署和具有行政管理职能的直属机构。部门制定规章的权限范围，一是执行法律、行政法规的事项；二是执行国务院的决定和命令。《立法法》第73条规定："省、自治区、直辖市和较大的市的人民政府，可以根据法律、行政法规和本省、自治区、直辖市的地方性法规，制定规章。"这一规定明确了地方政府制定规章的主体是省、自治区、直辖市和较大的市的人民政府。地方政府制定规章的权限范围也分为两个方面：①根据上位法制定规章。有的上位法明确要求地方政府制

---

〔1〕 较大的市，指省、自治区人民政府所在地的市，经济特区所在地的市和经国务院批准的较大的市。

定规章，有的上位法虽然没有明确要求地方政府制定规章，但地方政府仍可根据这些法律、行政法规和地方性法规，结合本地区实际制定规章。②根据本地区具体行政管理事项的需要制定规章。宪法、地方政府组织法和立法法都规定了地方人民政府可在宪法、地方政府组织法和立法法规定的职权范围内制定属于具体行政管理事项的规章。由于我国法治发展的水平尚处于不断提高阶段，因此大量的经济规范还未能及时上升到法律、法规阶段，行政性规章长期以来在规范经济关系中发挥了重要的作用。

5. 民族自治地方和特别行政区的规范性法律文件。根据《宪法》的规定，民族自治地方的人民代表大会有权依照当地民族的政治、经济和文化的特点，对法律和行政法规的规定作出变通规定，但不得违背法律和行政法规的基本原则，不得对宪法和民族区域自治法的规定以及其他有关法律、行政法规专门就民族自治地方所作的规定作出变通规定。自治区的自治条例和单行条例，报全国人民代表大会常务委员会批准后生效。自治州、自治县的自治条例和单行条例，报省、自治区、直辖市的人民代表大会常务委员会批准后生效，其适用范围是该民族自治地方。此外，我国的香港特别行政区和澳门特别行政区根据宪法和法律的规定享有行政管理权、立法权、独立的司法权和终审权。特别行政区的各类法的形式，是我国法律的一部分，是我国法律的一种特殊形式。特别行政区立法会制定的法律也是我国法的渊源。

6. 司法解释。司法解释是指司法机关在具体适用法律过程中对法律规范的内容和含义所作的解答和说明，或者是对法律规范的定义及所使用的概念、术语、定义所作的进一步说明。在我国，根据作出解释的机关不同可将司法解释分为审判解释和检察解释两种。审判解释是最高人民法院对各级人民法院在审判工作中具体应用法律的问题所作的解释，其解释权来源于《人民法院组织法》、《各级人民代表大会常务委员会监督法》和《全国人民代表大会常务委员会关于加强法律解释工作的决议》。最高人民法院发布的司法解释，具有法律效力。检察解释，即最高人民检察院对各级人民检察院在检察工作中具体应用法律的问题所作的解释，其解释权来源于《全国人民代表大会常务委员会关于加强法律解释工作的决议》。最高人民检察院制定并发布的司法解释具有法律效力。人民检察院在起诉书、抗诉书等法律文书中，可以引用司法解释的规定。

7. 国际条约。国际条约是指我国与外国缔结、参加、签订、加入、承认的双边、多边的条约、协定和其他具有条约性质的文件（国际条约的名称，除条约外还有公约、协议、协定、议定书、宪章、盟约、换文和联合宣言等）。这些文件的内容除我国在缔结时声明保留不受其约束的条款以外，都与国内法具有一样的约束力，所以国际条约也是我国法律的渊源。

第二节　经济法律关系

一、经济法律关系概述

（一）经济法律关系的涵义

法律关系是法律在调整人们行为的过程中形成的权利、义务关系。法律关系是社会关系的一种特殊形态。与一般的社会关系相比，它有三个最重要的特征：①法律关系是法律调整社会关系而出现的一种状态，没有法律的存在，也就不可能形成与之相对应的法律关系，所以说法律关系是以法律为前提而产生的社会关系；②法律关系是法律化的社会关系，当事人之间按照法律规定或约定分别享有一定的权利或承担一定的义务，以权利和义务为内容连结人们之间的关系；③法律关系是以国家强制力作为保障手段的社会关系，当法律关系受到破坏时，就意味着国家意志所赋予的权利受到侵犯，意味着国家意志所设定的义务被拒绝履行，因此国家要以强制力加以保护。

经济法律关系是法律关系的一种表现形式，它也是经济法律规范在调整人们的经济行为过程中形成的权利和义务关系。它除具备法律关系的一般特征之外，还有着自身的特殊性。这是经济法律规范所调整的经济关系构成十分复杂所导致的，其中既包括横向的经济合作、交易和竞争关系，也包括纵向的经济管理和经济调控关系；既有涉及自然人、法人和其他经济组织之间的经济交往关系，也有经济组织的内部关系。因此，经过法律调整之后形成的经济法律关系就具有了综合性、政策性、复杂性的特征。

主体、内容和客体是经济法律关系的三个构成要素。经济法律关系首先必须有参加者（主体），然后参加者需要根据经济法律、法规，确定彼此享受哪些权利，承担哪些义务，此即经济法律关系的内容。此外，参加者之间的权利义务必然会指向特定的对象，即特定的财物、智力成果和需要实现的行为，这就是经济法律关系的客体。

（二）经济法律关系的产生、变更和终止

经济法律关系的产生，是指由于某种经济法律事实的出现，在特定的经济法律关系主体之间产生了具体的权利义务关系。经济法律关系的变更，是指由于某种经济法律事实的出现，使已经生效的经济法律关系的要素发生了变化。经济法律关系的终止，是指由于一定经济法律事实的出现，使经济法律关系主体之间的权利与义务关系归于终止。如购销合同中，钱货两清时，经济法律关系则终止。由此可见，引起经济法律关系产生、变更和终止的原因是经济法律事实。经济法律事实是指由法律、法规规定的，能够引起经济法律关系产生、变更和终止的现象。法律事实可分为行为和事件两大类。行为是指人们进行的能引起经济法律关系产生、变更和终止的有意识的活动。它主要包括国家经济管理机关的管理行为、行政机关的执法行为、司法机关的司法行为、社会组织和其他经济法主体的经济行为，以及其他可引起经济法律关系产生、变更和终止的行为。事件则是指能够引起经济法律关系产生、变更或终止的，经济法主体的主观意志不能控制的客观现象，如法律上的不可抗力。它主要包括地震、水灾、台风等自然现象和战争、罢工、政府禁令等社会事件。

二、经济法律关系的主体

（一）经济法律关系主体的范围

经济法律关系主体是经济权利的享有者和经济义务的承担者。概括起来，经济法律关系主体主要包括以下几种基本类型：

1. 自然人。自然人是指基于出生这一自然状态而作为社会关系主体的人。在我国，自然人既包括中国公民，也包括居住在中国境内或在中国境内活动的外国公民和无国籍人。自然人的概念与法人的概念相对称，相对于法人而言，自然人有两种属性：①自然属性，即自然人根据出生这一自然状态而取得主体资格；②法律属性，即自然人独立自主地享有法律规定的权利和义务，这种享有法律规定的权利和义务的法律属性，就是自然人的民事权利能力和民事行为能力。民事权利能力指自然人取得具体民事权利和承担具体民事义务的前提和可能性。它起始于自然人的出生，终止于自然人的死亡。[1]

2. 法人和其他组织。法人是具有民事权利能力和民事行为能力，依法独立享有民事权利和承担民事义务的社会组织。根据我国法律规定，可将法人分为企业法人、机关法人、事业单位法人和社会团体法人。企业法人是指以营利为目的，独立从事商品生产和经营活动的经济组织。机关法人是指依照法律或行政命令而成立的，以国家预算作为独立的活动经费，依法享有国家赋予的权力，具有法人地位的中央和地方的各级国家机关。事业单位法人是指从事非营利性的、社会公益事业的各类法人，如从事文化、教育、卫生、体育、新闻、出版等公益事业的单位。社会团体法人是指由自然人或法人自愿组成，从事社会公益、文学艺术、学术研究、宗教等活动的各类法人。取得法人主体资格的基本条件是：①依

---

〔1〕　自然人的民事权利能力从出生时起开始。出生是指自然人脱离母体而成为有生命的独立体的事实。所以，出生须具备"出"和"生"两个要件。"出"是指胎儿与母体分离而成为独立体。"生"是指胎儿与母体分离后须保持生命，但时间长短在所不同。自然人民事权利能力因死亡而终止。死亡因其方式不同可分为自然死亡和宣告死亡。自然死亡的认定是医学问题的法律化，在我国司法实践中，一般以心跳停止的时间来确定死亡的时间。宣告死亡又称推定死亡，是指自然人失踪达一定期间后，由利害关系人申请，法院宣告该自然人死亡。

法成立；②有必要的财产和经费；③有自己的名称、组织机构和场所；④能够独立承担民事责任。

其他组织是指没有取得法人资格，不能独立承担民事责任的社会组织。在我国主要是指不具备法人资格的事业单位、社会团体或法人设立的分支机构、个人独资企业和合伙企业等。

3. 国家。在特殊情况下，国家可以作为一个整体成为法律关系的主体。例如，国家作为主权者是国际公法关系的主体，可以成为外贸关系中的债权人或债务人。在国内法上，国家作为法律关系主体的地位比较特殊，既不同于一般自然人，也不同于法人。国家可以直接以自己的名义参与国内的法律关系（如发行国库券），但在多数情况下则由国家机关或授权的组织作为代表参加法律关系。

4. 国际组织。国际组织有广义和狭义之分。广义的国际组织包括政府间国际组织和非政府间国际组织。政府间国际组织是若干国家为实现共同的政治经济目的，依据其缔结的条约或其他正式法律文件建立的常设性机构。如联合国、国际货币基金组织、世界银行、世界贸易组织等。非政府间国际组织是指由不同国家之间的个人或团体结成的组织，是一个不属于政府、不由国家建立的跨国组织，如世界消费者组织、绿色和平组织等。狭义的国际组织仅指政府间国际组织。

（二）经济法律关系主体的资格

权利能力和行为能力是自然人、法人和一切组织获得法律关系主体地位的基本资格。以下以我国法律对公民（自然人）与法人的权利能力和行为能力的基本规定为例对其内涵加以说明。

1. 权利能力。权利能力是指能够参与一定的法律关系，依法享有一定权利和承担一定义务的法律资格。它是法律关系主体实际取得权利、承担义务的前提条件。公民的权利能力可以从不同角度进行分类。首先，根据享有权利能力的主体范围不同，可以将权利能力分为一般的权利能力和特殊的权利能力。前者又称基本的权利能力，是指一国公民均具有的权利能力，它是任何人取得公民法律资格的基本条件，不能被任意剥夺或者解除。后者是公民在特定条件下具有的法律资格，这种资格并不是每个公民都可以享有的，而只授予某些特定的法律主体。如国家机关及其工作人员行使职权的资格，就是特殊的权利能力。其次，按照法律部门的不同，可以将权利能力分为民事权利能力、政治权利能力、行政权利能力、劳动权利能力和诉讼权利能力等。这其中既有一般的权利能力（如民事权利能力），也有特殊的权利能力（如政治权利能力、劳动权利能力）。与公民的权利能力不同，法人的权利能力并没有上述类别。一般而言，法人的权利能力自法人成立时产生，至法人解体时消灭，其范围取决于法人成立的宗旨和业务范围。

2. 行为能力。行为能力是指法律关系主体能够通过自己的行为实际取得权利和履行义务的能力。公民的行为能力是公民的意识能力在法律上的反映。确定公民有无行为能力，其标准有二：一是行为人能否认识自己行为的性质、意义和后果；二是行为人能否控制自己的行为并对自己的行为负责。因此，公民是否达到一定年龄、心智是否正常，就成为公民享有行为能力的标志。各国法律一般都据此将本国公民划分为完全行为能力人、限制行为能力人和无行为能力人三种。完全行为能力人是指达到一定法定年龄、智力健全、能够对自己的行为负完全责任的公民。[1] 限制行为能力人是指行为能力受到一定限制，只具有部分行为能力的公民。[2] 无行为能力人是指完全不能以自己的行为行使权利、履行义务的公民。[3] 法人组织也具有行为能力，但与公民的行为能力不同。公民的行为能力有完全与不完全之分，法人的行为能力由其成立宗旨和业务范围决定，因而其行为能力总是有限的。此外，公民的行为能力和权利能力并不是同时存在的，具有权利能力的公民却不一定同时具有行为能力，公民丧失行为能力也并不意味着丧失权利能力。与此不同，法人的行为能力和权利能力却是同时产生和同时消灭的。法人一经依法成立，就同时具有权利能力和行为能力；法人一经依法撤销，其权利能力和行为能力也就同时消灭。

三、经济法律关系的内容

经济法律关系的内容是指经济法律关系的主体享有的经济权利和承担的经济义务。经济法律关系的内容是经济法律关系的核心。

（一）经济权利

经济权利包括以下几方面的含义：①经济法律关系的主体在法定范围内依照自己的利益需要，根据自己的意志实施一定的经济行为；②经济法律关系的主体有权依法要求负有义务的人作出或不作出一定的行为，以实现自己的利益；③经济法律关系的主体在其合法权利受到侵害或不能实现时，有权依法请求国家有关机关给予强制力保护。

经济权利可分为原生权利和取得权利两种基本形式，其中原生权利也叫固有

---

〔1〕　我国《民法通则》规定，18 周岁以上的公民是成年人，具有完全的民事行为能力，可以独立进行民事活动，是完全民事行为能力人。已满 16 周岁，未满 18 周岁，但以自己的劳动收入为主要生活来源的未成年人视为具有完全民事行为能力。

〔2〕　我国《民法通则》规定，10 周岁以上的未成年人，不能完全辨认自己行为的精神病人，是限制行为能力人。我国《刑法》将已满 14 周岁不满 16 周岁的公民视为限制行为能力人（不完全的刑事责任能力人）。

〔3〕　在民法上，不满 10 周岁的未成年人，完全的精神病人是无行为能力人。在刑法上，不满 14 周岁的未成年人和精神病人，也被视为无刑事责任能力人。

权利，它是由经济法主体依法直接取得的权利，如所有权、经济职权等，而取得权利则是指必须由义务主体实施一定行为，权利主体才可获得和实现的权利，如经济债权。

（二）经济义务

经济义务是指经济法律关系主体依照法律、法规的规定或合同约定必须作出一定行为或不得作出一定行为的责任。经济义务的法律含义包括：①经济义务主体必须依据经济法律、法规或者合同，为或不为一定经济行为，以实现经济权利主体的利益和要求；②经济义务主体应自觉履行经济法律、法规、合同所确定的各项要求，义务主体不依法履行义务，就应承担相应的法律责任，受到国家强制力的制裁。

经济义务可分为法定义务和约定义务，其中法定义务是指法律、法规明确规定的强制性义务，而约定义务则是指当事人根据自主签订的合同所约定的义务。

四、经济法律关系的客体

（一）经济法律关系客体的概念

经济法律关系客体是指经济法律关系主体之间的权利和义务所指向的对象，是经济利益的法律形式。经济法律关系建立的目的，总是为了保护某种利益、获取某种利益，或者分配、转移某种利益。所以经济法律关系客体所承载的利益才是经济法律权利和经济法律义务联系的纽带。这些利益，从表现形态上可以将其分为物质利益和精神利益，有形利益和无形利益，直接利益和间接利益；从享有主体的角度可以将其分为国家利益、社会利益和个人利益；等等。

（二）经济法律关系客体的种类

法律关系客体是一个随着社会发展，其范围、形式和类型不断变化的概念。归纳起来，法律关系客体主要有以下几类：

1. 物。法律意义上的物是指由法律关系主体支配的，在生产和生活上所需要的客观实体。它可以是天然物，也可以是生产物；可以是活动物，也可以是不活动物。作为法律关系客体的物，必须具备以下条件：①应得到法律之认可；②应为人类所认识和控制；③能够给人们带来某种物质利益，具有经济价值；④须具有独立性，不可分离之物（如道路上的沥青、桥梁之构造物）一般不能单独作为法律关系的客体存在；⑤须具有稀缺性，法律保护的物必须具有稀缺性，那些取之不尽、用之不竭，可以无限量供应的物不会发生利益纷争，不需要法律加以调整。具体哪些物可以作为法律关系的客体，则应由法律予以具体规定。在我国，大部分天然物和生产物可以成为法律关系的客体。但有以下几种物不得进入国内商品流通领域，成为私人法律关系的客体：①人类公共之物或国家专有之物，如海洋、山川、水流；②文物；③军事设施、武器（枪支、弹药等）；

④危害人类之物（如毒品、假药、淫秽书籍等）。

2. 智力成果。精神产品是人通过某种物体（如书本、砖石、纸张、胶片、磁盘）或大脑记载下来并加以流传的思维成果。智力成果不同于有体物，其价值和利益在于有体物中所承载的信息、知识、技术、标识（符号）和其他精神文化。同时它又不同于人的主观精神活动本身，它是精神活动的物化、固定化。智力成果属于非物质财富，因此它就需要通过知识产权等制度加以保护和利用。

3. 行为。在很多法律关系中，其主体的权利和义务所指向的对象是行为。作为法律关系客体的行为是特定的，即义务人完成其行为所产生的能够满足权利人利益要求的结果。这种结果一般分为两种：一种是物化结果，即义务人的行为（劳动）凝结于一定的物体，产生一定的物化产品或营建物（如房屋、道路、桥梁等）；另一种是非物化结果，即义务人的行为没有转化为物化实体，而仅表现为一定的行为过程，直至终了，最后才产生权利人所期望的结果（或效果）。例如，权利人在义务人完成一定行为后，得到了某种精神享受或物质享受，增长了知识和能力等。在此意义上，作为法律关系客体的行为结果不完全等同于义务人的义务，但又与义务人履行义务的过程紧密相关，义务人的义务正是根据权利人对这一行为结果的要求而设定的。

第三节 法律行为与代理

一、法律行为

（一）法律行为的涵义

法律行为，是指公民或法人以设立、变更、终止民事权利和民事义务为目的，以意思表示为要素，依法产生民事法律效力的合法行为。法律行为是具有法律意义和属性，能够引起一定法律后果的行为。法律行为以达到一定的民事法律后果为目的，以意思表示为要素，是具有法律约束力的行为。

法律行为必须具备的条件有：①必须是出于人们自觉的作为和不作为。无意思能力的未成年人、精神病人的作为和不作为，都不能被视为法律行为。②必须是基于当事人的意思而具有外部表现的举动，单纯心理上的活动不产生法律上的后果，不能视为法律行为。③必须是为法律规范所确认发生法律上效力的行为，而未经法律调整、不发生法律效力的行为，如一般社会交往行为和恋爱行为等不是法律行为。

（二）法律行为的分类

法律行为可从不同角度进行不同的分类。

1. 单方法律行为和多方法律行为。单方法律行为是基于当事人一方的意思表示而成立的法律行为，如订立遗嘱、放弃继承权、撤销委托代理、免除债务、追认无权代理等行为，皆属于单方法律行为。单方法律行为的特征是一旦成立即不需要他方当事人的同意就可发生法律效力。多方法律行为又称协定行为，是指两个以上当事人并行的意思表示达成一致才可成立的法律行为。如两个以上的合伙人订立合伙协议的行为，即为多方法律行为。

2. 有偿法律行为和无偿法律行为。这是根据法律行为有无对价而进行的划分。所谓对价就是当事人一方在获得某种利益时，必须给付对方相应的代价。有偿法律行为是指根据法律行为享有某项权利而必须支付一定对价的法律行为。例如买卖、租赁等法律行为均为有偿法律行为，而无偿法律行为是指享有某项权利而权利人无须付出相应对价的法律行为。

3. 要式法律行为和不要式法律行为。这是依法律行为成立的形式和程序不同而进行的划分。要式法律行为是指必须具备特定的法定形式和遵循一定的程序才能成立的法律行为，如出具汇票、买卖房屋等法律行为就是要式法律行为；而不要式法律行为则指不要求采用特定的形式和一定的程序，由当事人自由选择任何形式都能成立的法律行为，多数法律行为都没有严格的程序和形式要求，因而属于不要式法律行为。

4. 主法律行为和从法律行为。这是依法律行为是否将其他法律行为的存在作为前提条件而进行的划分。主法律行为是指无须其他法律行为的存在即可成立的法律行为。从法律行为是指附属于主法律行为的行为，即这种法律行为的成立必须以其他法律行为的存在为前提。

5. 附条件的法律行为和附期限的法律行为。附条件的法律行为，是指当事人在法律行为中约定一定的条件，并以将来该条件的成就（或发生）或不成就（或不发生）作为法律行为生效或不生效的依据。附期限的法律行为，是指当事人在法律行为中约定一定的期限，并以该期限的到来作为法律行为生效或解除的根据。法律行为所附期限可以是确定的期限，也可以是不确定的期限。

二、代理

（一）代理的概念

代理是指代理人以被代理人（又称本人）的名义，在代理权限内与第三人（又称相对人）为法律行为，其法律后果直接由被代理人承受的民事法律制度。其中，代为他人实施民事法律行为的人，称为代理人；由他人以自己的名义代为民事法律行为，并承受法律后果的人，称为被代理人。代理活动涉及三方主体，其法律关系包含三部分内容：①被代理人与代理人之间产生代理的基础法律关系，如委托合同；②代理人与第三人所为的民事法律行为，称为代理行为；③被代理人与第三人之间承受代理行为产生的法律后果，即基于代理行为而发生、变更或消灭的某种法律关系。

（二）代理的种类

1. 委托代理。委托代理是指代理人依据被代理人的委托，以被代理人的名义实施的民事法律行为。其效力直接归属于被代理人。根据《民法通则》的规定，委托代理的形式主要有两种，即书面形式和口头形式，当事人在实际运用中，可以用口头形式，也可以用书面形式，但法律规定用书面形式的，应按照法律规定采用书面形式，如诉讼代理应采用书面形式。

2. 法定代理。法定代理是根据法律的规定而不是被代理人的授权直接产生的代理关系。法定代理主要是为保护无民事行为能力人和限制民事行为能力人的合法权益而设定的。例如我国《婚姻法》规定父母为未成年子女的法定代理人；夫妻一方失去民事行为能力，另一方即为其法定代理人。而我国《民法通则》规定："无民事行为能力人、限制民事行为能力人的监护人是他的法定代理人。"当无民事行为能力人、限制民事行为能力人处于一定社会组织的监护之下时，如精神病院、育幼机构等，这些组织负有监护责任，亦为法定代理人。

3. 指定代理。根据我国相关法律规定，指定代理是根据人民法院或者行政主管机关的指定而产生的代理关系。指定代理主要适用于在社会生活或民事诉讼过程中需要代理人代为法律行为，而没有代理人或无法确认代理人的特殊情况。在这种情况下，人民法院或行政主管机关依据法律的规定指定公民或法人充当代理人。

（三）代理权的行使

委托代理人应按照被代理人的委托授权行使代理权，法定代理人应依照法律的规定行使代理权，指定代理人应按照人民法院或指定单位的指定行使代理权。代理人不得滥用代理权，滥用代理权的行为主要包括以下内容：①以被代理人的名义与自己进行民事活动；②代理双方当事人进行同一项民事活动；③与第三人恶意串通损害被代理人的利益。代理人滥用代理权的，其行为视为无效行为，给被代理人及他人造成损失的，应当承担相应的赔偿责任。代理人和第三人串通，损害被代理人的利益的，由代理人和第三人负连带责任。

（四）无权代理

无权代理，是指没有代理权而以他人名义进行的代理行为。包括：没有代理权而实施的代理，超越代理权实施的代理，代理权终止后实施的代理等。在无权代理的情况下，只有经过被代理人的追认，被代理人才承担民事责任。未经被代理人追认的行为，由行为人自己承担民事责任。第三人知道行为人无权代理还与行为人实施民事行为而给他人造成损害的，由第三人和行为人负连带责任。

（五）代理关系的终止

委托代理在代理期间届满或者代理事务完成、被代理人取消委托或代理人辞去委托、代理人死亡、代理人丧失民事行为能力、作为被代理人或代理人的法人终止等情形下，代理关系终止。法定代理或指定代理在被代理人取得或恢复民事行为能力、被代理人或代理人死亡、代理人丧失民事行为能力、指定代理的人民法院或指定单位取消指定，以及法律规定的其他原因引起的被代理人和代理人之间的监护关系消灭等情形下，代理关系终止。

引例解析

张雅已年满 16 周岁，并以自己工资收入为主要生活来源，根据《民法通则》第 11 条第 2 款之规定，16 周岁以上不满 18 周岁的公民，以自己的劳动收入为主要生活来源的，视为完全民事行为能力人。因此张雅可以视为完全民事行为能力人，该电脑买卖行为合法有效。

思考题

1. 简述法律对经济关系调整的基本内容。
2. 简述法律关系的构成要素。
3. 简述权利能力和行为能力的基本涵义。
4. 比较委托代理、法定代理与指定代理的异同。

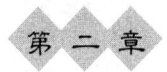

企业法

◆ **引例**

中国甲公司与日本乙公司拟共同设立中外合资经营企业。在拟订的下列合同条款中，哪一条是违法的？并说明理由。

（1）合营企业的注册资本用美元表示。

（2）合营企业所需原材料、燃料可在境外购买。

（3）合营企业可向中国境内境外的保险公司投保。

（4）合营企业注册资本增加或减少的决议须经董事会通过。

☞ **要点**

个人独资企业；普通合伙与有限合伙；中外合资经营企业；中外合作经营企业；外资企业

第一节　企业法概述

一、企业的概念和特征

企业作为商品经济和社会化生产发展的产物，是现代社会中一种常见的经济组织。通常认为，企业是指依法成立的，以营利为目的，从事商品生产经营活动或提供商品服务的独立的经济组织。

企业具有以下特征：

1. 法定性。所谓法定性，是指企业的设立，必须符合法律规定的条件和程序。其基本含义为：企业必须符合特定企业类型的法定设立条件，满足资金、人员、场地、名称、组织机构等方面的要求；企业必须依法选择组织形式，目前我国法律规定的企业组织形式有个人独资、合伙、公司等，企业只能在其中选择，而不能超越法定范围自创组织形式；同时，企业必须按照法律规定的设立程序，依法履行申请、审批、登记手续，取得民事权利能力和民事行为能力。

2. 营利性。营利是企业投资者设立企业的目的所在，也是企业存在和发展的直接动力。企业通过自己的生产经营活动，以尽可能少的成本获得尽可能多的经济效益，满足投资者实现自身经济利益的需要。

3. 独立性或相对独立性。企业可以作为法律上独立或相对独立的主体享受权利和承担义务。不同法律形态的企业，法律地位各不相同。公司是法人企业，具有独立的法律人格。合伙企业和独资企业属于非法人企业，企业财产和合伙人或出资人的个人财产不完全分离，但是非法人企业仍然具有相对独立的法律人格，有相对独立的财产，实行独立核算，可以以企业的名义签订合同，从事对外经营活动，以自己的名义起诉和应诉，在企业债务责任的承担上，优先以企业财产清偿。

二、企业的分类

按照不同的分类标准，可以将企业分成不同的类别，目前我国法律和学理上按照三类标准，对企业进行了划分：

（一）独资企业、合伙企业和公司

依据企业投资人出资方式和责任形式的不同，可以将企业分为独资企业、合伙企业和公司。这是多数国家普遍采用的分类方法，不同形态的企业在法律上具有不同的地位，不同形态的企业及其投资者对企业外部债务的承担责任方式也有所不同。

（1）独资企业。独资企业是指由一个自然人投资设立的企业，企业财产为投资人所有，投资人以其个人财产对企业债务承担无限责任，独资企业在法律上不具有法人资格。

（2）合伙企业。合伙企业是指自然人、法人和其他组织依法在中国境内设立的普通合伙企业和有限合伙企业。普通合伙企业中合伙人对合伙企业的债务承担无限连带责任；有限合伙企业中普通合伙人对合伙企业债务承担无限连带责任，有限合伙人对合伙企业承担有限责任。

（3）公司。公司是指由一个或多个股东投资，依公司法设立的经营性法人。公司是法人，具有独立的法律人格。目前我国《公司法》规定的公司主要有两类，即有限责任公司和股份有限公司。

（二）全民所有制企业、集体所有制企业、私营企业和混合所有制企业

依据企业所有制性质的不同，可将企业分为全民所有制企业、集体所有制企业、私营企业和混合所有制企业。

（1）全民所有制企业。全民所有制企业是指以生产资料全民所有为基础的独立商品经济组织。

（2）集体所有制企业。集体所有制企业是指企业财产归一定范围的社会成员集体所有，由集体投资或社员入股集资而设立的企业，分为城镇集体所有制企业和乡村集体所有制企业两种形式。

（3）私营企业。私营企业是指企业财产属于私人所有的企业。私营企业有三

种组织形式：独资企业、合伙企业和公司。

（4）混合所有制企业。混合所有制企业是指跨所有制界限组成的公司制企业、中外合资经营企业和中外合作经营企业。

这种划分是我国传统意义上的企业分类标准。随着市场经济的发展和现代公司制度的适用，我国依照所有制性质的差别而在立法、政策上对企业区别对待的做法已被逐渐淡化。

（三）大型企业、中型企业和小型企业

依据生产规模和生产能力不同，企业可以分为大型企业、中型企业和小型企业。世界各国采用的标准不同，有的国家侧重于生产总值和利润，有的国家侧重于生产规模。这种划分便于国家实行合理的产业政策，促进资源的优化配置。

（四）内资企业和外商投资企业

依据企业资金来源不同，可以将企业分为内资企业和外商投资企业。

（1）内资企业。内资企业是指由中国内地投资者单独投资举办的企业。

（2）外商投资企业。外商投资企业是指由中国投资者和外国投资者共同投资，或者仅有外国投资者投资举办的企业。主要包括中外合资经营企业、中外合作经营企业和外资企业。

除以上分类外，企业还可以依据其他的标准进行划分，如依据企业所属行业不同，企业可以分为农林、水利、交通运输、邮电、商业、建筑等；依据企业是否具有法人资格，还可以将企业分为法人企业和非法人企业。

三、企业法的调整对象和体系

（一）企业法的概念和调整对象

我国企业法是调整企业在设立、组织、经营活动以及变更、终止过程中发生的社会关系的法律规范的总称。企业法的调整对象主要有三类社会关系：①国家对企业的经济管理关系；②企业内部的组织管理关系；③企业在从事经营性活动过程中发生的社会关系。

（二）我国的企业法体系

传统的企业法体系主要是按照企业的所有制形式而制定和划分各种企业法，从而形成了具有中国特色的企业法体系。主要的立法有：《全民所有制工业企业法》、《城镇集体企业条例》、《乡村集体所有制企业条例》、《私营企业暂行条例》、《中外合资经营企业法》、《中外合作经营企业法》、《外资企业法》等。这种以所有制为划分标准的立法模式严重阻碍了社会资源的自由流转。

随着市场经济的发展和现代企业制度的确立，我国逐步建立起了当今世界通行的企业法立法体系，即依企业的组织形式和财产责任方式的不同，分别制定了《个人独资企业法》、《合伙企业法》和《公司法》。尽管现行企业法体系还处于两种立法模式并存的阶段，但随着市场经济的不断发展，以企业的组织形式为划分标准的企业法立法体系将逐步取代传统的企业法立法体系，从而成为我国市场经济下的新型企业法立法体系。

第二节　个人独资企业法

一、个人独资企业法概述

（一）个人独资企业的概念和特征

个人独资企业是指依法在中国境内设立，由一个自然人投资，财产为个人所有，投资人以其个人财产对企业债务承担无限责任的经营实体。个人独资企业具有以下特征：

1. 投资人是一个自然人。个人独资企业的投资人只能是自然人，不包括法人和其他社会组织。根据《个人独资企业法》第 47 条的规定，外商独资企业不适用本法，因此，这里的自然人仅指中国公民。关于作为个人独资企业投资人的自然人是否应同时具备民事权利能力和民事行为能力的问题，各国规定不一，我国的《个人独资企业法》对此未作规定，一般认为，无民事行为能力人和限制民事行为能力人，不能作为个人独资企业的投资人。另外，立法禁止从事商业活动的特殊职业者，如国家公务员，也不能作为个人独资企业的投资人。

2. 投资人对企业的债务承担无限责任。当企业财产不足以清偿企业到期债务时，投资人以其个人全部财产对企业未清偿债务承担责任。

3. 个人独资企业是非法人企业。个人独资企业是独立的民事主体，可以以自己的名义从事民事活动，但是其不具有法人资格，不能独立承担民事责任，即如上所述，投资人对企业的债务承担无限责任。

4. 内部机构设置简单，经营管理方式灵活。个人独资企业的投资人既是企业的所有者，又是企业的经营者，法律对其内部机构设置和经营管理无严格规定，因此，其内部机构设置较为简单，决策程序也较为灵活。

（二）个人独资企业法及其立法状况

个人独资企业法，是指规范个人独资企业的组织形式及其变化、事务执行、权利义务等内容的法律规范的总称。个人独资企业法有广义和狭义之分。广义上的个人独资企业法是指国家关于个人独资企业的各种法律规范的总称；狭义上的个人独资企业法是指 1999 年 8 月 30 日第九届全国人民代表大会常务委员会第十一次会议通过的《个人独资企业法》，该法共计 6 章 48 条，自 2000 年 1 月 1 日起实施。

二、个人独资企业的设立

（一）个人独资企业的设立条件

（1）投资人为一个自然人，并且只能是中国公民。

（2）有合法的企业名称。名称是企业的标志，企业必须有相应的名称，并应符合法律、法规的要求。个人独资企业的名称应当符合名称登记管理的有关规定，并与其责任形式及其从事的营业活动相符合，名称中不得使用"有限"、"有限责任"或者"公司"字样，可以叫做厂、店、部、中心、工作室等。

（3）有投资人申报的出资。《个人独资企业法》对设立个人独资企业的数额未作限制，并且只要求有申报的出资即可。这一规定与设立合伙企业、公司的规定不同，根据《合伙企业法》、《公司法》的有关规定，设立合伙企业或者公司应当有投资人实际缴付的出资，需要提交验资证明或者出资权属证明文件，而设立个人独资企业不需要提交，登记机关对投资人申报的出资权属、出资数额和是否实际缴付等情况不予审查。设立个人独资企业可以用货币出资，也可以用实物、土地使用权、知识产权或者其他财产权利出资，采用货币以外的形式出资的，应将其折算成货币数额。投资人申报的出资数额应当与企业的生产经营规模相适应。投资人可以个人财产出资，也可以家庭共有财产出资。在申请企业设立登记时明确以其家庭共有财产作为个人出资的，应当依法以家庭共有财产对企业债务承担无限责任。

（4）有固定的生产经营场所和必要的生产经营条件。生产经营场所包括企业的住所和与生产经营相适应的场所。住所是企业的主要办事机构所在地，是企业的法定地址。个人独资企业必须有固定的经营场所，这一点与个体工商户相区别，个体工商户的经营场所可以是固定的，也可以是流动的。必要的生产经营条件，一般包括与企业生产经营范围和规模相适应的必要的设备、设施，以及符合国家规定的安全、卫生工作条件等。

（5）有必要的从业人员。个人独资企业要有与其生产经营范围、规模相适应的从业人员，至于人数多少没有规定。这与个体工商户可以请的帮手人数及雇工8人以上的私营企业等规定不同。

（二）个人独资企业的设立程序

1. 提出申请。设立个人独资企业，应当由投资人或者其委托的代理人向个人独资企业所在地的登记机关提出设立申请，并应向登记机关提交下列文件：①投资人签署的申请书，设立申请书应当载明的事项有：企业的名称和住所、投资人的姓名和居所、投资人的出资额和出资方式、经营范围；②投资人身份证明，主要是身份证和其他有关证明材料；③生产经营场所使用证明，如房屋产权证、土地使用证明等；④委托代理人申请设立登记的，应当出具投资人的委托书和代理人的合法证明。

2. 设立登记。登记机关应当在收到设立申请文件之日起 15 日内，对符合《个人独资企业法》规定条件的，予以登记，发给营业执照；对不符合《个人独资企业法》规定条件的，不予登记，并发给《企业登记驳回通知书》。个人独资企业的营业执照签发日期，为个人独资企业的成立日期，在领取个人独资企业营业执照前，投资人不得以个人独资企业的名义从事经营活动。

3. 分支机构的登记。个人独资企业设立分支机构，应当由投资人或者其委托的代理人向分支机构所在地的登记机关申请登记，领取营业执照。分支机构经核准登记后，应将登记情况报该分支机构隶属的个人独资企业的登记机关备案。

4. 变更登记。个人独资企业存续期间登记事项发生变更的，应当在作出变更决定之日起的 15 日内依法向登记机关申请办理变更登记。

三、个人独资企业的事务管理

我国《个人独资企业法》第 19 条规定了个人独资企业事务管理的方式有两种：①个人独资企业投资人自行管理企业事务；②个人独资企业投资人委托或者聘用其他具有民事行为能力的人负责企业的事务管理。投资人委托或者聘用他人管理个人独资企业的事务，应当与受托人或者被聘用的人签订书面合同，明确委托的具体内容和授予的权利范围。

投资人对受托人或者被聘用人员职权的限制，不得对抗善意第三人。所谓第三人是指除受托人或者被聘用人员以外的与企业发生经济业务关系的人。所谓善意第三人是指第三人在就有关经济业务事项交往当中，没有与受托人或者被聘用人员串通，故意损害投资人利益的人。

受托人或者被聘用的人员应当履行诚信、勤勉义务，按照与投资人签订的合同负责个人独资企业的事务管理。投资人委托或者聘用的管理个人独资企业事务的人员不得有下列行为：①利用职务上的便利索取或者收受贿赂；②利用职务或者工作上的便利侵占企业财产；③挪用企业的资金归个人使用或者借贷给他人；④擅自将企业资金以个人名义或者以他人名义开立账户储存；⑤擅自以企业财产提供担保；⑥未经投资人同意，从事与本企业相竞争的业务；⑦未经投资人同意，同本企业订立合同或者进行交易；⑧未经投资人同意，擅自将企业商标或者其他知识产权转让给他人使用；⑨泄露本企业的商业秘密；⑩法律、行政法规禁止的其他行为。

四、个人独资企业的权利和义务

（一）个人独资企业的权利

根据《个人独资企业法》的有关规定，个人独资企业享有以下权利：

（1）依法申请贷款。个人独资企业可以根据《商业银行法》、《合同法》等有关法律的规定申请贷款，以供企业生产经营之用。

（2）依法取得土地使用权。个人独资企业可根据《土地管理法》、《土地管理法实施条例》等规定取得土地使用权。

（3）拒绝摊派权。《个人独资企业法》第25条规定："任何单位和个人不得违反法律、行政法规的规定，以任何方式强制个人独资企业提供财力、物力、人力；对于违法强制提供财力、物力、人力的行为，个人独资企业有权拒绝。"

（4）法律、行政法规规定的其他权利。个人独资企业除享有上述权利外，还依法享有十分广泛的权利，如取得专利权、商标权等。

（二）个人独资企业的义务

根据《个人独资企业法》的有关规定，个人独资企业的义务主要有：

（1）个人独资企业应当依法设置会计账簿，进行会计核算。

（2）个人独资企业应当依法招用职工，职工的合法权益受法律保护。《个人独资企业法》第6条明确规定了这一义务。个人独资企业应严格依照《劳动法》和《劳动合同法》的规定招用职工，与职工签订劳动合同，切实遵守劳动保护制度，维护职工的合法权益不受侵犯。个人独资企业职工依法建立工会，工会依法开展活动。

（3）个人独资企业应当按照国家规定参加社会保险，为职工缴纳社会保险费。

（4）个人独资企业应当依法履行纳税义务。依法纳税是每个公民和企业应尽的义务，《个人独资企业法》第4条第2款规定，个人独资企业应当依法履行纳税义务。值得注意的是，个人独资企业不需要缴纳企业所得税，而是由投资人个人按照个人所得税的有关规定缴纳个人所得税。

（5）个人独资企业从事经营活动必须遵守法律、行政法规，遵守诚实信用原则，不得损害社会公共利益。《个人独资企业法》第4条第1款规定，遵守法律、行政法规是每个企业应尽的义务。诚实信用原则是我国民事主体从事民事活动的基本原则，也是树立企业形象、维护正常的社会经济秩序所必需的。另外，个人独资企业在经营过程中还必须遵守社会公德，不得滥用权利，不得损害社会公共利益。

五、个人独资企业的解散和清算

（一）个人独资企业的解散

个人独资企业的解散是指个人独资企业终止经营活动并消灭民事主体资格的行为。我国《个人独资企业法》第26条规定，个人独资企业有下列情形之一时，应当解散：①投资人决定解散；②投资人死亡或者被宣告死亡，无继承人或者继承人决定放弃继承；③被依法吊销营业执照；④法律、行政法规规定的其他情形。

（二）个人独资企业的清算

个人独资企业解散的，应当进行清算。《个人独资企业法》对个人独资企业的清算规定如下：

1. 通知和公告债权人。《个人独资企业法》第 27 条规定，个人独资企业解散，由投资人自行清算或者由债权人申请人民法院指定清算人进行清算，投资人自行清算的，应当在清算前 15 日内书面通知债权人，无法通知的，应当予以公告。债权人应当在接到通知之日起 30 日内，未接到通知的应当在公告之日起 60 日内，向投资人申报其债权。

2. 财产清偿顺序。《个人独资企业法》第 29 条规定，个人独资企业解散的，财产应当按照下列顺序清偿：①所欠职工工资和社会保险费用；②所欠税款；③其他债务。个人独资企业的财产不足以清偿债务的，投资人应当以其个人的其他财产予以清偿。

清算期间，个人独资企业不得开展与清算目的无关的经营活动。在按前述财产清偿顺序清偿债务前，投资人不得转移、隐匿财产。《个人独资企业法》第 28 条规定，个人独资企业解散后，原投资人对个人独资企业存续期间的债务仍应承担偿还责任，但债权人在 5 年内未向债务人提出偿债请求的，该责任消灭。

3. 注销登记。个人独资企业清算结束后，投资人或者人民法院指定的清算人应当编制清算报告，并于 15 日内到登记机关办理注销登记。

第三节　合伙企业法

一、合伙企业法概述

（一）合伙与合伙企业

合伙是指两个或两个以上的合伙人为着共同的目的，依照合伙协议的约定共同出资、共同经营、共享收益、共担风险的自愿联合。

合伙企业，是指自然人、法人和其他组织依照《合伙企业法》在中国境内设立的普通合伙企业和有限合伙企业。

（二）合伙企业的分类

（1）普通合伙企业。普通合伙企业由普通合伙人组成，合伙人对合伙企业债务承担无限连带责任。《合伙企业法》对普通合伙企业承担责任的形式有特别规定的，从其规定。

（2）有限合伙企业。有限合伙企业由普通合伙人和有限合伙人组成，普通合伙人对合伙企业债务承担无限连带责任，有限合伙人以其认缴的出资额为限对合伙企业债务承担责任。

（三）合伙企业法的立法及适用范围

1. 合伙企业法的立法。合伙企业法有广义与狭义之分。广义的合伙企业法，是指国家立法机关或者其他有权机关依法制定的、调整合伙企业合伙关系的各种法律规范的总称，即除了《合伙企业法》外，国家有关法律、行政法规和规章中关于合伙企业的法律规范，都属于合伙企业法的范畴。狭义的合伙企业法，是指第八届全国人民代表大会常务委员会第二十四次会议于 1997 年 2 月 23 日通过的《中华人民共和国合伙企业法》，该法自 1997 年 8 月 1 日起实施，是规范合伙企业合伙关系的基本法，2006 年 8 月 27 日第十届全国人民代表大会常务委员会第二十三次会议对《合伙企业法》进行了修订，自 2007 年 6 月 1 日起施行。

2. 合伙企业法的适用范围。关于合伙企业法的适用范围，有两个问题值得注意：

（1）采取合伙制的非企业专业服务机构的合伙人承担责任形式的法律适用问题。根据《合伙企业法》规定，非企业专业服务机构依据有关法律采取合伙制的，其合伙人承担责任的形式可以适用《合伙企业法》关于特殊的普通合伙企业合伙人承担责任的规定。非企业专业服务机构是指不采取企业形式设立，不以营利为目的，以自己专业知识为社会提供服务的组织，如律师事务所、会计师事务所等。

（2）外国企业和个人在中国境内设立合伙企业的管理办法问题。外国企业是指依照外国法律在我国境外设立的企业。外国人即外国的自然人，是指不具有我国国籍的人。《合伙企业法》没有禁止外国的企业和个人在我国境内设立合伙企业，但具体管理办法由国务院另行规定。

二、普通合伙企业

（一）普通合伙企业的概念和特征

普通合伙企业，是指由普通合伙人组成，合伙人对合伙企业债务依《合伙企业法》规定承担无限连带责任的一种合伙企业。普通合伙企业具有以下特点：

1. 由普通合伙人组成。所谓普通合伙人，是指在合伙企业中对合伙企业的债务依法承担无限连带责任的自然人、法人和其他组织。《合伙企业法》规定，国有独资公司、国有企业、上市公司以及公益性的事业单位、社会团体不得成为普通合伙人。

2. 合伙人对合伙企业债务依法承担无限连带责任。所谓无限连带责任，包括两个方面：①连带责任，即对于合伙企业的债务，每一个合伙人都有责任向债权人全部偿还，不论其在合伙协议中所承担的比例如何；②无限责任，即当合伙企业的财产不足以清偿债务时，合伙人要以自己的财产对债权人承担清偿责任。

（二）普通合伙企业的设立

1. 设立条件。设立普通合伙企业，应当具备下列条件：

（1）有两个以上的合伙人。合伙企业合伙人至少为两人以上，对于合伙企业合伙人数的最高限额，我国的《合伙企业法》未作规定。对于合伙人的资格，可以是法人，可以是自然人，合伙人为自然人的，应当具有完全民事行为能力。国有独资公司、国有企业、上市公司以及公益性的事业单位、社会团体不得成为普通合伙人。

（2）有书面合伙协议。合伙协议应当依法由全体合伙人协商一致，以书面形式订立。合伙协议应当载明下列事项：①合伙企业的名称和主要经营场所的地点；②合伙目的和合伙经营范围；③合伙人的姓名或者名称、住所；④合伙人的出资方式、数额和缴付期限；⑤利润分配、亏损分担方式；⑥合伙事务的执行；⑦入伙与退伙；⑧争议解决办法；⑨合伙企业的解散与清算；⑩违约责任。合伙协议经全体合伙人签名、盖章后生效。全体合伙人依照合伙协议享有权利，履行义务。修改或者补充合伙协议，应当经全体合伙人一致同意，但是合伙协议另有约定的除外。合伙协议未约定或者约定不明确的事项，由全体合伙人协商决定；协商不成的，依照《合伙企业法》和其他有关法律、行政法规的规定处理。

（3）有合伙人认缴或者实际缴付的出资。合伙人应当按照合伙协议约定的出资方式、数额和缴付期限，履行出资义务。合伙人可以用货币、实物、知识产权、土地使用权或者其他财产权利出资，也可以用劳务出资。合伙人以货币、实物、知识产权、土地使用权或者其他财产权利出资，需要评估作价的，可以由全体合伙人协商确定，也可以由全体合伙人委托法定评估机构评估。合伙人以劳务出资的，其评估办法由全体合伙人协商确定，并在合伙协议中载明。合伙人以非货币财产出资的，依照法律、行政法规的规定，需要办理财产权转移手续的，应当依法办理。

（4）有合伙企业的名称和生产经营场所。普通的合伙企业应当在其名称中标明"普通合伙"字样，其中，特殊的普通合伙企业，应当在其名称中标明"特殊普通合伙"字样，并应符合国家有关企业名称登记管理的规定。经企业登记机关登记的合伙企业的主要经营场所只能有一个，并且应当在其企业登记机关的管辖区域内。

（5）法律、行政法规规定的其他条件。

2. 设立程序。设立普通合伙企业应当履行以下程序：

（1）申请人向企业登记机关提交相关文件。设立合伙企业，应当由全体合伙人指定的代表或者共同委托的代理人向企业登记机关申请设立登记。申请设立登记时应提交下列文件：①全体合伙人签署的设立登记申请书；②全体合伙人的身份证明；③全体合伙人指定的代表或者共同委托代理人的委托书；④合伙协议；⑤全体合伙人认缴或者实际缴付出资的确认书；⑥主要经营场所证明；⑦国务院工商行政管理部门规定提交的其他文件。此外，法律、行政法规或者国务院规定设立合伙企业须经批准的，还应提交有关批准文件。合伙企业的经营范围中有属于法律、行政法规或者国务院规定在登记前须经批准的项目的，应当向企业登记机关提交批准文件。

（2）企业登记机关核发营业执照。申请人提交的登记申请材料齐全、符合法定形式，企业登记机关能够当场登记的，应当当场登记，发给营业执照。除此以外，企业登记机关应当自受理申请之日起 20 日内，作出是否登记的决定。予以登记的，发给营业执照；不予登记的，应当给予书面答复，并说明理由。合伙企业营业执照的签发日期，为合伙企业的成立日期。合伙企业的法定登记事项应当包括：①名称；②主要经营场所；③执行事务合伙人；④经营范围；⑤合伙企业类型；⑥合伙人姓名或者名称及住所、承担责任方式、认缴或者实际缴付的出资数额、缴付期限、出资方式和评估方式。合伙协议约定合伙期限的，登记事项还应当包括合伙期限。执行事务合伙人是法人或者其他组织的，登记事项还应当包括法人或者其他组织委派的代表。

合伙企业登记事项发生变更的，执行合伙事务的合伙人应当自作出变更决定或者发生变更事由之日起 15 日内，向原企业登记机关申请变更登记。合伙企业设立分支机构，应当向分支机构所在地的企业登记机关申请设立登记。

（三）普通合伙企业的财产

1. 合伙企业财产的构成。合伙企业的财产由合伙人的出资、以合伙企业名义取得的收益和依法取得的其他财产三部分构成。

2. 合伙企业财产的性质。合伙企业作为独立的民事主体，其财产具有独立性和完整性特征。所谓独立性，是指合伙企业的财产权主体是合伙企业，而不是单独的每一个合伙人。所谓完整性，是指合伙企业的财产作为一个完整的统一体而存在，合伙人对合伙企业财产权益的表现形式，仅是依照合伙协议所确定的财产收益份额或者比例。因此《合伙企业法》规定，合伙人在合伙企业清算前，不得请求分割合伙企业的财产；但是法律另有规定的除外。

《合伙企业法》规定，合伙人在合伙企业清算前私自转移或者处分合伙企业财产的，合伙企业不得以此对抗善意第三人。此种情况下，合伙企业只能向合伙人主张权利，要求退回私自转移或者处分的合伙企业财产并赔偿损失。

3. 合伙企业财产的转让。合伙人之间转让其在合伙企业中的全部或者部分财产份额时，应当通知其他合伙人。合伙人向合伙人以外的人转让其在合伙企业中的财产份额时有严格限制：①除合伙协议另有约定外，合伙人向合伙人以外的人转让其在合伙企业中的全部或者部分财产份额时，须经其他合伙人一致同意；②合伙人向合伙人以外的人转让其在合伙企业中的财产份额的，在同等条件下，其他合伙人有优先购买权，但是，合伙协议另有约定的除外。合伙人以外的人依法受让合伙人在合伙企业中的财产份额的，经修改合伙协议即成为合伙企业的合伙人，依照《合伙企业法》和修改后的合伙协议享有权利，履行义务。

4. 合伙企业财产的出质。合伙人以其在合伙企业中的财产份额出质的，须经其他合伙人一致同意；未经其他合伙人一致同意的，其行为无效，由此给善意第三人造成损失的，由行为人依法承担赔偿责任。

(四) 普通合伙企业事务的执行

1. 合伙事务执行的形式。根据《合伙企业法》的规定，合伙人可以共同执行合伙事务，也可以按照合伙协议的约定或者经全体合伙人决定，可以委托一个或者数个合伙人对外代表合伙企业，执行合伙事务。合伙人可以将合伙事务委托一个或者数个合伙人执行，但并非所有的合伙事务都可以委托给部分合伙人。根据《合伙企业法》的规定，除合伙协议另有约定外，合伙企业的下列事项应当经全体合伙人一致同意：①改变合伙企业的名称；②改变合伙企业的经营范围、主要经营场所的地点；③处分合伙企业的不动产；④转让或者处分合伙企业的知识产权和其他财产权利；⑤以合伙企业名义为他人提供担保；⑥聘任合伙人以外的人担任合伙企业的经营管理人员。

2. 合伙人在执行合伙事务中的权利和义务。各合伙人无论其出资多少，对执行合伙事务享有同等的权利。合伙人为了解合伙企业的经营状况和财务状况，有权查阅合伙企业会计账簿等财务资料。合伙人在代表合伙企业执行事务时，不是以个人的名义进行一定的民事行为，而是以合伙企业事务执行人的身份参与活动，他对外代表合伙企业。不执行合伙事务的合伙人有权监督执行事务合伙人执行合伙事务的情况。合伙人分别执行合伙事务的，执行事务合伙人可以对其他合伙人执行的事务提出异议，提出异议时，应当暂停该项事务的执行。如果发生争议，依照《合伙企业法》第30条的规定作出决定。受委托执行合伙事务的合伙人不按照合伙协议或者全体合伙人的决定执行事务的，其他合伙人可以决定撤销该委托。合伙人有权按照合伙协议的约定或者法律的规定参与合伙事务的表决。

合伙人在执行合伙事务中的义务主要体现在：由一个或者数个合伙人执行合伙事务的，执行事务合伙人应当定期向不参加执行事务的合伙人报告企业经营状况和财务状况；合伙人不得自营或者同他人合作经营与本合伙企业相竞争的业务；除合伙协议另有规定或者经全体合伙人一致同意外，合伙人不得同本合伙企业进行交易；合伙人不得从事损害本合伙企业利益的活动。

3. 合伙事务执行的决议办法。主要有三种：

（1）由合伙协议对决议办法作出约定。当然，这种约定是有条件的，一是不能与法律规定抵触，二是由全体合伙人协商一致共同作出。

（2）合伙协议未约定或者约定不明的，实行合伙人一人一票并经全体合伙人过半数通过的表决办法。

（3）《合伙企业法》对合伙企业的表决办法另有规定的，从其规定。如《合伙企业法》第 34 条规定，合伙人按照合伙协议的约定或者经全体合伙人决定，可以增加或者减少对合伙企业的出资。又如《合伙企业法》第 31 条规定，改变合伙企业的名称、经营范围，处分合伙企业的不动产等事项，除合伙协议另有约定外，应当经全体合伙人一致同意。

4. 合伙企业的利润分配和亏损分担的规定。合伙企业的利润分配、亏损分担，按照合伙协议的约定办理；合伙协议未约定或者约定不明确的，由合伙人协商决定；协商不成的，由合伙人按照实缴出资比例分配、分担；无法确定出资比例的，由合伙人平均分配、分担。合伙协议不得约定将全部利润分配给部分合伙人或者由部分合伙人承担全部亏损。

5. 非合伙人参与经营管理。《合伙企业法》规定，除合伙协议另有约定外，经全体合伙人一致同意，可以聘任合伙人以外的人担任合伙企业的经营管理人员。被聘任的合伙企业的经营管理人员应当在合伙企业授权范围内履行职务。被聘任的合伙企业的经营管理人员，超越合伙企业授权范围履行职务，或者在履行职务过程中因故意或者重大过失给合伙企业造成损失的，依法承担赔偿责任。

（五）普通合伙企业与第三人的关系

1. 合伙企业对外代表权的效力。执行合伙事务的合伙人具有合伙企业的对外代表权，可以取得合伙企业对外代表权的合伙人，主要有三种情况：①由全体合伙人共同执行合伙企业事务的，全体合伙人都有权对外代表合伙企业；②由部分合伙人执行合伙企业事务的，只有受委托执行合伙企业事务的那一部分合伙人有权对外代表合伙企业；③因特别授权在单项合伙事务上有执行权的合伙人，依照授权范围可以对外代表合伙企业。根据《合伙企业法》的规定，执行合伙事务的合伙人对外代表合伙企业，其执行合伙事务所产生的收益归合伙企业，所产生的费用和亏损由合伙企业承担。

《合伙企业法》规定，合伙企业对合伙人执行合伙事务以及对外代表合伙企业权利的限制，不得对抗善意第三人。即当执行合伙事务的合伙人给善意第三人造成损失时，合伙企业不能因为有对合伙人执行合伙事务以及对外代表合伙企业权利的限制，就免除自己对善意第三人的责任。保护善意第三人的利益是被广泛认可的法律原则，是为了维护经济往来的交易安全。例如，某合伙企业内部规定，有对外代表权的合伙人甲在签订标的超过 2 万元的合同时，须经另外两个合伙人乙和丙的同意，如果甲自作主张没有征求乙和丙的同意，与第三人丁签订了一份标的额为 3 万元的买卖合同，而丁不知道在合伙企业内部对甲所作的限制，丁也没有从中获得不正当的利益，在这里丁为善意第三人，丁的利益应当予以保护，合伙企业不得以其内部对甲行使权利的限制，拒绝履行合伙企业应承担的责任。

2. 合伙企业和合伙人的债务清偿。

（1）合伙企业的债务清偿与合伙人的关系。对于合伙企业的债务，应当先以合伙企业的财产进行清偿。合伙企业不能清偿到期债务的，合伙人承担无限连带责任。合伙人由于承担无限连带责任，所清偿的数额超过其应分担的比例时，有权向其他合伙人追偿。合伙人之间的分担比例对债权人没有约束力。债权人可以根据自己的清偿利益，请求全体合伙人中的一人或者数人承担全部清偿责任，也可以按照自己确定的清偿比例向各合伙人分别要求清偿。

（2）合伙人的债务清偿与合伙企业的关系。在合伙企业存续期间，可能发生个别合伙人因不能偿还其私人债务而被追索的情况。由于合伙人在合伙企业中拥有财产利益，合伙人的债权人可能向合伙企业提出各种清偿请求，为此，《合伙企业法》规定：①合伙人发生与合伙企业无关的债务，相关债权人不得以其债权抵销其对合伙企业的债务。这是因为合伙企业某一合伙人对该债权人的负债，只是该合伙人个人的债务，如果允许两者抵销，就等于使合伙企业其他合伙人对个别合伙人的个人债务承担责任，这对于其他合伙人是不公平的，也损害了合伙企业的利益。②合伙人发生的与合伙企业无关的债务，相关债权人不得代位行使合伙人在合伙企业中的权利。这是因为，合伙企业具有人合性，合伙人之间相互了解和信任是合伙关系稳定的基础。如果允许个别合伙人的债权人代位行使该合伙人在合伙企业中的权利，如参与管理权、表决权等，则不利于合伙关系的稳定和合伙企业的正常运转。③合伙人的自有财产不足清偿其与合伙企业无关的债务的，该合伙人可以其从合伙企业中分取的收益用于清偿；债权人也可以依法请求人民法院强制执行该合伙人在合伙企业中的财产份额用于清偿。这既保护了债权人的清偿利益，也无损于全体合伙人的合法权益。

人民法院强制执行合伙人的财产份额时，应当通知全体合伙人，其他合伙人有优先购买权；其他合伙人未购买，又不同意将该财产份额转让给他人的，依照《合伙企业法》第51条的规定为该合伙人办理退伙结算，或者办理削减该合伙人相应财产份额的结算。

总结以上规定，当合伙企业的债务与合伙人的债务并存时，我国《合伙企业法》采用了"双重优先"的处理原则。即合伙企业的债务优先使用合伙企业的财产偿还，不能清偿时，合伙人才承担无限连带责任；合伙人个人的债务，优先使用其个人财产偿还，不能清偿时，才会使用其在合伙企业中的财产份额偿还。

（六）入伙

入伙是指在合伙企业存续期间，合伙人以外的第三人加入合伙，从而取得合伙人资格的行为。《合伙企业法》规定，新合伙人入伙，除合伙协议另有约定外，应当经全体合伙人一致同意，并依法订立书面入伙协议。订立入伙协议时，原合伙人应当向新合伙人如实告知原合伙企业的经营状况和财务状况。入伙的新合伙人与原合伙人享有同等权利，承担同等义务。但是，入伙协议另有约定的，从其约定。即如果原合伙人愿意以更优越的条件吸引新合伙人入伙，也可以在入伙协议中另行约定。新合伙人对入伙前合伙企业的债务承担无限连带责任。

（七）退伙

退伙是指合伙人在合伙企业存续期间退出合伙企业，从而丧失合伙人资格的法律事实。合伙人退伙一般有两种原因：一是自愿退伙；二是法定退伙。

自愿退伙是指合伙人基于自愿的意思表示而退伙。自愿退伙可以分为协议退伙和通知退伙两类。

关于协议退伙。《合伙企业法》规定，合伙协议约定合伙期限的，在合伙企业存续期间，有下列情形之一的，合伙人可以退伙：①合伙协议约定的退伙事由出现；②经全体合伙人一致同意；③发生合伙人难以继续参加合伙的事由；④其他合伙人严重违反合伙协议约定的义务。合伙人违反上述规定退伙的，应当赔偿由此给合伙企业造成的损失。

关于通知退伙。《合伙企业法》规定，合伙协议未约定合伙期限的，合伙人在不给合伙企业事务执行造成不利影响的情况下，可以退伙，但应当提前30日通知其他合伙人。合伙人违反上述规定退伙的，应当赔偿由此给合伙企业造成的损失。

法定退伙是指合伙人因出现法定事由而被动地退出合伙，分为当然退伙和除名退伙两类。

关于当然退伙。《合伙企业法》规定，合伙人有下列情形之一的，当然退伙：①作为合伙人的自然人死亡或者被依法宣告死亡；②个人丧失偿债能力；③作为合伙人的法人或者其他组织依法被吊销营业执照、责令关闭、撤销，或者被宣告破产；④法律规定或者合伙协议约定合伙人必须具备相关资格而丧失该资格；⑤合伙人在合伙企业中的全部财产份额被人民法院强制执行。此外，合伙人被依法认定为无民事行为能力人或者限制民事行为能力人的，经其他合伙人一致同意，可以依法转为有限合伙人，普通合伙企业依法转为有限合伙企业。其他合伙人未能一致同意的，该无民事行为能力或者限制民事行为能力的合伙人退伙。当然退伙以退伙事由实际发生之日为退伙生效日。

关于除名退伙，《合伙企业法》规定，合伙人有下列情形之一的，经其他合伙人一致同意，可以决议将其除名：①未履行出资义务；②因故意或者重大过失给合伙企业造成损失；③执行合伙事务时有不正当行为；④发生合伙协议约定的事由。对合伙人的除名决议应当书面通知被除名人。被除名人接到除名通知之日，除名生效，被除名人退伙。被除名人对除名决议有异议的，可以自接到除名通知之日起 30 日内，向人民法院起诉。

退伙时退伙人在合伙企业中的财产份额和民事责任的归属变动分为两种情况：一是财产继承；二是退伙结算。

关于财产继承，《合伙企业法》规定，合伙人死亡或者被依法宣告死亡的，对该合伙人在合伙企业中的财产份额享有合法继承权的继承人，按照合伙协议的约定或者经全体合伙人一致同意，从继承开始之日起，取得该合伙企业的合伙人资格。有下列情形之一的，合伙企业应当向合伙人的继承人退还被继承合伙人的财产份额：①继承人不愿意成为合伙人；②法律规定或者合伙协议约定合伙人必须具有相关资格，而该继承人未取得该资格；③合伙协议约定不能成为合伙人的其他情形。合伙人的继承人为无民事行为能力人或者限制民事行为能力人的，经全体合伙人一致同意，可以依法成为有限合伙人，普通合伙企业依法转为有限合伙企业；全体合伙人未能一致同意的，合伙企业应当将被继承合伙人的财产份额退还该继承人。

关于退伙结算，除合伙人死亡或者被依法宣告死亡的情形外，《合伙企业法》对退伙结算作了以下规定：①合伙人退伙，其他合伙人应当与该退伙人按照退伙时的合伙企业财产状况进行结算，退还退伙人的财产份额。退伙人对合伙企业造成的损失负有赔偿责任的，相应扣减其应当赔偿的数额。退伙时有未了结的合伙企业事务的，待该事务了结后进行结算。②退伙人在合伙企业中的财产份额的退还办法，由合伙协议约定或者由全体合伙人决定，可以退还货币，也可以退还实物。③退伙人对基于其退伙前的原因发生的合伙企业债务，承担无限连带责任。合伙人退伙时，合伙企业财产少于合伙企业债务的，退伙人应当依照合伙协议的约定或法律的规定分担亏损。

（八）特殊的普通合伙企业

1. 特殊的普通合伙企业的概念。特殊的普通合伙企业，是指以专业知识和专门技能为客户提供有偿服务的专业服务机构，如律师事务所、会计师事务所、资产评估事务所等。

2. 特殊的普通合伙企业的责任形式。

（1）无限连带责任。对合伙人在执业活动中非因故意或者重大过失造成的合伙企业债务以及合伙企业的其他债务，全体合伙人承担无限连带责任。这时的责任承担方式跟一般的普通合伙企业相同。

（2）有限责任与无限责任并用。即一个合伙人或者数个合伙人在执业活动中因故意或者重大过失给合伙企业造成债务的，应当承担无限责任或者无限连带责任，其他合伙人以其在合伙企业中的财产份额为限承担责任。合伙人执业活动中因故意或者重大过失造成的合伙企业债务，以合伙企业财产对外承担责任后，该合伙人应当按照合伙协议的约定对给合伙企业造成的损失承担赔偿责任。

3. 执业风险防范。特殊的普通合伙企业应当建立执业风险基金、办理职业保险。执业风险基金用于偿付合伙人执业活动造成的债务。执业风险基金应当单独立户管理。具体管理办法由国务院规定。

三、有限合伙企业

（一）有限合伙企业的概念和法律适用

1. 有限合伙企业的概念。有限合伙企业，是指由有限合伙人和普通合伙人共同组成，普通合伙人对合伙企业的债务承担无限连带责任，有限合伙人以其认缴的出资额为限对合伙企业债务承担责任的合伙组织。有限合伙企业引入有限责任制度，有利于调动各方的投资热情，实现投资者与创业者的最佳结合。

2. 有限合伙企业法律适用。《合伙企业法》第 60 条规定，有限合伙企业及其合伙人适用有限合伙企业的法律规定；法律未作规定的，适用《合伙企业法》关于普通合伙企业及其合伙人的规定。

（二）有限合伙企业设立的特殊规定

1. 有限合伙企业的设立条件。

有限合伙企业的设立条件包括：

（1）有限合伙企业的人数。有限合伙企业由 2 人以上 50 人以下的合伙人设立，法律另有规定的除外。有限合伙企业至少应当有 1 个普通合伙人。国有独资公司、国有企业、上市公司以及公益性的事业单位、社会团体不得成为有限合伙企业的普通合伙人。有限合伙企业由有限合伙人和普通合伙人组成，缺少任何一方都不能成立有限合伙企业。因此，有限合伙人的人数发生变化致其不再符合法律对有限合伙的规定时，有限合伙企业应当进行组织形式变更。《合伙企业法》第 75 条规定，有限合伙企业仅剩有限合伙人的，应当解散；有限合伙企业仅剩普通合伙人的，转为普通合伙企业。

（2）有限合伙企业的书面合伙协议。有限合伙企业协议除符合普通合伙企业的合伙协议的规定外，还应当在合伙协议中载明下列事项：①普通合伙人和有限合伙人的姓名或者名称、住所；②执行事务合伙人应具备的条件和选择程序；③执行事务合伙人的权限与违约处理办法；④执行事务合伙人的除名条件和更换程序；⑤有限合伙人入伙、退伙的条件、程序以及相关责任；⑥有限合伙人和普通合伙人相互转变的程序。

（3）有限合伙人的出资形式。有限合伙人可以用货币、实物、知识产权、土地使用权或者其他的财产权利作价出资。有限合伙人不得以劳务出资。有限合伙人应当按照合伙协议的约定按期足额缴纳出资；未按期足额缴纳的，应当承担补缴义务，并对其他合伙人承担违约责任。

（4）有限合伙企业的名称。有限合伙企业的名称中应当标明"有限合伙"字样，以便于社会公众和交易相对人对有限合伙企业进行认知和了解，以区别于其他的企业组织形式，从而防范交易风险，维护交易安全。

（5）法律、行政法规规定的其他条件。

2. 有限合伙企业的设立程序与普通合伙企业的规定相同。

（三）有限合伙企业事务执行的特殊规定

《合伙企业法》规定，有限合伙企业由普通合伙人执行合伙事务。执行事务合伙人可以要求在合伙协议中确定执行事务的报酬及报酬提取方式。合伙事务执行人除享有一般合伙人相同的权利外，还有接受其他合伙人的监督和检查、谨慎执行合伙事务的义务，若因自己的过错造成合伙企业财产损失的，应向合伙企业或其他合伙人负赔偿责任。

有限合伙人不得执行合伙事务，不得对外代表有限合伙企业。有限合伙人的下列行为，不视为执行合伙事务：①参与决定普通合伙人入伙、退伙；②对企业的经营管理提出建议；③参与选择承办有限合伙企业审计业务的会计师事务所；④获取经审计的有限合伙企业财务会计报告；⑤对涉及自身利益的情况，查阅有限合伙企业财务会计账簿等财务资料；⑥在有限合伙企业的利益受到侵害时，向有责任的合伙人主张权利或者提起诉讼；⑦执行事务合伙人怠于行使权利时，督促其行使权利或者为了本企业的利益以自己的名义提起诉讼；⑧依法为本企业提供担保。

另外，《合伙企业法》规定，第三人有理由相信有限合伙人为普通合伙人并与其交易的，该有限合伙人对该笔交易承担与普通合伙人同样的责任。有限合伙人未经授权以有限合伙企业名义与他人进行交易，给有限合伙企业或者其他合伙人造成损失的，该有限合伙人应当承担赔偿责任。

（四）有限合伙人权利的特殊规定

有关有限合伙人权利的特殊规定包括：

（1）有限合伙人可以同本有限合伙企业进行交易，但是合伙协议另有约定的除外。

（2）有限合伙人可以自营或者同他人合作经营与本有限合伙企业相竞争的业务，但是，合伙协议另有约定的除外。与普通合伙人不同，有限合伙人一般不承担竞业禁止义务。

（五）有限合伙企业利润分配

《合伙企业法》规定，有限合伙企业不得将全部利润分配给部分合伙人，但是，合伙协议另有约定的除外。

（六）有限合伙企业财产出质与转让的特殊规定

1. 有限合伙人财产份额的出质。有限合伙人可以将其在有限合伙企业中的财产份额出质，但合伙协议另有约定的除外。所谓出质，是指有限合伙人以其在合伙企业中的财产份额对外进行权利质押。

2. 有限合伙人财产份额的转让。有限合伙人可以按照合伙协议的约定向合伙人以外的人转让其在有限合伙企业中的财产份额，但应当提前30日通知其他合伙人。即有限合伙人向外转让其财产份额要依法进行，一是要按照合伙协议的约定进行转让；二是应当提前30日通知其他合伙人。

（七）有限合伙人债务清偿的特殊规定

《合伙企业法》规定，有限合伙人的自有财产不足清偿其与合伙企业无关的债务的，该合伙人可以其从有限合伙企业中分取的收益用于清偿；债权人也可依法请求人民法院强制执行该合伙人在有限合伙企业中的财产份额用于清偿。人民法院强制执行有限合伙人的财产份额时，应当通知全体合伙人。在同等条件下，其他合伙人有优先购买权。

（八）有限合伙企业入伙、退伙、资格承继的特殊规定

1. 入伙。新入伙的有限合伙人对入伙前有限合伙企业的债务，以其认缴的出资额为限承担责任。

2. 退伙。有限合伙人出现下列情形之一时，当然退伙：①作为合伙人的自然人死亡或者被依法宣告死亡；②作为合伙人的法人或者其他组织依法被吊销营业执照、责令关闭、撤销，或者被宣告破产；③法律规定或者合伙协议约定合伙人必须具有相关资格而丧失该资格；④合伙人在合伙企业中的全部财产份额被人民法院强制执行。

3. 资格承继。作为有限合伙人的自然人在有限合伙企业存续期间丧失民事行为能力的，其他合伙人不得因此要求其退伙。这是因为有限合伙人对有限合伙企业只进行投资，而不负责事务执行。有限合伙人丧失民事行为能力并不影响有限合伙企业的正常生产经营活动。

作为有限合伙人的自然人死亡、被依法宣告死亡或者作为有限合伙人的法人及其他组织终止时，其继承人或者权利承受人可以依法取得该有限合伙人在有限合伙企业中的资格。

4. 有限合伙人退伙后的责任承担。《合伙企业法》规定，有限合伙人退伙

后，对基于其退伙前的原因发生的有限合伙企业债务，以其退伙时从有限合伙企业中取回的财产承担责任。

（九）合伙人身份转变的特殊规定

《合伙企业法》规定，除合伙协议另有约定外，普通合伙人转变为有限合伙人，或者有限合伙人转变为普通合伙人，应当经全体合伙人一致同意。有限合伙人转变为普通合伙人的，对其作为有限合伙人期间有限合伙企业发生的债务承担无限连带责任。普通合伙人转变为有限合伙人的，对其作为普通合伙人期间合伙企业发生的债务承担无限连带责任。

四、合伙企业的解散和清算

（一）合伙企业的解散条件

合伙企业解散，是指各合伙人解除合伙协议，合伙企业终止活动。

根据《合伙企业法》规定，合伙企业有下列情形之一的，应当解散：①合伙期限届满，合伙人决定不再经营；②合伙协议约定的解散事由出现；③全体合伙人决定解散；④合伙人已不具备法定人数满 30 天；⑤合伙协议约定的合伙目的已经实现或者无法实现；⑥依法被吊销营业执照、责令关闭或者被撤销；⑦法律、行政法规规定的其他原因。

（二）合伙企业清算程序

1. 确定清算人。合伙企业解散，应当由清算人进行清算。清算人的产生有三种情况：①清算人由全体合伙人担任；②经全体合伙人过半数同意，可以自合伙企业解散事由出现后 15 日内指定一个或者数个合伙人，或者委托第三人，担任清算人；③自合伙企业解散事由出现之日起 15 日未确定清算人的，合伙人或者其他利害关系人可以申请人民法院指定清算人。

清算人在清算期间执行下列事务：①清理合伙企业财产，分别编制资产负债表和财产清单；②处理与清算有关的合伙企业未了结事务；③清缴所欠税款；④清理债权、债务；⑤处理合伙企业清偿债务后的剩余财产；⑥代表合伙企业参加诉讼或者仲裁活动。

2. 通知和公告债权人。清算人自被确定之日起 10 日内将合伙企业解散事项通知债权人，并于 60 日内在报纸上公告。债权人应当自接到通知书之日起 30 日内，未接到通知书的自公告之日起 45 日内，向清算人申报债权。债权人申报债权，应当说明债权的有关事项，并提供证明材料。清算人应当对债权进行登记。清算期间，合伙企业存续，但不得开展与清算无关的经营活动。

3. 财产分配。合伙企业的财产清偿顺序如下：①支付清算费用；②支付职工工资、社会保险费用、法定补偿金；③缴纳所欠税款；④清偿债务；⑤分配剩余财产。合伙企业财产依法清偿后仍有剩余的，对剩余财产依照《合伙企业法》

的规定进行分配，即首先按照合伙协议的约定办理；合伙协议未约定或者约定不明确的，由合伙人协商决定；协商不成的，由合伙人按照实缴出资比例分配；无法确定出资比例的，由合伙人平均分配。

4. 注销登记。清算结束后，清算人应当编制清算报告，经全体合伙人签名、盖章后，在15日内向企业登记机关报送清算报告，申请办理合伙企业注销登记。经企业登记机关注销登记后，合伙企业终止。

合伙企业注销后，原普通合伙人对合伙企业存续期间的债务仍应承担无限连带责任。

5. 合伙企业不能清偿到期债务的处理。合伙企业不能清偿到期债务的，债权人可以依法向人民法院提出破产清算申请，也可以要求普通合伙人清偿。合伙企业依法被宣告破产的，普通合伙人对合伙企业债务仍应承担无限连带责任。

第四节　外商投资企业法概述

一、外商投资企业的概念和特征

外商投资企业，是指外国投资者经中国政府批准，在中国境内投资举办的企业。根据我国有关法律和行政法规规定，我国目前存在的外商投资企业种类有：中外合资经营企业、中外合作经营企业、外资企业及中外合资股份有限公司。

外商投资企业具有以下基本特征：

（1）外商投资企业是外商直接投资举办的企业。所谓直接投资，是与间接投资相对而言的，是指投资者将资金投入企业，并不同程度地参与企业的经营决策，通过企业盈利分配获取投资收益的投资方法。

（2）外商投资企业是外国私人投资举办的企业。私人投资是指以公司、企业和其他经济组织或者个人的名义进行的投资。

（3）外商投资企业是依照中国的法律和行政法规，经中国政府批准，在中国境内设立的企业。因此，外商投资企业具有中国国籍，受到中国法律的保护。

二、中外合资经营企业

（一）中外合资经营企业的概念和特征

中外合资经营企业，（以下简称合营企业），是指外国公司、企业、其他经济组织或个人在中国境内经中国政府批准，与中国的公司、企业或其他经济组织共同举办的企业。合营企业，具有以下特征：

（1）从主体上看，合营企业的一方为外国合营者，另一方为中国合营者。外国合营者可以是公司、企业、其他经济组织或者个人。中国合营者可以是公司、企业或者其他经济组织，不包括个人。

（2）合营各方共同投资、共同经营，按照各自的出资比例共担风险、共负盈亏。

（3）合营企业的组织形式为有限责任公司，合营各方对合营企业的责任以各自认缴的出资额为限承担有限责任。

（4）从法律地位上看，合营企业是经中国政府批准设立的中国法人，必须遵守中国的法律和行政法规，并受中国法律和行政法规的保护。

（二）中外合资经营企业的设立条件

在中国境内设立合营企业，应当能够促进中国经济的发展和科学技术水平的提高，应注重经济效益，要符合下列一项或数项要求：①采用先进技术设备和科学的管理方法，能增加产品品种，提高产品质量和产量，节约能源和材料；②有利于企业技术进步，能做到投资少、见效快、收益大；③能扩大产品出口，增加外汇收入；④能培训技术人员和经营管理人员。

申请设立合营企业有下列情形之一的，不予批准：①有损中国主权的；②违反中国法律的；③不符合中国国民经济发展要求的；④造成环境污染的；⑤签订的协议、合同、章程显属不公平，损害合营一方权益的。

（三）设立中外合资企业的程序

1. 项目申请。有中国合营者向企业主管部门呈报拟与外国合营者设立合营企业的项目建议书和初步可行性研究报告，经主管部门审查同意并转报审批机构批准后，合营各方才能进行以可行性研究为中心的各项工作，在此基础上商签合营企业协议、合同和章程。

2. 洽谈签约。合营双方在平等互利、协商一致的基础上就设立合营企业事宜共同进行可行性研究，签订协议、合同和章程。合营企业协议与合营企业合同有抵触时，以合营企业合同为准。经合营各方同意，也可以不订立合营企业协议而只订立合营企业合同、章程。合营企业合同的订立、效力、解释、执行及其争议的解决，均应适用中国的法律。

3. 审查批准。合营企业合同正式签订后，由中国合营者代表合营双方按中方隶属关系上报主管部门审查同意并转报审批机构批准后，发给批准证书。

4. 登记注册。合营企业申请者应在收到批准证书后1个月内，持批准证书、合同、章程、场地使用文件、企业名称预先核准通知书等，按法律规定，向国家工商行政管理局和经其授权的地方工商行政管理局申请注册登记。经工商行政管理局核准登记后，领取《中华人民共和国企业法人营业执照》，合营企业即告成立，并取得中国法人资格。合营企业的营业执照签发日期，为该合营企业的成立日期。

（四）注册资本

合营企业的注册资本，是指为设立合营企业在工商行政管理机关登记注册的资本，应为合营各方认缴的出资额之和。依照我国有关法律、法规的规定，合营企业的注册资本应当符合下列要求：

（1）在合营企业的注册资本中，外国合营者的出资比例一般不低于25%，法律无最高限额的规定。

（2）合营企业在合营期限内，不得减少其注册资本。但因投资总额和生产经营规模等发生变化，确需减少注册资本的，须经审批机构批准。合营企业可以增加注册资本，但是合营企业增加注册资本应当经合营各方协商一致，并由董事会会议通过，报经原审批机构核准。合营企业增加、减少注册资本，应当修改合营企业章程，并办理变更注册资本登记手续。

（3）合营企业的注册资本应符合《公司法》规定的有限责任公司的注册资本的最低限额。

（4）注册资本与投资总额的关系。合营企业的投资总额，是指按照合营企业的合同、章程规定的生产规模需要投入的基本建设资金和生产流动资金的总和，由注册资本与借款构成。合营企业的借款是以合营企业的名义向金融机构借入的款项。合营企业的注册资本和投资总额之间应当保持正确、合理的比例关系。1987年3月1日经国务院批准，国家工商行政管理总局发布了《关于中外合资经营企业注册资本与投资总额比例的暂行规定》，明确了合营企业注册资本与投资总额的比例，其主要内容是：①投资总额在300万（含300万）美元以下的，注册资本至少应占投资总额的7/10；②投资总额在300万美元以上至1000万（含1000万）美元的，注册资本至少应占投资总额的1/2；③投资总额在1000万美元以上至3000万（含3000万）美元的，注册资本至少应占投资总额的2/5；④投资总额在3000万美元以上的，注册资本至少应占投资总额的1/3。

合营企业如遇特殊情况不能执行此规定的，由国务院对外经济贸易主管部门会同国家工商行政管理机关批准。

（五）出资方式

合营企业各方的出资方式有：现金、实物、场地使用权、工业产权、专有技术和其他财产权利。

1. 现金出资。外方投资者以现金出资时，只能以外币缴付出资，不能以人民币缴付出资。这主要是为了增加我国的外汇储备。

2. 实物出资。实物出资一般是以机器设备、原材料、零部件、建筑物、厂房等作为出资。中外投资者以实物出资需要作价时，其作价由中外投资各方按照公平合理的原则协商确定，或者聘请中外投资各方同意的第三者评定。此外，依照我国有关法律的规定，外方投资者以机器设备或者其他物料出资的，应符合下列条件：①为合营企业生产所必需的；②作价不得高于同类机器设备或其他物料当时的国际市场价格。

3. 场地使用权。中方投资者可以用场地使用权作为出资。如果未用场地使用权作为中方投资者出资的，则举办的合营企业应向中国政府缴纳场地使用费。

4. 工业产权、专有技术出资。根据中国有关法律规定，外方投资者出资的工业产权、专有技术必须符合下列条件之一：①能显著改进现有产品的性能、质量，提高生产效率；②能显著节约原材料、燃料、动力。凡是以工业产权、专有技术作为出资的，出资者应当出具拥有所有权和处分权的有效证明，并提交该工业产权或专有技术的有关资料，包括专利证书或商标注册证书的复制件、有效状况及其技术特性、实用价值、作价的计算依据、签订的作价协议等有关文件，作为合营合同的附件。

5. 其他财产权利出资。主要包括：国有企业的经营权、国有自然资源的使用经营权、公民或集体组织的承包经营权、公司股份或其他形式的权益等。

（六）出资期限

合营企业的出资期限由合营各方在合营合同、章程中明确规定。未作规定的，审批机构不予批准，登记机关不予登记注册。合营合同中规定一次缴付出资的，投资各方应当自营业执照签发之日起 6 个月内缴清；合同中规定分期缴付出资的，投资各方第一期出资不得低于各自认缴出资额的 15%，并且应当在营业执照签发之日起 3 个月内缴清。合营各方未能在规定的期限内缴付出资的，视为合营企业自动解散，合营企业批准证书自动失效。合营一方未按照合营合同的规定如期缴付或者缴清其出资的，即构成违约。守约方应当催告违约方在 1 个月内缴付或者缴清出资，逾期仍未缴付或者缴清的，视同违约方放弃在合营合同中的一切权利，自动退出合营企业。守约方应当在逾期后 1 个月内，向原审批机关申请批准解散合营企业或者申请批准另找合营者承担违约方在合同中的权利和义务。守约方可以依法要求违约方赔偿因未缴付或者缴清出资造成的经济损失。

经国务院批准，1997 年 9 月 29 日，原对外贸易经济合作部、国家工商行政管理总局又联合发布了《〈中外合资经营企业合营各方出资的若干规定〉的补充规定》，对外商投资企业的出资管理作出了如下补充规定：

（1）对通过收购国内企业资产或者股权设立外商投资企业的外国投资者，应自外商投资企业营业执照颁发之日起 3 个月内支付全部购买金；对特殊情况需延长支付者，经审批机关批准后，应自营业执照颁发之日起 6 个月内支付购买总金额的60%以上，在 1 年内付清全部购买金，并按实际缴付的出资额比例分配收益。控股投资者在付清全部购买金之前，不能取得企业决策权，不得将其在企业中的权益、资产以合并报表的方式纳入该投资者的财务报表。

（2）中外合资经营企业的投资者均按合同规定的比例和期限同步缴付认缴的出资额，因特殊情况不能同步缴付的，应报原审批机构批准，并按实际缴付的出资额比例分配收益。对中外合资经营企业中控股（包括相对控股）的投资者，在其实际缴付的投资额未达到其认缴的全部出资额之前，不能取得企业决策权，不得将其在企业中的权益、资产以合并报表的方式纳入该投资者的财务报表。

（3）中外合作经营企业和外资企业比照中外合资经营企业的规定执行。

（七）中外合资经营企业的组织机构

根据法律规定，合营企业的组织机构由董事会和经营管理机构组成，或者说是董事会领导下的总经理负责制。

1. 董事会。董事会是合营企业的最高权力机构，根据合营企业章程的规定，讨论决定合营企业的一切重大问题。董事会由董事长、副董事长及董事组成。董事会成员不得少于 3 人。董事长和副董事长由合营各方协商确定或者由董事会选举产生。中外合营者的一方担任董事长的，由他方担任副董事长。董事名额由合营各方参照出资比例协商确定，董事由合营各方委派和撤换。董事任期 4 年，可以连任。

董事会会议由董事长召集，董事长不能召集时，可以由董事长委托副董事长或者其他董事召集。董事会每年至少召开 1 次董事会会议，经 1/3 以上董事提议，可以召开临时会议。董事会会议应有 2/3 以上董事出席，其决议方式可以根据合营企业章程载明的议事规则作出。但涉及合营企业的下列事项，必须经出席董事会会议的董事一致通过方可作出决议：①合营企业章程的修改；②合营企业的中止、解散；③合营企业注册资本的增加、减少；④合营企业的合并、分立。

2. 经营管理机构。经营管理机构负责合营企业的日常经营管理工作。经营管理机构设总经理 1 人，副总经理若干人，其他高级管理人员若干人。总经理的职责主要有：执行董事会会议的各项决议；组织领导合营企业的日常经营管理工作；在董事会的授权范围内，代表合营企业对外进行各项经营业务；任免下属人员；行使董事会授予的其他职权。

（八）中外合资经营企业的期限、解散和清算

1. 合营企业的期限。合营各方举办下列项目应在合同中约定合营期限：①服务性行业，如饭店、公寓、写字楼、娱乐、饮食、出租汽车、彩扩、洗像、维修、咨询等；②从事土地开发及经营房地产；③从事资源勘查开发；④国家规定限制投资项目；⑤国家其他法律、法规规定需要约定合营期限的。

合营企业期限的变动。经合营各方同意延长合营期限的，应当在距合营期满 6 个月前向审批机关提出申请。审批机关应当在收到申请之日起 1 个月内决定批

准或者不批准。合营企业合营各方如一致同意将合营合同中约定的合营期限条款修改为不约定合营期限的协议，应提出申请，报原审批机关审查。原审批机关应当自收到上述申请文件之日起90日内决定批准或不批准。

根据《外商投资企业和外国企业所得税法》及其实施细则的规定，以经营期限为前提，合营企业可以享受优惠条件。如税法规定，合营企业经营期限在10年以上的，从开始获利的年度起，第1年和第2年免征所得税，第3～5年减半征收企业所得税。

2. 合营企业的解散。根据《中外合资经营企业法实施条例》的规定，合营企业解散的原因有：①合营期限届满；②企业发生严重亏损，无力继续经营；③合营一方不履行合营企业协议、合同、章程规定的义务，致使企业无法继续经营；④因自然灾害、战争等不可抗力遭受严重损害，无法继续经营；⑤合营企业未达到其经营目的，同时又无发展前途；⑥合营企业合同、章程所规定的其他解散原因已经出现。上述第2、4、5、6种情况发生的，由董事会提出解散申请书，报审批机关批准。第3种情况发生的，由履行合同的一方提出申请，报审批机关批准。另外，根据《破产法》规定，企业无力偿还到期债务的，企业债权人可以向人民法院要求宣告该企业破产；企业也可以自行申请破产。人民法院宣告企业破产后，企业应予解散。

3. 合营企业的清算。合营企业宣告解散时，应当进行清算。企业破产清算应当按照有关法律规定的程序进行。合营企业的清算应当按照规定成立清算委员会，由清算委员会负责清算事宜。

清算委员会的成员一般应当在合营企业的董事中选任。董事不能担任或者不适合担任清算委员会成员时，合营企业可以聘请中国的注册会计师、律师担任。审批机关认为必要时，可以派人进行监督。清算委员会的主要任务有：①对合营企业财产、债权、债务进行全面清查；②编制资产负债表和财产目录，提出财产作价和计算依据，制定清算方案；③履行企业偿债义务；④清算期间，清算委员会代表该合营企业起诉或者应诉。

合营企业以其全部资产对其债务承担责任。合营企业清偿债务后的剩余财产按照合营各方的出资比例进行分配，但合营企业协议、合同、章程另有规定的除外。合营企业解散时，其资产净额或者剩余财产减除企业未分配利润、各项基金和清算费用后的余额，超过实缴资本的部分为清算所得，应当依法缴纳所得税。

合营企业的清算工作结束后，由清算委员会提出清算结束报告，提请董事会会议通过后，报告审批机构，并向登记管理机构办理注销登记手续，缴销营业执照。

三、中外合作经营企业

(一) 中外合作经营企业的概念和特征

中外合作经营企业（以下简称合作企业），是由外国的企业、其他经济组织和个人（简称外国合作者），按照平等互利的原则，同中国的企业、其他经济组织（简称中国合作者），经过中国政府批准，在中国境内设立的，由各方通过合同来约定合作条件的企业，也称契约式合营企业。

中外合作经营企业具有以下基本特征：

1. 契约式企业。合作企业各方的投资不需折算成股本，也不需按股份比例分享利润和承担风险，合作各方的权利和义务都在签订的合同中约定，包括投资或者提供合作条件、利润或者产品的分配、风险和亏损的分担、经营管理的方式和合作企业解散时财产的归属等。该特征是合作企业与合营企业最主要的区别。

2. 法人资格有可选择性。合作企业符合法人条件的，依法取得中国法人资格；不具备法人资格的企业可采取其他组织形式。

3. 外国合作者可以先行回收投资。合作企业可在合作企业合同中约定外国合作者在合作期限内通过多分利润、固定资产折旧提取等方式先行回收投资，合作期满后，合作企业的全部固定资产归中国合作者所有。

4. 经营管理方式多样化。合作企业在经营管理方式上既可以采用董事会领导下的总经理负责制，也可以采用联合管理制、委托管理制。

(二) 中外合作经营企业的设立

1. 设立条件。国家鼓励举办的合作企业是：①产品出口的生产型合作企业；②技术先进的生产型合作企业。申请设立合作企业，有下列情形之一的，不予批准：①损害国家主权或者社会公共利益；②危害国家安全；③对环境造成污染损害；④违反法律、行政法规或者国家产业政策的其他情形。

2. 设立合作企业的程序。

(1) 由中国合作者向审查批准机关报送有关文件。这些文件包括：设立合作企业的项目建议书；合作各方共同编制的可行性研究报告；合作企业协议、合同、章程；合作各方的营业执照或注册登记证明、资信证明及法定代表人的有效证明文件；合作各方协商确定的合作企业董事长、副董事长、董事会或者联合管理委员会主任、副主任、委员的人选名单；审查批准机关要求报送的其他文件。

(2) 审查批准机关审批。审查批准机关应当自收到规定的全部文件之日起45天内决定批准或者不批准。审查批准机关认为报送的文件不全或者有不当之处的，有权要求合作各方在指定期间内补全或修正。

(3) 批准设立的合作企业依法向工商行政管理机关申请登记，领取营业执照。

（三）中外合作经营企业的组织管理

合作企业可以申请为具有法人资格的合作企业，也可以申请为不具有法人资格的合作企业。具有法人资格的合作企业，其组织形式为有限责任公司。不具有法人资格的合作企业，合作各方之间是一种合伙关系。合作各方依照中国民事法律的有关规定，承担民事责任。

合作企业的组织机构可以是董事会，或者是联合管理机构。具备法人资格的合作企业，一般设立董事会；不具备法人资格的合作企业一般设立联合管理委员会。董事会或者联合管理委员会是合作企业的权力机构，按照合作企业章程的规定，决定合作企业的重大问题。董事会或者联合管理委员会成员由合作各方自行委派或者撤换。

合作企业成立后，改为委托合作各方以外的他人经营管理的，必须经董事会或者联合管理委员会一致同意，报审查批准机关批准，并向工商行政管理机关办理变更登记手续。

合作企业的经营管理活动，根据批准的合作企业合同、章程进行，其经营管理自主权不受干涉，并依法受到保护。合作企业的合同是指合作各方为设立合作企业就相互之间的权利、义务关系达成一致意见后形成的书面文件。合同自审查批准机关颁发批准证书之日起生效。在合作期限内，合作企业合同有重大变更的，须经审查批准机关批准。合作企业的章程是指按照合作企业合同约定，经合作各方一致同意，约定合作企业的组织原则、经营管理方法等事项的书面文件。合作企业章程内容与合作企业合同不一致的，以合作企业合同为准。合作企业章程自审查批准机关颁发批准证书之日起生效。在合作期限内，合作企业章程有重大变更的，须经审查批准机关批准。

（四）中外合作经营企业的期限、解散和清算

1. 合作企业的期限。合作企业的期限由中外合作者协商确定，并在合作企业合同中订明。合作企业期限届满，合作各方协商要求延长合作期限的，应当在期限届满的 180 日前向审查批准机关提出申请，说明原合作企业合同执行情况，延长合作期限的原因，同时报送合作各方就延长的期限内各方的权利、义务等事项所达成的协议。经批准延长合作期限的，合作企业凭批准文件向工商行政管理机关办理变更登记手续，延长的期限从期限届满后的第一天起计算。合作企业合同约定外国合作者先行回收投资，并且投资已经回收完毕的，合作企业期限届满不再延长。但是，外国合作者增加投资的，经合作各方协商同意，可以向审查批准机关申请延长合作期限。

2. 合作企业的解散。合作企业解散的原因主要有以下几项：①合作期限届满；②合作企业发生严重亏损，或者因不可抗力遭受严重损失，无力继续经营；

③中外合作者一方或者数方不履行合作企业合同、章程规定的义务，致使合作企业无法继续经营；④合作企业合同、章程中规定的其他解散原因已经出现；⑤合作企业违反法律、行政法规，被依法责令关闭。

3. 合作企业的清算。根据《中外合作经营企业法》第 23 条的规定，合作企业期满或者提前终止时，应当依照法定程序对资产和债权、债务进行清算。中外合作者应当依照合作企业合同的约定确定合作企业财产的归属。

四、外资企业

（一）外资企业的概念和特征

外资企业也称外商独资经营企业，是指依照中国有关法律在中国境内设立的，全部资本由外国投资者提供而设立的企业。

外资企业具有以下基本特征：

（1）外资企业是外国投资者依照中国法律在中国境内设立的企业，是具有中国国籍的企业，而非外国企业。外资企业必须遵守中国的法律、行政法规，不得损害中国社会的公共利益。同时，外资企业受中国法律的管辖和保护。

（2）外资企业的全部资本由外国投资者投入。这是外资企业与中外合资经营企业、中外合作经营企业的主要区别。

（3）外资企业不包括外国的企业和其他经济组织在中国境内的分支机构。外国的企业和其他经济组织在中国境内设立的分支机构，一般属于外国企业的分公司。

（4）外资企业是一个独立的经济实体，独立核算，自负盈亏，独立承担法律责任。

（二）外资企业的设立

设立外资企业，必须有利于中国国民经济的发展，能够取得显著的经济效益。国家鼓励外资企业采用先进技术和设备，从事新产品开发，实现产品升级换代，节约能源和原材料，并鼓励举办产品出口的外资企业。申请设立外资企业，存在有损中国主权或者社会公共利益、危及中国国家安全、违反中国法律、法规、不符合中国国民经济发展要求以及可能造成环境污染等情况之一的，不予批准。

设立外资企业必须遵循的基本程序为：①外国投资者向拟设外资企业所在地的县级或者县级以上地方人民政府提交报告。收到报告的人民政府应自收到之日起 30 日内以书面形式答复外国投资者。②外国投资者应当通过拟设立外资企业所在地的县级或县级以上地方人民政府向审批机关提出申请，并依法报送有关文件资料。两个或者两个以上外国投资者共同申请设立外资企业，应当将其签订的合同副本报送审批机关备案。③审批机关应当在收到申请设立外资企业的全部文件之日起 90 天内决定批准或者不批准。审批机关如果发现上述文件不齐备或者有不当之处，可以要求限期补报或者修改。④设立外资企业的申请经审批机关批准后，外国投资者应当在收到批准证书之日起 30 天内向工商行政管理机关申请登记，领取营业执照。逾期未申请登记的，外资企业批准证书自动失效。外资企业的营业执照签发日期为该企业成立日期。外资企业应当在企业成立 30 天内向税务机关办理税务登记。

（三）外资企业的注册资本

外资企业的注册资本是指为设立外资企业在工商行政管理机关登记的资本总额，即外国投资者认缴的全部出资额。外资企业在经营期限内不得减少注册资本，但因投资总额和生产经营规模等发生变化，确需减少注册资本的，须经审批机关批准；外资企业注册资本的增加、转让，须经审批机关批准，并向工商行政管理机关办理变更登记手续；外资企业将其财产或者权益进行抵押、转让，须经审批机关批准，并向工商行政管理机关备案。

（四）外资企业的组织形式

根据《外资企业法》及其实施细则的规定，外资企业的组织形式为有限责任公司，经批准也可以为其他责任形式。外资企业为有限责任公司的，外国投资者对企业的责任以其认缴的出资额为限；外资企业为其他责任形式的，外国投资者对企业的责任适用中国法律和法规的规定。

（五）外资企业的经营管理

外资企业在制订生产经营计划、购买物资、销售产品等方面享有与中外合资经营企业大致相同的自主权。外资企业在中国境内雇用职工，应当依照中国的法律、行政法规签订劳动合同。外资企业应当执行国家统一的财务会计制度，并根据中国有关法律和财务会计制度的规定，制定适合本企业的财务会计制度，报当地财政、税务机关备案。外资企业的年度会计报表和清算会计报表，应当依照中国财政、税务机关的规定编制。以外币编报会计报表的，应当同时编报外币折合为人民币的会计报表。外资企业的年度会计报表和清算会计报表，应当聘请中国的注册会计师进行验证并出具报告。外资企业的年度会计报表和清算会计报表，连同中国的注册会计师出具的报告，应当在规定的时间内报送财政、税务机关，并报审批机关和工商行政管理机关备案。

（六）外资企业的期限、终止和清算

1. 外资企业的期限。外资企业的经营期限，根据不同行业和企业的具体情况，由外国投资者在设立外资企业的申请中拟定，并经审批机关批准。外资企业的经营期限，从其营业执照签发之日起计算。外资企业经营期满需要延长经营期限的，应当在经营期满 180 天前向审批机关递交申请书提出延长经营期限的申请，审批机关应当在接到申请书之日起 30 天内决定批准或不批准。外资企业经批准延长经营期限的，应当自收到批准延长文件之日起 30 日内，向工商行政管理机关办理变更登记手续。

2. 外资企业的终止。根据《外资企业法》及其实施细则的规定，外资企业有下列情形之一的，应予终止：①经营期限届满；②经营不善，严重亏损，外国投资者决定解散；③因自然灾害、战争等不可抗力而遭受严重损失，无法继续经营；④破产；⑤违反中国法律、法规，危害社会公共利益被依法撤销；⑥外资企业章程规定的其他解散的事由已经出现。外资企业如存在上述第 2、3、4 项所列情形，应当自行提交终止申请书，报审批机关核准。审批机关作出核准的日期为企业的终止日期。

3. 外资企业的清算。外资企业宣告终止时，应当进行清算。除企业破产或者撤销清算，应当按照中国有关法律规定进行清算外，外资企业的清算应由外资企业提出清算程序、原则和清算委员会人选，报审批机关审核后进行清算。清算委员会应当由外资企业的法定代表人、债权人代表以及有关主管机关的代表组成，并聘请中国的注册会计师、律师等参加。外资企业清算结束，其资产净额和剩余财产超过注册资本的部分视同利润，应当依照中国税法缴纳所得税。同时，应当向工商行政管理机关办理注销登记手续，缴销营业执照。

引例解析

第 3 点是违法的。根据《中外合资经营企业法实施条例》第 18 条的规定，合营企业的注册资本一般应当以人民币表示，也可以用合营各方约定的外币表示，因此第 1 点正确。根据《中外合资经营企业法》第 10 条第 1 款的规定：合营企业在批准的经营范围内所需的原材料、燃料等物资，按照公平、合理的原则，可以在国内市场或者在国际市场购买，因此第 2 点正确。根据《中外合资经营企业法实施条例》第 21 条规定：合营企业注册资本的增加、减少，应当由董事会会议通过，并报审批机构批准，向登记管理机构办理变更登记手续。因此第 4 点正确。合营企业应向中国境内的保险公司投保，因此第 3 点是违法的。

思考题

1. 个人独资企业的法律特征是什么？
2. 《合伙企业法》规定的合伙企业种类有哪些？
3. 外商投资企业的特征是什么？
4. 试比较中外合资经营企业与中外合作经营企业的异同。
5. 外资企业的经营管理有哪些特点？

第 三 章

公司法

◇ 引例

甲、乙、丙、丁拟共同组建一个有限责任公司，注册资本为 80 万元。其中甲以货币 20 万元出资；乙以实物出资，经评估机构评估价值为 10 万元；丙以专利技术出资，作价 40 万元；丁以劳务出资，经全体出资人同意作价 10 万元。公司拟不设董事会，由甲担任执行董事；不设监事会，由丙担任公司的监事。甲、乙、丙、丁共同制定了公司章程并签字盖章。经全体出资人讨论，公司名称拟定为"某市晨光服装公司"，并推荐甲代理办理登记手续。

根据我国《公司法》的规定，该公司能否设立成功？

☞ 要点

公司的特点与种类；有限责任公司；股份有限公司；公司股票与公司债券；公司组织机构

第一节　公司法概述

一、公司

（一）公司的概念和特点

公司是指依照公司法设立的以营利为目的企业法人。公司具有以下法律特征：

（1）公司是企业。公司是企业的一种组织形式，是专门从事生产、流通、服务等经济活动，以营利为目的的独立的经济组织。

（2）公司是企业法人。我国的法人可分为机关法人、企业法人、事业单位法人和社会团体法人。我国的公司必须符合我国法律所规定的企业法人条件，具有独立的人格、独立的财产和独立的责任能力。

（3）公司是依公司法设立的企业法人。凡是公司，均应依公司法所规定的条件与程序而设立。

总之，公司的特点可概括为营利性、法人性和法定性。

我国《公司法》第 3 条明确规定了公司的内涵，即"公司是企业法人，有独立的法人财产，享有法人财产权。公司以其全部财产对公司的债务承担责任"。这是公司与非公司企业最大的不同，也是理解公司概念和公司本质特征的关键所在。

（二）公司的种类

依据不同的标准可对公司进行多种分类。

1. 以公司的责任形式不同进行划分，可将公司分为无限公司、两合公司、股份两合公司、股份有限公司和有限责任公司。这是公司的基本分类。无限公司是指全部由无限责任股东组成的公司，股东对公司债权人负担直接无限的责任，而且各股东相互之间也是连带责任。两合公司是指由无限责任股东与有限责任股东两种成员组成的公司，其中有限责任股东以其出资额为限对公司债务承担责任，无限责任股东则不以出资额为限对公司债务承担责任。股份两合公司是指由部分股份有限责任股东和无限责任股东组成的公司。股份有限公司是指由股份有限责任股东组成的公司，股东以其所持股份为限对公司承担责任，公司以其全部资产对公司的债务承担责任的公司形式。有限责任公司是指由有限责任股东组成的公司，股东以其出资额为限对公司承担责任，公司以其全部资产对外承担责任的公司形式。

2. 以公司能否公开招股进行划分，可以将公司分为封闭式公司和开放式公司。封闭式公司又称"私公司"、"非公开招股公司"，是指公司股份全部由设立该公司的股东拥有，不能对外发行股份，股东的出资证明不能在股票市场上自由流通的公司。类似我国的有限责任公司。开放式公司又称"公公司"、"公开招股公司"，是指可以按照法定程序公开招股，股票可以在证券市场上公开进行交易的公司。如股份有限公司。

3. 以公司的信用基础不同进行划分，可以将公司分为人合公司与资合公司。人合公司是指公司的经营活动是以股东的个人信用而非公司的资本为基础的公司。如无限责任公司。资合公司是指公司的经营活动是以公司的资本规模而非股东的个人信用为基础的公司。如股份有限公司为典型的资合公司，有限责任公司为人资兼合公司。

4. 以公司是否存在外部控制关系进行划分，可以将公司分为母公司与子公司。母公司是指控制另一公司股份达到一定程度（此种程度多由各国公司法规定），并支配另一公司的公司。被控股和支配的公司为子公司。母公司与子公司均属于独立法人。

5. 以公司的国籍不同进行划分，可以将公司分为本国公司与外国公司。具有本国国籍的为本国公司，不具有本国国籍的为外国公司。我国采取的是设立准据法主义和设立行为地主义，即在我国境内依据我国法律登记注册的公司取得我国国籍。

6. 以公司的内部管理系统进行划分，可以将公司分为总公司与分公司。总公司是指领导管理整个公司事务的总机构，分公司为受总公司管理的分支机构。总公司具有法人资格，分公司无法人资格，仅为法人的一部分，分公司对外的民事责任由总公司承担。

二、公司法

公司法是指规定各种公司设立、组织活动、解散以及其他与公司组织关系有关的对内对外关系的法律规范的总称。1993 年 12 月 29 日第八届全国人民代表大会常务委员会第五次会议通过了《中华人民共和国公司法》，该法自 1994 年 7 月 1 日起施行。该法规定了有限责任公司和股份有限公司两种公司类型。1999 年 12 月、2004 年 8 月和 2005 年 10 月，全国人民代表大会常务委员会对《公司法》进行了三次修订。

第二节　有限责任公司

有限责任公司通常是指由 2 个以上股东组成的普通有限责任公司，但根据我国现行《公司法》的规定，还有两种特殊的有限责任公司，即一人有限责任公司和国有独资公司，下面分别述之。

一、有限责任公司

（一）有限责任公司的概念和特征

有限责任公司也称有限公司，是指由 2 个以上 50 个以下股东共同出资设立，股东以其所认缴的出资额为限对公司承担责任，公司以其全部财产对公司债务承担责任的企业法人。其特征表现在以下几个方面：

（1）股东人数的限制性。我国《公司法》规定股东的人数为 2 人以上 50 人以下。

（2）股东责任的有限性。股东以认缴的出资额为限对公司承担责任，公司以其现有的全部资产对公司的债务承担责任。

（3）股东出资的非股份性。有限责任公司的资本不需要等额划分，股东持有的是出资额，其凭证为出资证明，通常不叫股份，即使叫股份也非等额，与股份公司的股份是有区别的。

（4）公司资本的封闭性。有限责任公司的资本只能由全体股东认缴，不能向社会公开募集资本。股东持有的出资证明不能在市场上自由流通，转让受法律严格限制，所以公司的会计账簿、经营信息等也无须向社会公开，公司登记也无须公告。

（5）公司组织的灵活性。公司股东会由全体股东组成，董事、监事由股东选举产生，其中规模较小和股东人数较少的有限责任公司可以不设董事会和监事会，只设1名执行董事和1~2名监事。股东会的召集方法和议事程序也较为简便。

（6）人合与资合的统一性。有限责任公司虽然从本质上讲是一种资本的联合，但它与股份有限公司相比更加强调和注重股东之间的信任与合作，人合与资合的统一是有限责任公司最为本质的特点。[1]

（二）有限责任公司的设立条件和程序

1. 有限责任公司的设立条件。根据《公司法》第23~27条的规定，设立有限责任公司必须符合以下条件：

（1）股东符合法定人数。为2人以上50人以下，股东可以是自然人，也可以是法人。

（2）股东出资须达到法定最低注册资本限额。公司的注册资本，指在公司登记机关登记的全体股东认缴的出资总额。根据我国《公司法》的规定，需满足以下几方面的内容要求：①普通有限责任公司的注册资本最低限额为3万元；法律、行政法规有较高规定的，从其规定。出资允许分期缴纳，但首次出资额不得低于注册资本的20%，且不低于最低资本限额，其余部分，自公司成立之日起2年内缴足，投资公司可以在5年内缴足。如某公司注册资本为10万元，20%为2万元，低于3万元，则其首次出资额应为3万元。某公司注册资本为100万元，20%为20万元，则首次出资额为20万元。②出资的形式有货币、实物、知识产权、土地使用权等可以用货币估价，并可以依法转让的非货币财产作价出资；但法律、行政法规规定不得出资的财产除外。[2] 全体股东的货币出资不得低于注册资本的30%。

（3）股东共同制定公司章程。公司章程是规定公司组织及行为基本规则的重要文件，也是公司设立的必备法律文件，由全体股东共同制定并签字盖章，在公司成立后生效。我国《公司法》第25条对有限责任公司章程应载明的事项进行了规定：①公司的名称和住所；②公司的经营范围；③公司的注册资本；④股东的姓名或者名称；⑤股东的出资方式、出资额和出资时间；⑥公司的组织机构

---

〔1〕　有限责任公司最早出现于德国，是最晚的一种公司形式，具有无限公司与股份有限公司的优点，同时又克服了它们的不足。但由于人合性和封闭性的特点，一般难以成长为大型企业，更符合中小企业需要。

〔2〕　根据《公司登记管理条例》规定，劳务、信用、自然人的姓名、特许经营权以及设定担保的财产不得出资。

及其产生办法、职权和议事规则；⑦公司的法定代表人；⑧股东会会议认为需要规定的其他事项。

（4）须有公司名称，建立符合有限责任公司要求的组织机构。公司名称是公司组成的一部分，是一个公司与其他公司相区别的标志。根据《企业名称登记管理规定》：①公司只准使用一个名称，在登记主管辖区内不得与已登记注册的同行业企业名称相同或者近似；②企业名称应当由四个部分组成：行政区划、字号、行业或者经营性质、组织形式，名称中必须有"有限责任"字样；③名称必须符合法律所要求的文字；④名称不得违反公序良俗，也不得侵犯在先权利。

（5）须有公司住所。《公司法》第 10 条规定，公司以其主要办事机构所在地为住所。

2. 有限责任公司的设立程序。

（1）订立发起人协议。有限责任公司只能由发起人发起设立。发起人协议是发起人在公司设立过程中明确权利义务的书面文件。从性质上看应是一份合伙协议。

（2）订立公司章程。公司章程与发起人协议不同，主要是规范公司成立后的各方行为。公司章程由公司全体股东共同订立，经全体股东同意，并签名盖章。公司章程内容必须记载法定记载事项，任意记载事项不得与国家法律法规的内容相抵触。公司章程自公司成立之日起生效。

（3）申请名称预先核准。根据《公司登记管理条例》的规定，设立有限责任公司应当申请名称预先核准。设立有限责任公司，应当由全体股东指定的代表或者共同委托的代理人向公司登记机关申请名称预先核准；公司登记机关决定核准的，应当发给《企业名称预先核准通知书》。预先核准的公司名称保留期为 6 个月。预先核准的公司名称在保留期内不得用于从事经营活动，不得转让。

（4）缴纳出资并验资。股东应当按照其在发起人协议以及公司章程中认购的出资额出资，这是股东对公司及其他股东应尽的义务。股东以货币出资的，应当将货币出资足额存入准备设立的公司在银行开设的临时账户；以非货币财产出资的，应当依法办理其财产权利的转移手续。股东出资应当由国家核准登记的注册会计师验资并出具证明。

（5）确立公司的组织机构。股东出资缴纳完毕后，应依法建立公司组织机构。根据《公司法》的规定，有限责任公司需要分情况建立以下组织机构：①股东会。除了国有独资的有限责任公司和一人公司外，公司都应该设立股东会，作为公司的权力机构。②董事会。除股东人数较少和规模较小的有限责任公司可设 1 名执行董事，不设董事会外，其余公司均应设立董事会，作为公司的执行机构。③监事会。除股东人数较少和规模较小的有限责任公司可设 1～2 名执行监事外，其他公司必须设立监事会，作为公司的监察机构。

（6）申请登记并颁照。根据《公司登记管理条例》的规定，设立有限责任公司，应当由全体股东指定的代表或者共同委托的代理人向公司登记机关申请设立登记。申请设立有限责任公司，应当向公司登记机关提交下列文件：①申请书；②公司代表或者共同委托代理人的证明；③公司章程；④股东出资证明；⑤股东的主体资格证明或者自然人身份证明；⑥公司董事、监事、经理的相关证明；⑦公司的法定代表人任职文件及身份证明；⑧企业名称预先核准通知书；⑨公司住所证明；⑩国家工商行政管理总局规定要求提交的其他文件。

公司登记机关作出准予公司设立登记决定的，应当出具《准予设立登记通知书》，告知申请人自决定之日起10日内，领取营业执照。公司登记机关作出不予登记决定的，应当出具《登记驳回通知书》，说明不予登记的理由，并告知申请人享有依法申请行政复议或者提起行政诉讼的权利。公司登记机关颁发《企业法人营业执照》之日起，公司即告成立。公司可以在银行开设账户，以公司名义从事经营活动，进行税务登记。

另外，法律、法规规定必须报经批准的，如保险公司、证券公司等，在登记前必须报国家主管机关批准。

（三）有限责任公司股东的股权转让

（1）股权的内部转让为自由转让，即公司股东之间可以相互转让其全部或者部分股权。

（2）股权的外部转让为限制转让，即股东将自己持有的出资额一部分或者全部转让给股东以外的其他人，《公司法》对此作了较为严格的限制。股东应就其股权转让事项书面通知其他股东，应当经其他股东过半数同意；其他股东自接到书面通知之日起满30日未答复的，视为同意转让。其他股东半数以上不同意转让的，不同意的股东应当购买该转让的股权；不购买的，视为同意转让。经股东同意转让的股权，在同等条件下，其他股东有优先购买权。

【案例】甲、乙、丙三人出资成立一家有限责任公司。现丙与丁达成协议，将其在该公司拥有的股份全部转让给丁。对此，甲和乙均不同意。

【解析】《公司法》第72条规定，股东向股东以外的人转让股权，应当经其他股东过半数同意。其他股东半数以上不同意转让的，不同意的股东应当购买该转让的股权；不购买的，视为同意转让。因此，在本案中，甲、乙必须购买丙的股权，如果不同意又不购买，则丙可以将自己在公司的全部股权转让给丁。

（四）有限责任公司的股东退出公司

根据《公司法》第75条规定，有下列情形之一的，对股东会该项决议投反对票的股东可以请求公司按照合理的价格收购其股权，退出公司：①公司连续5年不向股东分配利润，而公司该5年连续盈利，并且符合《公司法》规定的分配利润条件的；②公司合并、分立、转让主要财产的；③公司章程规定的营业期限届满或者章程规定的其他解散事由出现，股东会会议通过决议修改章程使公司存续的。

自股东会会议决议通过之日起60日内，股东与公司不能达成股权收购协议的，股东可以自股东会会议决议通过之日起90日内向人民法院提起诉讼。

（五）有限责任公司的组织机构

1. 股东会。

（1）股东会的性质与职权。股东会是由全体股东组成的公司权力机构。股东会是公司的最高权力机关，也是法定必设机关。由于股东会仅以会议的形式存在，它又是一种非常设机关。《公司法》第38条对股东会的职权作了明确规定：①决定公司的经营方针和投资计划；②选举和更换非由职工代表担任的董事、监事，决定有关董事、监事的报酬事项；③审议批准董事会的报告；④审议批准监事会或者监事的报告；⑤审议批准公司的年度财务预算方案、决算方案；⑥审议批准公司的利润分配方案和弥补亏损方案；⑦对公司增加或者减少注册资本作出决议；⑧对发行公司债券作出决议；⑨对公司合并、分立、变更公司形式、解散和清算等事项作出决议；⑩修改公司章程；⑪公司章程规定的其他职权。

（2）股东会的会议形式。股东会会议分定期会议与临时会议。定期会议按公司章程的规定召开。临时会议须由代表1/10以上表决权的股东，1/3以上的董事，监事会或者不设监事会的公司的监事提议方可召开；首次股东会会议由出资最多的股东召集和主持。

（3）股东会的议事规则。股东会会议由股东按照出资比例行使表决权；但是，公司章程另有规定的除外。股东会的议事方式和表决程序，除法律另有规定的外，由公司章程规定，但股东会会议作出修改公司章程、增加或者减少注册资本的决议，以及公司合并、分立、解散或者变更公司形式的决议，必须经代表2/3以上表决权的股东通过。

2. 董事会。

（1）董事会的性质与职权。董事会是公司的执行机构，一般由股东会选举的董事组成，对股东会负责。《公司法》第47条对董事会的职权作出了明确规定：①召集股东会会议，并向股东会报告工作；②执行股东会的决议；③决定公司的经营计划和投资方案；④制订公司的年度财务预算方案、决算方案；⑤制订公司的利润分配方案和弥补亏损方案；⑥制订公司增加或者减少注册资本以及发行公司债券的方案；⑦制订公司合并、分立、变更公司形式、解散的方案；⑧决定公司内部管理机构的设置；⑨决定聘任或者解聘公司经理及其报酬事项，并根据经理的提名决定聘任或者解聘公司副经理、财务负责人及其报酬事项；⑩制定公司的基本管理制度；⑪公司章程规定的其他职权。

（2）董事会的组成与任期。有限责任公司的董事会成员为 3~13 人，任期由公司章程规定，但每届任期不得超过 3 年，可连选连任。董事会设董事长 1 人，可以设副董事长，董事长、副董事长的产生办法由公司章程规定。

（3）董事会的会议制度。董事会会议由董事长召集和主持；董事长不能履行职务或者不履行职务的，由副董事长召集和主持；副董事长不能履行职务或者不履行职务的，由半数以上董事共同推举一名董事召集和主持。董事会的议事方式和表决程序，除《公司法》有规定的外，由公司章程规定。董事会应当对所议事项的决定作成会议记录，出席会议的董事应当在会议记录上签名。董事会决议的表决，实行一人一票。

3. 监事会。

（1）监事会的地位和职权。监事会是公司的监督机构。《公司法》第 54 条对监事会的职权进行了规定：①检查公司财务；②对董事、高级管理人员执行公司职务的行为进行监督，对违反法律、行政法规、公司章程或者股东会决议的董事、高级管理人员提出罢免的建议；③当董事、高级管理人员的行为损害公司的利益时，要求董事、高级管理人员予以纠正；④提议召开临时股东会会议，在董事会不履行《公司法》规定的召集和主持股东会会议职责时召集和主持股东会会议；⑤向股东会会议提出提案；⑥依照《公司法》第 152 条的规定，对董事、高级管理人员提起诉讼；⑦公司章程规定的其他职权。

（2）监事会的组成及议事规则。监事会成员不得少于 3 人；经营规模较小、股东人数较少的有限责任公司，可以不设监事会，只设立 1~2 名监事。监事会由股东代表和适当比例的公司职工代表组成，具体比例由公司章程规定，但职工代表的比例不得低于 1/3。

4. 经理。公司经理与董事会之间是一种代理和委托的关系，经理受董事会委托，在法律和董事会授权范围内，代理董事会实施具体的业务执行工作。首先，经理由董事会聘任和解聘。其次，经理对董事会负责。经理必须执行董事会决议，向董事会报告工作。再次，董事会对经理的领导是一种集体职权，董事个人无权干涉公司经理履行职责。同时，董事会对经理行使职权不能违反法律和公司章程的规定。最后，董事会与经理之间必须依法划分权限，公司章程和董事会对经理的授权不得违反法律的规定。

二、特殊有限责任公司

（一）一人有限责任公司

一人有限责任公司是指只有一个自然人股东或者一个法人股东的有限责任

公司。

我国《公司法》对一人有限责任公司的规定如下：

（1）一人有限责任公司应当在公司登记中注明自然人独资或者法人独资，并在公司营业执照中载明。

（2）注册资本最低限额为人民币 10 万元，并且应当一次足额缴纳公司章程规定的出资额。

（3）一人有限责任公司不设股东会。但公司的股东仍然有权利行使《公司法》中规定的一般有限责任公司股东会的所有职权。

（4）一个自然人只能投资设立一个一人有限责任公司。该一人有限责任公司不能投资设立新的一人有限责任公司。但法人作为股东的一人有限责任公司设立多级子公司的行为不受限制。

（5）股东责任的特殊规定。一人有限责任公司的股东不能证明公司财产独立于股东自己的财产的，应当对公司债务承担连带责任。

（二）国有独资公司

国有独资公司是指国家单独出资，由国务院或者地方人民政府委托本级人民政府国有资产监督管理机构履行出资人职责的有限责任公司。

我国《公司法》对国有独资公司的组织机构的特殊规定有：

（1）国有独资公司不设股东会，由国有资产监督管理机构以惟一股东的身份行使股东会的职权。

（2）国有独资公司设董事会，作为公司的执行机关。董事的人选来自两个方面：一是由国有资产监督管理机构委派；二是公司职工代表，由公司职工民主选举产生。董事每届任期不得超过 3 年。董事会负责聘任或者解聘经理。经国有资产监督管理机构同意，董事会成员可以兼任经理。

（3）国有独资公司设监事会，作为公司的监督机构。国有独资公司监事会成员不得少于 5 人，其中职工代表的比例不得低于 1/3，具体比例由公司章程规定。监事会成员由国有资产监督管理机构委派；监事会中的职工代表由公司职工代表大会选举产生。监事会主席由国有资产监督管理机构从监事会成员中指定。

第三节　股份有限公司

一、股份有限公司的概念和特征

股份有限公司是指公司资本分为等额股份，股东以其所认购的股份对公司承担责任，公司以其全部财产对公司债务承担责任的企业法人。

股份有限公司与有限责任公司相比有以下特征：

（1）公司股本等额化，股东以其所认购的股份对公司承担责任；有限责任公司资本无须等额化，股东以其出资额为限对公司承担责任。

（2）股份转让自由，股东持有的股份可以在国家规定的交易场所自由交易；而有限责任公司股东的股权转让受严格限制。

（3）股份有限公司属开放式公司，股份公开发行并可自由转让，经营信息与财务会计报告要定期公开，设立要公告；而有限责任公司为封闭式公司。

（4）股份有限公司的信用基础具有资合性[1]；而有限责任公司是人资兼合性公司。

（5）股份有限公司设立程序复杂，内部组织机构严格；有限公司设立程序简单，组织机构较为灵活。

二、股份有限公司的设立

（一）股份有限公司的设立条件

（1）发起人符合法定人数。2 人以上 200 人以下，其中须有半数以上的发起人在中国境内有住所。

（2）达到法定资本最低限额。公司最低注册资本为 500 万元人民币。

（3）股份发行、筹办事项符合法律规定。

（4）发起人制订公司章程。

（5）有公司名称，建立符合股份有限公司要求的组织机构。

（6）有公司住所。

（二）股份有限公司的设立方式

公司的设立是促成公司成立并取得法人资格的一系列法律行为的总和。

1. 发起设立。发起设立也称共同设立或单纯设立，是一种由发起人认足全部资本额而促成公司成立的设立方式。这种设立方式的最大特点是所有的公司资本都来自于公司的发起人，公司不能公开向社会募集股份。

2. 募集设立。募集设立也称渐次设立或复杂设立，是指公司发起人只认购部分股份，其余部分则通过向社会公开募集而成立公司的一种设立方式。根据我国《公司法》的规定，发起人认购的股份不得少于公司股份总数的 35%，但法律、行政法规另有规定的，从其规定。这种设立方式一般适用于股份有限公司，有限责任公司只能采取发起设立方式。

---

〔1〕 股份有限公司是资本主义市场经济的典型组织形式，是大企业多采用的企业形态。其优越性表现在利于集资；分散风险；公众性强；股份转让便捷；管理科学。其不足是设立程序比其他公司复杂；少数股东对公司的操纵、控制和垄断易于形成；股东流动性很大，不易控制掌握；股票自由流通，使股票交易市场易于成为不法者的投机场所。

（三）设立程序

发起设立程序和募集设立程序对比表如下：

发起设立程序	募集设立程序
1. 订立发起人协议	1. 订立发起人协议
2. 制定公司章程	2. 制定公司章程
3. 发起人认缴股款	3. 股份的认缴和募集
4. 建立公司组织机构	4. 召开公司创立大会
5. 申请公司的设立登记	5. 建立公司组织机构
	6. 申请公司的设立登记

三、股份有限公司的组织机构

（一）股东大会

1. 性质与职权。股东大会是股份有限公司的权力机构，由全体股东组成。股东大会是非常设机构，对外不代表公司，对内不执行业务。其职权与有限责任公司股东会职权一致（《公司法》第38条）。

2. 会议制度。股东大会应当每年召开1次年会。有下列情形之一的，应当在2个月内召开临时股东大会：①董事人数不足《公司法》规定人数或者公司章程所定人数的2/3时；②公司未弥补的亏损达实收股本总额1/3时；③单独或者合计持有公司10%以上股份的股东请求时；④董事会认为必要时；⑤监事会提议召开时；⑥公司章程规定的其他情形。

股东大会会议由董事会召集，董事长主持；董事长不能履行职务或者不履行职务的，由副董事长主持；副董事长不能履行职务或者不履行职务的，由半数以上董事共同推举一名董事主持。董事会不能履行或者不履行召集股东大会会议职责的，监事会应当及时召集和主持；监事会不召集和主持的，连续90日以上单独或者合计持有公司10%以上股份的股东可以自行召集和主持。

召开股东大会会议应当将会议召开的时间、地点和审议的事项于会议召开20日前通知各股东；临时股东大会召开15日前通知各股东；发行无记名股票的，应当于会议召开30日前公告会议召开的时间、地点和审议的事项。

单独或者合计持股3%以上的股东，可以在会议召开10日前将临时提案提出并书面提交董事会；董事会在收到提案后2日内通知其他股东，并将该临时提案提交股东大会审议。临时提案的内容应当属于股东大会职权范围，并有明确议题和具体决议事项。股东大会不得对前两款通知中未列明的事项作出决议。

3. 议事规则。股东大会决议分为普通决议和特别决议。普通决议必须经出席会议的股东所持表决权过半数通过；特别决议必须经出席会议的股东所持表决权的2/3以上通过。特别决议包括修改公司章程的决议；增加或者减少注册资本的决议；公司合并、分立、解散或者变更公司形式的决议。股东大会选举董事、监事，可以根据公司章程的规定或者股东大会的决议，实行累积投票制。累积投票制，是指股东大会选举董事或者监事时，每一股份拥有与应选董事或者监事人数相同的表决权，股东拥有的表决权可以集中使用。

（二）董事会

1. 性质与职权。董事会是股份有限公司的业务执行机构。由股东大会选举产生的董事组成，人员为 5～19 人，是公司的常设机构，对外代表公司。董事会的任期与职权同有限责任公司（《公司法》第 46、47 条）。董事会设董事长 1 人，可以设副董事长。董事长和副董事长由全体董事的过半数选举产生。

2. 会议制度。董事会分定期会议与临时会议。定期会议每年度至少召开 2 次；应当于会议召开 10 日前通知全体董事和监事。代表 1/10 以上表决权的股东、1/3 以上董事或者监事会，可提议召开临时会议。

董事长应自接到提议后 10 日内，召集和主持董事会会议。董事会召开临时会议，可以另定召集董事会的通知方式和通知时限。董事会会议应有过半数的董事出席方可举行。

3. 议事规则。董事会决议必须经全体董事的过半数通过。董事会决议的表决，实行一人一票。

董事会会议应由董事本人出席；董事因故不能出席，可以书面委托其他董事代为出席，委托书中应载明授权范围。董事会应当对会议所议事项的决定作成会议记录，出席会议的董事应当在会议记录上签名。董事应当对董事会的决议承担责任。董事会的决议违反法律、行政法规或者公司章程、股东大会决议，致使公司遭受严重损失的，参与决议的董事对公司负赔偿责任。但经证明在表决时曾表明异议并记载于会议记录的，该董事可以免除责任。

（三）监事会

1. 性质与职权。股份有限公司的监事会是股份有限公司的经营监督机构。监事会由股东大会和职工代表大会选举的监事组成，代表股东大会履行监督职能，对股东大会负责。其任期与主要职能同有限责任公司（《公司法》第 54、55 条）。

2. 组成与议事规则。股份有限公司监事会成员不得少于 3 人；应包括股东代表和适当比例的公司职工代表（职工代表的比例不得低于 1/3，具体比例由公司章程规定）。董事、高级管理人员不得兼任监事。

监事会设主席一人，可以设副主席。监事会主席和副主席由全体监事过半数选举产生。监事会主席召集和主持监事会会议；监事会主席不能履行职务或者不履行职务的，由监事会副主席召集和主持监事会会议；监事会副主席不能履行职务或者不履行职务的，由半数以上监事共同推举一名监事召集和主持监事会会议。

监事会会议每6个月至少召开1次会议；经监事提议可召开临时会议。监事会决议应当经半数以上监事通过。

四、股份发行

（一）股份与股票的概念和特点

1. 股份。股份有限公司的资本划分为股份，每一股的金额相等。股份是股份有限公司股东持有的公司资本的基本构成单位，也是划分股东权利义务的基本构成单位。

股份的特征是：①股份是公司资本构成的最小单位，具有不可分性；②股份是对公司资本的等额划分，具有金额的等额性；③股份是股权的基础，具有权利上的平等性；④股份表现为有价证券，具有可自由转让性。

2. 股票。股票是股份有限公司签发的证明股东所持股份的凭证。

股票的特征是：①股票是一种证权证券；②股票是一种有价证券；③股票是一种要式证券；④股票是一种流通证券；⑤股票是一种永久性证券。

（二）股票的分类

1. 普通股和优先股。以股东的承担风险和享有权益的大小为标准，可以将股票分为普通股和优先股。优先股是指有某种特别权利或者某种特别义务的股份，优先股在享有权利方面较普通股优先。

2. 记名股和无记名股。以是否在股东名册上记载股东姓名为标准，可以将股票分为记名股和无记名股。公司向发起人、法人发行的股票，应当为记名股票，并记载其姓名或者名称；向社会公众发行的股票可不记名。

3. 面额股和无面额股。以股票是否载有一定金额为标准，可将股票分为额面股和无额面股。票面记载金额的为额面股；反之则为无额面股。

4. 国家股、法人股、社会公众股和外资股。这是依投资主体不同而对股票进行的划分。

5. A股、B股、H股、N股、S股和T股。这是依认购股份的货币不同而对股票进行的划分。A股是指人民币股，即以人民币标明股票面值。B股是指人民币特种股票，即以人民币标值，以外汇买卖。H股、N股、S股、T股均为我国股份有限公司发行的，在境外上市的，以人民币标值，以外汇进行交易的股票。其中H股在香港上市交易；N股在纽约上市交易；S股在新加坡上市交易；T股在东京上市交易。

（三）股份发行的概念、原则与价格

股份发行是指股份有限公司为募集资本而发售股份的法律行为。股票发行实行公平、公正与公开原则，同种类的每一股份应当具有同等权利。同次发行的同种类股票，每股的发行条件和发行价格应当相同；任何单位或者个人所认购的股份，每股应当支付相同的价额。股票发行价格可以按票面金额，也可以超过票面金额，但不得低于票面金额。以超过票面全额的价格发行股票所得的溢价款应列入公司资本公积金。

（四）股份发行的条件与程序

1. 股份发行的条件。股份有限公司初次发行股份的条件就是股份有限公司设立的条件。新股的发行，应当符合下列条件：①具备健全且运行良好的组织机构；②具有持续盈利能力，财务状况良好；③最近3年财务会计文件无虚假记载，无其他重大违法行为；④经国务院批准的国务院证券监督管理机构规定的其他条件。

上市公司非公开发行新股，应当符合经国务院批准的国务院证券监督管理机构规定的条件，并报国务院证券监督管理机构核准。

2. 股份发行的程序。股份发行应当依照以下程序进行：①发起人认购股份；②公告招股说明书，制作认股书；③签订承销协议和代收股款协议；④经国务院证券监督管理部门审核；⑤公开募集股份；⑥召开创立大会；⑦设立登记并公告。

（五）股份转让

1. 股东持有的股份可以依法自由转让。其中记名股票以背书方式或者法律、行政法规规定的其他方式转让；转让后由公司将受让人的姓名或者名称及住所记载于股东名册。股东大会召开前20日内或者公司决定分配股利的基准日前5日内，不得进行前述规定的股东名册的变更登记。但是，法律对上市公司股东名册变更登记另有规定的，从其规定。无记名股票交付转让。

2. 股份转让的限制。股份转让通常要受到下列限制：①发起人持有的本公司股份，自公司成立之日起1年内不得转让。公司公开发行股份前已发行的股份，自公司股票在证券交易所上市交易之日起1年内不得转让。②公司董事、监事、高级管理人员应向公司申报所持有的本公司的股份及其变动情况，任职期间每年转让的股份不得超过其所持有本公司股份总数的25%；所持本公司股份自公司股票上市交易之日起1年内不得转让；离职后半年内，不得转让其所持有的本公司股份；公司章程可以对其转让其所持有的本公司股份作出其他限制性规定。

五、上市公司

《公司法》所称的上市公司，是指所发行的股票经国务院或者国务院授权的证券监督管理部门批准在证券交易所上市交易的股份有限公司。

申请股票上市应当具备下列条件：①股票经国务院证券监督管理部门批准公开发行；②公司股本总额不少于人民币 5000 万元；③开业时间在 3 年以上，最近 3 年连续盈利；④持有股票面值达人民币 1000 元以上的股东人数不少于 1000 人，向社会公开发行的股份达公司股份总数的 25% 以上；⑤公司股本总额超过人民币 4 亿元的，其向社会公开发行股份的比例为 15% 以上；⑥公司在最近 3 年内无重大违法行为，财务会计报告无虚假记载；⑦国务院规定的其他条件。

第四节　公司债券

一、公司债券的概念

我国《公司法》第 154 条规定："本法所称公司债券，是指公司依照法定程序发行、约定在一定期限还本付息的有价证券。"公司债券即公司债。

公司债券与公司股票都是有价证券，是公司向社会筹集资金的两种重要方式，都要受到公司法和证券法的规范和调整。两者的主要区别在于：①表现的法律关系的性质不同。基于公司债券产生的是债权债务法律关系，发行债券是一种债权融资行为，融入资金属于公司的负债，而非资本金；基于股票发行产生的是股权法律关系。②投资者所承担的风险不同。到期还本付息是公司债券投资的特点之一，而股票投资的特点之一是不得抽回投资且没有期限，投资回报一般不能事先约定，无盈不分是其基本原则。债券投资的风险比股票投资要小，当然，相应的投资回报也有可能低于股票。③投资者所享有的权利不同。股票投资者是公司的股东，享有基于股东身份产生的各种股东权利，包括经营管理权；公司债券投资者是公司的债权人，只享有到期要求还本付息的权利，无经营管理权。

二、公司债券的发行

（一）公司债券的发行条件

1. 首次发行条件。按照我国《证券法》第 16 条的规定，发行公司债券应当符合的条件是：①股份有限公司的净资产额不低于人民币 3000 万元，有限责任公司的净资产额不低于人民币 6000 万元；②累计债券总额不超过公司净资产额的 40%；③最近 3 年平均可分配利润足以支付公司债券 1 年的利息；④筹集的资金投向符合国家产业政策；⑤债券的利率不超过国务院限定的利率水平；⑥国务院规定的其他条件。

2. 再次发行条件。凡有下列情形之一的，不得再次发行公司债券：①前一次发行的公司债券尚未募足的；②对已发行的公司债券或者其债务有违约或者延迟支付本息的事实，且仍然处于继续状态的。

（二）公司债券的发行程序

由公司权力机构作出发行公司债券的决议；依照《公司法》规定的条件，报经国务院授权的部门审核；发行公司债券的申请经批准后，公告公司债券募集办法；向社会公开发行公司债券。

三、公司债券的上市

根据《证券法》第57条的规定，公司申请公司债券上市交易，应当符合下列条件：①公司债券的期限为1年以上；②公司债券实际发行额不少于人民币5000万元；③公司申请债券上市时仍符合法定的公司债券发行条件。

第五节 公司的财务、会计制度

一、公司财务会计制度概述

（一）公司财务会计制度的概念和意义

公司的财务会计制度是公司财务制度和会计制度的总称，是指法律、行政法规、公司章程中确立的公司财务会计规则。

建立规范化的财务会计制度，便于股东了解公司财产运营情况，监督公司董事、经理行使职权；对于债权人而言，其债权能否得以清偿依赖于公司的资产情况，债权人可通过了解公司资产数额变动及时提出债权请求；公司是重要的纳税主体，纳税的情况直接反映在公司的财务会计报告中。可见建立规范化的财务会计制度有利于维护股东、债权人、国家和社会公共利益，也有利于政府的宏观调控和公司内部管理制度的完善。

（二）财务会计报告的概念和特点

财务会计报告，是指公司对外提供的反映公司某一特定时期内生产经营的成果和财务状况的书面文件。其特点是：

（1）财务会计报告系由公司的业务执行部门制作。有限责任公司由董事会或执行董事制作；股份有限公司由董事会制作。

（2）财务会计报告必须在法定时间内制作完成。即在每一年会计年度终了后的一定时间内制作完成。

（3）财务会计报告反映公司某一特定时期内生产经营的成果和财务状况。

（4）财务会计报告必须在规定的时间内送交股东或置于本公司供股东查阅。根据《公司法》规定，有限责任公司应按照章程规定的期限将财务会计报告送交各股东；股份有限公司的财务会计报告应当在召开股东大会20日前置备于公司，供股东查阅；公开发行股票的股份有限公司必须公告其财务会计报告。[1]

（5）财务会计报告是一种综合性的报表，由一系列报表和材料组成。财务会计报告主要由会计报表与附属明细表构成，包括资产负债表、损益表、财务状况变动表、财务情况说明表和利润分配表。

二、公司公积金

（一）公积金的概念

公积金又称储备金、准备金，是公司为预防亏损和增强财力、扩大营业规模的目的，依照法律和公司章程的规定或股东会的决议，从公司盈余或公司资本收益中提取的不作为股利分配，而暂存于公司内部的有特殊用途的基金。

（二）公积金的分类

根据公积金的提取是否为法律所强制规定，可以将其分为法定公积金和任意公积金。

1. 法定公积金。法定公积金指依照法律的强制规定而提取的公积金，对其提取及提取比例，公司章程或股东会决议不得予以取消和变更。根据法定公积金的不同来源又可分为盈余公积金和资本公积金。

（1）盈余公积金。公司向股东分配股利前，依法按一定比例从公司利润中提取的公积金。所提取的比例，各国立法规定不一。如法国、德国规定为5%，日本规定为10%。法定公积金达到一定限额时，法律即不再强制提取。法国规定的该限额为公司资本总额的10%，日本规定为25%。我国《公司法》第167条第1款规定，公司分配当年税后利润时，应当提取利润的10%列入公司法定公积金。公司法定公积金累计额为公司注册资本的50%以上的，可以不再提取。

（2）资本公积金。指依法直接由公司资本、资产或其他收益所形成的公积金。《企业会计准则》第40条规定，资本公积金包括股本溢价、法定财产重估增值、接受捐赠的资产价值等。《公司法》第168条规定，股份有限公司依照本法规定，以超过股票票面金额的发行价格发行股票所得的溢价款以及国务院财政部门规定列入资本公积金的其他收入，应当列为公司资本公积金。

2. 任意公积金。指非依法律的强制规定，而是依公司章程的规定或股东（大）会的决议提取的公积金。任意公积金的用途依公司章程或股东（大）会决议而定，法律不予限制。但提取及用途一经确定，也不得随意变更，其变更需经过修改公司章程或变更股东（大）会决议。《公司法》第167条第3款规定，公

---

[1]　财务会计报告须经注册会计师审计；反映的会计信息应当真实、完整；应按要求及时提供；向各方提供的报告，编制基础、编制依据、编制原则和方法应当一致；接受报告方，在企业财务会计报告未正式对外披露前，应当对其内容保密。

司从税后利润中提取法定公积金后，经股东会或者股东大会决议，还可以从税后利润中提取任意公积金。

（三）公积金的用途

根据我国《公司法》的规定，法定公积金可以用于以下三个方面：

1. 弥补亏损。公司可以用法定盈余公积金弥补亏损，以维持公司资本与资产的基本相当，增强公司的偿债能力。但资本公积金不能用于弥补亏损。

2. 扩大公司生产经营规模。公司可以直接用公积金扩大生产经营规模，以增强公司的发展能力，可以为公司和股东赚取更多的利润。

3. 增加资本。公司可以根据生产经营的需要及公司的资本结构随时将法定公积金转为资本。为防止转增资本后公司留存的法定盈余公积金过少，因此，《公司法》规定，法定公积金转为资本时，所留存的该项公积金不得少于转增前公司注册资本的25%。

三、公司税后的利润分配

公司的利润是指公司在一定时间内生产经营的成果。主要由营业利润、投资净收益和营业外收入净额组成。公司向股东分配股利的资金来源只能是公司的利润。各国公司法大都采取"无盈不分"的原则，即公司无利润时不得分配股利。根据《公司法》第167条及有关财务税收法规，公司的年度利润应按以下顺序分配：①弥补公司以前年度的亏损。②提取法定公积金。公司弥补完亏损仍有剩余的，提取税后利润扣除前两项后的10%列入公司的法定公积金。③提取任意公积金。公司提取法定公积金后，经股东会决议，可以提取任意公积金，提取比例由股东（大）会决议或公司章程确定。④向股东分配股利。公司利润在弥补亏损、提取法定公积金、任意公积金之后仍有剩余的，才可向股东分配股利。有限责任公司按照股东的出资比例分配，股份有限公司按照股东持有的股份比例分配。

第六节 公司的变更、终止与清算

一、公司的变更

公司变更，是指公司依法成立后，在其存续期间，依照法律和行政法规的规定，改变其构成要素的行为。这些构成要素主要包括公司的名称、住所、法定代表人、注册资本、经营范围、经营期限、章程、公司组织形式与组织结构等。公司变更须按照法律规定的条件和程序进行，方能产生预期的法律后果。

公司的变更可分为公司一般经营事项的变更和组织结构的变更。公司一般经营事项的变更包括公司的名称、法定代表人、注册资本、经营范围、经营期限、章程的调整。公司组织结构的变更，主要是指公司内外部组织结构的调整，外部组织结构包括公司的合并、分立及公司组织形式的变更。本节重点介绍公司的合并与分立、公司的增资与减资。

（一）公司合并与公司分立

1. 公司合并与分立的含义。公司合并是指两个或两个以上的公司按照法律和合同规定的条件和程序组成一个公司的法律行为。公司合并有吸收合并和新设合并之分。吸收合并是指两个或两个以上的公司合并中，其中一个公司继续存在，而另外的公司解散，由继续存在的公司吸收解散公司的行为。继续存在的公司称存续公司，被吸收不复存在的公司称解散公司。这种合并形式即为狭义上的"兼并"。新设合并是指两个或两个以上的公司合并中，参与合并的公司均解散，依法组建一个新的公司的行为。

公司的分立是指公司依照法律规定的条件和程序分成两个或两个以上具有法人资格的公司的法律行为。公司分立的形式包括新设分立和派生分立两种。新设分立又称解散分立或分解，是指公司将其全部财产清理分割后分别归入新设立的两个或两个以上的公司，原公司解散的分立形式。新设分立的最大特点是原公司因分立而解散，法人资格消灭，新公司因分立而成立。实际上公司解散和公司新设这两个在法理上完全可以分开的行为，在实际操作和制度设计上将其转变为一个连续的行为。这一转变是通过原有公司依照《公司法》和分立协议将原公司所有的资产及有关债权债务关系进行分割并分别转移到新设的公司而实现的。派生分立是指一个公司分出部分资产和业务设立一个或者几个公司，原公司存续的分立形式。派生分立的最大特点是以原公司存续为分立的前提。值得注意的是派生分立后的存续公司与新设公司之间不能有任何产权联结关系，这是其与转投资的根本区别。

2. 公司合并与分立的程序。根据我国《公司法》有关规定，公司合并和分立的程序可以概括为：①董事会制订方案；②股东会作出特别决议；③签订合并或者分立协议，并编制资产负债表和财产清单；④通知债权人并公告，合并或分立各方就有关事项作出决议之日起10日内通知债权人，并于30日内在报纸上公告。债权人自接到通知书之日起30日内，未接到通知书的自公告之日起45日内，可以要求公司清偿债务或者提供相应的担保，在法定期限内，债权人未提出异议视为同意；⑤办理合并或者分立登记手续。

3. 公司合并与分立后债权与债务的承继。《公司法》第175条规定，公司合并时，合并各方的债权、债务，应当由合并后存续的公司或者新设的公司承继。可见，公司不得借合并损害债权人的正当利益。存续公司或新设公司对其承继的权利和义务不得附加任何不合理条件，也不得选择。

公司分立后按照分立协议的约定和法律规定，承受原公司的债权和债务。我国《公司法》第 177 条规定，公司分立前的债务由分立后的公司承担连带责任。但是，公司在分立前与债权人就债务清偿达成的书面协议另有约定的除外。

（二）公司资本的增加与减少

公司资本的增加与减少必须严格按照法定的条件与程序进行。公司减少注册资本时，应当由股东（大）会自作出减少注册资本决议之日起 10 日内通知债权人，并于 30 日内在报纸上公告。债权人自接到通知书之日起 30 日内，未接到通知书的自公告之日起 45 日内，有权要求公司清偿债务或者提供相应的担保。公司减资后的注册资本不得低于法定的最低限额。

公司减少、增加注册资本，应当依法向公司登记机关办理变更登记。

二、公司终止

（一）公司终止与公司解散

公司终止是指公司由于法律或章程规定的事由发生而丧失其民事主体资格，不再具有民事权利能力和民事行为能力的法律事实。公司终止意味着公司经营资格和法人资格的彻底消灭。公司解散，是指业已成立的公司，因发生法律或者章程规定的解散事由而停止其积极的业务活动，并开始处理未了事务的一种法律程序。公司终止强调的是公司丧失主体资格的事实状态，公司解散则是公司终止的行为过程，公司解散导致的直接法律后果是公司终止。

（二）公司解散的原因

从各国立法的规定看，公司解散的原因可分为自愿解散和强制解散两种。

1. 自愿解散。自愿解散是指公司依照自己的意愿自行关闭。根据我国《公司法》的规定，公司有下列情形之一的，可以自愿解散：①公司章程规定的营业期限届满或者公司章程规定的其他解散事由出现时；②公司股东（大）会决议解散，须股东会特别决议，即由 2/3 以上的表决权通过；③因公司合并或分立需要解散的。[1]

2. 强制解散。强制解散是指因公司违法而由有关国家机关依职权予以解散。主要有：

（1）责令关闭。公司因为违反法律、法规的规定，可由行政机关责令关闭。

（2）吊销营业执照。《公司法》第 212 条规定，公司成立后无正当理由超过 6 个月未开业的，或者开业后自行停业连续 6 个月以上的，可以由公司登记机关吊销营业执照。第 214 条规定，利用公司名义从事危害国家安全、社会公共利益

---

〔1〕 这里的解散只是合并或分立的附属后果，公司的组织机构和营业在一定情况下会继续保留；不需要经过清算程序；公司的债权债务由合并公司或分立公司继受，而不是消灭。合并、分立解散不实行清算的原因，主要在于合并、分立实行债权债务的概括承受制度。

的严重违法行为的，吊销营业执照。

《公司登记管理条例》第 76 条规定，不参加年检或者年检不合格（隐瞒真实情况、弄虚作假，情节严重的），公司登记机关有权吊销其营业执照。

（3）被撤销。《公司法》第 199 条规定，违反《公司法》规定，虚报注册资本、提交虚假材料或者采取其他欺诈手段隐瞒重要事实取得公司登记，情节严重的，撤销公司登记或者吊销营业执照。

（4）判决解散。从广义上讲，公司的强制解散还包括判决解散。判决解散是指法院依当事人的请求裁定解散公司。在国外，当公司出现无力解决的不得已的事由或者公司董事的行为危及公司的存亡以及公司的业务遇到显著困难、公司的财产有受重大损失之嫌时，持有一定比例股份的股东有权请求法院解散公司。一些国家还规定债权人在一定条件下可以起诉要求解散公司。

关于判决解散，我国 1993 年《公司法》未作规定，对于股东及债权人利益的保护有失周全，但 2005 年《公司法》增加了此项内容。《公司法》第 183 条规定，公司经营管理发生严重困难，继续存续会使股东利益受到重大损失，通过其他途径不能解决的，持有公司全部股东表决权 10% 以上的股东，可以请求人民法院解散公司。

须注意的是国有独资公司的解散并非强制解散。《公司法》上规定的强制解散为对公司违法行为采取的处罚措施；而由国家授权投资的机构或者授权的部门决定解散公司，虽然具有强制性，但其实质仍为所有者自行决定解散公司，不具有处罚性质。

三、公司清算

（一）公司清算概述

公司清算是指处理公司未了事务，终结其法律关系，从而消灭公司法人资格的法律程序。根据是否在破产情形下进行，公司清算可分为破产清算和非破产清算。破产清算将于后文阐述，这里只涉及非破产清算。非破产清算又可分普通清算与特别清算两种类型。普通清算，又称自愿清算，是指因公司章程规定的解散事由的出现而解散，或因股东（大）会决议解散时，由股东按照《公司法》规定的程序自行进行的清算。

特别清算，又称强制清算，是指公司因违反法律、法规被依法解散时，由有关国家机关依《公司法》的规定组织和督促的清算。

（二）清算组

清算组，又称清算人，是公司清算事务的执行人，对内主持清算事务，对外代表解散中的公司。

清算组的职权有：清理公司财产，分别编制资产负债表和财产清单；通知、公告债权人；处理与清算有关的公司未了结的业务；清缴所欠税款以及清算过程中产生的税款；清理债权、债务；处理公司清偿债务后的剩余财产；代表公司参与民事诉讼活动。

清算组的义务有：应当忠于职守，依法履行清算义务。清算组成员不得利用职权收受贿赂或者其他非法收入，不得侵占公司财产。清算组成员因故意或者重大过失给公司或者债权人造成损失的，应当承担赔偿责任。

（三）清算程序

根据我国《公司法》的规定，公司清算依下列程序进行：

1. 成立清算组。《公司法》第 184 条规定，除因合并、分立而解散的，应自解散事由出现之日起 15 日内成立清算组。其中，有限责任公司的清算组由股东组成，股份有限公司的清算组由董事或者股东大会确定的人员组成。逾期不成立清算组进行清算的，债权人可以申请人民法院指定有关人员组成清算组进行清算。人民法院应当受理该申请，并及时组织清算组进行清算。

2. 通知、公告债权人，登记债权。为了保障债权人的合法权益，《公司法》第 186 条规定，清算组应当自成立之日起 10 日内通知债权人，并于 60 日内在报纸上公告。债权人应当自接到通知书之日起 30 日内，未接到通知书的自公告之日起 45 日内，向清算组申报其债权。

债权人申报债权，应当说明债权的有关事项，并提供证明材料。清算组应当对债权进行登记。在申报债权期间，清算组不得对债权人进行清偿。

3. 制定清算方案，清理公司财产，清偿债权债务并分配剩余财产。《公司法》第 187 条规定，清算组应当在清理公司财产、编制资产负债表和财产清单的基础上，制定清算方案，并报股东（大）会或者人民法院确认。《公司法》第 188 条规定，清算组发现公司财产不足以清偿公司债务的，应当向人民法院申请宣告破产。

4. 报送清算报告，办理注销登记。《公司法》第 189 条规定，公司清算结束后，清算组应当制作清算报告，报股东会、股东大会或者人民法院确认，并报送公司登记机关，申请注销公司登记，公告公司终止。

　　引例解析

根据《公司法》、《公司登记管理条例》以及《企业名称登记管理规定》的规定，该公司设立不能成功。首先，公司的出资违法。《公司法》规定股东的货币出资不低于注册资本的 30%，本案中注册资本 80 万元，现金最低应为 24 万元，而实际出资现金只有 20 万元，没有达到法定比例；《公司法》以及《公登记管理条例》规定劳务不得出资，丙以劳务出资不合法。其次，公司名称不合法，在名称中没有"有限责任"字样，组织形式不明确，不符合公司名称的组成。因此公司不能成功设立。公司的其他设立行为均合法。

思考题

1. 公司主要有哪些分类？
2. 有限责任公司与股份有限公司有什么不同？
3. 《公司法》对股权转让有什么限制性规定？
4. 公司债券与股票有什么不同？

破产法

◆ **引例**

2005 年 5 月 16 日，东星航空经民航总局批准筹建，2008 年下半年起资金紧张且重组失败，经审计，东星航空资产总额为 6.2961 亿元，而负债达 10.3279 亿元，已处于严重资不抵债的状况。2009 年 3 月 30 日，武汉市中级人民法院受理东星航空破产清算案，法院决定以清算组为管理人。4 月 8 日，中国航油等债权人提出对东星航空重整申请，6 月 12 日，被武汉中院裁定驳回。理由是管理人依法解除了东星航空与通用公司之间的飞机及发动机租赁协议，已经失去了重整的事实基础，而且在通用公司一方债权人申请对东星航空进行清算的情况下，中国航油作为债权人申请重整无法律依据。6 月 22 日，东星集团向法院递交申请，引进信中利公司重整东星航空，武汉中院认为东星集团及信中利公司明显缺乏对东星航空重整的资金能力，提交的重整方案不具有可行性，最后裁定驳回破产重整的申请，东星航空最终以破产方式终结。

☞ **要点**

破产界限的认定；债务人财产的范围；重整与和解的效力；破产财产的分配

第一节　破产法概述

一、破产

（一）破产的概念

破产是市场竞争的必然产物，是市场经济体系中退出机制的核心和关键。其目的在于通过启动破产和解、重整或者破产清算程序，处理债权债务关系，维护债权人和债务人的正当权益。因此，破产作为债权人执行债权的工具和手段，从法律意义上讲，是指对丧失清偿能力的债务人，在人民法院的审理与监督之下，强制清算其全部财产，公平清偿全体债权人债权的制度。

（二）破产的特征

（1）破产是一种为全体债权人的利益而对债务人财产进行处理的执行程序，自始至终都处于审判机关的严格控制之下。一旦债务人不能清偿到期债务，选择了破产程序，就必须由人民法院介入主持。

（2）破产是在债务人不能清偿债务的特定情况下适用的一种特殊法律程序，它要解决的不是民事权利的争议，而是既定民事权利的实现。所以，对债权人与债务人之间实体权利与义务的争议不适用破产法规范。

（3）破产是对债务人全部法律关系的彻底清算，它以债务人的全部资产作为偿债的基础。债务清偿完毕后，不仅债务人的经济生命终止，法律上的民事主体资格及相应的行为能力和权利能力也随之消失。

二、破产法

（一）破产法的概念

破产法是指当债务人丧失清偿能力时，人民法院强制对其全部财产进行清算分配，公平清偿给债权人，或者通过债务人与债权人达成和解协议，进行企业重整，避免债务人破产的法律规范的总称。

1986年12月2日，第六届全国人民代表大会常务委员会第十八次会议通过了《中华人民共和国企业破产法（试行）》，但因受立法时社会条件的局限，其中的内容已不能完全满足现阶段经济发展的需要。2006年8月27日，第十届全国人民代表大会常务委员会第二十三次会议修订了新的《中华人民共和国企业破产法》（以下简称《破产法》），共12章136条，自2007年6月1日起开始施行。

（二）破产法的作用

我国制定《破产法》的目的，主要是为了在经济体制改革中适应社会主义市场经济发展的需要，发挥《破产法》直接与间接两个方面的调整作用。其中，直接调整作用是通过规范企业的破产程序，公平清理债权债务，保护债权人和债务人的合法权益，维护社会主义市场经济秩序；间接调整作用是通过实施破产程序，进一步完善市场经济优胜劣汰的竞争机制，促进企业改善经营管理，优化资源的配置与使用，调整社会产业与产品结构，提高经济效益。

（三）破产法的适用范围

1. 破产法适用的主体。《破产法》适用于中国境内的所有企业法人，包括国有企业与法人型私营企业、三资企业、上市公司与非上市公司、有限责任公司与股份有限公司等。我国《破产法》对特殊形态的企业破产作了特别规定。其一，国有企业破产的，提出破产申请是在2007年6月1日之前的，按国务院有关规定办理，此后提出破产申请的按《破产法》的相关规定执行；其二，商业银行、证券公司、保险公司等金融机构破产的，国务院金融监督管理机构可以向人民法院提出对该金融机构进行重整或破产清算的申请，国务院金融监督管理机构依法对出现重大经营风险的金融机构采取接管、托管等措施的，可以向法院申请中止以该金融机构为被告或者被执行人的民事诉讼程序或执行程序。

2. 破产法适用的地域。破产法的地域适用范围是指破产宣告的域外效力问题，即一国的破产宣告对位于其他国家的债务人财产是否有效。我国《破产法》规定，依照我国《破产法》开始的破产程序，对债务人在中国领域外的财产发生效力。对外国法院作出的发生法律效力的破产案件的判决、裁定，涉及债务人在我国领域内的财产，申请或者请求人民法院承认和执行的，人民法院依照我国参加或缔结的国际条约，或者按照互惠原则进行审查，认为不违反我国法律的基本原则，不损害我国主权、安全和社会公共利益，不损害我国领域内债权人的合法权益的，裁定承认和执行。

第二节　破产申请与受理

一、破产原因

破产原因也称破产界限，是企业法人申请破产的事实根据，也是对债务人进行破产预防和债务清算的法律事实。

我国《破产法》规定，企业法人不能清偿到期债务，并且资产不足以清偿全部债务或者明显缺乏清偿能力的，可以依法宣告破产。所谓不能清偿到期债务是指债务人对于清偿期已经届满，而受请求的债务不能清偿，也无法全部清偿的一种客观经济状态；所谓不足以清偿全部债务是指债务人资不抵债，即债务人的全部资产总额不足以偿付其所负的全部债务总额。

二、破产申请和受理

（一）破产申请

破产申请是指申请人依法向人民法院请求裁定债务人适用破产程序的法律行为。破产申请是启动破产程序的起因，也是法院启动破产程序的绝对要件。

债务人、债权人以及对企业负有清算责任的人都有权向人民法院提出破产申请；另外，商业银行、证券公司、保险公司等金融机构发生破产情形的，国务院金融监督管理机构可以向人民法院提出对该金融机构进行重整或者破产清算的申请。

破产申请应当以书面形式提出，口头申请无效。提出破产申请的，除了向人民法院提交破产申请书和有关证据外，还应当向人民法院提交破产企业的财产状况说明、债权债务清册、有关财务会计报告、职工安置预案以及职工工资的支付和社会保险费用的缴纳情况。

（二）破产申请的撤回

破产申请的撤回是指申请人向人民法院提出有关企业破产的申请后，又否定其申请的意思表示。申请人提出破产申请，是行使法律规定的权利；申请人撤回申请，则是处分自己权利的一种表现。

在我国，债务人和债权人都可以撤回破产申请。但是，申请人必须在人民法院裁定是否受理破产申请前撤回，已经裁定受理破产申请的，申请人不能请求撤回。

（三）破产的受理

债权人提出破产申请的，人民法院自收到申请之日起 5 日内通知债务人。债务人对申请有异议的，自收到通知之日起 7 日内提出，人民法院应当自异议期满之日起 10 日内裁定是否受理。除上述情形外，人民法院应当自收到破产申请之日起 15 日内裁定是否受理。

人民法院裁定受理破产申请的，自裁定受理之日起 25 日内通知已知债权人，并予以公告。人民法院裁定不受理破产申请的，自裁定作出之日起 5 日内送达申请人并说明理由；申请人对裁定不服的，可以自裁定送达之日起 10 日内向上一级人民法院提起上诉。

三、破产案件的管辖

破产申请应当向有管辖权的人民法院提出，一般由债务人住所地的人民法院管辖。债务人住所地是其主要办事机构所在地，债务人主要办事机构不明确的，由其注册地人民法院管辖。

因为我国人民法院的设置共有四级，最高人民法院规定，破产案件的级别管辖依照破产企业的工商登记情况来确定。另外，上级人民法院有权审理下级人民法院管辖的破产案件，也可以把本院管辖的破产案件移交下级人民法院审理。省、自治区、直辖市的范围内因特殊情况，需要对个别破产案件的地域管辖进行调整的，须经共同的上级人民法院批准。

第三节 债务人财产与管理人

一、债务人财产

（一）债务人财产的范围

债务人财产是指属于债务人的全部财产。债务人财产的范围以人民法院受理破产申请时为标准，分为两个部分：①破产申请受理时属于债务人的全部财产，包括国家投入的财产、通过发行债券等方式自行筹集的财产、有形财产、无形财产权利等；②破产申请受理后至破产程序终结前债务人取得的财产，包括债务人投资的收益、破产财产的孳息、破产程序开始后至终止前债务人继续经营的收益及基于其他合法原因取得的财产。

（二）撤销权

撤销权是指债权人对债务人在破产案件受理前的法定期间内进行的欺诈、逃债或损害公平清偿的行为，可以申请人民法院撤销的权利。经人民法院依法撤销的危及债权的行为，自始无效。

管理人行使撤销权有两种手段：①行使一般撤销权，在人民法院受理破产申请前1年内，如果债务人具有无偿转让财产、以明显不合理的价格进行交易、对没有财产担保的债务提供财产担保、对未到期的债务提前清偿、放弃债权等行为，管理人有权请求人民法院予以撤销；②行使个别清偿撤销权，即人民法院受理破产申请前6个月内，只要债务人不能清偿到期债务，并且资产不足以清偿全部债务或者明显缺乏清偿能力，仍对个别债权人进行清偿的，管理人有权请求人民法院予以撤销，但是，个别清偿使债务人财产受益的除外。

（三）无效行为

无效行为是指行为人的行为不具备法律规定的有效条件而没有法律效力。我国《破产法》规定，涉及债务人财产的下列行为无效：①为逃避债务而隐匿、转移财产的；②虚构债务或者承认不真实债务的。

无效行为自始无效，即行为从实施时起就没有法律约束力。因无效行为而取得的债务人财产，应当通过返还财产、赔偿损失等方式恢复到行为之前的状态，同时，管理人也有权予以追索。

（四）债务人财产的收回

收回是指管理人追回被他人非正常占有和侵占的，属于债务人的财产。也就是说，他人占有和侵占的债务人财产，必须依法退还给债务人。属于应当收回的债务人财产有三项：①人民法院受理破产申请后，债务人的出资人尚未完全履行出资义务的，管理人有权要求该出资人缴纳所认缴的出资，而不受出资期限的限制；②债务人的董事、监事和高级管理人员利用职权从企业获取的非正常收入和侵占的企业财产，管理人有权追回；③人民法院受理破产申请后，管理人可以通过清偿债务或者为债权人提供担保，收回质物、留置物。

（五）取回权

取回权是指财产权利人向管理人要求取回属于自己的，而由债务人占有的财产的权利。这些财产是债务人占有的他人的财产，不能用于清偿债权人。取回权分为一般取回权和特别取回权。

一般取回权的行使限于取回原物。当人民法院受理破产申请后，债务人占有的不属于债务人的财产，该财产的权利人可以通过管理人取回。如果原物已被债务人卖出或已经灭失的，权利人只能以直接损失额作为破产债权要求清偿。

特别取回权的行使限于在途标的物。当人民法院受理破产申请时，出卖人已将买卖标的物向作为买受人的债务人发运，债务人尚未收到且未付清全部价款的，出卖人可以取回在运途中的标的物。但是，管理人可以支付全部价款，请求出卖人交付标的物。

（六）抵销权

抵销权是指债权人在破产申请受理前对债务人负有债务的，无论是否已到清偿期限、标的是否相同，均可在破产财产最终分配确定前向管理人主张相互抵销的权利。因此，抵销权是破产债权只能由破产程序受偿的例外，其结果使该债权在抵销范围内可以从破产财产中得到全额清偿和优先清偿。

为防止抵销权被当事人滥用，《破产法》对抵销权的行使进行了限制。除法律另有规定外，凡具有下列情形之一的不得抵销：①债务人的债务人在破产申请受理后取得他人对债务人的债权的；②债权人已知债务人有不能清偿到期债务或者破产申请的事实，对债务人负担债务的；③债务人的债务人已知债务人有不能清偿到期债务或者破产申请的事实，对债务人取得债权的。

二、管理人制度

（一）管理人的产生时间

管理人是指破产程序开始以后，为了加强对债务人的管理，防止债务人随意处分财产，保护债权人的利益，依法成立的在人民法院的指导和监督之下全面接管破产企业，并负责清理、保管、估价、处理和分配等破产清算事务的机构。

人民法院一旦裁定受理破产申请，应当同时指定管理人。可见，管理人是由人民法院指定成立的一个专门机构，是独立于债权人和债务人的，但它又是为了债权人和债务人双方利益而进行活动的。需要指出的是，管理人虽然由人民法院指定产生，对人民法院负责，但是也要接受债权人会议和债权人委员会的监督。

（二）管理人的任职条件

我国管理人的选任范围，可以是由有关部门、机构的人员组成的清算组，或者依法设立的律师事务所、会计师事务所等社会中介机构，也可以是具有相关专业知识并取得执业资格的人员。对于上述三类组织或个人，人民法院在指定管理人的时候，应当以律师事务所、会计师事务所等社会中介机构为首选。但是，如果具有因故意犯罪受过刑事处罚、曾被吊销相关专业执业证书或与本案有利害关系等情形的，不能担任管理人。

（三）管理人的选任方式

我国《破产法》对管理人采取的是法院指定立法模式，如果管理人违反职责，人民法院有权解除其管理人身份，另行指定管理人。同时，如果债权人会议认为人民法院指定的管理人不能公正地依法执行职务或者有其他不能够胜任职务的情形，可以申请人民法院予以更换。

管理人没有正当理由不得辞去职务，辞职应当经人民法院许可；管理人未依法执行职务的，人民法院可以给予罚款处分；管理人给债权人、债务人或者第三人造成损失的，应当承担相应的法律责任。

（四）管理人的权利和义务

在破产程序进行中，管理人依法享有下列职权：接管债务人的财产、印章、账簿、文书等资料；调查债务人财产状况，制作财产状况报告；决定债务人的内部管理事务；决定债务人的日常开支和其他必要开支；在第一次债权人会议召开之前，决定继续或者停止债务人的营业；管理和处分债务人的财产；代表债务人参加诉讼、仲裁或者其他法律程序；提议召开债权人会议等。

另外，作为管理人依法享有聘任工作人员和取得报酬的权利，承担公正执行职务、重大事项报告、接受质询和监督的义务。管理人在第一次债权人会议召开之前，如果决定继续或者停止债务人的营业，以及涉及土地房屋、知识产权等重大事项的转让，应当经人民法院许可。

第四节 破产费用与破产债权

一、破产费用与共益债务

（一）破产费用

破产费用是指人民法院受理破产申请后，为保证破产程序的顺利进行，以及对债务人财产的管理、变价、分配过程中，必须支付的且用债务人财产优先支付的费用。主要包括：①破产案件的诉讼费用；②管理、变价和分配债务人财产的费用；③管理人执行职务的费用、报酬和聘用工作人员的费用。

（二）共益债务

共益债务是指人民法院受理破产申请后，管理人为全体债权人的共同利益，管理债务人财产时所负担或产生的债务，以及因债务人财产而产生的，以债务人财产优先支付的债务。主要包括：①因管理人或者债务人请求对方当事人履行双方均未履行完毕的合同所产生的债务；②债务人财产受无因管理所产生的债务；③因债务人不当得利所产生的债务；④为债务人继续营业而应支付的劳动报酬和社会保险费用以及由此产生的其他债务；⑤管理人或者相关人员执行职务致人损害所产生的债务；⑥债务人财产致人损害所产生的债务。

（三）破产费用与共益债务的清偿

破产费用与共益债务均是以债务人财产为清偿对象的，享有优先于其他债权的受偿权，并由债务人财产随时清偿。债务人财产不足以清偿所有破产费用和共益债务的，先行清偿破产费用；债务人财产不足以清偿所有破产费用或者共益债务的，按照比例清偿；债务人财产不足以清偿破产费用的，管理人应当提请人民法院终结破产程序，人民法院自收到请求之日起 15 日内裁定终结破产程序，并予以公告。

二、破产债权

（一）破产债权的概念

破产案件中的债权是指人民法院受理破产申请前成立的，依法申报并获得确认，只能通过破产清算程序进行分配的债权。构成破产债权，必须是在法院受理破产申请前已经存在，以财产请求为内容，并按照破产程序申报并确认。但是，超过诉讼时效的债权、未依法申报的债权、尚未执行的罚款和罚金等不得作为破产债权。

（二）破产债权的申报

破产债权申报的主体是债权人，接受债权申报的主体是管理人。也就是说，债权人必须在人民法院确定的债权申报期限内向管理人申报债权，人民法院不作为接受债权申报的主体出现。

破产债权申报的期限自人民法院发布受理破产申请公告之日起计算，最短不得少于 30 日，最长不得超过 3 个月，在此期间内，由法院确定具体申报期限；债权人逾期申报债权的，可以在破产财产最后分配前补充申报，但此前已进行的分配，不再对其补充分配；债权人未申报债权的，不得依照破产程序行使权利。

（三）特殊债权的申报

关于特别债权的申报，《破产法》规定了几种具体方法：①未到期的债权，在破产申请受理时视为到期，附利息的债权自破产申请受理时起停止计息；②附条件、附期限的债权和诉讼、仲裁未决的债权，债权人也可以申报其债权；③管理人或者债务人依照《破产法》规定解除合同的，对方当事人以因合同解除所产生的损害赔偿请求权申报债权；④债务人是委托合同的委托人，其破产案件被人民法院受理，受托人不知该事实，继续处理委托事务的，受托人以由此产生的请求权申报债权；⑤债务人是票据的出票人，其破产案件被人民法院受理，该票据的付款人继续付款或者承兑的，付款人以由此产生的请求权申报债权。

关于连带债权的申报，《破产法》规定可以采取下列方式申报：①债务人的保证人或者其他连带债务人已经代替债务人清偿债务的，以其对债务人的求偿权申报债权；②尚未代替债务人清偿债务的，以其对债务人的将来求偿权申报债权，但债权人已向管理人申报全部债权的除外；③连带债权人可以由其中一人代表全体连带债权人申报债权，也可以共同申报债权；④连带债务人数人的破产案件均被受理的，其债权人有权就全部债权分别在各破产案件中申报债权。

关于劳动债权的申报，《破产法》明确规定，债务人所欠职工的工资和医疗、伤残补助、抚恤费用，所欠的应当划入职工个人账户的基本养老保险、基本医疗保险费用，以及法律、行政法规规定应当支付给职工的补偿金，不必申报，由管理人调查后列出清单并予以公示。职工对清单记载有异议的，可以要求管理人更正；管理人不予更正的，职工可以向人民法院提起诉讼。

（四）破产债权的确认

债权人申报的债权需经人民法院确认，凡未经发生法律效力的裁判所确认的债权，均在审查确认之列。债权确认分为三个步骤：①管理人收到债权申报材料后，应当登记造册，对申报的债权进行审查，并编制债权表，债权申报材料和债权表由管理人保存，供利害关系人查阅；②管理人依法编制的债权表，应当提交第一次债权人会议核查，债务人、债权人对债权无异议的，由人民法院裁定确认，与判决具有同等法律效力；③经核查后仍存在异议的债权，债务人、债权人可以向受理破产申请的人民法院提起诉讼，由法院裁定该异议是否成立。

第五节　债权人会议和债权人委员会

一、债权人会议

（一）债权人会议的概念

债权人会议是由所有依法申报债权的债权人组成的，以保障债权人共同利益为目的，为实现债权人破产程序参与权，讨论决定有关破产事宜，表达债权人意志，协调债权人行为的破产议事机构。

债权人会议属于法定必设机关，但只是一个自治性质的临时机构，本身无执行功能，所作出的相关决议由管理人负责实施。

（二）债权人会议的组成

依法申报债权的债权人为债权人会议的成员，有权参加债权人会议，享有表决权。债权人会议应当有债务人的职工或工会代表参加，对有关事项发表意见。债权人会议设主席1人，由人民法院从有表决权的债权人中指定，向人民法院报告工作，并接受债权人会议和债权人委员会的监督。

需要注意的是，在债权人会议上除有权出席会议的债权人之外，还有其他列席人员。列席人员无表决权，仅协助债权人会议顺利召开。管理人、债务人的法定代表人、经人民法院决定的债务人企业财务管理人员和其他经营管理人员应当列席债权人会议，无正当理由拒不列席债权人会议的，人民法院可以拘传，并依法处以罚款。

（三）债权人会议的召集

第一次债权人会议由人民法院召集，自债权申报期限届满之日起15日内召开。以后的债权人会议，在人民法院认为必要时，或者管理人、债权人委员会、占债权总额 1/4 以上的债权人向债权人会议主席提议时召开。召开债权人会议，管理人应当提前 15 日通知已知的债权人。

（四）债权人会议的决议

债权人会议的决议，由出席会议的有表决权的债权人过半数通过，并且其所代表的债权额占无财产担保债权总额的 1/2 以上，法律另有规定的除外。债权人会议的决议对于全体债权人均有约束力，如果债权人认为决议违反法律规定，损害其利益的，可以自债权人会议作出决议之日起 15 日内，请求人民法院裁定撤销该决议，责令债权人会议依法重新作出决议。

《破产法》对可能出现的债权人会议僵局设置了解决办法，债权人会议表决债务人财产的管理方案和破产财产的变价方案时未通过的，由人民法院裁定。债权人对人民法院裁定不服的，可以自裁定宣布之日或者收到通知之日起 15 日内向该人民法院申请复议，复议期间不停止裁定的执行。

（五）债权人会议的职权

债权人会议只有议决权，仅在破产程序中协调债权人的法律行为。债权人会议一般行使下列职权：①核查债权；②申请人民法院更换管理人，审查管理人的费用和报酬；③监督管理人；④选任和更换债权人委员会成员；⑤决定继续或者停止债务人的营业；⑥通过重整计划；⑦通过和解协议；⑧通过债务人财产的管理方案；⑨通过破产财产的变价方案；⑩通过破产财产的分配方案。

二、债权人委员会

（一）债权人委员会的概念

由于债权人会议是临时性的，而破产程序是持续性的，债权人会议行使监督权存在很大困难，这就需要设立专门的常设性机构。债权人委员会就是遵循债权人共同意志，代表债权人会议对管理人以及破产程序进行监督的常设机构。

（二）债权人委员会的组成

设立债权人委员会并不是法定的强制程序，是否设立完全由债权人会议根据案件具体情况决定。债权人委员会由债权人会议选任的债权人代表和 1 名债务人的职工或工会代表组成，成员不得超过 9 人，均需得到人民法院书面决定认可。

（三）债权人委员会的职权

债权人委员会行使日常监督职能，具体包括下列职权：①监督债务人财产的管理和处分；②监督破产财产分配；③提议召开债权人会议；④债权人会议委托的其他职权。需要强调的是，债权人委员会执行上述职务时，有权要求管理人、债务人的有关人员对其职权范围内的事务作出说明或者提供有关文件；管理人、债务人的有关人员违反法律规定拒绝接受监督的，债权人委员会有权就监督事项请求人民法院作出决定；人民法院接到债权人委员会的请求应当在 5 日内作出决定。

为保障债权人委员会能够及时了解破产程序的信息，行使监督权，管理人实施下列行为，应当及时报告债权人委员会或者人民法院：①涉及土地、房屋等不动产权益的转让；②探矿权、采矿权、知识产权等财产权的转让；③全部库存或者营业的转让；④借款；⑤设定财产担保；⑥债权和有价证券的转让；⑦履行债务人和对方当事人均未履行完毕的合同；⑧放弃权利；⑨担保物的收回；⑩对债权人利益有重大影响的其他财产处分行为。

第六节 破产和解与破产重整制度

一、破产和解制度

（一）破产和解的规则

破产和解是指在人民法院受理债权人申请破产案件后的法定期间内，债务人为避免破产宣告，提出和解请求，与债权人会议达成整顿复苏企业、清偿债务的活动。

债务人可以直接向人民法院申请和解；也可以在人民法院受理破产申请后，宣告债务人破产前，向人民法院申请和解、超过法定期限即丧失申请权利。债务人提出申请后，应当在第一次债权人会议召开之日前向人民法院提交和解协议草案和重整方案，说明清偿债务的财产来源、办法、期限、财产与经营状况，以及重整的内容、具体步骤与期限等。

债权人会议应当对和解协议进行表决，由出席会议的有表决权的债权人过半数同意，并且其所代表的债权额占无财产担保债权总额的 2/3 以上。当债权人会议否决和解时，应通知人民法院并请求其宣告债务人破产；若表决通过和解协议时，应报请人民法院审查认可并发布公告。和解协议自发布公告之日起产生法律效力。

（二）破产和解协议的效力

破产程序中的和解是一种强制和解，只要债权人会议以法定多数通过债务人的和解协议，经人民法院裁定认可后，对债务人和全体和解债权人均有约束力，不同意和解的少数债权人也要受其约束。

《破产法》规定，和解债权人未依照规定申报债权的，在和解协议执行期间不得行使权利，待执行完毕后，再按协议规定的清偿条件行使权利。和解协议生效之前的债权人只能按和解协议受偿，不得要求或接受和解协议之外的单独利益。同样，债务人必须按照和解协议清偿债务，不得给个别债权人以额外利益。

对和解协议效力的理解应当注意以下几点：①和解协议生效后新产生的债权，不受协议约束；②和解协议生效前的债权，除有财产担保的债权外，均受和解协议约束；③和解协议对债务人的保证人或其他连带债务人无效，他们仍应按原来的约定承担保证或连带责任。

（三）破产和解的终结

破产和解的终结是指人民法院裁定和解程序立即终止，恢复进入破产清算程序，宣告债务人破产。《破产法》规定，有下列情形之一的，由人民法院裁定和解终结，宣告破产：①和解协议草案经债权人会议表决未获得通过，或者已经债权人会议通过的和解协议未获得人民法院认可的；②因债务人的欺诈或者其他违法行为而成立和解协议的；③债务人不能执行或者不执行和解协议的；④人民法院受理破产申请后，债务人与全体债权人就债权债务的处理自行达成协议的。

二、破产重整制度

（一）破产重整的规则

破产重整是指不对债务人的财产立即进行清算，而是在人民法院的主持下由债务人与债权人达成协议，制订整顿计划，规定在一定的期限内债务人可以继续经营业务，从而使企业起死回生，避免破产清算的法律制度。

破产重整程序的启动，始于利害关系人的申请。在人民法院受理破产申请后宣告债务人破产前，债务人或者出资额占债务人注册资本 10% 以上的出资人，可以向人民法院申请重整，人民法院经审查认为符合规定的，应当裁定债务人重整并予以公告。重整计划的执行人是债务人，管理人在重整计划执行期间，履行的是监督职责。债务人或者管理人应当自人民法院裁定重整之日起 6 个月内，同时向人民法院和债权人会议提交重整计划草案。人民法院自收到重整计划草案之日起 30 日内召开债权人会议进行表决。出席会议的同一表决组的债权人过半数同意，且其所代表的债权额占该组债权总额的 2/3 以上的，即为该组通过。

自人民法院裁定债务人重整之日起至重整程序终止，为重整期间。经过整顿，企业能够清偿债务的，人民法院应当终结破产程序并予以公告。整顿期满，企业不能清偿债务的，人民法院应当宣告破产，并按规定重新登记债权。

（二）破产重整的效力

破产重整经人民法院裁定批准后，对债务人和全体债权人均有约束力。其效力表现在以下几个方面：①不论债权人对债务人享有何种债权，债权人是否参加债权人会议或者是否同意重整计划，其债权的受偿条件、期限、方式等，均按照重整计划的规定执行；②债权人未依照规定申报债权的，在重整计划执行期间不得行使权利，待执行完毕后按同类债权的清偿条件行使权利；③债权人对债务人的保证人和其他连带债务人所享有的权利，不受重整计划的影响；④在重整期

间，经债务人申请，人民法院批准，债务人可以在管理人的监督下自行管理财产和营业事务，债务人或者管理人为继续营业而借款的，可以为该借款设定担保；⑤在重整期间，对债务人的特定财产享有的担保权（如抵押权）暂停行使，但是，担保物有损坏或者价值明显减少的可能，足以危害担保权人权利的，担保权人可以向人民法院请求恢复行使担保权；⑥在重整期间，债务人的出资人不得请求投资收益分配，债务人的董事、监事、高级管理人员不得向第三人转让其持有的债务人的股权，经人民法院同意的除外。

（三）破产重整的终结

在整顿期间，有下列情况之一的，经管理人或者利害关系人请求，人民法院应当裁定终止重整程序，并宣告债务人破产：①债务人未按期提出重整计划草案，或者重整计划草案未获得通过，或者已通过的重整计划未获人民法院批准的；②债务人不能执行或不执行重整计划，或者由于债务人的行为致使管理人无法执行职务的；③债务人的经营状况和财产状况继续恶化，缺乏挽救的可能性的；④债务人有欺诈、恶意减少财产或者其他显著不利于债权人的行为。

第七节 破产清算

一、破产宣告

（一）破产宣告的概念

破产宣告是指人民法院依据当事人的申请和法定职权，裁定宣告债务人破产，清偿债务的法律制度。我国《破产法》在破产宣告问题上采取的是申请主义原则，人民法院必须依当事人的申请，才能受理破产案件，作出破产宣告。

债务人被宣告破产后，在破产程序中的有关称谓发生相应变化，债务人称为破产人，债务人财产称为破产财产，人民法院受理破产申请时对债务人享有的债权称为破产债权。

（二）破产宣告的程序

人民法院宣告债务人破产，应当通知提出破产申请的债权人、债务人到庭，当庭宣布破产裁定，并发布公告。当事人拒不到庭的，不影响裁定的效力。

人民法院依法宣告债务人破产，应当自裁定作出之日起 5 日内送达债务人和管理人，自裁定作出之日起 10 日内通知已知债权人，并予以公告。

人民法院在作出破产宣告的同时，应向当事人与利害关系人进行必要的通知，送达破产裁定书副本，还可以将裁定书副本抄送有关政府监察和审计部门，以便查明企业破产的责任。

（三）破产宣告的效力

破产宣告对破产人具有效力，企业的身份由债务人变为破产人，丧失对企业财产的经营、管理、处分权利。企业的法定代表人个人权利受到限制，职工原来与企业订立的劳动合同依法解除。

破产宣告对债权人具有效力，除有财产担保者外，债权人不得单独要求或接受破产人的个别清偿，必须依照破产程序行使受偿权利。

破产宣告对第三人具有效力，破产企业的债务人和财产持有人只能向管理人清偿债务或者交付财产，管理人行使的撤销权有效，对破产企业未履行完毕的合同可以决定解除或者继续履行。

另外，我国《破产法》虽然对破产宣告的域外效力未作规定，但在实践中采取的是属地主义原则。

二、破产财产

（一）破产财产的范围

破产财产是指被宣告破产的债务人的财产，也就是属于破产人所有或由国家授予其经营管理的，在破产宣告后由管理人依法管理和处分，用以清偿破产债权的全部财产。凡是不属于此列，如破产人代为保管的他人财产，以及基于仓储、加工承揽、委托交易、代销、借用、寄存和租赁等法律关系而占有、使用的他人财产，都不是破产财产。

（二）破产财产的变价

由于破产债权具有金钱价值，清偿破产债权一般以金钱分配最为迅速和方便。但是，破产财产包括金钱财产与非金钱财产两大类，非金钱财产基于本身所具有的不易分割特性，不经过恰当估价、变卖而将其折合为金钱，往往很难直接分配给各个债权人。因此，管理人在完成对破产财产的收集和清理后，应在一定期间内对破产财产进行价值评估和变卖。

在破产宣告后，管理人应当及时拟订破产财产变价方案，提交债权人会议讨论。管理人应当按照债权人会议通过的或者人民法院依法裁定的破产财产变价方案，适时变价出售破产财产。

变价出售破产财产应当通过拍卖方式进行，但债权人会议另有决议的除外。破产财产的变价出售必须以债权人利益最大化为原则，决不允许以低价向购买者处分破产财产。

破产企业变价出售时，可以全部或者部分变价出售，也可以将其中的无形资产和其他财产单独变价出售。按照国家规定不能拍卖或者限制转让的财产，应当按照国家规定的方式处理。上述规定对保持变价财产的使用价值，减少社会财富的损失，提高破产债权的分配比例，具有积极的意义。

（三）别除权

别除权是指对破产人的特定财产享有担保权的权利人，就该特定财产享有优先受偿的权利。别除权人在破产程序中享有优先受偿权，其优先受偿权的行使不受破产清算与和解程序的限制，但在重整程序中受到限制。当然，别除权之债权属于破产债权，其担保物属于破产财产，因此别除权人享有破产申请权，未依法申报债权者不得行使权利。

别除权人行使优先受偿权利未能完全受偿的，其未受偿的债权作为普通债权；别除权人放弃优先受偿权利的，其债权也作为普通债权。但是，如果破产人仅作为担保人为他人债务提供物权担保，担保债权人的债权虽然在破产程序中可以构成别除权，但因破产人不是主债务人，在担保物价款不足以清偿担保债务总额时，余债不得作为破产债权向破产人要求清偿，只能向原主债务人求偿。

对于别除权与职工债权之间的清偿顺序，《破产法》特别规定，别除权人为及时获得清偿，可以在处置担保物时将对担保物享有优先于别除权受偿的职工债权全额提存，在不影响该债权清偿的前提下，对特定财产行使优先受偿权。享有优先受偿权的权利人为两人以上时，对职工债权的责任按照各权利人行使优先受偿权的财产比例分担。

（四）破产财产分配方案的通过

管理人应当及时拟订破产财产分配方案，提交债权人会议讨论。破产财产分配方案应当载明下列事项：①参加破产财产分配的债权人名称或者姓名、住所；②参加破产财产分配的债权额；③可供分配的破产财产数额；④破产财产分配的顺序、比例及数额；⑤实施破产财产分配的方法。

债权人会议通过破产财产分配方案的决议，由出席会议的有表决权的债权人过半数通过，并且其所代表的债权额占无财产担保权总额的1/2以上。债权人会议表决破产财产的分配方案时，经两次表决仍未通过的，由人民法院裁定。债权额占无财产担保债权总额1/2以上的债权人对人民法院的裁定不服的，可以自裁定宣布之日或者收到通知之日起15日内向该人民法院申请复议。债权人会议通过破产财产分配方案后，由管理人将该方案提请人民法院裁定认可，对全体债权人有约束力，并由管理人负责执行。

（五）破产财产的分配

破产财产分配是指将破产财产按照法律规定的债权清偿顺序和案件实际情况决定的受偿比例进行清偿。破产财产的分配应当遵守法定的顺序和方法，可以进行一次性分配或多次分配。当管理人按照分配方案实施多次分配的，应当公告本次分配的财产额和债权额。管理人实施最后分配的，应当在公告中指明。

破产财产分配顺序是优先清偿破产费用和共益债务后，再按下列顺序清偿：

①破产人所欠职工的工资和医疗、伤残补助、抚恤费用，所欠的应当划入职工个人账户的基本养老保险、基本医疗保险费用，以及法律、行政法规规定应当支付给职工的补偿金；②破产人欠缴的除前项规定以外的社会保险费用和破产人所欠税款；③普通破产债权。在此应当注意，破产财产不足以清偿同一顺序的清偿要求的，按照比例分配。破产企业的董事、监事和高级管理人员的工资按照该企业职工的平均工资计算。

破产财产分配方式一般以货币分配为主，如果破产财产处分较为困难，债权一时难以追回，或在变价过程中会造成较大损失的，经债权人会议决议，可以进行实物或债权分配。

（六）破产财产分配的执行

破产管理人必须依法履行职责，执行具有法律效力的破产财产分配方案。对债权人留有明确姓名或名称、地址、银行账户，无需债权人受领行为即可交付的，管理人应当直接将破产财产分配额交付债权人。无法直接交付的债权人未受领的破产财产分配额，管理人应当提存。债权人自最后分配公告之日起满2个月仍不领取的，视为放弃受领分配的权利，管理人或者人民法院应当将提存的分配额分配给其他债权人。

对附生效条件或者解除条件的债权，管理人应当将其分配额提存。在最后分配公告日，生效条件未成就或者解除条件成就的，提存的分配额应当分配给其他债权人；在最后分配公告日，生效条件成就或者解除条件未成就的，提存的分配额应当交付给债权人。

破产财产分配时，对于诉讼或者仲裁未决的债权，管理人应当将其分配额提存。自破产程序终结之日起满2年仍不能受领分配的，人民法院应当将提存的分配额分配给其他债权人。

三、破产程序的终结

（一）破产程序终结的原因

破产程序的终结又称破产程序的终止，是指人民法院受理破产案件后，存在法定的事由时，由人民法院依法裁定终结破产程序，结束破产案件的审理。

破产程序终结可分为正常终结和非正常终结。正常终结是破产财产分配完毕，破产目的得到实现。非正常终结是没有经过财产分配而终结，主要形式有：①债务人财产不足以清偿破产费用的，管理人应当提请人民法院终结破产程序；②人民法院受理破产申请后，债务人与全体债权人就债权债务的处理自行达成协议的，可以请求人民法院裁定认可，并终结破产程序；③破产人无财产可供分配的，管理人应当请求人民法院裁定终结破产程序；④管理人在最后分配完结后，应当及时向人民法院提交破产财产分配报告，并提请人民法院裁定终结破产程序。

（二）破产程序终结的步骤

破产程序的终结，人民法院自收到管理人请求之日起 15 日内作出裁定，并予以公告。管理人自破产程序终结之日起 10 日内，持人民法院的裁定，向破产人的原登记机关办理注销登记，其法人资格宣告消灭。

（三）破产程序终结的法律后果

通常情况下，管理人应于办理破产人注销登记完毕的次日终止执行职务，但破产案件存在诉讼或者仲裁未决等情况的，管理人可以在破产程序终结后，继续办理破产案件的遗留事务。另外，破产人的保证人和其他连带债务人，在破产程序终结后，对债权人依照破产清算程序未受清偿的债权，依法继续承担清偿责任。

破产程序终结后，债权人通过破产分配未得到清偿的债权不再予以清偿，破产企业未偿清余债的责任依法免除。但是，自破产程序终结之日起 2 年内，有下列情形之一的，债权人可以请求人民法院按照破产财产分配方案进行追加分配：①发现有依照法律规定应当追回的财产的；②发现破产人有应当供分配的其他财产的。有上述两种情形，但财产数量不足以支付分配费用的，不再进行追加分配，由人民法院将其上交国库。

四、违反《破产法》的法律责任

法律责任是为维护破产法律秩序，遏制破产违法行为而由法律设立的制裁机制。《破产法》规定，对妨害公平清偿，损害当事人尤其是债权人合法权益和妨碍社会经济秩序的破产违法行为必须予以制裁。

（一）债务人的管理层的法律责任

为了强化对造成企业破产有过错的高管人员的责任追究，《破产法》规定，企业董事、监事或者高级管理人员违反忠实义务、勤勉义务，致使所在企业破产的，依法承担民事责任，自破产程序终结之日起 3 年内不得担任任何企业的董事、监事、高级管理人员。而且，债务人损害债权人利益的，债务人的法定代表人和其他直接责任人员依法承担赔偿责任。

（二）债务人的有关人员的法律责任

为了督促债务人的有关人员切实履行相关义务，《破产法》规定，有义务列席债权人会议的债务人的有关人员，经人民法院传唤，无正当理由拒不列席债权人会议的，人民法院可以拘传，并依法处以罚款；债务人的有关人员违反规定，拒不陈述、回答，或者作虚假陈述、回答的，人民法院可以依法处以罚款；债务人拒不向人民法院提交或者提交不真实的财产状况说明、债务清册、债权清册、有关财务会计报告以及职工工资的支付情况和社会保险费用的缴纳情况的，人民法院可以对直接责任人员依法处以罚款；债务人违反规定，拒不向管理人移交财产、印章和账簿、文书等资料的，或者伪造、销毁有关财产证据材料而使财产状况不明的，人民法院可以对直接责任人员依法处以罚款；债务人的有关人员违反规定，擅自离开住所地的，人民法院可以予以训诫、拘留，可以依法并处罚款。

（三）管理人未执行职务的法律责任

为了规范管理人的行为，维护破产管理的公正和效率，若管理人未依照《破产法》规定勤勉尽责，忠实执行职务的，人民法院可以依法处以罚款；给债权人、债务人或者第三人造成损失的，依法承担赔偿责任。

（四）破产引起的刑事责任

破产中的刑事责任一般涉及两种类型：一是企业法定代表人或直接责任人因玩忽职守等故意或重大过失行为造成企业破产的，应对其追究刑事责任；另一种是企业法定代表人或直接责任人在企业破产过程中从事了损害债权人利益的行为以及破坏破产程序的行为，构成犯罪的，也要追究其刑事责任。

引例解析

我国《破产法》第 2 条规定，企业法人不能清偿到期债务，并且资产不足以清偿全部债务或者明显缺乏清偿能力的，达到破产界限，应当依照《破产法》清理债务。东星航空资产总额是 6.2961 亿元，而负债是 10.3279 亿元，已处于严重资不抵债的状况，可以依法宣告破产。

我国《破产法》第 13 条规定，人民法院一旦裁定受理破产申请，应当同时指定管理人，管理人在人民法院指导和监督之下全面接管破产企业。2009 年 3 月 30 日武汉市中级人民法院受理东星航空破产清算案，武汉市成立清算组，法院在破产案件受理之时决定以清算组为管理人。

我国《破产法》第 70、71 条规定，债务人或者债权人可以直接向人民法院申请对债务人进行重整，由人民法院依法裁定。虽然 4 月 8 日中国航油等债权人提出对东星航空的重整申请，6 月 22 日东星集团欲引进信中利公司重整东星航空，但是由于东星航空已经失去了重整的事实基础，申请破产重整无法律依据，有关公司明显缺乏对东星航空重整的资金能力，提交的重整方案不具有可行性，最后法院裁定驳回重整申请。

思考题

1. 破产制度与民事执行制度有何区别？
2. 在什么情况下由人民法院裁定宣告企业破产？
3. 简述破产财产的清偿顺序。

物权法

❖ 引例

甲与乙系 5 楼和 6 楼的邻居关系。甲于 2003 年购买此房，入住后，甲在 5 楼通往 6 楼的楼梯上安装铁栅栏门，铁栅栏门外又安装了铝合金门，并用胶合板将楼梯扶手上的空间封堵。2004 年 1 月，乙购买 6 楼的房屋并入住。2007 年 11 月，乙认为甲造成了自己进出及搬运东西的严重不便，于是向法院提起了诉讼，要求甲立即拆除上述设施。

☞ 要点

物权法的原则；所有权；用益物权；担保物权

第一节　物权法基本原理

一、物权

（一）物权的概念

物权，顾名思义，就是权利人对物享有的权利。在法律上，物权是权利人在法律规定的范围内，直接支配物并排除他人干涉的财产性权利。法律上的物不同于现实生活中的物。法律上的物是指在事实上、法律上能供人占有、使用、收益和处分的物质实体和自然力。虽然是物，但不能为人所支配的就不是法律上的物，例如太阳。同时，人体器官作为人体的一部分，也不是法律上的物，但是已经与人体分离的器官可以作为物。智力成果可以表现在书本等物上，但其本身不是物。物权是一种财产权，它是具有物质内容的、直接体现为财产利益的权利，财产利益包括对物的利用、物的归属和就物的价值设立的担保。

（二）物权的特征

物权具有以下特征：

1. 物权是一种对物支配权。其作用在于保障权利人对物的支配，从而享受物的利益。其他权利如人身权、知识产权虽然也是支配权，但其支配的对象不是物。

2. 物权具有排他性。权利的排他性有两层含义：①权利之间的相对排斥；

②对他人的妨碍行为依法排除的权利。物权的排他性既表现在一物之上不能同时有两个以上内容互不相容的物权，也表现为物权具有直接排除不法妨碍的性能。

3. 物权是对世权。对世权是对人权的相对概念，它是指其效力及于一切人，即义务人为不特定的任何人的权利。它的义务人是不特定的任何人，即任何人均负有不妨害权利人实现其权利的义务。而对人权则是指权利效力只及于特定的义务人的权利。物权的义务人是除权利人之外的所有人，其义务主体是不特定的。

4. 物权是一种绝对权。权利有绝对权与相对权之分，绝对权是不需要义务人积极作为就能实现的权利，而相对权则是需要义务人积极作为才能实现的权利。物权的实现不需要相对义务人的积极协助，以权利人对标的物进行合法支配为唯一要件，因而具有绝对性。

（三）物权的分类

物权可以按照不同的标准进行多种分类。

1. 以物权支配力的范围为标准，可将物权分为完全物权与定限物权。完全物权是指权利人对标的物进行全面支配的物权。所谓全面支配，意味着支配范围的全面性和支配时间的无限性。符合这一特征的物权，只有所有权一种。因此，完全物权就是所有权。定限物权，是指权利人对标的物的支配被限定于某一方面或某一特定时间的物权，也称限制物权。定限物权包含了所有权以外的各种物权法定形态。

2. 根据物权的所有权归属关系标准，可将物权分为自物权与他物权。自物权是对自己之物享有的物权，也就是所有权；他物权亦称定限物权，是指对他人之物享有的物权，即所有权以外的各种物权。他物权是权利人根据法律规定或合同约定对他人所有之物享有其所有权的部分权能，是派生于所有权的物权类型。

3. 以设立物权的目的为标准，可将物权分为用益物权与担保物权。这是对他物权的再分类。用益物权是指以实现对物的使用和收益为目的而设立的定限物权，如地上权、永佃权、用益权等。担保物权是为担保债权的实现而设立的定限物权。

4. 以物权标的物的性质为标准，可将物权分为动产物权与不动产物权。不动产物权包括不动产所有权、地上权、地役权、抵押权等。动产物权包括动产所有权、动产质权、留置权等。在各国民法上，不动产物权和动产物权都被区别对待，从而使二者之间存在多方面的差异。

5. 以物权有无从属性为标准，可将物权分为主物权与从物权。主物权是独立存在的，不从属于其他权利的物权，如所有权、土地承包经营权、建设用地使用权等。从物权是从属于其他权利并为其所从属的权利服务的物权，如抵押权、质权、留置权等。

二、物权法

（一）物权法的涵义

物权法即调整各种物权关系的法律规范。物权法是一个国家经济基础的法律化，它确立了一个社会关于物质财富占有、使用、收益、处分的基本秩序，为人民提供基本的人权保障，为社会财富的享有、财产的利用确立了基本的规则。物权法有广义和狭义之分，广义上的物权法是所有调整物权关系的法律规范的总和。除了《中华人民共和国物权法》以外，还包括法律、行政法规、行政规章中有关物权的法律规范。狭义上的物权法仅指物权法典，在我国就是第十届全国人民代表大会第五次会议于 2007 年 3 月 16 日通过，自 2007 年 10 月 1 日起施行的《中华人民共和国物权法》。

（二）物权法的基本原则

1. 物权法定原则。物权法定原则是指物权的种类与内容只能由法律来规定，不允许当事人自由创设。物权具有绝对性，任意创设物权将会妨碍不特定第三人的自由。物权法定原则有利于物权的公示，从而实现物尽其用，确保交易的安全与便捷。

2. 公示公信原则。公示是指将物权设立、移转的事实通过一定的方法向社会公开，从而使第三人知道物权变动的情况。我国《物权法》第 6 条规定："不动产物权的设立、变更、转让和消灭，应当依照法律规定登记。动产物权的设立和转让，应当依照法律规定交付。"与公示联系在一起的是公信，公信的内容主要包括两个方面：①登记记载的权利人，在法律上被推定为真正的权利人；②任何人因为相信登记记载的权利而与权利人从事了移转该权利的交易，该项交易应当受到保护。

3. 一物一权原则。一物一权原则虽非《物权法》明确规定的基本原则，但在学理上普遍被视为物权法的基本原则之一。所谓一物一权原则，亦称物权客体特定原则，是指在一个标的物上不允许有互不相容的两个以上物权同时存在，而一个物权的客体也只能以一物为限。具体言之，一物一权原则有两层内涵：①一物不能多权，在同一标的物上只能成立一个所有权，也只能成立一个与其他物权互不相容的用益物权，在物的某一部分上不能成立一个独立的物权；②多物不能一权，数个物上一般不能成立一个物权，只能在一个物上成立一个物权。

（三）物权的效力

物权的效力，是指法律赋予物权的强制性作用力。它反映着法律保障物权人能够对标的物进行支配并排除他人干涉的程度和范围。

1. 物权的优先效力。物权的优先效力亦称为物权的优先权，它是指同一标的物上有数个利益相互矛盾、相互冲突的权利并存时，具有较强效力的权利排斥或先于具有较弱效力的权利的实现。[1]

物权的优先效力表现在以下两个方面：

（1）物权相互之间的优先效力。同一物之上有数个物权并存时，应确定物权实现的先后顺序，这就是物权相互间的优先效力。物权之间的优先顺序应依据以下标准确定：①依照成立时间先后确定优先顺序，同一标的物，有两个以上相同内容或性质的物权存在时，成立在先的物权优先于成立在后的物权。②依据物之效用确立的优先顺序，物权人将物之所有、利用的价值分离，故对使用价值和交换价值享有支配权的物权人应获得较所有权人更为优越的顺序，否则其定限物权的利益无从保障。同一标的物上，定限物权虽成立于所有权之后，但其在支配范围内具有优先于所有权的效力。③法律规定的特殊程序，法律为了贯彻某项特定的立法政策，多打破成立时间的物权优先顺序，如我国《海商法》第25条所规定的船舶优先权，不论成立时间先后，恒优先于船舶抵押权。

（2）物权对债权的优先效力。当物权与债权并存时，物权优先于债权。物权对债权的优先效力主要包括：①所有权优先于债权，特定物为债权之标的物，该物之上如果又有物权存在时，无论其成立在先或者在后，均优先于债权的效力；②用益物权优先于债权，特定物虽为债权给付之内容，该物上如果有用益物权存在，无论其成立时间先后，定限物权均优先于债权的效力；③担保物权优先于债权，如有物权担保之债权，得优先于一般债权人之债权而实现。

2. 物上请求权。物权请求权是在物权的实现上遇有某种妨害或可能会发生某种妨害时，物权人有权对于造成妨害其权利事由发生的人请求排除此等妨害。这种请求权是物权基于绝对权、对世权可以对抗任何第三人的性质而发生的法律效力。它赋予物权人各种请求权，以排除物权的享有和行使过程中的各种妨害，从而恢复物权人对其标的物的原有支配状态。

第二节　所有权

一、所有权概述

（一）所有权的概念和特征

所有权是对特定物进行永久、全面支配的物权，它可以说是最古老的物权。根据我国《物权法》第39条的规定，所有权是所有权人对自己的不动产或者动产，依法享有的占有、使用、收益和处分的权利。

---

〔1〕　钱明星："论物权的效力"，载《政法论坛》1998年第3期。

所有权具有以下基本特征：

（1）完全性。或者称所有权为完全权，所有权是就标的物为一般支配的完全权。所有权作为一般的支配权，是用益物权、担保物权等他物权的源泉。

（2）整体性。所有权不是占有、使用、收益和处分等各项权能的简单相加，而是对标的物有统一支配力。所有权人可以在其物上设定他物权，即使其物的占有、使用、收益、处分等权能分别归他人享有，但所有权人的所有权性质不受影响。

（3）恒久性。所有权有永久性，其存在没有期限的限制，不因时效而消灭。

（4）弹力性。所有权人在其所有物上为他人设定权利，即使所有权的所有已知表征权利均被剥夺，仍潜在地保留其完整性，这种剥夺终止后，所有权当然地重新恢复其圆满状态。

（二）所有权的内容

所有权的内容是指权利人主体对其所有物所享有的权利，就是财产所有人对他的财产享有的占有、使用、收益和处分的权利。占有、使用、收益和处分通常被称为所有权的四项权能。

1. 占有。占有就是对于财产的实际管领或控制。拥有一个物的一般前提就是占有，这是财产所有者直接行使所有权的表现。所有人的占有受法律保护，不受非法侵犯。对于动产，除非有相反证明，占有某物即是判定占有人享有该物所有权的标准。

2. 使用。使用是权利主体对财产的运用，以便发挥财产的使用价值。如使用机器生产产品，在土地上种植农作物。拥有物的目的一般就是使用。所有权人可以自己使用，也可以授权他人使用，这些都是所有权人行使使用权的行为。

3. 收益。收益是通过财产的占有、使用等方式取得的经济效益。使用物并获益是拥有物的目的之一。收益通常与使用相联系，但是处分财产也可以带来收益。收益也包括孳息。孳息分为天然孳息和法定孳息。家畜生仔、果树结果等属于天然孳息；存款所得的利息、出租所得的租金则属于法定孳息。

4. 处分。处分是指财产所有人对其财产在事实上和法律上的最终处置。处分权一般由所有权人行使，但在某些情况下，非所有权人也可以有处分权，如运输的货物，如果发生紧急情况，承运人也可以依法进行处分。

（三）所有权的种类

根据不同的分类标准，所有权可以作出不同的分类：

1. 动产所有权与不动产所有权。按照所有权客体，可以将所有权分为动产所有权与不动产所有权。以动产为客体的所有权为动产所有权，如某人对其购买的洗衣机的所有权；以不动产为客体的所有权为不动产所有权，如某人对其购买的房屋的所有权。

2. 单独所有权与共有所有权。按照所有权主体之数量，所有权分为单独所有权和共有所有权。单独所有权是指所有人为单一的所有权，这是所有权的常态；共有所有权是指所有权人为两人以上的所有权。共同所有权关系中，不仅涉及所有权人与其他人的关系，而且也涉及共同所有人的内部关系。

3. 国家所有权、集体所有权与私人所有权。按照所有权的主体划分，我国财产所有权的类型主要分为国家所有权、集体所有权、私人所有权、法人财产所有权、社会团体所有权等。

二、国家所有权

（一）国家所有权的概念和特征

国家所有权是指中华人民共和国对于全民所有制财产享有的占有、使用、收益和处分的权利。国家所有权也是一种所有权法律关系，具有所有权法律关系的一般特征，但与其他所有权形式比较，国家所有权具有自己的特征。这些特征体现在：

1. 国家所有权具有统一性和唯一性。这是指只有代表全体人民的意志和利益的国家才享有国家所有权，中华人民共和国是国家所有权的统一的和唯一的主体。这是国家所有权的最基本的特征。国家是国家所有权的统一的和唯一的主体，是由全民所有制的性质决定的。国有财产是社会主义全民所有的财产，其所有权的行使必须根据全国人民的意志和利益，而只有国家才能真正代表全国人民的意志和利益。

2. 国家所有权客体的广泛性。这是指任何财产都可以成为国家所有权的客体，而不受任何限制。国家所有权的客体主要包括：①国家专有的财产，即只能属于国家所有的财产，主要包括矿藏、水流、海域和城市的土地、无线电频谱资源、国防资产等；②除法律规定属于集体所有的以外的森林、山岭、草原、荒地、滩涂等自然资源，属于国家所有；③农村和城市郊区的土地、野生动植物资源、文物等，法律规定为国家所有的，属于国家所有；④道路、电力、通讯、天然气等公共基础设施，依照法律规定为国家所有的，属于国家所有；⑤国家机关对其直接支配的不动产和动产，享有占有、使用以及依照法律和国务院的有关规定处分的权利；⑥国家举办的事业单位对其直接支配的不动产和动产，享有占有、使用以及依照法律和国务院的有关规定收益、处分的权利。除此之外，国家还可以根据国家建设需要，依照法律规定的条件，对于不属于国家所有的财产，如土地等，实行有偿征收或征用。

3. 国家所有权具有权能的可分离性。由于国家主体的单一性和国有财产的广泛性，国家不可能对全部国有财产直接行使上述权能。在一般情况下，国家作为所有人，并不以占有、使用、收益、处分等方式直接支配国有财产，而是通过权能分离的方式，将国有财产交由国有企业、事业单位、国家机关、集体经济组织或公民个人使用或经营，享有相应的权能，进行直接支配，或通过国家授权的投资机构或部门以国有资产进行投资等。

（二）国家所有权的产生方式

国家所有权的产生方式主要包括：①没收官僚资本和敌伪财产；②赎买民族资本主义工商业财产；③资金积累；④税收；⑤通过民事法律行为所获得的财产；⑥罚金、罚款、没收的财产；⑦征收、征用与征购的财产；⑧接受国内外捐赠所获得的财产；⑨收归国有的无主财产和无人继承的财产。

三、集体所有权

（一）集体所有权的概念

集体所有权是指劳动群众集体组织在法律规定的范围内对自己的财产享有的占有、使用、收益和处分的权利。集体所有权和国家所有权一样，都属于公有财产所有权。集体所有权本质上是劳动群众集体所有制在民事法律上的体现。《民法通则》规定，劳动群众集体组织的财产属于劳动群众集体所有。它既是集体组织法人所有权，也是集体成员对财产所拥有的共有权。前者主要是城镇集体所有制经济中的集体所有权，应当是法人财产所有权，而后者主要是指农民集体所有的不动产和动产，采取共有的形式。

（二）集体所有权的特征

集体所有权和国家所有权相比，具有以下特征：

1. 主体多元性。集体所有权的主体即所有人是"劳动群众集体组织"。劳动群众集体组织是一个高度概括化和抽象化的概念，在表现形式上具有多元性，如村农民集体及其代表村民委员会、农业生产合作社、乡村集体企业、城镇集体企业、集体企业的联合经济组织、股份合作企业等。

2. 客体限定性。集体所有权的客体没有国家所有权那样广泛，集体组织的财产多与其成立的宗旨及其所从事的活动有关，集体组织不得拥有法律规定的国家专有财产、专有资源以及涉及国计民生的重要财产。

3. 权利行使的民主性。我国《物权法》规定，在农民集体所有权行使中，下列事项应当按照法定程序经本集体成员决定：①土地承包方案以及将土地发包给本集体以外的单位或者个人承包；②个别土地承包经营权人之间承包地的调整；③土地补偿费等费用的使用、分配办法；④集体出资的企业的所有权变动等事项；⑤法律规定的其他事项。行使集体所有权必须遵循公开原则。集体经济组织或者村民委员会、村民小组应当按照法律、行政法规以及章程、村规民约向本集体成员公布集体财产的状况。

（三）集体所有权的表现形式

根据我国《物权法》的规定，集体所有权可分为农村集体组织所有权和城镇集体组织所有权。

1. 农村集体组织所有权。农村集体经济组织一般指对原来以土地公有制为基础的基本核算单位，包括公社、大队、生产队等进行改革后建立起来的乡村、村民小组等农村地区性经济组织。农村地区性经济组织尽管在统一与分散的综合程度、组织规模、名称等方面各不相同，但仍然是农村集体所有制组织，这种组织可以在村的范围内设置，也可以在村民小组的范围内设置，此外，还可以设立乡联合经济组织。农村集体经济组织的财产主要有农村集体的土地、森林、山岭、草原、荒地、滩涂、集体企业财产、集体设施等。

2. 城镇集体组织所有权。城镇集体组织所有权是指在城镇范围内的劳动群众集体对其集体企业、事业单位范围内的财产拥有的所有权。其基本形式是城镇集体所有制企业、事业单位，具体形态有：①由合作社发展而来的集体企业，企业财产主要由经营积累构成，原有社员已大都不在；②恢复为合作经济的集体企业，如城市各种合作社以及原农村信用合作社、供销合作社在农村城镇化后继续存在的经济实体；③城镇街道组织或某些个人自愿联合组成的按劳分配为主的企业组织；④机关、企业、事业单位为某种特定目的而开办的集体企业；⑤集体性质的股份合作企业等。

四、私人所有权

（一）私人所有权的概念和特征

私人所有权是指私人依法对其私人所有的财产享有占有、使用、收益和处分的权利。与国家所有权和集体所有权相比，私人所有权具有下列特征：

（1）私人所有权的主体是私人。私人合法所有的财产不仅在生前受法律保护，死后亦受法律保护。"户"一般不是私人所有权的主体，因为"户"的财产是一种共有财产。

（2）私人所有权的客体，包括私人的生产资料和生活资料，一般包括合法的收入、房屋、储蓄、生活用品、文物、图书资料、林木、牲畜以及法律允许私人拥有的生产资料等。

（3）私人所有权是在社会主义公有制基础上产生的，财产来源主要是私人的劳动所得和其他合法收入。

（二）私人所有权的财产范围

归纳起来，根据我国《民法通则》和《物权法》的规定，私人所有权的客体主要包括下列财产：

1. 合法收入。私人的合法收入是指私人通过各种合法途径取得的货币收入和实物收入。如劳动收入，接受继承、赠与、遗赠的收入以及由私人财产产生的孳息等。私人的合法收入既可以用于生活目的，也可以用于生产目的，是私人从事商品交换取得其他财产的物质前提，是私人参加民商事交易的一般财产能力保障。

2. 房屋。房屋是所有权的重要客体，私人可以通过自建、购买、继承、赠与等方式取得房屋所有权。房屋为不动产，私人取得房屋所有权，必须依法登记才能产生对抗第三人的法律效力。法律也保护私人依法行使房屋所有权，可以占有、使用、收益和处分，比如出租、出借、出让、出资等。

3. 储蓄和投资收益。储蓄是私人存入银行的货币。储蓄为储户所有，我国对储蓄实行"存款自愿、取款自由、存款有息、为储户保密"的原则，除法律另有规定外，任何单位和个人都无权查询、冻结、没收私人的储蓄。另外，私人的投资收益也属于私人所有权的客体。

4. 生活用品。生活用品是满足私人或者家庭日常生活需要的消费品，包括衣物、家具、食品、文化娱乐用品、图书资料及装饰品等。

5. 生产资料。主要包括农村承包经营户投入承包经营的自有资产，如种子、化肥、农药、农机具等，个体工商户从事商品经营的生产资料，如自有的厂房、机器设备、原材料、半成品、产品及交通运输工具等。

五、共有

（一）共有的概念

共有是指由两个以上的权利主体共同享有某项财产所有权的制度。其特征包括：共有的权利主体是多元化的；共有的客体为统一的同一项财产；共有的内容表现为双重的权利义务关系；共有的性质是所有权的联合，而不是一种独立的所有权类型。共有的发生原因通常有两个：①基于当事人的意思而发生；②基于法律的直接规定而发生，如夫妻财产、家庭财产的共有，遗产分割前继承人对遗产的共有，数人基于先占、拾得遗失物、发现埋藏物、添附等而形成的共有法律关系等。

（二）共有的分类

1. 按份共有。按份共有是指各共有人各自按照确定的份额，对共有物分享权利和分担义务的共有形式。按份共有人对共有物按照预先确定的份额享有权利，承担义务，每个共有人的权利义务及于共有的全部财产之上，对其应有份额享有相当于单独所有的权利。共有权的行使，必须遵守协商一致的原则。共有人违反协商一致原则，擅自处分共有物的，其处分行为对其他共有人不发生法律效力。按份共有关系可因共有人之间的协议，共有物归一人所有，或共有物灭失和转让等原因而消灭。当共有人对共有物是否分割没有约定或者约定不明确时，按份共有人可以随时请求分割共有物，以终止共有关系。

2. 共同共有。共同共有是指共有人根据法律或合同的约定，基于某种共同关系不分份额地对全部财产享有权利、承担义务的共有形式。共同共有关系的形成和持续以夫妻关系、家庭关系、共同继承遗产关系等共同关系的形成与存续为前提，因此，共同共有关系一般存在于婚姻家庭领域或具有一定亲属身份关系的公民之间。与按份共有相比较，共同共有是不分份额的更为紧密的共有，只有在共同共有关系消灭时才能协商确定各自的财产份额。由于共同共有可基于合同关系、婚姻关系、血缘关系和收养关系而发生，因此，当上述关系消灭或者解除时，共同共有关系也归于消灭。

六、建筑物区分所有权

（一）建筑物区分所有权的概念

现代社会随着人口的增加和工商业的发展，建筑物不断向高空多层扩展，一栋建筑的不同部分或不同房间分别由不同的所有人所有是城市住宅的普遍情况，而同一栋建筑的不同部分在结构上又是彼此相连或具有共同的设备和附属建筑，这种异产毗连房屋的特殊性，形成了一种在城市中具有普遍适用意义的不动产所有权——建筑物区分所有权。建筑物区分所有权，通说认为是指由区分所有权人对建筑物的专有部分享有的所有权、对共有部分享有的共有权以及基于建筑物的管理、维护和修缮等共同事务而产生的成员权三要素构成的统一体。根据我国《物权法》的规定，建筑物区分所有权是业主对建筑物内的住宅、经营性用房等专有部分享有所有权，对专有部分以外的共有部分享有共有和共同管理的权利。

（二）建筑物区分所有权的特征

建筑物区分所有权具有以下法律特征：

1. 权利主体身份的多重性。建筑物区分所有权是建筑物区分所有人的专有权、共有权和成员权三部分的结合。专有权、共有权和成员权都是相互独立的权利，而不是权能，因此，建筑物区分所有权的主体集专有权人、共有权人、管理团体成员三种身份于一体。

2. 权利客体上的整体性。建筑物区分所有权是建立在整体建筑物上面的一种所有权形式，并非专有权、共有权和管理权三种权利的简单相加，而是一个不可分割的有机整体，这是由建筑物区分所有权的性质决定的。因此，建筑物区分所有权在权利客体上具有整体性。

3. 权利内容上的复杂性。建筑物区分所有权的内容非常复杂。一方面，建筑物区分所有权既有就其专有部分享有的专有所有权，又有对共有部分享有共同所有权，还有成员之管理权，是三种权利的结合，本身具有多样性。另一方面，建筑物区分所有权包含三方面的法律关系：①权利主体作为专有权人的权利义务关系；②权利主体作为共有人的权利义务关系；③权利主体作为管理团体成员的权利义务关系。而且，这三方面的权利义务关系经常交织在一起。

七、不动产相邻关系

（一）相邻关系的概念

所谓相邻关系，是指法律为调整相邻不动产的利用，而就两个或者两个以上不动产权利人之间所规定的相互提供便利和接受限制的权利义务关系。相邻关系制度的功能在于，通过对不动产相邻各方的法律上的最小限度的调整，达到对整个社会经济发展和稳定的结果，体现效率和公平的均衡。

（二）相邻关系的特征

相邻关系的特征具体表现在以下几方面：

（1）相邻关系的主体必须是相邻不动产的所有权人和使用权人，动产的所有权人或者使用权人不能成为相邻权的主体。

（2）相邻关系的客体不是相邻的不动产本身，而只能是相邻的不动产各方在行使不动产的所有权或使用权时，要求互相提供便利或接受限制过程中所体现和追求的利益。

（3）相邻关系的内容是指相邻不动产的所有权人或使用权人行使不动产权利的扩张或限制，表现为一方有权要求对方提供必要的便利或接受必要的限制，同时不得损害他方的合法权益。

（4）相邻关系是一种法定的权利义务关系，是法律基于地尽其利和物尽其用的考虑而对毗邻不动产最小限度利用而实施的调节，而非基于当事人的约定所产生的权利。

（三）相邻关系的种类

1. 因土地、山岭、森林、草原等自然资源的使用或所有而产生的相邻关系。相邻各方对其享有使用权或所有权的土地、山岭、森林、草原、荒地、滩涂、水面等自然资源，都必须合理利用，认真保护和管理，不得滥用其所有权或使用权，损害相邻他方的利益。相邻土地的疆界线上的竹木、分界墙、分界沟、分界篱以及其他设施，如因所有权或使用权不明发生争议并无法查证的，应推定为相邻各方的共有财产，有关权利义务关系依据按份共有的原则确定。

2. 因宅基地的使用而产生的相邻关系。相邻各方对于宅基地的地界发生争议时，四至明确的，应以四至为准；四至不清，或土地证上所载的面积与实际丈量的面积不符的，应当首先查明历史遗留下来的标记，以此作为确定宅基地的根据；无法查实的，应参照历史形成的使用情况，本着有利于生产和生活的原则，合理地确定界线。相邻一方因生产和生活上的需要，必须临时或长期通过对方使用的土地的，对方应当允许；因此给对方造成损失的，应当给予对方适当的补偿。对于相邻双方共同使用的空地、道路、院墙以及其他宅基地上的附属物，相邻一方不得擅自独占或擅自处理。

3. 因用水、排水产生的相邻关系。多方共临同一水源时，各方均可以自由使用水源，但不得因此影响邻地的用水。对相邻各方都有权利用的自然流水，应当尊重自然形成的流向。任何土地使用人都不得为自身利益而改变水路、截阻水流。相邻一方必须利用另一方的土地排水时，他方应当允许；但使用的一方应采取必要的保护措施，造成损失的，应由受益人合理补偿。

4. 因修建施工、防险发生的相邻关系。相邻一方因修建施工、架设电线、埋设管道等，需要临时占用他人土地的，他人应当允许。因此给他人造成损失的，施工一方应当给予适当补偿。相邻一方在自己的土地上挖水沟、水池、地窖、水井和地基等时，应注意对方房屋、地基以及其他建筑物的安全。相邻一方种植的竹木根枝延伸，危及另一方建筑物的安全和正常使用的，应当分别情况，责令竹木种植人消除危险、恢复原状、赔偿损失。

5. 因排污产生的相邻关系。相邻一方在修建厕所、粪池、污水池或堆放腐朽物、有毒物、恶臭物、垃圾等的时候，应当与邻人生活居住的建筑物保持一定的距离，或采取相应的防范措施，防止空气污染。相邻各方不得制造噪音、喧嚣、震动等妨碍邻人的生产和生活。如果发出的音响和震动已损害邻人的，应及时处理，消除损害。对一些轻微的、正常的音响和震动，相邻他方则应给予谅解。对噪音、污染严重的单位，应按《环境保护法》和有关规定，采取措施加以治理。

6. 因通风、采光产生的相邻关系。相邻各方修建房屋和其他建筑物，必须与邻居保持适当距离，不得妨碍邻居的通风和采光。相邻一方违反有关规定修建建筑物，影响他人通风采光的，受害人有权要求停止侵害、恢复原状或赔偿损失。

第三节　用益物权

一、用益物权的概念和特征

（一）用益物权的概念

用益物权是物权的一种，是指非所有人对他人之物所享有的占有、使用、收益的排他性的权利；是非所有人基于法律、合同或者其他合法途径而取得的权利，也是对他人财物享有的直接支配权，是从所有权的权能中分离出来的相对独立的他物权，权利的存在与行使要受所有权的限制。

（二）用益物权的特征

用益物权具有以下几个主要特征：

1. 用益物权是限制物权。限制物权也称为定限物权。用益物权是对他人之物所享有的占有、使用和收益的权利。一方面，由于用益物权不具备对他人之物的处分权，又受到所有权人对其内容的限制，使得用益物权对物的支配力不如所有权；另一方面，用益物权设立后，所有权的大部分权能由用益物权人行使，构成了用益物权对所有权的限制。

2. 用益物权以利用物的使用价值为目的。物的使用价值是指根据物的自然属性、法定用途或约定方式对物进行实际上的使用所带来的对物的使用人所具有的价值。

3. 用益物权的实现，一般需要对标的物进行占有。用益物权人欲就他人之物的使用价值进行利用，需要占有标的物，才能实现设定用益物权的目的。

（三）用益物权的种类

我国《物权法》规定的用益物权种类包括：土地承包经营权、建设用地使用权、宅基地使用权和地役权。另外，我国《物权法》对于土地以外的其他自然资源的用益物权也作了宣示性规定，如：海域使用权、探矿权、采矿权、取水权、养殖权和捕捞权等。

二、土地承包经营权

（一）土地承包经营权的概念和特征

土地承包经营权，是指民事主体（主要是农村集体经济组织成员），为了从事种植业、林业、畜牧业，根据土地承包经营合同而对其承包的集体所有或者国家所有由农民集体使用的土地所享有的占有、使用和收益的权利。其取得方式主要有两种：原始取得和继受取得。前者称为设立，后者称为流转。

土地承包经营权的特征表现在：①权利主体主要是农村集体经济组织成员；②权利客体具有复合性；③用途是从事农业生产；④具有期限性。

（二）土地承包经营权的内容

1. 承包人的权利与义务。在农村土地承包经营法律关系中，承包人享有的基本权利包括：①占有承包的土地以及森林、山岭、草原、荒地、滩涂、水面；②使用承包的土地或其他生产资料，独立进行生产经营活动；③收取承包土地或其他生产资料的收益，并取得依约定数额向发包人支付收益后所余收益的所有权；④转让承包经营权，收益应归承包人所有；⑤按集体组织规定的制度使用集体组织所有的农林设施；⑥承包地被征收时有权依法获得相应补偿。

土地承包经营人必须履行的义务包括：①妥善使用承包的土地以及森林、山岭、草原、荒地、滩涂、水面；②承包人应依承包合同规定的数额向集体组织交付承包土地或森林、山岭、草原、荒地、滩涂、水面的收益；③承包人应独立承担风险，承包人承包土地以后，独立进行生产经营活动，除了发生不可抗力，承包人承担的交付约定数额的承包收益的义务可以减免外，对于在生产经营中的其他各种风险概由承包人自己承担；④承包人应当接受集体组织对其生产经营活动的合法监督。

2. 土地发包人的权利和义务。土地发包人的权利主要是向承包人收取承包合同约定数额的承包收益以及对承包人的生产经营活动进行监督。发包人的义务主要在于交付土地以及森林、山岭、草原、荒地、滩涂、水面给承包人，提供集体组织的农林设施给承包人使用，不得随意干涉承包人的生产经营活动，在承包期内不得调整承包地，因自然灾害严重毁损承包地等特殊情形，需要适当调整承包的耕地和草地的，应当依照《农村土地承包法》等法律规定办理。发包人在承包期内不得收回承包地，《农村土地承包法》等法律另有规定的，依照其规定。

（三）土地承包经营权的流转

《农村土地承包法》第 37 条明确规定："土地承包经营权采取转包、出租、互换、转让或者其他方式流转，当事人双方应当签订书面合同。采取转让方式流转的，应当经发包方同意；采取转包、出租、互换或者其他方式流转的，应当报发包方备案。"第 31 条规定："承包人应得的承包收益，依照继承法的规定继承。林地承包的承包人死亡，其继承人可以在承包期内继续承包。"因此，我国土地承包经营权主要的流转方式有转包、出租、互换、转让、继承、入股、抵押等形式。

土地承包经营权的流转必须遵循以下原则：

（1）平等协商、自愿、有偿。土地承包经营权流转的双方主体为民事主体，处于平等的法律地位，故必须遵循民法的自愿、有偿等基本原则。

（2）流转期限不得超过承包期的剩余期限。土地承包经营权流转合同的流转期限不得超过原土地承包合同的期限，超过原合同期限的，超过部分无效。

（3）不得改变土地所有权的性质和土地的用途。根据《物权法》有关规定，土地承包经营权人依照《农村土地承包法》的规定，有权将土地承包经营权采取转包、互换、转让等方式流转。未经依法批准，不得将承包地用于非农建设。

（4）受让方须有农业经营能力。家庭承包取得的土地承包经营权的流转，主要是在从事农业生产经营的农户之间进行，但并不仅限于此，也应当允许其他具有农业生产经营能力的受让人受让。

（5）集体经济组织成员的优先权。农业集体经济组织所有的土地上的承包经营权流转，必须照顾到组织成员的利益。《农村土地承包法》规定了本集体经济组织成员的优先权。

三、建设用地使用权

（一）建设用地使用权的概念和特征

建设用地使用权是因建筑物或其他工作物而使用国家所有的土地的权利。建设用地使用权的特征主要表现在：①建设用地使用权是存在于国家所有的土地之上的物权；②建设用地使用权是以保存建筑物或其他工作物为目的的权利；③建设用地使用权是使用国家所有的土地的权利。也就是说，有了地上的建筑物或其他工作物后，固然可以设定建设用地使用权；没有地上建筑物或其他工作物的存在，也不影响建设用地使用权的设立；即使地上建筑物或其他工作物灭失，建设用地使用权也不消灭，建设用地使用权人仍有权依原来的使用目的继续使用土地。

（二）建设用地使用权的取得

建设用地使用权的取得方式包括：

1. 划拨。划拨土地是指土地使用人只需按照一定程序提出申请，不必向土地所有人支付租金及其他费用，经主管机关批准即可取得的土地使用权。可以通过划拨方式取得的建设用地包括：国家机关用地和军事用地；城市基础设施用地和公益事业用地；国家重点扶持的能源、交通、水利等基础设施用地；法律、行政法规规定的其他用地。

2. 出让。建设用地使用权出让是国家以土地所有人的身份将建设用地使用权在一定期限内让与土地使用人，并由土地使用人向国家支付建设用地使用权出让金的行为。建设用地使用权出让有三种形式：协议、招标和拍卖。

3. 流转。建设用地使用权流转是指土地使用人将建设用地使用权再转移的行为，如转让、互换、出资、赠与等。建设用地使用权转让、互换、出资或者赠与的，应当向登记机构申请变更登记。

四、宅基地使用权

（一）宅基地使用权的概念和特征

宅基地使用权是指农村集体经济组织的成员依法享有的对集体所有的土地占有和通过建造房屋及其他附属设施等方式予以使用的权利。宅基地使用权具有如下特征：

（1）宅基地使用权的主体只能是农村集体经济组织的成员。城镇居民不得购置宅基地，除非其依法将户口迁入该集体经济组织。

（2）宅基地使用权的用途仅限于村民建造个人住宅。个人住宅包括住房以及与村民居住生活有关的附属设施，如厨房、院墙等。

（3）宅基地使用权实行严格的"一户一宅"制。面积不得超过省、自治区、直辖市规定的标准。农村村民出卖、出租住房后，再申请宅基地的，不予批准。

（二）宅基地使用权的内容

宅基地使用权人对宅基地享有如下权利，并承担一定的义务：

（1）占有和使用宅基地。宅基地使用权人有权占有宅基地，并在宅基地上建造个人住宅以及与居住生活相关的附属设施。

（2）收益和处分。宅基地使用权人有权获得因使用宅基地而产生的收益，如在宅基地空闲处种植果树等经济作物而产生的收益。同时，宅基地使用权人有权依法转让房屋所有权，则该房屋占用范围内的宅基地使用权一并转让。

（3）宅基地因自然灾害等原因灭失的，宅基地使用权消灭。对没有宅基地的村民，应当重新分配宅基地。

（4）宅基地使用权人出卖、出租住房后，再申请宅基地的，土地管理部门将不再批准。并且，宅基地使用权的受让人只限于本集体经济组织的成员。

五、地役权

（一）地役权的概念和特征

地役权是指为使用自己的不动产的便利或提高其效益而按照合同约定利用他人不动产的权利。其特征主要表现在：地役权发生在相邻土地关系中，因而是一种地产相邻权；地役权不能离开需役地而独立存在，因而是一种从物权，而不是一种独立的物权；地役权是为了自己的方便和利益而使用他人土地的权利，因而是一种他物权和用益物权。

（二）地役权的分类

以地役权的内容为标准，可将地役权分为以下几种基本类型：

（1）通行地役权，即以在他人土地上通行以便到达自己土地为目的的地役权。

（2）用水排水地役权，具体包括：取水或汲水地役权，即为了需役地的便利在供役地上取水或汲水的权利；导水地役权，即利用管道或沟渠经过供役地把水导入需役地的权利；排水地役权，即把生活或生产过程中产生的废水排入供役地或经过供役地排向他处的权利。

（3）眺望地役权，即为了确保在自己的土地或建筑物上能够眺望风景，约定供役地的物权人不得建造或种植超过一定高度的建筑物或竹木的权利。

（4）采光地役权，即为了改善自己的土地或建筑物的采光效果，约定供役地的物权人在一定的区域内不得建造建筑物或种植竹木，或者建筑物、竹木不得超出一定高度的权利。

（5）支撑地役权，即利用他人已经建成的墙壁搭建房屋或其他地上定着物的权利，设立此种地役权往往是为了节省建筑成本或扩大房屋的使用面积。

（6）放牧地役权，即按照约定在供役地上放牧牛、马、驴等牲畜的地役权。

（7）建造附属设施或安设临时附着物的地役权，即需役地的物权人为了更好地利用自己的土地或建筑物，可以与供役地的物权人协商，支付一定的对价，取得一项在供役地上建造建筑物之附属设施或安设临时附着物的地役权。

（8）排污地役权，在生产过程中需要排放污染物的企业，尽管其营业可能已经获得环保部门的行政许可，但此种排污行为客观上会给相邻不动产的利用造成损害或者不便，企业可以与相邻不动产物权人订立契约，支付对价，获得一项排污地役权。

（三）地役权的取得

（1）因地役权合同设立。地役权合同一般包括以下条款：当事人的姓名或者名称和住所；供役地和需役地的位置；利用的目的和方法；利用期限；费用及其支付方式；解决争议的方法等。

（2）因他物权的设立而取得地役权。土地所有权人享有或负担地役权的，设立土地承包经营权、宅基地使用权时，该土地承包经营权人、宅基地使用权人继续享有或者负担已设立的地役权。

（3）因地役权的转让取得。地役权可以转让，但因地役权具有从属性，故只能与需役地所有权或用益物权共同转让，而不得单独转让。

（4）基于法律行为以外的原因而取得地役权，包括时效取得和继承取得等。

（四）地役权的效力

1. 地役权人的权利与义务。地役权人的权利主要包括供役地的使用权、为必要的附随行为和修建设施的权利、当地役权受到侵害或有妨害之虞时请求停止侵害和排除妨害的权利等。地役权人的义务主要有合理使用供役地、维持附属设施和按约定支付费用的义务等。

2. 供役地人的权利和义务。供役地人的权利主要包括对附属设施的共同使用权、供役地使用场所与方法变更的请求权、费用支付请求权等。地役权人的义务主要有容忍或不作为义务、分担共用设施的维持费用的义务等。

第四节　担保物权

一、担保物权概述

（一）担保物权的含义

担保物权是指在借贷、买卖等民事活动中，债务人或者第三人将自己所有的财产作为履行债务的担保。债务人未履行债务时，债权人依照法律规定的程序就该财产优先受偿的权利。担保物权的担保范围包括主债权及其利息、违约金、损害赔偿金、保管担保财产和实现担保物权的费用。当事人另有约定的，按照约定。担保物权包括抵押权、质权和留置权。

（二）担保物权的特征

担保物权具有以下四个特征：

1. 担保物权以确保债务的履行为目的。担保物权的设立，是为了保证主债务的履行，使得债权人对于担保财产享有优先受偿权，所以它是对主债权效力的加强和补充。

2. 担保物权是在债务人或第三人的特定财产上设定的权利。担保物权的标的物，必须是特定物（抵押物可以为不动产或动产，质物、留置物则为动产），否则就无从由其价值中优先受偿。

3. 担保物权以支配担保物的价值为内容。一般物权以对标的物实体的占有、使用、收益、处分为目的；而担保物权则以标的物的价值确保债权的清偿为目的，以就标的物取得一定的价值为内容。

4. 担保物权具有从属性和不可分性。担保物权以主债权的成立为前提，随主债权的转移而转移，并随主债权的消灭而消灭。

二、抵押权

（一）抵押权的概念

根据《物权法》第179条的规定，抵押权是债权人对债务人或者第三人享有的，不转移占有的担保财产，在债务人届期不履行债务或者发生当事人约定的实现抵押权的情形时，依法享有的就抵押财产的变价处分权和就卖得的价金优先受偿权的总称。

（二）抵押权的特征

（1）抵押权是针对财产的交换价值而设定的一种物权，它本质上是价值权，其目的在于以担保财产的交换价值确保债权得以清偿。

（2）抵押权是为担保债务的清偿而设定的，它只能存在于债权人以外的债务人或者愿意提供财产为债务人履行债务作担保的第三人。

（3）抵押权属约定担保物权而非法定担保物权，当事人可以自由地就抵押财产、抵押期限、抵押担保范围以及当事人认为需要约定的其他事项进行约定，并在抵押合同或者主债权合同中的抵押条款中予以明确。

（4）抵押权的成立与存续，只需登记即可，不必转移标的物的占有。

（5）抵押权的内容是变价处分权和优先受偿权。

（三）抵押权客体的范围

可以作为抵押权客体的财产包括不动产、动产以及不动产用益物权。我国《物权法》既规定了可以抵押的财产，又规定了不得抵押的财产。

1. 依法可以抵押的财产：建筑物和其他土地附着物；建设用地使用权；以

招标、拍卖、公开协商等方式取得的荒地等土地承包经营权；生产设备、原材料、半成品、产品；正在建造的建筑物、船舶、航空器；交通运输工具；法律、行政法规未禁止抵押的其他财产。

2. 依法不得抵押的财产：土地所有权；耕地、宅基地、自留地、自留山等集体所有的土地使用权；教育设施、医疗卫生设施和其他社会公益设施；所有权、使用权不明或者有争议的财产；依法被查封、扣押、监管的财产；依法定程序确认为违法、违章的建筑物；法律、行政法规规定不得抵押的其他财产。

（四）抵押财产的转让与出租

1. 抵押财产的转让。抵押期间，抵押财产的转让须经抵押人的同意，未经抵押人同意不得转让抵押财产；经抵押人同意转让抵押财产所得的价款应当向抵押权人提前清偿债务或提存，以保证债权不因抵押财产的转让而落空。

2. 抵押财产的出租。订立抵押合同前已出租的财产，原租赁关系不受该抵押权的影响。即在抵押设定前已经存在的承租权，在抵押权实行时，依"买卖不破租赁"原则，可以对抗抵押财产的买受人。

三、质权

（一）质权的概念

质权是指质权人为担保其债权而占有由债务人或者第三人移交的动产或者可让与的财产权利，在债务届清偿期未受清偿时，能够以该动产或者可让与的财产权利折价，或者以拍卖、变卖该动产或可让与的财产权利的价款优先受偿的权利。在质权的法律关系中，享有质权的债权人称为质权人，将动产或可让与的财产权利转移给质权人占有并以其作为债的担保的债务人或者第三人，称为出质人。依质押的标的不同，可将质权分为动产质权和权利质权两类。动产质权指债务人或者第三人将其动产移交债权人占有，以该动产作为债权的担保，债务人未履行债务时，债权人依照法律规定的程序就该动产优先受偿的权利。债务人或者第三人为出质人，债权人为质权人，移交的动产为质押财产。出质人也可以将法律规定可以转让的股权、仓单、提单等财产权利出质，这时质权称为权利质权。

（二）质权的特征

作为担保物权的一种，质权除具有不可分性、物上代位性和物上请求权等共同特征外，还有其独有特征：①质权的标的物只能是动产或权利，而不能是不动产；②质权以出质人移交质押的财产占有为成立要件，也以债权人占有质押财产为存续要件；③质权为设立于债务人或第三人交付的财产之上的担保物权。

（三）质权与抵押权的区别

1. 成立要件和存续要件不同。质权的成立与存续与抵押权不同。质权的成立，除签订质押合同外，须出质人依质押合同的约定将质物交由债权人占有。仅订立质押合同而不依质押合同的约定移转占有的，质权不能成立。质权人对质物占有的继续也是保持质权存续的条件，质权人丧失对质物的占有，即导致质权的消灭。除签订抵押合同外，抵押权的成立原则上以抵押登记为条件。抵押权的成立不以抵押物的交付为条件。抵押权的保持也不以抵押权人占有抵押物为条件。经登记成立的抵押权，以抵押登记记载的存在为其保持的条件，注销登记即意味着登记的抵押权不复存在。

2. 标的物有所不同。抵押权的标的物为不动产、不动产用益物权和动产；质权的标的物为动产和除不动产用益物权外的其他财产权利，包括债权、股权、知识产权等财产权利。抵押权与质权的标的物在动产上有交叉。于动产上成立的担保物权究竟为抵押权或质权，以债权人是否占有标的物为标准进行判断。

四、留置权

（一）留置权的概念

留置权是指依照法律的规定，债权人在债务人不履行债务时，对其合法占有的债务人的动产予以留置，并以该动产折价或者以拍卖、变卖该动产的价款优先受偿的权利。在留置权法律关系中，债权人为留置权人，被留置的动产为留置财产，留置物的所有权人或合法占有并将其转移给债权人的人为债务人。

（二）留置权的成立与实现

1. 留置权的成立须具备如下条件：①债权人合法占有债务人的动产；②债权与留置财产之间原则上属于同一法律关系；③债权已届清偿期且债务人未履行；④不存在留置权成立的消极障碍。

2. 留置权的实现要件主要包括：①债权已届清偿期；②留置权人确定债务人的履行宽限期；③债务人在宽限期内仍未履行债务，而且也没有另行提供担保；④债权人持续占有留置物。

（三）留置权的效力

（1）留置权人的权利，包括：占有权、孳息的收取权、必要的使用权、实行权和优先受偿权。

（2）留置权人的义务，包括：保管义务，不得擅自使用、出租或处分留置财产，债务人履行债务或提供担保时返还留置物等。

（3）债务人的权利，包括：留置物返还请求权、留置物的处分权、损害赔偿请求权、另行提供担保而使留置权消灭的权利。

引例解析

建筑物区分所有权的共有部分，除另有约定以外，任何一方不得独占、多占。每个区分所有人都有义务维护共有部分的现状，依其本来用途合理、正常使用，不得改变共用部分的设施和结构，并合理分担共用部分的正常费用。所有人和使用人在房屋共有、共用部分，不得有损害他方利益的行为。一方所有人如需改变共有部分的外形或结构时，除须经城市规划部门批准外，还须征得其他所有人的书面同意。本案中，甲将建筑物公用部分（楼梯）封堵，对原告乙以及使用共用走廊的其他住户造成妨碍，给管理、维护及楼宇消防等工作带来不便，侵害了乙和其他住户的共有权。因此，被告应立即停止侵害，排除妨碍。

思考题

1. 简述物权法的基本原则。
2. 简述所有权的主要内容。
3. 简述用益物权的种类。
4. 简述抵押权与质权的区别。
5. 2002 年 3 月，王某向甲公司购买住房一套，5 月验房入住。后来，甲公司在排风管道外加盖房屋，超出了王先生的窗高，两个散热窗户正对着王先生的窗户，使其无法开窗通风和采光。王先生遂起诉甲公司要求拆除加盖的建筑物。问：王某的诉讼请求能否获得法院的支持？

第六章

知识产权法

◆ 引例

作家王某写了一部反映"文革十年"的纪实报告文学交某出版社出版，该出版社为该书配发了若干幅"文革"时期的照片作为插图。在审定该书清样稿时，王某觉得照片能使作品增色，便未提出异议。图书发行后，摄影家张某发现照片均是自己过去发表的作品，而王某和出版社在事前未征得他的同意，事后也未支付报酬，书中也没有将他署名为照片作者，故起诉王某和出版社侵犯了其著作权。出版社承认侵权事实，愿承担相应责任。但是王某称自己只是该书文字部分的作者，照片为出版社配发，与自己无关，故否认其侵权责任。

☞ 要点

知识产权的特征；著作权；专利权；商标权

第一节　知识产权法概述

一、知识产权

（一）知识产权的概念

知识产权又称"智力成果权"、"智慧财产权"，是人们基于创造性智力劳动成果和经营管理活动中的标记、信誉而依法享有的权利。

签订于 1967 年的《成立世界知识产权组织公约》以列举的方式将知识产权定为以下类别：关于文学、艺术和科学作品的权利，关于表演艺术家的演出、录音制品和广播节目的权利，关于人类在一切领域的发明的权利，关于科学发现的权利，关于工业品外观设计的权利，关于商标、服务、厂商名称和标记的权利，关于制止不正当竞争的权利，以及一切在工业、科学、文学或艺术领域由于智力活动产生的其他权利。

签订于 1994 年的《与贸易有关的知识产权协定》划定的知识产权范围包括：著作权及其相关权利、商标权、地理标记权、工业品外观设计权、专利权、集成电路布图设计权以及未公开信息专有权。

我国《民法通则》在第五章第三节"知识产权"中规定了著作权、专利权、商标权、发现权、发明权及其他科技成果权。而狭义的知识产权应包括著作权（含邻接权）、专利权、商标权，这些权利在世界范围内已取得共识。

（二）知识产权的特征

知识产权具有以下特征：

1. 专有性。也称独占性、排他性。任何人没有法律的规定或未经知识产权人的许可，不得使用知识产权权利人的知识产品；对于同一知识产品，不容许有两个或两个以上同一属性的知识产权同时存在。

2. 时间性。知识产权的时间性主要是指知识产权中的财产权部分，仅在法律规定的保护期内受到保护，超过了法律保护期，这一权利即自行消灭，而相关知识产品则进入公有领域，成为全社会的共同财富。

3. 地域性。知识产权的地域性主要是指特定的知识产权的空间效力，仅在其被授权的一国境内有效。某项知识产权若想在多国得到法律保护，则要在多国分别获得知识产权授权。

二、知识产权法

知识产权法是指调整在创造、利用智力成果和商业标记过程中所产生的各项权利义务关系的法律规范的总称。在我国，知识产权的立法体系由《民法通则》和不同类型的知识产权单行法律、法规和规章构成，其中主要包括《民法通则》第五章第三节"知识产权"、《商标法》及其实施条例、《专利法》及其实施细则、《著作权法》及其实施条例等。此外，我国还颁布了《计算机软件保护条例》和《集成电路布图设计保护条例》等行政法规。

第二节 著作权法

一、著作权法

著作权，也称版权，是指著作权人对其作品依法享有的权利。著作权包括人身权和财产权两方面的内容。

著作权除了具有知识产权所共有的专有性、时间性和地域性等特征之外，还具有以下特征：

1. 著作权的取得不需要申请与审查。通观知识产权法律制度，专利权和商标权的取得必须经过申请、审查、公告等程序，而著作权随着作品的创作完成而自动产生，不需要经过申请与审查程序，即使作品未发表，也不影响著作权的取得。

2. 著作权突出对人身权的保护。著作权与作品的创作者紧密相关，作品是作者人格的延伸，所以保护作者对作品的人身权是极其重要的内容。著作权中，发表权、署名权、修改权和保护作品完整权等人身权利都归作者享有。

著作权法有广义和狭义之分，广义的著作权法是指调整因文学、艺术和科学作品的创作和使用而产生的人身关系和财产关系的法律规范的总称，而狭义的著作权法仅指1990年9月7日第七届全国人民代表大会常务委员会第十五次会议审议通过，2001年10月27日第九届全国人民代表大会常务委员会第二十四次会议《关于修改〈中华人民共和国著作权法〉的决定》修正的《中华人民共和国著作权法》（以下简称《著作权法》）。

二、著作权的主体与归属

（一）著作权的主体

著作权的主体即著作权人，是指依法对文学、艺术和科学作品享有著作权的公民、法人和其他组织以及外国人和无国籍人。中国公民、法人或其他组织的作品在创作完成后，不论发表与否，依据《著作权法》均可获得保护；外国人、无国籍人的作品首先在中国境内出版的，依据《著作权法》，其著作权自出版之日起受保护；外国人、无国籍人在中国境外出版的作品，根据其所属国或者经常居住国与中国签订的协议或共同参加的国际条约享有著作权，受我国《著作权法》的保护；如果外国人、无国籍人在中国境外首先出版后，30日内在中国境内出版的，视为该作品同时在中国境内出版；未与中国签订协议或者共同参加国际条约的国家的外国人、无国籍人的作品首次在中国参加的国际条约的成员国出版的，或者在成员国和非成员国同时出版的，也受我国《著作权法》保护。

（二）著作权的归属

著作权归属的一般原则是：创作作品的公民是其作者，即作者是著作权的直接主体，但法律另有规定的除外。由法人或者其他组织主持，代表法人或者其他组织的意志创作，并由法人或其他组织承担责任的作品，法人或其他组织视为作者。如无相反证明，在作品上署名的公民、法人或其他组织为作者。

此外，演绎作品的著作权由改编、翻译、注释、整理人享有，但行使著作权时不得侵犯原作品的著作权；合作作品的著作权由合作作者共同享有，没有参加创作的人，不能成为合作作者；汇编作品的著作权由汇编人享有，但行使著作权时，不得侵犯原作品的著作权；影视作品的著作权由制片者享有，但编剧、导演、摄影、作词、作曲等作者享有署名权，并有权按照与制片者签订的合同获得报酬；职务作品除特殊规定外，著作权由作者享有，但法人或者其他组织有权在其业务范围内优先使用。作品完成两年内，未经单位同意，作者不得许可第三人以与单位使用的相同方式使用该作品；委托作品著作权的归属由委托人和受托人通过合同约定，合同未作明确约定或者没有订立合同的，著作权属于受托人；美术作品原件所有权的转移，不视为作品著作权的转移，但美术作品原件的展览权由原件所有人享有；匿名作品著作权的归属如无相反证明，则在作品上署名的公民、法人或者其他组织为作者。

三、著作权的客体

著作权的客体是指著作权保护的对象。根据我国《著作权法》的规定，受《著作权法》保护的作品，包括以下列形式创作的文学、艺术和自然科学、社会科学、工程技术等作品：

1. 文字作品。文字作品主要以文字为载体，利用语言文字等符号的特定含义来表达思想情感。包括小说、诗词、散文、论文译著等。

2. 口述作品。口述作品是指作者以口头语言即兴创作的，未以任何物质载体固定的作品。如即兴的演讲、授课、法庭辩论等。《伯尔尼公约》自1967年以后确认：未以物质形式固定的口述作品也可受著作权法的保护。

3. 音乐、戏剧、曲艺、舞蹈、杂技艺术作品。音乐作品是指能够演唱或演奏的带词或者不带词的作品，其形式载体是旋律和节奏，单独的歌词不属于音乐作品；戏剧作品是指以演员的连续动作、独白或对白、唱词等编在一起的包含音乐或者不含音乐的可供舞台演出的作品，如话剧、歌剧以及诸如川剧、京剧、越剧等各地方戏曲等；曲艺作品是指相声、大鼓、快书、评书等以说唱为主要表演形式的作品；舞蹈作品是指通过连续的动作、姿势、表情等表现思想情感的作品；杂技艺术作品是指杂技、魔术、马戏等通过形体动作和技巧表现的作品。

4. 美术、建筑作品。美术作品是指绘画、书法、雕塑等以线条、色彩或者其他方式构成的具有审美意义的平面或者立体的造型艺术作品；建筑作品是指以建筑物或者构筑物形式表现的具有审美意义的作品。我国《著作权法实施条例》规定，建筑作品仅指建筑物本身，建筑物的设计图纸和模型则作为单独的客体予以保护。

5. 摄影作品。摄影作品是指借助器械，在感光材料或者其他介质上记录客观物体形象的艺术作品。纯复制的摄影照片，如翻拍的照片等，由于没有包含作者的构思和曝光率、物体距离、位置、背景选择等一系列表现手段，不受《著作权法》的保护。

6. 电影作品和以类似摄制电影的方法创作的作品。电影作品和以类似摄制电影的方法创作的作品是指摄制在一定记录介质上，由一系列有伴音或无伴音的画面组成，并借助适当的装置放映、播放的作品。

7. 工程设计图、产品设计图、地图、示意图等图形作品和模型作品。工程设计图是指利用各种线条绘制的、作为工厂、矿山、铁路、桥梁建设或施工依据的设计图纸及其说明，一般包括初步设计、技术施工和施工图设计等图纸及其说明；产品设计图是指生产企业为确定产品的构成、成分、规格和各项应达到的技术经济指标而设计的图纸及其说明，如服装设计图、电子产品设计图等；地图是反映地理信息的绘画作品，《著作权法》将其作为保护对象是由于它具有一定的指示性和艺术性；示意图是指用简单的线条或符号来表示某种内容较复杂的事物及其原理或显示事物的具体形状、轮廓而绘成的略图，如人造卫星运行图、人体针灸穴位图等；模型作品是指为展示、试验或者观测等用途根据物体的形状和结构，按照一定比例制成的立体作品，如建筑模型、人体模型等。

8. 计算机软件。计算机软件是指计算机程序及其有关的文档。《与贸易有关的知识产权协议》要求将计算机程序作为文字作品进行保护。我国将计算机软件作为《著作权法》的保护对象，同时计算机软件的具体保护是由国务院颁布的《计算机软件保护条例》加以调整的。

9. 民间文学艺术作品的保护将民间文学艺术作品的保护对象从《著作权法》上的"作品"扩展至不具备作品条件的"表达方式"，将民间文学艺术作品的权利主体界定为国家。对民间文学艺术作品及表达形式的传播者、收集者、整理者应当赋予一定的权利，以尊重他们在传播、收集和整理过程中所付出的创造性劳动。

10. 法律、行政法规规定的其他作品。

不受《著作权法》保护的作品有两类：一是依法禁止出版、传播的作品，二是不适用于《著作权法》的作品，主要包括法律、法规，国家机关的决议、决定、命令和其他具有立法、行政、司法性质的文件及其官方正式译文，时事新闻，历法、通用数表、通用表格和公式等。

四、著作权的内容

(一) 著作人身权

著作人身权是指作者基于作品依法享有的不具有直接的财产内容，与作者人身不可分离的权利，包括以下内容：

1. 发表权。发表权是指作者决定作品是否公之于众的权利，包括决定是否公开、以何种方式公开、在何时何地公开的权利。

2. 署名权。署名权是为表明作者身份在作品上署名的权利。作者有权决定在其创作的作品上署名或者不署名，署真名或署假名，并有权禁止其他任何未直接参与创作的人在作品上署名。

3. 修改权。修改权是指作者有修改其作品或者授权他人修改其作品的权利。根据《著作权法》规定，报社、期刊社可以对作品作文字性修改、删节；对作品内容的修改，应当经作者许可。

4. 保护作品完整权。保护作品完整权是保护作品不受歪曲、篡改的权利。作品是作者人格的延伸，作者有权保护作品不被丑化，不受歪曲、篡改，从而保护其声誉并维护作品的纯洁性。

（二）著作财产权

著作财产权是指作者基于作品的产生依照《著作权法》的规定所享有的对作品占有、使用、收益、处分并获得报酬的权利，包括以下内容：

1. 复制权。即以印刷、复印、拓印、录音、录像、翻录、翻拍等方式将作品制作一份或者多份的权利。

2. 发行权。即以出售或者赠与方式向公众提供作品的原件或者复制件的权利。发行不仅是作品传播的方式，也是实现作品经济价值的途径。

3. 出租权。即有偿许可他人临时使用电影作品和以类似摄制电影的方法创作的作品、计算机软件的权利，但计算机软件不是出租的主要标的的除外。

4. 展览权。即公开陈列美术作品、摄影作品的原件或者复制件的权利。展览的目的是为了让不特定的多数人欣赏，仅供家庭或单位内部少数人欣赏的，则不属于展览。

5. 表演权。即公开表演作品，以及用各种手段公开播放作品的表演的权利。著作权人可以自己表演其作品，也可以授权他人表演其作品。

6. 放映权。即著作权人可以自己或授权他人通过放映机、幻灯机等技术设备公开再现美术、摄影、电影和以类似摄制电影的方法创作的作品等的权利。

7. 广播权。即以无线方式公开广播或者传播作品，以有线传播或者转播的方式向公众传播广播的作品，以及通过扩音器或者其他传送符号、声音、图像的类似工具向公众传播广播的作品的权利。

8. 信息网络传播权。即以有线或者无线方式向公众提供作品，使公众可以在其个人选定的时间和地点获得作品的权利。

9. 摄制权。即以摄制电影或者以类似摄制电影的方法将作品固定在载体上的权利。摄制电影或者以类似摄制电影的方法将作品固定在载体上是传播作品的一种重要方式，摄制行为能产生电影或类似电影的作品。

10. 改编权。即改编作品，创作出具有独创性的新作品的权利。改编是在不改变作品的基本思想的基础上对作品的再创作。改编权是著作权人的权利，他可以自己改编作品，也可以授权他人改编作品。

11. 翻译权。即将作品从一种语言文字转换成另一种语言文字的权利。翻译权适用于文字作品、口述作品等以语言为表现形式的作品。著作权人有权自行翻译其作品，也有权授权他人翻译其作品并获得报酬。

12. 汇编权。即将作品或者作品的片段通过选择或者编排，汇集成新作品的权利。著作权人在对作品或作品的片段进行选择或编排的过程中付出了智力劳动，因此汇编权具有著作财产权的性质。

13. 应当由著作权人享有的其他权利。随着社会的发展和技术的进步，今后还可能出现新的作品使用形式，所以《著作权法》对此作了开放式的规定。

五、著作权的保护期限与限制

《著作权法》规定著作权的保护期限和对著作权专用权行使的限制。其功能在于既要充分保护著作权人的合法权益，又要平衡创作者、传播者和使用者的利益，确保公众能接触和使用作品，以促进整个科学文化的发展。

（一）著作权的保护期限

1. 著作人身权的保护期限。由于和人身密不可分，著作人身权，即署名权、修改权和保护作品完整权，永远受法律保护，没有时间限制。

2. 著作财产权的保护期限。根据《著作权法》的规定，在《著作权法》规定的保护期内，著作权人对其作品享有财产权利。保护期届满，作品则进入公有领域，他人可以自由地使用该作品。根据《著作权法》规定：公民的作品，其发表权和其财产权利的保护期为作者终生及其死亡后 50 年，截止于作者死亡后第 50 年的 12 月 31 日；如果是合作作品，则截止于最后死亡的作者死亡后第 50 年的 12 月 31 日；法人或者其他组织的作品、著作权（署名权除外）由法人或者其他组织享有的职务作品，其发表权和其财产权的保护期为 50 年，截止于作品首次发表后第 50 年的 12 月 31 日，但作品自创作完成后 50 年内未发表的，《著作权法》不再保护。

（二）著作权的限制

1. 著作权的合理使用。根据《著作权法》的规定，在下列情况下使用作品，可以不经著作权人许可，不向其支付报酬，但应当指明作者姓名、作品名称，并且不得侵犯著作权人依照本法享有的其他权利：

（1）为个人学习、研究或者欣赏，使用他人已经发表的作品。

（2）为介绍、评论某一作品或者说明某一问题，在作品中适当引用他人已经发表的作品。

（3）为报道时事新闻，在报纸、期刊、广播电台、电视台等媒体中不可避免地再现或者引用已经发表的作品。

（4）报纸、期刊、广播电台、电视台等媒体刊登或者播放其他报纸、期刊、广播电台、电视台等媒体已经发表的关于政治、经济、宗教问题的时事性文章，但作者声明不许刊登、播放的除外。

（5）报纸、期刊、广播电台、电视台等媒体刊登或者播放在公众集会上发表的讲话，但作者声明不许刊登、播放的除外。

（6）为学校课堂教学或者科学研究，翻译或者少量复制已经发表的作品，供教学或者科研人员使用，但不得出版发行（课堂教学不包括各类以营利为目的的辅导班和培训班；少量复制一般应以课堂教学或科学研究的需要为准）。

（7）国家机关为执行公务在合理范围内使用已经发表的作品。

（8）图书馆、档案馆、纪念馆、博物馆、美术馆等为陈列或者保存版本的需要，复制本馆收藏的作品。

（9）免费表演已经发表的作品，该表演未向公众收取费用，也未向表演者支付报酬。

（10）对设置或者陈列在室外公共场所的艺术作品进行临摹、绘画、摄影、录像。

（11）将中国公民、法人或者其他组织已经发表的以汉语言文字创作的作品翻译成少数民族语言文字作品在国内出版发行。

（12）将已经发表的作品改成盲文出版。

以上规定不仅适用于对著作权人的权利限制，同样也适用于对出版者、表演者、录音录像制作者、广播电台、电视台的权利的限制。

2. 著作权法定许可。著作权法定许可是指在下列法律规定下，使用他人已经发表的享有著作权的作品，可以不必征得著作权人的许可，但应向其支付报酬并尊重著作权人的其他权利的制度。

（1）为实施九年制义务教育和国家教育规划而编写出版教科书，除作者事先声明不许使用的外，可以不经著作权人许可，在教科书中汇编已经发表的作品片段或者短小的文字作品、音乐作品或者单幅的美术作品、摄影作品，但应当按照规定支付报酬，指明作者姓名、作品名称，并且不得侵犯著作权人依照本法享有的其他权利。

（2）作品刊登后，除著作权人声明不得转载、摘编的外，其他报刊可以转载或者作为文摘、资料刊登，但应当按照规定向著作权人支付报酬。

（3）录音制作者使用他人已经合法录制为录音制品的音乐作品制作录音制品，可以不经著作权人许可，但应当按照规定支付报酬，著作权人声明不许使用的不得使用。

（4）广播电台、电视台播放他人已发表的作品，可以不经著作权人许可，但应当支付报酬。

（5）广播电台、电视台播放已经出版的录音制品，可以不经著作权人许可，但应当支付报酬，但当事人另有约定的除外，具体办法由国务院规定。

六、邻接权

邻接权的意思是与著作权邻近的权利，指作品的传播者对其传播作品的创造性劳动成果所享有的权利。在我国《著作权法》中，这种权利称为"与著作权有关的权益"。邻接权一般包括图书报刊出版者权、表演者权、录音录像制作者权和广播电视组织者权。

（一）图书报刊出版者权

图书报刊出版者权是指图书出版者和报刊出版者通过合同的约定或者经著作权人许可，在一定期限内对其出版的图书和报刊依法享有的专有使用权。《著作权法》通过保护出版者权来保护作品的传播。

1. 出版者的权利。

（1）图书出版者对著作权人交付出版的作品，按照合同约定享有的专有出版权受法律保护，他人不得出版该作品。

（2）著作权人向报社、期刊社投稿的，自稿件发出之日起 15 日内未收到报社通知决定刊登的，或者自稿件发出之日起 30 日内未收到期刊社通知决定刊登的，可以将同一作品向其他报社、期刊社投稿，但双方另有约定的除外。

（3）作品刊登后，除著作权人声明不得转载、摘编的外，其他报刊可以转载或者作为文摘、资料刊登，但应当按照规定向著作权人支付报酬。

（4）报社、期刊社可以对作品作文字性的修改、删节，但对内容的修改，应当经作者许可。

（5）出版者有权许可或者禁止他人使用其出版的图书、期刊的版式设计。

2. 出版者的义务。

（1）图书出版者出版图书应当和著作权人订立出版合同，并支付报酬。

（2）著作权人应当按照合同约定期限交付作品，图书出版者应当按照合同约定的出版质量、期限出版图书。

（3）图书出版者不按照合同约定期限出版，应当依照《著作权法》第 53 条的规定承担民事责任。

（4）图书出版者重印、再版作品的，应当通知著作权人，并支付报酬；图书脱销后，图书出版者拒绝重印、再版的，著作权人有权终止合同。

（5）出版改编、翻译、注释、整理、汇编已有作品而产生的作品，应当取得改编、翻译、注释、整理、汇编作品的著作权人和原作品的著作权人许可，并支付报酬。

（二）表演者权

我国《著作权法》和《著作权法实施条例》规定，表演者是指演员或者其他表演文学、艺术作品的人。表演者不仅包括演员，还包括演出单位。

1. 表演者的权利。

（1）表明表演者身份。

（2）保护表演形象不受歪曲的权利。

（3）许可他人从现场直播，公开传送其现场表演并获报酬的权利。

（4）许可他人录音录像，并获得报酬的权利。

（5）许可他人复制、发行录有其表演的录音录像制品，并获得报酬的权利。

（6）许可他人通过信息网络向公众传播其表演，并获得报酬的权利。

2. 表演者的义务。

（1）表演者使用他人作品演出，表演者应当取得著作权人许可，并支付报酬。演出组织者组织演出，由该组织者取得著作权人许可，并支付报酬。

（2）表演者使用改编、翻译、注释、整理已有作品而产生的作品进行演出，应当取得改编、翻译、注释、整理作品的著作权人和原作品的著作权人许可，并支付报酬。

（3）表演者依照《著作权法》使用他人作品的，不得侵犯作者的署名权、修改权、保护作品完整权和获得报酬的权利。

（三）录音录像制作者权

录音录像制作者权是指录音录像制作者对其录音录像制品所享有的权利。其内容为录音录像制作者对其制作的原始音像制品享有许可他人复制发行并获得报酬的权利。

1. 录音录像制作者权的权利。

（1）录音录像制作者对其制作的录音录像制品，享有许可他人复制、发行并获得报酬的权利。

（2）录音录像制作者对其制作的录音录像制品，享有许可他人出租并获得报酬的权利。

（3）录音录像制作者对其制作的录音录像制品，享有许可他人通过信息网络向公众传播并获得报酬的权利。

2. 录音录像制作者权的义务。

（1）录音录像制作者使用他人作品制作录音录像制品，应当取得著作权人许可，并支付报酬。

（2）录音录像制作者使用改编、翻译、注释、整理已有作品而产生的作品，应当取得改编、翻译、注释、整理作品的著作权人和原作品著作权人许可，并支付报酬。

（3）《著作权法》第39条第3款规定，录音制作者使用他人已经合法录制为录音制品的音乐作品制作录音制品，可以不经著作权人许可，但应当按照规定支付报酬；著作权人声明不许使用的不得使用。

（4）录音录像制作者制作录音录像制品，应当同表演者订立合同，并支付报酬。

（四）广播电视组织者权

广播电视组织者权是指广播电台和电视台对其播放的广播、电视所享有的权利。

1. 广播电视组织者的权利。表现在：

（1）将其播放的广播、电视转播。

（2）将其播放的广播、电视录制在音像载体上以及复制音像载体。

2. 广播电视组织者的义务。表现在：

（1）广播电台、电视台播放他人未发表的作品，应当取得著作权人许可，并支付报酬。

（2）广播电台、电视台播放他人已发表的作品，可以不经著作权人许可，但应当支付报酬。

（3）广播电台、电视台播放已经出版的录音制品，可以不经制作权人的许可，但应当支付报酬，但当事人另有约定的除外。

（4）电视台播放他人的电影作品和以类似摄制电影的方法创作的作品、录像制品，应当取得制片者或者录像制作者许可，并支付报酬；播放他人的录像制品，还应当取得著作权人许可，并支付报酬。

七、著作权侵权行为

著作权侵权行为是指未经著作权人或者与著作权有关的权利人的许可，在没有法律特别规定的情况下，擅自使用他人作品或者以其他形式行使著作权的行为。

（一）一般侵权行为

以下侵犯著作权的行为属于一般侵权行为：

（1）未经著作权人许可，发表其作品的。

（2）未经合作作者许可，将与他人合作创作的作品当作自己单独创作的作品发表的。

（3）没有参加创作，为谋取个人名利，在他人作品上署名的。

（4）歪曲、篡改他人作品的。

（5）剽窃他人作品的。

（6）未经著作权人许可，以展览、摄制电影和以类似摄制电影的方法使用作品，或者以改编、翻译、注释等方式使用作品的。

（7）使用他人作品，应当支付报酬而未支付的。

（8）未经电影作品和以类似摄制电影的方法创作的作品、计算机软件、录音录像制品的著作权人或者与著作权有关的权利人许可，出租其作品或者录音录像制品的。

（9）未经出版者许可，使用其出版的图书、期刊的版式设计的。

（10）未经表演者许可，从现场直播或者公开传送其现场表演，或者录制其表演的。

（11）其他侵犯著作权以及与著作权有关的权益的行为。

（二）特殊侵权行为

以下侵犯著作权的行为属于特殊侵权行为：

（1）未经著作权人许可，复制、发行、表演、放映、广播、汇编、通过信息网络向公众传播其作品的。

（2）出版他人享有专有出版权的图书的。

（3）未经表演者许可，复制、发行录有其表演的录音录像制品，或者通过信息网络向公众传播其表演的。

（4）未经录音录像制作者许可，复制、发行、通过信息网络向公众传播其制作的录音录像制品的。

（5）未经许可，播放或者复制广播、电视的。

（6）未经著作权人或者与著作权有关的权利人许可，故意避开或者破坏权利人为其作品、录音录像制品等采取的保护著作权或者与著作权有关的权利的技术措施的。

（7）未经著作权人或者与著作权有关的权利人许可，故意删除或者改变作品、录音录像制品等的权利管理电子信息的。

（8）制作、出售假冒他人署名的作品的。

第三节　专利法

一、专利法概述

专利制度作为知识产权制度的一部分，其目的在于保护发明创造的专利权，促进科学技术的进步。一般而言，凡涉及技术方面法律保护的问题多属专利法的调整范围，故专利法是保护技术方案的法律，在知识产权法领域占有极为重要的地位。

（一）专利权的概念和特征

专利权，是指法律赋予专利权人对其获得专利的发明创造在一定期限内依法享有的专有权利。专利权与商标权一起构成了传统知识产权分类中工业产权的重要内容，其主要特征表现为：

（1）专有性。专利权人对其发明创造在法定期限内享有垄断的权利，可以自己独占并排斥他人占有和使用。

（2）时间性。在法律规定的有效期内，专利权人才享有专利权，有效期届满，任何人都可以不受限制地无偿使用。

（3）地域性。按照某国法律取得的专利权，只能在该国区域范围内有效，要想在他国得到法律保护，则必须向该他国申请并取得专利权。

（二）专利法的概念和调整对象

专利法，是调整因确认发明创造的所有权和因发明创造的实施而产生的各种社会关系的法律规范的总称，其调整对象主要包括：

（1）确认发明创造的归属，如各种情形下的发明创造的专利申请权及专利权的归属。

（2）授予发明创造专利权，规定其条件、申请、审查的程序等。

（3）专利的实施，如专利的许可使用、转让、强制许可等。

（4）专利权的保护，如专利侵权行为的认定及法律责任。

二、专利权的主体

专利权的主体即专利权人，是指依法享有专利权并承担相应义务的人，包括以下几种：

（一）发明人或者设计人

发明人或设计人，是指对发明创造的实质性特点作出创造性贡献的人。由于发明创造行为是一种具有探索性的智力劳动，因而只有具体的自然人才能从事这种行为，故发明人或设计人只能是自然人，不能是单位、集体或课题组。

发明人或设计人是专利权最基本的主体，其必须满足如下条件：

1. 发明人或设计人必须是直接参加发明创造活动的人。只是负责组织管理工作或者仅仅为有关物质技术条件的获得和利用提供了方便的人不能被认为是发明人或设计人。

2. 发明人或设计人是对发明创造的实质性特点做出创造性贡献的人，即是完成产品、方法发明或实用新型、外观设计的技术方案的人。仅仅提出所要解决的技术问题而没能为解决技术难题提出具体方案的人，或在发明创造过程中从事辅助性工作的人，如实验员、描图员、机械加工人员等均不能被认定为发明人或设计人。

当一项非职务发明创造为两人或两人以上共同完成时，这些完成发明创造的人即是合作发明人或设计人，共同发明创造的专利申请权和取得的专利权归全体共有人共同所有。

（二）职务发明创造的单位

所谓职务发明创造，是指发明创造人执行本单位的任务或者主要是利用本单位的物质技术条件所完成的发明创造。职务发明创造申请专利的权利属于该单位，申请被批准后，该单位为专利权人。职务发明创造分为两类：

1. 执行本单位任务所完成的发明创造。包括三种情况：①在本职工作中作出的发明创造；②履行本单位交付的本职工作之外的任务所作出的发明创造；③退职、退休或者调动工作后 1 年内作出的，与其在原单位承担的本职工作或者原单位分配的任务有关的发明创造。

2. 主要利用本单位的物质技术条件所完成的发明创造。"本单位的物质技术条件"是指本单位的资金、设备、零部件、原材料或者不对外公开的技术资料等。一般认为，如果在发明创造过程中，全部或者大部分利用了本单位的物质技术条件，这种利用对发明创造的完成起着必不可少的决定性作用，则可以认定为职务发明创造。

（三）外国人、外国企业或者外国其他组织

外国人、外国企业或者外国其他组织，如果在中国有经常居所或者营业所，则享有与中国公民或单位同等的专利申请权和专利权。在中国没有经常居所或者营业所的外国人、外国企业或者外国其他组织在中国申请专利的，依照其所属国同中国签订的协议或者共同参加的国际条约，或者依照互惠原则，可以申请专利和办理其他专利事务，但应当委托依法设立的专利代理机构办理。

三、专利权的客体

专利权的客体，也称《专利法》保护的对象，是指能取得专利权，受《专利法》保护的发明创造。我国专利权的客体包括发明、实用新型和外观设计三种。

（一）发明

1. 发明的概念。发明是指对产品、方法或者其改进所提出的新的技术方案。发明必须是发明人将自然规律在特定技术领域进行运用和结合的结果。"自然规律"是自然界业已存在的客观规律或自然法则，而不是人的纯智力活动或人为规定所产生的规则。因此，计算方法、财务或会计方法、游戏方法及记忆方法等都不是专利法上的发明，而且发明必须是利用自然规律的结果，科学发现只是对自然规律本身的新认识，并不是利用，因而科学发现也不属于发明范畴。

2. 发明的种类。发明的种类包括：①产品发明。它是指能以有形形式表现的各种制成品或产品，如机器、设备、工具、各类生活用品等。这种专利为产品专利，法律只保护产品本身，而不保护该产品的制造方法。②方法发明。它是指把一种物品或物质改变成另一种状态或另一种物品或物质，而利用的手段和步骤的发明，通常包括制造方法和操作使用方法两大类。③改进发明。它是指对已有的产品发明或方法发明所作出的实质性革新的技术方案。改进发明不是新产品或新方法的创造，而是给已有的产品或方法带来新的特性、新的部分质变，但没有从根本上突破原有产品或方法的格局。例如，爱迪生发明了白炽灯，白炽灯是一种前所未有的新产品，可以申请产品发明；生产白炽灯的方法可以申请方法发明，而美国通用电器公司给白炽灯填充惰性气体，使其质量和寿命都有明显提高，这就是改进发明。

（二）实用新型

实用新型是指对产品的形状、构造或者其结合所提出的适于实用的新的技术方案。实用新型专利只保护产品，该"产品"应是经过人类加工、生产而形成的物品，具有特定的性质和外在形态。一切有关方法（包括制造方法和操作使用方法等）以及未经人工制造的自然存在的物品不属于实用新型专利的保护客体。

产品的形状是指产品所具有的、可以从外部观察到的确定的空间形状，且能使产品具有相应的技术功能或技术效果，如具有一定形状的启瓶器，可以轻松开启瓶子。对于无固定形状的产品，如气体、液体、呈粉末状或颗粒状的物质或材料，均不能申请实用新型专利。

产品的构造是指产品的零部件为了达到一定的技术功能或效果而形成的有机联结或组合，并且具有特定的空间位置关系。产品的构造可以是从外部直接观察到的，也可以是只有剖开才能发现的内部构造。

（三）外观设计

外观设计又称为工业产品外观设计，是指对产品的形状、图案或者其结合以及色彩与形状、图案相结合所作出的富有美感并适于工业应用的新设计。

外观设计必须与产品相结合，且能在产业上应用。不能用工业方法复制出来，或者达不到批量生产的要求，就不是《专利法》意义上的外观设计。

四、授予专利权的条件

发明创造必须符合《专利法》规定的条件，才能被授予专利权，这些条件通常分为实质条件和形式条件。实质条件也称专利性，是指申请专利的发明创造自身必须具备的属性要求，包括新颖性、创造性和实用性。形式条件则是指申请专利的发明创造在申请文件和手续等程序方面的要求。此处仅简要介绍授予专利权的实质条件。

（一）发明或者实用新型专利的授予条件

授予发明或者实用新型专利的，应具备以下条件：

1. 新颖性。新颖性，是指该发明或者实用新型不属于现有技术，也没有任何单位或者个人就同样的发明或者实用新型在申请日以前向国务院专利行政部门提出过申请，并记载在申请日以后公布的专利申请文件或者公告的专利文件中。申请专利的发明或者实用新型满足新颖性的标准，必须不同于现有技术，同时还不得出现抵触申请。

申请专利的发明创造在申请日以前 6 个月内，有下列情形之一的，不丧失新颖性：

（1）在中国政府主办或者承认的国际展览会上首次展出的。

（2）在规定的学术会议或者技术会议上首次发表的。

（3）他人未经申请人同意而泄露其内容的。

2. 创造性。创造性是指与现有技术相比，该发明具有突出的实质性特点和显著的进步，该实用新型具有实质性特点和进步。申请专利的发明或实用新型，必须与申请日以前已有的技术相比，在技术方案的构成上有实质性的差别，必须是通过创造性思维活动的结果，不能是现有技术通过简单的分析、归纳、推理就能够自然获得的结果。

3. 实用性。实用性是指该发明或者实用新型能够制造或者使用，并且能够产生积极效果。实用性要求一般应具备可实施性、再现性和有益性。

（二）外观设计专利的授予条件

授予专利权的外观设计，应当不属于现有设计，也不得与他人在申请日以前已经取得的合法权利相冲突。这里的在先权利，主要表现为著作权、商标权、商号权、知名商品特有包装或者装潢使用权以及自然人的肖像权等，目的是为了解决实践中出现的外观设计专利权与商标权、著作权等权利之间的冲突。

（三）不授予专利权的项目

不能授予专利权的项目包括：

（1）违反法律、社会公德或者妨害公共利益的发明创造。

（2）科学发现。

（3）智力活动的规则和方法。

（4）疾病的诊断和治疗方法，但是药品或医疗器械可以申请专利。

（5）动物和植物品种，但是对于动物和植物品种的生产方法，可以授予专利权。

（6）用原子核变换方法获得的物质。

（7）对平面印刷品的图案、色彩或者二者的结合作出的主要起标识作用的设计。

此外，依赖遗传资源完成的发明创造，该遗传资源的获取或者利用违反有关法律、行政法规的规定的，不授予专利权。

五、专利权的取得、终止和无效

（一）专利权的取得

专利权具有授权性特点，不能自动取得。一项发明创造，除要求具备法律规定的实质条件外，还必须经过申请、审查和批准等法定程序，才能取得专利权。

1. 申请。申请发明或者实用新型专利的，应当提交请求书、说明书及其摘要和权利要求书等文件；申请外观设计专利的，应当提交请求书、该外观设计的图片或者照片以及对该外观设计的简要说明等文件，申请人提交的有关图片或者照片应当清楚地显示要求得到《专利法》保护的产品的外观设计。

2. 审查。国务院专利行政部门收到专利申请后，要对申请文件的格式和内容等进行初步审查，在此基础上对专利申请进行实质审查。如对专利申请无异议或经审查异议不成立的，应当作出授予专利权的决定，发给相应的专利证书，并予以登记和公告。

（二）专利权的终止

专利权的终止是指专利权因保护期限届满或其他原因在保护期届满前失去法律效力。专利权一旦终止，受保护之发明创造即进入公有领域，任何单位和个人均可无偿使用。专利权可因下列原因而终止：①保护期届满；②没有按照规定缴纳年费；③专利权人以书面声明放弃其专利权的。

（三）专利权的无效

专利权的无效，是指对已经生效的专利权，因不符合《专利法》的规定，由专利复审委员会宣告其不具有法律约束力的制度。发明创造被授予专利权后，任何单位或个人发现有不符合《专利法》有关规定的，都可以在专利授权之日起向专利复审委员会提交申请书和相应文件，并说明理由，申请宣告该专利权无效。专利复审委员会认为申请书符合法律规定的，应依法作出宣告专利权无效或者维持专利权的决定，当事人对该决定不服的，可依法提起诉讼。

专利权被宣告无效后，专利权视为自始即不存在。

六、专利实施的强制许可

所谓专利实施的强制许可，是指国务院专利行政部门依照法律的直接规定，可以不经专利权人的同意，允许申请人实施专利权人的发明或实用新型专利的一种行政措施。其目的在于防止专利权人滥用专利权垄断技术，从而维护国家和社会的利益，促进科学技术的发展。

依据《专利法》的有关规定，专利实施的强制许可可以分为三类：

（一）依申请给予的强制许可

符合下列情形之一的，国务院专利行政部门根据具备实施条件的单位或者个人的申请，可以给予实施发明专利或者实用新型专利的强制许可：

（1）专利权人自专利权被授予之日起满3年，且自提出专利申请之日起满4年，无正当理由未实施或者未充分实施其专利的。

（2）专利权人行使专利权的行为被依法认定为垄断行为，为消除或者减少该行为对竞争产生的不利影响的。

（二）根据公共利益需要而实施的强制许可

在国家出现紧急状态或者非常情况时，或者为了公共利益的目的，国务院专利行政部门可以给予实施发明专利或者实用新型专利的强制许可。

（三）从属专利的强制许可

一项取得专利权的发明或者实用新型比此前已经取得专利权的发明或者实用新型具有显著经济意义的重大技术进步，其实施又有赖于前一发明或者实用新型的实施的，国务院专利行政部门根据后一专利权人的申请，可以给予实施前一发明或者实用新型的强制许可。

在上述给予实施强制许可的情形下，国务院专利行政部门根据前一专利权人的申请，也可以给予实施后一发明或者实用新型的强制许可。

七、专利权的保护

（一）专利权的期限

专利权的期限是指专利权人享有的专利权从生效到正常终止的法定期间。在该期间内专利权人享有对专利技术的垄断使用权，除法律另有规定外，其他任何单位和个人未经许可不得实施其专利。

我国《专利法》第42条规定："发明专利权的期限为20年，实用新型专利权和外观设计专利权的期限为10年，均自申请日起计算。"专利权期限届满，受专利权保护的发明创造即进入公有领域，成为人类共同财富。

（二）专利权的保护范围

发明或者实用新型专利权的保护范围以其权利要求的内容为准，说明书及附图可以用于解释权利要求的内容，其内在要求是专利权的保护范围应当以权利要求书中明确记载的必要技术特征所确定的范围为准，也包括与该必要技术特征相等同的特征所确定的范围。

外观设计专利权的保护范围以表示在图片或者照片中的该产品的外观设计为准，取决于两个方面：①表示在图片或者照片中的外观设计；②专利授权时指定的外观设计使用产品的范围。确定外观设计是否相同或近似，应当以同类产品为基础。

（三）侵害专利权的行为

1. 专利侵权行为的含义。专利侵权行为是指在专利有效期内，行为人未经许可，以营利为目的实施他人专利的行为。专利侵权行为的构成要件包括：①侵害的是合法有效的专利权；②未经专利权人许可而实施其专利；③以营利为目的。

2. 专利侵权的分类。依据侵权行为是否由行为人本身的行为所造成，可将专利侵权行为划分为直接侵权行为和间接侵权行为。直接侵权行为是指直接由行为人实施的侵犯他人专利权的行为。行为人未经专利权人许可，为生产经营目的而制造、使用、许诺销售、销售其专利产品，或者使用其专利方法以及使用、许诺销售、销售、进口依照该专利方法直接获得的产品，都属于直接侵权行为。间接侵权行为是指教唆、帮助、诱导他人实施直接侵犯专利权行为的行为。根据专利侵权判定的"全面覆盖"原则，间接侵权人的行为本身并不构成对专利权的直接侵害，却是直接侵权得以发生的不可或缺的原因之一。常见的间接侵权行为有：制造、销售只能用于专利产品的关键部件，只能用于实现专利方法的设备或材料；未经专利权人授权或者委托，擅自转让其专利技术的行为等。实务中，通常将间接侵权行为认定为共同侵权。

3. 不属于侵犯专利权的行为。这些行为包括：①在专利侵权纠纷中，行为人有证据证明其实施的技术或者设计属于现有技术或者现有设计的；②专利产品或者依照专利方法直接获得的产品，由专利权人或者经其许可的单位、个人售出后，使用、许诺销售、销售该产品的；③在专利申请日前已经制造相同产品、使用相同方法或者已经做好制造、使用的必要准备，并且仅在原有范围内继续制造、使用的；④临时通过中国领陆、领水、领空的外国运输工具，依照其所属国同中国签订的协议或者共同参加的国际条约，或者依照互惠原则，为运输工具自身需要而在其装置和设备中使用有关专利的；⑤专为科学研究和实验而使用有关专利的；⑥为提供行政审批所需要的信息，制造、使用、进口专利药品或者专利医疗器械的，以及专门为其制造、进口专利药品或者专利医疗器械的。

（四）侵害专利权行为的法律责任

根据《专利法》及有关法律、法规的规定，专利侵权行为人应当根据其行为的性质和严重程度承担民事责任、行政责任乃至刑事责任。

1. 民事责任。由知识产权的私权性质决定，侵权人承担民事责任是制裁专利侵权中最基本、最普遍适用的方式。主要的责任形式包括停止侵害、赔偿损失以及消除影响等。

2. 行政责任。管理专利工作的部门有权处理专利侵权纠纷，有权责令行为人停止侵害；对假冒专利的行为，有权责令改正并予以公告、没收违法所得并处以罚款。

3. 刑事责任。假冒他人专利，或向外国申请专利，违反保密审查规定，泄露国家秘密的，除承担相应的民事责任、行政责任外，构成犯罪的，依法追究刑事责任。

（五）诉前救济措施及诉讼时效

1. 诉前禁制令。专利权人或者利害关系人有证据证明他人正在实施或者即将实施侵犯专利权的行为，如不及时制止将会使其合法权益受到难以弥补的损害的，可以在起诉前向人民法院申请采取责令停止有关行为的措施。

2. 诉前证据保全。为了制止专利侵权行为，在证据可能灭失或者以后难以取得的情况下，专利权人或者利害关系人可以在起诉前向人民法院申请保全证据。

3. 诉讼时效。侵犯专利权的诉讼时效为 2 年，自专利权人或者利害关系人知道或者应当知道侵权行为之日起计算。

第四节　商标法

一、商标制度的基本理论

（一）商标的概念和特征

商标是指能够将不同经营者提供的商品或服务区别开来的可视性标志，包括文字、图形、字母、数字、三维标志和颜色组合，以及上述要素的组合。商标的基本特征表现为：

（1）商标是商品或服务的标志。它依附于商品或服务而存在，是商品经济发展到一定阶段的产物。

（2）商标是区别商品来源的标记。只有附着在商品上用来表明商品来源并区别其他同类商品的标志才是商标，通用标志、通用商品名称等虽然也出现在商品或包装上，但不具有区别来源的功能，不构成商标。

（3）商标必须具有显著性和可视性。作为商标的标志越独特、越显著，其区别不同经营者的功能就越强。

（二）商标的分类

根据商标使用者具体情况的不同，可将商标划分为商品商标、服务商标、集体商标和证明商标。

1. 商品商标。商品商标是使用于生产、加工、拣选或经销的商品上的商标，包括商品的生产者和商品的销售者使用的商标。

2. 服务商标。服务商标是指服务的提供者为了表明自己的服务并区别于他人同类服务而使用的商标，也称为服务标记，如中国工商银行的 ICBC 标记、香格里拉饭店的"香格里拉"标志等。

3. 集体商标。集体商标是指以团体、协会或者其他组织名义注册，供该组织成员在商事活动中使用，以表明使用者在该组织中的成员资格的标志。集体商标也具有区别商品或服务来源的功能，但它不能区分特定的经营者，仅表明使用该同一商标的经营者或服务者属于某同一组织。

4. 证明商标。证明商标是指由对某种商品或者服务具有监督能力的组织所控制，而由该组织以外的单位或者个人使用于其商品或者服务，用以证明该商品或者服务的原产地、原料、制造方法、质量或者其他特定品质的标志。纯羊毛标志、绿色食品标志、长城电工标志、安全认证标志等，都是证明商标的典型例子。证明商标的作用在于证明商品或服务达到了某种特定标准，不具有一般商标区别来源的功能，因而不具有专有性。

地理标志既可以作为集体商标申请注册，也可以作为证明商标申请注册，经核准后获得商标专用权。

（三）商标法的概念及其基本原则

商标法是调整商标的组成、注册、使用、管理和商标专用权的保护等法律规范的总称。其基本原则包括：

（1）保护商标专用权与保障消费者、经营者共同利益原则。

（2）商标专用权注册取得原则。取得商标专用权，必须进行注册申请，未经注册核准，不能取得商标专用权。

（3）自愿注册原则。商标使用人可以自行选择是否将使用的商标申请注册，如果不需要取得商标专用权，可以继续使用，但未注册商标不具有排他权利，无权禁止他人使用相同或近似的商标。

二、商标权

（一）商标权的概念

商标权是注册商标所有人对其注册商标享有的各种法定权利，包括专用权、禁止权、许可权、转让权和标示权等。由于专用权是最主要的商标权，所以一般把商标权等同于商标专用权。从权利性质上看，商标权与财产所有权一样，都属于绝对权，所有人对其注册商标享有完全的排他使用权。

（二）商标权的主体

商标权的主体是指依法享有商标权的人，包括自然人、法人和其他组织。

自然人、法人或者其他组织对其生产、制造、加工、拣选或者经销的商品以及提供的服务项目需要取得商标专用权的，应当向商标局申请商标注册。两个以上的自然人、法人或者其他组织可以共同向商标局申请注册同一商标，共同享有和行使该商标专用权。

外国人或者外国企业在中国申请商标注册的，应当按其所属国和我国签订的协议或者共同参加的国际条约办理，或者按对等原则办理，且应当委托国家认可的具有商标代理资格的组织代理。

（三）商标权的客体

商标权的客体即注册商标。申请注册的商标应当具备下列条件：

1. 积极条件。表现在：

（1）具有可视性。商标的区分功能和象征作用要求被用作商标的标志可以被人们所感知，进而可以识别和选择商品。可以被视觉所感知的文字、图形、字母、数字、三维标志和颜色组合，以及上述要素的组合，均可以作为商标申请注册。

（2）具备显著性。商标最基本的作用在于区别商品来源，防止混淆，所以，申请注册的商标，应当具有显著特征，便于识别。商标的显著性可以通过两种方式产生：一是商标本身的固有显著性；二是在使用中获得显著性。

2. 消极条件。表现在：

（1）下列标志不得作为商标使用：同中华人民共和国的国家名称、国旗、国徽、军旗、勋章相同或者近似的，以及同中央国家机关所在地特定地点的名称或者标志性建筑物的名称、图形相同的；同外国的国家名称、国旗、国徽、军旗相同或者近似的，但该国政府同意的除外；同政府间国际组织的名称、旗帜、徽记相同或者近似的，但经该组织同意或者不易误导公众的除外；与表明实施控制、予以保证的官方标志、检验印记相同或者近似的，但经授权的除外；同"红十字"、"红新月"的名称、标志相同或者近似的；带有民族歧视性的；夸大宣传并带有欺骗性的；有害于社会主义道德风尚或者有其他不良影响的。

县级以上行政区划的地名或者公众知晓的外国地名，不得作为商标。但是，地名具有其他含义或者作为集体商标、证明商标组成部分的除外；已经注册的使用地名的商标继续有效。

（2）仅有本商品的通用名称、图形、型号的。

（3）仅仅直接表示商品的质量、主要原料、功能、用途、重量、数量及其他特点的。

（4）不得与他人在先取得的合法权利相冲突。在先权利是指在申请商标注册之前他人的合法权利，包括但不限于下列权利：商标权、著作权、地理标志权、商号权、外观设计专利权、姓名权、肖像权等。

三、商标注册的申请和审查核准

（一）商标注册的申请

1. 商标注册申请的原则。

（1）申请在先原则。申请在先原则是指两个或两个以上的申请人，在相同或类似的商品上以相同或近似的商标申请注册时，申请在先的，其申请人可以获得商标专用权，在后的注册申请予以驳回。申请先后的确定以申请日为准。

（2）优先权原则。优先权是《巴黎公约》赋予其成员国国民申请工业产权时在申请日期上的优先利益。依据我国《商标法》的有关规定，商标注册申请人自其商标在外国第一次提出商标注册申请之日起 6 个月内，又在中国就相同商品以同一商标提出商标注册申请的，将优先于他人在该申请日后提出的申请，取得申请在先的地位。

商标在中国政府主办的或者承认的国际展览会展出的商品上首次使用的，自该商品展出之日起 6 个月内，该商标的注册申请人可以享有优先权。

2. 商标注册申请的方法。

（1）按规定的商品分类表填报使用商标的商品类别和商品名称。我国于 1994 年加入《商标注册用商品和服务国际分类尼斯协定》，该协定将商品和服务分为 42 类，其中有 34 类商品和 8 类服务项目。

（2）在不同类别的商品上申请注册同一商标的，应当按商品分类表提出注册申请。

（3）注册商标需要在同一类的其他商品上使用的，应当另行提出注册申请。

（4）注册商标需要改变其标志的，应当重新提出注册申请。

（5）注册商标需要变更注册人的名义、地址或者其他注册事项的，应当提出变更申请。

（二）商标注册的审查核准

商标审查是商标主管机关对商标注册申请是否符合《商标法》的规定所进行的一系列活动，是决定是否授予商标权的关键。

1. 形式审查。形式审查是对商标注册申请的文件、手续是否符合法律规定的审查，主要就申请书的填写是否属实、准确、清晰和有关手续是否完备进行审查，通过形式审查决定商标注册申请能否受理。

2. 实质审查。实质审查是对商标是否具备注册条件的审查，申请注册的商标能否初步审定并予以公告取决于是否通过了实质审查。审查内容主要包括：商标是否违背《商标法》的禁用条款；商标是否具备法定的构成要素，是否具备显著性；商标是否与已注册在相同或类似商品与服务上的商标相同或近似。

3. 公告核准。申请注册的商标，凡符合《商标法》有关规定的，由商标局初步审定，予以公告。对初步审定的商标，自公告之日起 3 个月内，任何人均可以提出异议。公告期满无异议或异议不成立的，予以核准注册，发给商标注册证，并予以公告。

4. 复审或裁定。对驳回申请、不予公告的商标，申请人不服的，可以自收到商标局通知之日起 15 日内向商标评审委员会申请复审，由商标评审委员会做出决定。当事人对商标评审委员会的决定不服的，可以自收到通知之日起 30 日内向人民法院起诉。

对初步审定、予以公告的商标提出异议的，商标局经调查核实后，做出裁定。当事人不服的，可以自收到通知之日起 15 日内向商标评审委员会申请复审，由商标评审委员会做出裁定。当事人对商标评审委员会的裁定不服的，可以自收到通知之日起 30 日内向人民法院起诉。

四、注册商标的续展、转让和使用许可

（一）注册商标的续展

注册商标的续展是指通过法定程序延续注册商标的有效期限。注册商标的有效期为 10 年，自核准注册之日起计算。有效期届满，商标注册人的权利即告终止，但是通过续展可使商标权继续维持，续展注册可以无限次地进行。

续展注册应当在注册商标有效期届满前 6 个月内办理，这 6 个月为续展期。如果在 6 个月内未能提出续展注册申请的，可再给予 6 个月的宽展期，在此期限内仍可以申请续展注册。宽展期届满仍未申请续展的，商标局即注销该注册商标。

（二）注册商标的转让

注册商标的转让是指商标权人依法将其所有的注册商标转让给他人所有，通过转让，转让人失去商标权，而受让人获得商标权，成为商标权所有人。

转让注册商标的，转让人和受让人应当签订转让协议，并共同向商标局提出转让申请。商标局经过审查，认为符合转让条件的，核准转让注册商标申请，发给受让人相应证明并予以公告。商标注册人对其在同一种或类似商品上注册的相同或近似的商标，应当一并转让。

（三）注册商标的使用许可

注册商标的使用许可是指商标注册人通过签订使用许可合同，许可他人使用其商标，并收取一定许可使用费的行为。

根据被许可人使用权的效力范围，注册商标使用许可可以分为如下类型：

1. 普通许可。许可人允许被许可人在约定的期限、地域内，以约定的方式使用某一注册商标，同时，许可人保留自己在该地区内使用该注册商标和再授予第三方使用该注册商标的权利。

2. 排他许可。许可人允许被许可人在约定的期限、地域内，以约定的方式使用某一注册商标，许可人自己可以使用该商标，但不得另行许可他人使用该注册商标。

3. 独占许可。许可人允许被许可人在约定的期限、地域内，以约定的方式使用某一注册商标，许可人自己不得使用并不得将同一注册商标再许可他人使用。

根据《商标法》的相关规定，许可他人使用其注册商标的，应当监督被许可人使用其注册商标的商品的质量。经许可使用他人注册商标的，必须在使用该注册商标的商品上表明被许可人的名称和商品产地。商标许可使用合同应当报商标局备案。

五、注册商标争议的裁定

注册商标的争议裁定是指商标评审委员会对已经注册的商标发生的争议进行裁定的活动。

根据《商标法》的规定，已经注册的商标，违反《商标法》关于不得作为商标使用的标志的规定、不得作为商标注册的标志的规定、不得以三维标志申请注册商标情形的规定的，或者是以欺骗手段或其他不正当手段取得注册的，由商标局撤销该注册商标；其他单位或者个人可以请求商标评审委员会裁定撤销该注册商标。

已经注册的商标，违反《商标法》有关不予注册并禁止使用的规定的、损害他人合法在先权利的、以不正当手段抢先注册他人已经使用并有一定影响的商标的，自商标注册之日起 5 年内，商标所有人或者利害关系人可以请求商标评审委员会裁定撤销该注册商标。对恶意注册的，驰名商标所有人不受 5 年的时间限制。

对已经注册的商标有争议的，可以自该商标经核准注册之日起 5 年内，向商标评审委员会申请裁定。商标评审委员会收到裁定申请后，应当通知有关当事人，并限期提出答辩。商标评审委员会做出维持或者撤销注册商标的裁定后，应当书面通知有关当事人。当事人对商标评审委员会的裁定不服的，可以自收到通知之日起 30 日内向人民法院起诉。人民法院应当通知商标裁定程序的对方当事人作为第三人参加诉讼。

六、商标使用的管理

商标使用的管理是指商标局对商标的使用进行监督管理，并对商标侵权行为进行制裁的活动。

（一）对使用注册商标的管理

使用注册商标，有下列行为之一的，由商标局责令限期改正或者撤销其注册商标：①自行改变注册商标的；②自行改变注册商标的注册人名义、地址或者其他注册事项的；③自行转让注册商标的；④连续 3 年停止使用的。

（二）监督使用注册商标的商品的质量

使用注册商标的商品粗制滥造，以次充好，欺骗消费者的，由各级工商行政管理部门分别不同情况，责令限期改正，并可以予以通报或者处以罚款，或者由商标局撤销其注册商标。

（三）对被撤销或注销的商标的管理

注册商标被撤销的或者期满不再续展的，自撤销或者注销之日起 1 年内，商标局对与该商标相同或者近似的商标注册申请，不予核准。

七、注册商标专用权的保护

（一）注册商标专用权的保护范围

《商标法》第 51 条规定："注册商标的专用权，以核准注册的商标和核定使用的商品为限。"据此，注册商标专用权的保护范围主要限定在两个方面：

1. 以核准注册的商标为限。注册商标所有人实际使用的商标必须与核准注册的商标相一致，否则不能获得《商标法》的保护，还有可能承担违法使用注册商标的法律后果。

2. 以核定使用的商品为限。在核定使用的商品或服务上使用注册商标是法律保护的基本条件，他人未经许可不得在相同或类似商品或服务上使用相同或近似的商标。

（二）侵犯注册商标专用权的行为及其法律责任

1. 侵犯注册商标专用权的行为。根据《商标法》的规定，下列行为均属侵犯注册商标专用权：

（1）未经商标注册人的许可，在同一种商品或者类似商品上使用与其注册商标相同或者近似的商标的。

（2）销售侵犯注册商标专用权的商品的。

（3）伪造、擅自制造他人注册商标标识或者销售伪造、擅自制造的注册商标标识的。

（4）未经商标注册人同意，更换其注册商标并将该更换商标的商品又投入市场的。

（5）给他人的注册商标专用权造成其他损害的。

2. 侵犯注册商标专用权的法律责任。

（1）民事责任。主要包括停止侵权行为和赔偿损失等。侵犯商标专用权的赔偿数额，为侵权人在侵权期间因侵权所获得的利益，或者被侵权人在被侵权期间因被侵权所受到的损失，包括被侵权人为制止侵权行为所支付的合理开支。侵权人因侵权所得利益，或者被侵权人因被侵权所受损失难以确定的，由人民法院根据侵权行为的情节判决给予 50 万元以下的赔偿。

（2）行政责任。行政责任主要包括：责令立即停止侵权行为；没收、销毁侵权商品和专门用于制造侵权商品、伪造注册商标标识的工具；根据违法情节对行为人处以非法经营额 20% 以下或者非法获利 2 倍以下的罚款。

（3）刑事责任。侵犯商标权构成犯罪是商标侵权中性质最为严重的行为，主要有：假冒注册商标罪；销售假冒注册商标的商品罪；非法制造、销售非法制造的注册商标标识罪等。

（三）侵犯注册商标专用权案件的处理

对侵犯注册商标专用权的案件，当事人可以协商解决，不愿协商或者协商不成的，商标注册人或者利害关系人可以请求工商行政管理部门处理，也可以向人民法院起诉。侵犯注册商标专用权的诉讼时效为2年，自商标注册人或利害关系人知道或应当知道侵权行为之日起计算。

八、驰名商标

（一）驰名商标的概念

驰名商标是指在市场上享有较高声誉并为相关公众所熟知的且具有较强市场竞争力的商标。保护驰名商标，有利于保护驰名商标所有人的合法权益，有利于保护消费者的利益，有利于维护社会经济秩序。

（二）驰名商标的认定

驰名商标由商标局、商标评审委员会、人民法院认定，其他任何组织和个人不得认定或者采取其他变相方式认定。认定驰名商标，应当考虑以下因素：①相关公众对该商标的知晓程度；②该商标使用的持续时间；③该商标的任何宣传工作的持续时间、程度和地理范围；④该商标作为驰名商标受保护的记录；⑤该商标驰名的其他因素。

（三）驰名商标的保护

1. 驰名商标的保护范围。驰名商标保护的特征在于特殊保护。"特殊"体现在以下方面：如果是已注册的驰名商标，商品或服务的范围可扩大到不相同、不相类似的商品或服务上，即跨类保护。而相比之下，普通商标的保护范围以核准注册的商标和核定使用的商品或服务为限；如果是未注册的驰名商标，特殊保护体现为给予与注册商标同样的保护。

2. 驰名商标的保护方式。将他人未在中国注册的驰名商标使用在相同或者类似商品上，容易导致混淆的，禁止使用；将他人已经在中国注册的驰名商标在不相同或者不相类似商品上使用，误导公众，致使该驰名商标注册人的利益可能受到损害的，禁止使用。

商标所有人认为他人将其驰名商标作为企业名称登记，可能欺骗公众或者对公众造成误解的，可以向企业名称登记管理机关申请撤销该企业名称登记。

商标所有人认为他人将与其驰名商标相同或者近似的文字注册为域名，并且通过该域名进行相关商品交易的电子商务，容易使相关公众产生误认的，可以向域名注册机构申请撤销该域名注册。

引例解析

王某的理由不能成立，其行为构成了侵权。理由如下：

（1）张某的照片作为摄影作品受到著作权法的保护。

（2）王某在自己出版的作品中使用了张某的摄影作品而未征得张某的同意，未向他支付报酬，也未给他署名，故侵犯其著作权。

（3）王某见出版社配发的照片有利于自己的作品，却未审查照片来源，放任侵权事实的发生，故其主观上有过错，应承担侵权责任。

思考题

1. 某大学中文系英籍留学生马克用汉语创作了一篇小说，发表在《文学新星》杂志上，发表时未作任何声明。以下哪些行为是侵犯马克著作权的行为？（2002年司考题卷三第42题）

A. 甲未经马克同意将该小说翻译成英文在中国发表

B. 乙未经马克同意也未向其支付报酬将该小说翻译成藏语在中国出版发行

C. 丙未经马克同意也未向其支付报酬将该小说改变成盲文出版

D. 丁未经马克同意也未向其支付报酬将该小说收录进某网站供人点击阅读

2. 甲公司的一个注册商标系乙画家创作的绘画作品。甲公司申请该商标注册时未经乙的许可。现乙认为其著作权受到侵害，与甲进行交涉。乙对于此事可采取的正确做法有哪些？（2008年司考题卷三第43题）

A. 向甲公司所在地基层人民法院提起著作权侵权之诉

B. 请求商标评审委员会裁定撤销甲的注册商标

C. 如对法院判决不服可以上诉但对商标评审委员会的裁定只能服从

D. 采取许可方式使甲继续使用该注册商标，但甲应赔偿损失和支付报酬

3. 甲厂1996年研制出一种N型高压开关，于1997年1月向中国专利局提出专利申请，1998年5月获得实用新型专利权。乙厂也于1996年7月自行研制出这种N型高压开关。乙厂在1996年底前已生产了80台N型高压开关，1997年3月开始在市场销售。1997年乙厂又生产了70台N型高压开关。1998年初，甲厂发现乙厂销售行为后，遂与乙厂交涉，但乙厂认为自己的行为不构成侵权。

乙厂是否侵犯了甲厂的专利权？为什么？

4. 甲厂去年以来生产土豆片、锅巴等小食品，使用"香脆"二字作为注册商标。现甲厂决定提出"香脆"商标注册申请，使用商品仍为土豆片、锅巴。

该商标注册申请能否被核准？为什么？

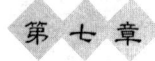

合同法

◆ 引例

甲公司与乙公司于 2006 年 5 月 20 日签订了设备买卖合同，双方约定：①由乙公司于 10 月 30 日前分两批向甲公司提供 10 套设备，价款总计 150 万元；②甲公司向乙公司给付定金 25 万元；③如一方迟延履行，应向另一方支付违约金 20 万元；④由丙公司作为乙公司的保证人，在乙公司不能履行债务时，丙公司承担一般保证责任。合同生效后，甲公司因故未向乙公司给付定金。7 月 1 日，乙公司向甲公司交付了 3 套设备，甲公司支付了 45 万元货款。9 月份，该种设备价格大幅上涨，乙公司向甲公司提出变更合同，要求将剩余 7 套设备的价格提高到每套 20 万元，甲公司不同意，随后乙公司通知甲公司解除合同。到 11 月 16 日，甲公司仍未收到剩余的 7 套设备，从而严重影响了正常生产，造成了 50 万元的经济损失。于是甲公司诉至法院，要求乙公司增加违约金数额并继续履行合同，同时要求丙公司承担一般保证责任。

☞ 要点

合同的订立程序；合同的效力；合同的履行；合同的种类；违约责任

第一节 合同法概述

一、合同的概念

在商品经济条件下，人们的财产或劳务要实现其价值，必须要通过交易，而合同就是保障交易实现的法律形式。合同的概念有广义和狭义之分：广义的合同是指任何确定权利与义务关系的协议，它的种类除了民事法律中的合同外，还包括行政法中的行政合同、劳动法中的劳动合同等协议；狭义的合同是指当事人之间设立、变更、终止民事权利义务关系的协议。《中华人民共和国合同法》采用的是狭义的合同概念。该法第 2 条规定，合同是平等主体的自然人、法人、其他组织之间设立、变更、终止民事权利义务关系的协议。婚姻、收养、监护等有关身份关系的协议，适用其他法律的规定。

合同具有以下法律特征：①合同的主体是具有平等法律地位的自然人、法人或其他组织；②合同以设立、变更、终止民事权利义务关系为目的；③合同的成立需各方当事人意思表示达成一致。

二、合同的分类

合同的分类是按照合同的性质和特点，从不同的角度划分出合同的类型。合同分类有助于我们从整体上加深对合同的认识，对合理确定合同体系，正确适用合同规则，指导当事人订立和履行合同，具有重要意义。

根据不同的划分标准，合同主要分为以下几类：①以双方当事人是否互负给付义务为标准，分为双务合同和单务合同；②以当事人取得权利是否支付代价为标准，分为有偿合同与无偿合同；③以法律是否为合同规定了名称为标准，分为有名合同和无名合同；④以合同成立是否交付标的物为标准，分为诺成性合同与实践性合同；⑤以合同成立是否需要具备一定形式为标准，分为要式合同和不要式合同；⑥以合同相互之间是否具有依存关系为标准，分为主合同和从合同。

根据不同的业务性质和内容，合同法还将合同分为买卖合同，供用电、水、气、热力合同，赠与合同，借款合同，租赁合同，融资租赁合同，承揽合同，建设工程合同，运输合同，技术合同，保管合同，仓储合同，委托合同，行纪合同和居间合同共 15 类（即有名合同）。另外，合同法分则或其他法律没有明文规定的合同（即无名合同），适用合同法总则的规定，并可以参照合同法分则或其他法律最相类似的规定。

三、合同法的概念

合同法是调整平等主体之间商品交换关系的法律规范的总称，是我国社会主义市场经济法律体系的重要组成部分。从本质上讲，合同法属于调整财产流转关系的法律规范，是以债权债务关系即当事人之间的权利义务关系为直接调整对象的，它反映的是平等主体间在转让产品或货币，完成工作或提供劳务的活动中产生的债务清偿或履行，体现的是财产从一个民事主体到达另一个民事主体的合法移转过程。

从 1978 年开始，我国合同立法进入发展阶段，先后颁布了《经济合同法》、《涉外经济合同法》、《技术合同法》等一大批法律、法规。由于这些规范中相当一部分是在旧的经济体制下制订的，体系和内容存在很多缺陷，给合同法的具体适用带来极大难度。1999 年 3 月 15 日，第九届全国人民代表大会第二次会议通过了《中华人民共和国合同法》，该《合同法》分为总则、分则和附则三部分，共 428 条，自 1999 年 10 月 1 日起生效。该法的颁布实施，既统一了我国的合同法律制度，又实现了合同立法的现代化。

四、合同法的基本原则

合同法的基本原则是合同法的主旨和根本准则，它是制定、解释、执行和研究合同法的出发点，具有高度抽象、高度概括的特点。我国《合同法》规定了平等、自愿、公平、诚信、合法等几项基本原则，其功能在于，它与具体的合同法规范结合起来发挥法律调整作用，具有补充性质；当合同约定不明或有漏洞时，可以依据基本原则予以适当纠正，甚至可以作为处理合同纠纷的依据。

（一）平等原则

平等是指当事人法律地位平等，任何人不得将自己的意志强加给他人。平等原则具体表现为：①当事人只能通过平等协商的方式设立、变更、终止民事法律关系；②当事人在订立合同和履行合同过程中都受法律约束，不允许有例外；③当事人之间不存在管理与被管理、服从与被服从的关系，一方不得将自己凌驾于另一方之上；④在适用合同规则上，对所有当事人一视同仁，不能因人而异。

（二）自愿原则

自愿原则是指合同当事人通过协商，自愿决定和调整相互的权利义务关系，任何单位和个人不得非法干涉。自愿原则本质上是合同自由的另一种表述，包括：①订立合同的自由；②选择相对人的自由；③决定合同内容的自由；④变更和解除合同的自由；⑤选择合同形式的自由；⑥创设合同类型的自由。

（三）公平原则

公平原则包含了等价有偿的意思，基本含义是：①当事人订立合同时应按照公平、正义的观念确定各方的权利和义务；②当事人取得他人财产利益应向对方给付相应的对价；③当事人实现自己的利益时，不得损害他人的合法权益；④当事人履行或者变更、解除合同，应体现公平精神，不得滥用权利。

（四）诚信原则

诚信原则被看作是民法领域的"帝王"规则，基本内容是：①当事人应以善意的方式行使权利和履行义务；②不得有欺诈或其他违背诚实信用的行为；③不得滥用权利、规避法律或合同规定的义务；④合理平衡当事人之间、当事人与社会之间的各种利益冲突。

（五）合法原则

合法原则是对自愿原则的限制和补充，基本要求是：①当事人订立、履行合同，应当遵守法律、行政法规；②特殊情况下应根据指令性计划和国家订货任务订立合同；③当事人必须尊重社会公德，不得扰乱社会经济秩序，损害社会公共利益。

第二节 合同的订立

一、合同订立的概念与形式

（一）合同订立的概念

合同订立是指两个或两个以上的当事人，依法就合同的主要条款经过协商一致达成协议的法律行为。

订立合同的当事人可以是自然人，也可以是法人或者其他组织，但都应具有相应的民事权利能力和民事行为能力。根据《合同法》规定，当事人也可以依法委托代理人订立合同。

（二）合同订立的形式

根据《合同法》的规定，当事人订立合同，有书面形式、口头形式和其他形式。法律、行政法规规定采用书面形式的，应当采用书面形式。当事人约定采用书面形式的，应当采用书面形式。由此可见，合同形式有以下几种：①书面形式，是以文字方式表现合同的内容，包括电报、电传、传真、电子数据交换和电子邮件等；②口头形式，是以谈话的方式订立合同，如当面交谈、电话联系等，口头形式简便、易行，通常适用于即时清结的合同；③其他形式，一般指推定形式，是当事人不直接用书面方式或口头方式进行意思表示，而是通过其行为推定合同成立。

【案例】会计小王租了 1 间平房，租期为 1 年。1 年期满后，小王继续居住并支付租金，房东也没有表示异议。请分析小王和房东之间是否仍存在合同关系。

【解析】小王和房东的租房合同虽已到期，但小王仍继续居住并支付租金，房东也没有表示异议，故可以推定双方都默认了租房合同的继续存在。

二、合同的内容

（一）合同的一般条款

合同的内容即合同的条款，是当事人权利义务的具体规定。根据合同自由原则，合同的条款由当事人约定，但《合同法》为了给当事人起示范作用，使合同条款更完备，规定了下列提示性条款供当事人选择：① 当事人的名称、姓名和住所；② 标的；③数量；④质量；⑤价款或者报酬；⑥履行期限、地点和方式；⑦违约责任；⑧解决争议的方法。

（二）格式条款

格式条款是当事人为了重复使用而预先拟定，并在订立合同时未与对方协商的条款。当事人采用格式条款订立合同的，提供格式条款的一方应遵循公平的原则，确定当事人之间的权利义务，采用合理的方式提醒对方注意免除或限制其责任的条款，并予以说明。对格式条款的理解发生争议的，应当按照通常理解予以解释，如有两种以上解释的，应当遵循不利于条款提供人的原则进行解释。格式条款和非格式条款不一致的，应按照非格式条款优于格式条款的原则进行解释。

格式条款有下列情形之一的，不发生法律效力：①一方以欺诈、胁迫的手段订立合同，损害国家利益；②恶意串通，损害国家、集体或者第三人利益；③以合法形式掩盖非法目的；④损害社会公共利益；⑤违反法律、行政法规的强制性规定。

格式条款中约定下列免责事由的，该条款无效：①造成对方人身伤害的；②因故意或者重大过失造成对方财产损失的；③提供格式条款的一方免除自己的责任、加重对方的责任，排除对方当事人主要权利的。

三、合同订立的程序

（一）要约

1. 要约的构成要件。要约是希望和他人订立合同的意思表示。要约应当符合下列条件：①要约是特定人作出的意思表示；②要约必须向相对人发出；③要约的内容具体确定，必须包含足以使合同成立的必要条款；④要约必须具有订立合同的意图，表明一经受要约人承诺，要约人即受该意思表示的约束。

2. 要约邀请。要约邀请又称要约引诱，是希望他人向自己发出要约的意思表示。要约邀请不同于要约，要约邀请处于当事人订立合同的准备阶段，不具有法律约束力。《合同法》规定，寄送的价目表、拍卖公告、招标公告、招股说明书、商业广告等为要约邀请。商业广告的内容符合要约规定的，视为要约。

3. 要约的生效与失效。要约到达受要约人时生效，采用数据电文形式发出要约的，数据电文进入收件人指定的特定系统的时间视为到达时间；未指定特定系统的，数据电文进入到收件人任何系统的首次时间视为要约到达的时间。有下列情形之一的，要约失效：①拒绝要约的通知到达要约人；②要约人依法撤销要约；③承诺期限届满，受要约人未作出承诺；④受要约人对要约的内容作出实质性变更。

4. 要约的撤回与撤销。要约的撤回是指要约发出后、生效前，要约人使要约不发生法律效力的意思表示。由于要约到达受要约人时即生效，因此撤回要约的通知应当在要约到达受要约人之前或者与要约同时到达受要约人。

要约的撤销是指要约人在要约生效以后，将该项要约取消，使要约的法律效力归于消灭的意思表示。撤销要约的通知应当在受要约人发出承诺通知之前到达受要约人，但下列情形下，要约不得撤销：①要约人确定了承诺期限或者以其他形式明示要约不可撤销；②受要约人有理由认为要约是不可撤销的，并已经为履行合同作了准备工作。

【案例】甲公司向乙公司发出要约，称对方如同意该要约条件，请在10日内予以答复，否则将另找别家公司签约。第三日正当乙公司准备回函同意要约时，甲公司又发一函，称前述要约作废，已与别家公司签订合同。乙公司认为10日尚未届满，要约仍然有效，自己同意要约条件，要求对方遵守要约。双方发生争议。

【解析】根据《合同法》的规定，要约到达受要约人时生效，故甲公司向乙公司发出的要约已生效。在要约生效前，要约可以撤回，甲公司的要约已生效，因此不能撤回。虽然要约生效后，承诺人做出承诺前，要约可以撤销，但法律规定，要约人确定了承诺期限即意味着要约人明示要约不可撤销，所以甲公司不能撤销要约。

（二）承诺

1. 承诺的构成要件。承诺是受要约人同意要约的意思表示。承诺应当符合下列条件：①承诺由受要约人向要约人作出；②承诺应当以通知的方式作出，但根据交易习惯或者要约表明可以通过行为作出承诺的除外；③承诺应当在要约确定的期限内到达要约人；④承诺的内容应当与要约的内容一致。

2. 承诺的生效与撤回。承诺通知到达要约人时生效，承诺生效时合同成立。合同当事人约定采用书面形式订立合同，当事人未采用书面形式但一方已经履行主要义务并且对方接受的，该合同成立。合同当事人采用合同书形式订立合同，在签字或盖章之前，当事人一方已经履行主要义务并且对方接受的，该合同成立。

采用数据电文形式订立合同的，收件人（要约人）指定特定系统的，数据电文进入该特定系统的时间视为到达时间；未指定特定系统的，数据电文进入到收件人任何系统的首次时间视为到达时间。承诺不需要通知的，根据交易习惯或者要约的要求作出承诺的行为时生效。当事人以实际履行作为要约，相对人以受领行为作为承诺，受领时为承诺生效的时间。

受要约人在承诺期限内发出承诺，按照通常情形能够及时到达要约人，但因其他原因承诺到达要约人时超过承诺期限的，除要约人及时通知受要约人因承诺超过期限不接受该承诺的以外，该承诺有效。另外，承诺可以撤回，但撤回承诺的通知应当在承诺通知到达要约人之前或者与承诺通知同时到达要约人。

四、缔约过失责任

（一）缔约过失责任的概念和特征

缔约过失责任是指当事人在订立合同过程中，因违背诚实信用原则给对方造成损失时所应承担的法律责任。缔约过失责任有以下特征：①缔约过失责任是一种合同成立前的责任；②一方当事人违反了以诚实信用为基础的先合同义务；③违反先合同义务的行为造成了对方的损失；④违反先合同义务的一方当事人有过错。

（二）缔约过失责任的类型

我国《合同法》规定，当事人在订立合同过程中有下列情形之一，给对方造成损失的，应当承担损害赔偿责任：①假借订立合同、恶意进行磋商；②故意隐瞒与订立合同有关的重要事实或者提供虚假情况；③泄露或不正当地使用在订立合同的过程中所知悉的商业秘密；④有其他违背诚实信用原则的行为。

承担缔约过失责任的方式是赔偿损失，赔偿范围限于因信赖合同成立所遭受的损失，包括直接损失（缔约费用、准备履行支出费用）和间接损失（丧失与第三人另行订立合同产生的损失），其目的是恢复到合同订立前的财产状况。

第三节　合同的效力

一、合同的生效

（一）合同的生效要件

合同的生效是指已经成立的合同在当事人之间产生了一定的法律约束力，也就是通常所说的介入了国家意志的法律效力。合同成立后，能否发生法律效力，能否产生当事人所预期的法律效果，非合同当事人意志所能完全决定，只有符合生效条件的合同，才能受到法律的保护。根据《合同法》的有关规定，合同的生效应具备以下要件：①行为人具有相应的民事行为能力；②意思表示真实；③不违反法律或者社会公共利益；④具备法律所要求的形式。对符合生效要件的合同，赋予当事人的合意以法律效果；对不符合生效要件的合同，则区分情况，分别按无效、可变更、可撤销或效力待定处理。

（二）合同生效的时间

依法成立的合同，自成立时生效。法律、行政法规规定应当办理批准、登记等手续生效的，办理了批准、登记手续后生效。

当事人对合同的效力可以约定附条件。附生效条件的合同，自条件成就时生效；附解除条件的合同，自条件成就时失效。当事人为自己的利益不正当地阻止条件成就的，视为条件已成就；不正当地促成条件成就的，视为条件不成就。

当事人对合同的效力可以约定附期限。附生效期限的合同，自期限届至时生效；附终止期限的合同，自期限届满时失效。

二、效力待定的合同

效力待定的合同是指合同成立之后，是否已经发生效力尚不能确定，有待于

其他行为或事实使之确定的合同。效力待定的合同有以下类型:

（一）限制民事行为能力人订立的合同

限制民事行为能力人订立的合同，经法定代理人追认后，该合同有效。但如果是纯获利益的合同或者是与其年龄、智力、精神健康状况相适应而订立的合同，不必经过法定代理人追认，合同当然有效。相对人也可以催告法定代理人在1个月内予以追认。法定代理人未作表示的，视为拒绝追认。合同被追认之前，善意相对人有撤销的权利。撤销应当以通知的方式作出。

（二）无权代理人以他人名义订立的合同

行为人没有代理权、超越代理权或者代理权终止后以被代理人名义订立的合同，未经被代理人追认，对被代理人不发生效力，由行为人承担责任。相对人可以催告被代理人在1个月内予以追认。被代理人未作表示的，视为拒绝追认。合同被追认之前，善意相对人有撤销的权利。撤销应当以通知的方式作出。

行为人没有代理权、超越代理权或者代理权终止后以被代理人名义订立的合同，相对人有理由相信行为人有代理权的，该代理行为有效。法人或者其他组织的法定代表人、负责人超越权限订立的合同，除相对人知道或者应当知道其超越权限的以外，该代表行为有效。

（三）无处分权人处分他人财产的合同

处分权是财产所有权的四大权能之一，应该由财产所有人和享有处分权的人来行使。如果无处分权的人处分了他人财产则构成侵权，由此签订的合同一般应认定无效。无处分权的人处分他人财产，经权利人追认或者无处分权的人订立合同后取得处分权的，该合同有效。

三、可撤销的合同

（一）可撤销合同的种类

可撤销合同，是指当事人在订立合同时，因意思表示不真实，法律允许撤销权人通过行使撤销权而使已经生效的合同归于无效的合同。

根据《合同法》的规定，导致合同被撤销的原因包括以下类型:

1. 因重大误解订立的合同。重大误解是指行为人因为对行为的性质、对方当事人、标的物的品种、质量、规格和数量等的错误认识，使行为的后果与自己的意思相悖，并造成了较大损失的情形。

2. 显失公平的合同。显失公平是指一方当事人利用优势或者利用对方没有经验，致使双方的权利与义务明显违反公平、等价有偿原则的情形。

3. 一方以欺诈、胁迫的手段或者乘人之危，使对方在违背真实意思的情况下订立的合同。乘人之危是指一方当事人乘对方处于危难之机，为牟取不正当利益，迫使对方作出不真实的意思表示，严重损害对方利益的情形。

（二）撤销权的归属及消灭

因重大误解或者显失公平订立的合同，任何一方当事人均有权变更或者撤销合同；对于一方以欺诈、胁迫的手段或者乘人之危，使对方在违背真实意思的情况下订立的合同，则只有受害方有权请求人民法院或者仲裁机构变更或者撤销该合同。当事人请求变更的，人民法院或仲裁机构不得撤销。合同被撤销的，不影响合同中独立存在的争议解决方法条款的效力。

撤销权不能永久存续，有下列情形之一的，撤销权消灭：①具有撤销权的当事人自知道或者应当知道撤销事由之日起 1 年内没有行使撤销权；②具有撤销权的当事人知道撤销事由后明确表示或者以自己的行为放弃撤销权。

四、无效合同

（一）无效合同的种类

无效合同是指合同虽然已经成立，但其在内容上违反了法律、行政法规的强制性规定或社会公共利益而不产生法律效力的合同。

根据《合同法》的规定，有下列情形之一的，合同无效：

1. 一方以欺诈、胁迫的手段订立合同，损害国家利益的。欺诈，就是故意隐瞒真实情况或故意告知对方虚假的情况，诱使对方作出错误的意思表示而与之订立合同；胁迫是指行为人以将要发生的损害或者以直接实施损害相威胁，使对方当事人产生恐惧而与之订立合同。

2. 恶意串通，损害国家、集体或者第三人利益的。恶意串通的合同，就是合同的双方当事人非法勾结，为牟取私利而共同订立的损害国家、集体或者第三人利益的合同。

3. 以合法形式掩盖非法目的的。指当事人以表面合法的行为来掩盖其非法目的，或者行为在形式上是合法的，而其根本目的却是非法的。如以赠与合同的形式掩盖行贿之实。

4. 损害社会公共利益的。社会公共利益是全体社会成员的最高利益，违反社会公共利益的合同无效，是各国立法普遍承认的原则。凡订立的合同危害国家公共安全和秩序，损害公共道德，危害公共健康和环境以及其他损害公共利益的行为，无论当事人是否主张无效，法院或仲裁机构均有权主动宣告合同无效。

5. 违反法律、行政法规的强制性规定。法律、行政法规依其性质分为强制性规范和任意性规范。任意性规范不强制当事人执行，只是为人们提供一种可供选择的行为模式；强制性规范则当事人必须遵守，不得通过协商加以改变。违反强制性规范将导致合同无效。

此外，当事人超越经营范围订立的合同，人民法院不因此认定合同无效，但违反国家限制经营、特许经营以及法律、行政法规禁止经营规定的除外。合同中的下列免责条款无效：①造成对方人身伤害的；②因故意或者重大过失造成对方财产损失的。

（二）无效合同和可撤销合同的法律后果

无效的合同或者被撤销的合同自始没有法律约束力。根据程度和范围，无效合同可以分为部分无效合同和全部无效合同两种。合同部分无效，不影响其他部分效力的，其他部分仍然有效。合同被撤销的，不影响合同中独立存在的争议解决方法条款的效力。

根据《合同法》的规定，合同无效或者被撤销后，因该合同取得的财产，应当予以返还；不能返还或者没有必要返还的，应当折价补偿。有过错的一方应当赔偿对方因此所受到的损失；双方都有过错的，应当各自承担相应的责任。当事人恶意串通订立的合同，损害国家、集体或者第三人利益的，因此取得的财产收归国家所有或者返还集体、第三人。

【案例】甲的儿子不慎失足落水，甲因不会游泳向不远处的乙呼救。乙乘机提出：可以帮忙救甲的儿子，但甲必须支付给乙5万元，并给乙的女儿安排工作。甲为了救儿子，不得不先答应了乙的条件。

【解析】甲、乙之间的约定，是乙利用甲的危难处境，迫使甲作出的不真实的意思表示，属于乘人之危的情况下订立的合同，甲可以请求撤销该合同。

第四节　合同的履行与担保

一、合同履行的规则

（一）合同履行的概念

合同履行是指合同生效后，双方当事人按照合同规定的内容，各自完成合同约定的义务，使合同目的得以实现的行为。在合同履行过程中，当事人应当按照约定全面履行自己的义务，并且遵循诚实信用原则，根据合同的性质、目的和交易习惯履行通知、协助、保密等义务。

（二）内容不明确的合同的履行规则

合同生效后，当事人就合同的主要内容约定不明确的，可以协议补充；不能达成补充协议的，按照合同有关条款和交易习惯确定；仍不能确定的，适用下列规定：①质量要求不明确的，按照国家标准、行业标准履行；没有国家标准、行业标准的，按照通常标准或者符合合同目的的特定标准履行。②价款或者报酬不明确的，按照订立合同时履行地的市场价格履行；依法应当执行政府定价或者政府指导价的，按照规定履行。③履行地点不明确，给付货币的，在接受货币一方所在地履行；交付不动产的，在不动产所在地履行；其他标的，在履行义务一方所在地履行。④履行期限不明确的，债务人可以随时履行，债权人也可以随时要求履行，但应当给对方必要的准备时间。⑤履行方式不明确的，按照有利于实现合同目的的方式履行。⑥履行费用的负担不明确的，由履行义务一方负担。

（三）价格变动的履行规则

执行政府定价或者政府指导价的，在合同约定的交付期限内政府价格调整时，按照交付时的价格计价。逾期交付标的物的，遇价格上涨时，按照原价格执行；价格下降时，按照新价格执行。逾期提取标的物或者逾期付款的，遇价格上涨时，按照新价格执行；价格下降时，按照原价格执行。

（四）涉及第三人的履行规则

当事人约定由债务人向第三人履行债务的，债务人未向第三人履行债务或者履行债务不符合规定，应当向债权人承担违约责任。当事人约定由第三人向债权人履行债务的，第三人不履行债务或者履行债务不符合约定，债务人应当向债权人承担违约责任。

二、双务合同履行中的抗辩权

（一）同时履行抗辩权

同时履行抗辩权是指在未约定先后履行顺序的双务合同中，当事人应当同时履行，一方在对方未为对待给付之前，有权拒绝其履行要求。同时履行抗辩权的发生，需要具备以下条件：①当事人须因同一双务合同而互负义务；②双方当事人互负的债务必须是存在且有效的；③双方互负的债务均已届清偿期；④对方未履行债务或者履行债务不符合约定；⑤对方的对待履行是可能的。

同时履行抗辩权的效力只是暂时阻止对方当事人请求权的行使，而不是永久地终止合同。当对方当事人完全履行了自己的义务，同时履行抗辩权即告消灭，主张抗辩权的当事人就应当履行自己的义务，否则，就应承担违约责任。

（二）先履行抗辩权

先履行抗辩权是指在双务合同中，有先后履行顺序的，先履行一方未履行或先履行一方履行债务不符合约定的，后履行一方有权拒绝其相应的履行要求。其行使应具备以下条件：①当事人基于同一双务合同，互负债务；②合同债务的履行存在着先后顺序；③先履行债务一方不履行债务或者履行债务不符合约定。

（三）不安抗辩权

不安抗辩权是指当事人互负债务，有先后履行顺序的，先履行的一方有确切证据证明另一方丧失履行能力时，在对方没有履行或没有提供担保之前，中止履行合同的权利。不安抗辩权的适用必须具有法定事由，应当先履行债务的当事人，有确切证据证明对方有下列情形之一的，可以中止履行：①对方经营状况严重恶化；②对方有转移财产、抽逃资金等逃避债务的情形；③对方丧失商业信誉；④对方有丧失或者可能丧失履行债务能力的其他情形。

当事人因行使不安抗辩权而中止履行时，应当及时通知对方，对方提供担保的，应当恢复履行；对方在合理期限内未恢复履行能力并且未提供适当担保的，中止履行的一方可以解除合同，并要求赔偿损失。行使不安抗辩权的一方如没有确切证据证明对方丧失履行基础而中止履行的，应当承担违约责任。

【案例】甲、乙双方签订了一份买卖合同，双方约定由甲向乙提供一批生产用原材料，总货款为 100 万元，甲最晚于 6 月底交货，货到付款。5 月份甲从报纸上得知：乙为逃避债务私自转移财产，被法院依法查封扣押了财产。于是甲通知乙，在乙付款或者提供担保前中止履行合同。

【解析】甲行使的是不安抗辩权。根据《合同法》规定，先履行义务的一方有确切证据证明另一方丧失履行债务能力时，在对方没有履行或者没有提供担保之前，有权中止合同的履行，即有权行使不安抗辩权。本案中甲得知乙丧失了履行能力，于是依法行使了不安抗辩权。

三、合同的保全

合同保全，是指法律为防止债务人的财产不当减少给债权人带来危害，允许债权人代债务人之位向第三人行使债务人的权利，或者请求法院撤销债务人与第三人的法律行为的法律制度。其中，前者为代位权制度，后者为撤销权制度。

（一）代位权

代位权是指债务人怠于行使其对第三人享有的权利而危及债权人的债权时，债权人为保全自己的债权，以自己的名义代位行使属于债务人的权利。

代位权的成立应具备以下条件：①存在着两个合法的债权，即债权人对债务人享有的债权，以及债务人对第三人（次债务人）享有的债权；②两个债权均已到期；③债务人怠于行使其对次债务人的债权，给债权人造成了损害；④被行使的债权非专属于债务人自身的债权。专属于债务人自身的债权有：基于扶养关系、抚养关系、赡养关系、继承关系产生的给付请求权和劳动报酬、退休金、养老金、抚恤金、安置费、人寿保险、人身伤害赔偿请求权等权利。

代位权行使的范围以债权人的债权为限，超过的部分，人民法院不予支持。经人民法院审理后认定代位权成立的，由次债务人向债权人履行清偿义务，债权人与债务人、债务人与次债务人之间相应的债权债务关系消灭。

【案例】在甲、乙签订的合同中，甲为债权人，乙为债务人，甲对乙的债权为 150 万元。乙又是丙的债权人，债权为 200 万元，乙因怠于行使其对丙的到期债权，致使甲到期债权得不到清偿。

【解析】甲可以向人民法院请求以自己的名义代位行使乙对丙的债权，

甲请示的数额应该以其所保全的债权为限，即只能请求丙向其清偿150万元。

（二）撤销权

撤销权是指债权人对于债务人实施减少财产的行为危及到债权人的债权实现时，有请求人民法院撤销其行为的权利。

债权人行使撤销权的情形有：①债务人放弃其到期债权；②债务人无偿转让财产；③债务人以明显不合理的低价转让财产，受让人知道该情形的。需要注意的是，对无偿转让行为，不论第三人是善意还是恶意取得，均可撤销；而对有偿转让行为则以第三人的恶意取得为必要，善意取得是不能撤销的。

债权人行使撤销权应以自己的名义，自知道或者应当知道撤销事由之日起1年内，向被告住所地人民法院提起诉讼。但是，自债务人的行为发生之日起5年内没有行使撤销权的，该撤销权消灭。撤销权的行使范围以债权人的债权为限，债权人行使撤销的必要费用由债务人负担。

【案例】甲于2003年7月1日买得一幅名画。8月1日，甲与乙签订合同将画卖给乙，并当场交付。因乙的存折9月1日到期，双方约定，5万元价款于9月1日支付。8月20日，甲得知乙将其全部财产赠与丙。试分析：

（1）甲能否撤销乙的全部赠与？

（2）甲向丙表示撤销乙的赠与是否具有法律效力？

（3）甲的撤销权应在什么时间内行使才有效？

【解析】

（1）甲不能撤销乙的全部赠与。因为撤销权行使的范围以债权人的债权为限，甲只能在5万元的范围内行使撤销权。

（2）甲向丙所为的撤销的表示不具有法律效力。因为撤销权必须通过诉讼方式行使，甲只能请求法院撤销乙和丙之间的赠与行为。

（3）甲的撤销权应在2004年8月20日之前行使。《合同法》规定，撤销权应当自债权人知道或者应当知道撤销事由之日起1年内行使。

四、合同的担保

合同担保是指依照法律规定或当事人约定为保障合同履行而采取的一种法律措施。按照《中华人民共和国担保法》（以下简称《担保法》）的规定，担保的方式有保证、抵押、质押、留置和定金五种方式。合同担保一般在订立合同的同时成立，既可以是主合同中的担保条款，也可以是单独订立的书面合同。担保合同是主合同的从合同，担保合同的效力取决于主合同的效力，主合同无效，担保合同无效。担保合同另有约定的，按照约定。

（一）保证

保证是指保证人和债权人约定，当债务人不履行其债务时，该保证人按照约定履行债务或者承担责任的担保方式。在我国，凡是具有代为清偿债务能力的法人、其他组织或者公民，都可以作保证人，但国家机关，学校、医院等以公益为目的的事业单位、社会团体，企业法人的分支机构、职能部门等不得作保证人，法律另有规定的除外。

保证合同应采用书面形式，包括以下内容：①被保证的主债权种类、数额；②债务人履行债务的期限；③保证期间；④保证担保的范围、保证方式；⑤双方认为需要约定的其他事项。保证方式分为一般保证和连带保证。一般保证是指当事人在保证合同中约定，债务人不能履行债务时，由保证人承担保证责任。一般保证的保证人对债权人享有先诉抗辩权，即在主合同纠纷未经审判或者仲裁，并就债务人财产依法强制执行仍不能履行债务前，对债权人可以拒绝承担保证责任。连带保证是指当事人在保证合同中约定保证人与债务人对债务承担连带责任。如果债务人在主合同规定的债务履行期限届满后没有履行债务，债权人可以要求债务人履行债务，也可以要求保证人在其保证范围内承担保证责任。

保证人已与债权人约定保证期间的，按约定执行。未约定保证期间的，保证期间为主债务履行期届满之日起6个月。在一般保证中，债权人未在合同约定的保证期间或前述的保证期间对债务人提起诉讼或者申请仲裁的，保证人免除保证责任。在连带保证中，债权人未在合同约定的保证期间或前述的保证期间要求保证人承担保证责任的，保证人免除保证责任。

（二）抵押

抵押是指债务人或者第三人不转移财产的占有，将该财产作为债权的担保。债务人不履行债务或者发生当事人约定的实现抵押权的情形，债权人有权依照法律规定以该财产折价或者以拍卖、变卖该财产的价款优先受偿。

当事人设立抵押权应当采取书面形式，抵押合同一般应包括：①被担保的主债权的种类、数额；②债务人履行债务的期限；③抵押财产的名称、数量、质量、状况、所在地、所有权归属或者使用权归属；④抵押担保的范围和当事人认为需要约定的其他事项。

根据《物权法》规定，债务人或者第三人有权处分的下列财产可以抵押：①建筑物和其他土地附着物；②建设用地使用权；③以招标、拍卖、公开协商等方式取得的荒地等土地承包经营权；④生产设备、原材料、半成品、产品；⑤正在建造的建筑物、船舶、航空器；⑥交通运输工具；⑦法律、行政法规未禁止抵押的其他财产。

抵押人将上述第1、2、3项所列的财产或者第5项中正在建造的建筑物抵押的，应当办理抵押登记，抵押权自登记时设立。以上述第4、6项所列的财产或者第5项规定的正在建造的船舶、航空器抵押的，抵押权自抵押合同生效时设立；未经登记，不得对抗善意第三人。企业、个体工商户、农业生产经营者书面协议将现有的以及将有的生产设备、原材料、半成品、产品进行抵押，应当向抵押人住所地的工商行政管理部门办理登记，抵押权自抵押合同生效时设立；未经登记的，不得对抗善意第三人。

抵押权人在债务履行期届满前，不得与抵押人约定债务人不履行到期债务时抵押财产归债权人所有。抵押期间，抵押人经抵押权人同意转让抵押财产的，应当将转让所得的价款向抵押权人提前清偿或提存。转让的价款超过债权数额的部分归抵押人所有，不足部分由债务人清偿。抵押期间，抵押人未经抵押权人同意不得转让抵押财产，但受让人代为清偿债务的除外。

（三）质押

质押包括动产质押和权利质押，质押担保应当签订书面合同，质押合同的内容与抵押合同的内容基本相同。动产质押是指债务人或者第三人将其动产移交债权人占有，将该动产作为债权的担保，债务人不履行债务或者发生当事人约定的实现质权的情形，债权人有权以该动产折价或者以拍卖、变卖该动产的价款优先受偿。动产质权自出质人交付质押财产时设立，质权人对质物应尽妥善保管的义务。

权利质押是指债务人或者第三人将其权利证书移交债权人占有，将该权利证书所代表的权利作为债权的担保，当债务人不履行债务时，债权人有权将该权利证书兑现成价款，并就该价款优先受偿。权利质权包括：①以汇票、支票、本票、债券、存款单、仓单、提单出质的，质权自权利凭证交付质权人时设立；没有权利凭证的，质权自有关部门办理出质登记时设立。②以基金份额、证券登记结算机构登记的股权出质的，质权自证券登记结算机构办理出质登记时设立；以其他股权出质的，质权自工商行政管理部门办理出质登记时设立。③以注册商标专用权、专利权、著作权等知识产权中的财产权出质的，出质人与质权人应当向有关主管部门办理出质登记，质权自登记之日起设立。④以应收账款出质的，质权自信贷征信机构办理出质登记时设立。

（四）留置

留置是指债权人按照合同约定占有债务人的动产，当债务人不履行债务时，债权人有权依照法律规定留置该财产，以该财产折价或者以拍卖、变卖该财产的价款优先受偿。留置属于法定担保，因保管合同、运输合同、加工承揽合同的债务人不履行债务时，债权人行使留置权后，应当与债务人约定留置财产后的债务履行期间，没有约定或者约定不明确的，留置权人应当给债务人2个月以上履行债务的期间，但鲜活易腐等不易保管的动产除外。债务人逾期仍不履行的，留置权人可以与债务人协议以留置财产折价，也可以依法拍卖、变卖留置财产，留置财产折价或者拍卖、变卖后的价款超过债权数额的部分归债务人所有，不足部分由债务人清偿。

（五）定金

定金是指当事人一方为了证明合同成立或保证合同履行，预先支付给对方的一定数额的货币。定金应当以书面形式约定，当事人在定金合同中应当约定交付定金的期限，定金合同从实际交付定金之日起生效。定金的数额由当事人约定，但不得超过主合同标的额的 20% 。定金应在合同订立后履行前给付，合同履行后定金应当收回或者抵作价款。给付定金的一方不履行约定债务的，无权要求返还定金；收受定金的一方不履行约定债务的，应当双倍返还定金。因不可抗力、意外事件致使主合同不能履行的，不适用定金罚则。

第五节　合同的变更、转让和终止

一、合同的变更

合同的变更是指在合同成立以后，尚未履行或尚未完全履行以前，双方当事人就合同的内容进行修改和补充。也就是说，合同变更是内容的变更，只是对原合同关系的内容作局部的修改和补充，如标的数量的增减、交货地点、时间、结算方式的变化，而不是内容的全部变更。在我国，合同的变更一般由当事人协商决定，法律规定应当办理批准、登记手续的，依照其规定。

合同变更应具备以下条件：①双方已经存在有效的合同关系；②必须经当事人协商一致；③必须有合同内容的变化；④必须遵循法定的程序和条件。

合同变更后产生相应的法律效力：①合同被变更的部分失去法律上的效力，已变更的部分在完成变更程序之后即产生新的债权债务；②合同变更不溯及既往，已经履行的债务不因合同的变更而失去法律依据；③合同的变更不影响当事人要求赔偿的权利，除依法或依约可以免责的以外，有过错的一方应当承担赔偿损失的责任。

二、合同的转让

合同的转让是指当事人一方将其合同的权利和义务全部或部分转让给第三人的行为。因此，合同转让是合同主体的变化，是由第三人替代当事人一方成为合同当事人或者第三人加入合同而成为当事人，不引起合同内容的变化。合同转让分为合同权利的转让、合同义务的转让及合同权利义务概括转让三种形态。

（一）合同权利的转让

合同权利转让是指合同债权人通过协议将其债权全部或部分地转让给第三人（受让人）的行为。合同权利转让以有效合同为前提，债权人与受让人之间必须达成合意，并履行相关法定程序。但是，下列债权不得转让：①根据合同性质不得转让；②按照当事人的约定不得转让；③按照法律规定不得转让。

债权人转让权利的，应当通知债务人。未经通知的，该转让对债务人不发生效力。债务人接到债权转让通知后，债权转让行为就生效。债权人转让权利的通知不得撤销，但经受让人同意的除外。

（二）合同义务的转让

合同义务转让是指经债权人同意，债务人将合同的义务全部或部分转让给第三人的行为。义务转让因为关系到债权人的利益，必须经债权人同意。合同义务转让有两种方式：①受让人与债权人签订合同来承担债务的，债务就由受让人履行，该转让不需要征得原债务人同意，但应当通知原债务人；②受让人与债务人签订合同来承担债务的，就必须得到债权人同意，才能产生法律上的效力。

（三）合同权利义务的概括转让

合同权利义务的概括转让是指合同当事人一方将其在合同中的权利义务一并转移给第三人，由第三人一并接受其转让的权利义务。合同权利义务的概括转让有两种方式：①协议性的概括转让，即当事人一方与第三人通过协议进行转让，此协议需要经过对方同意；②法定的概括转让，即当事人订立合同后发生合并的，由合并后的法人或其他组织行使权利和履行义务。当事人订立合同后分立的，除债权人和债务人另有约定的以外由分立后的法人或其他组织享有连带债权，承担连带债务。

三、合同的终止

（一）合同终止的原因

合同终止是指由于一定的法律事实发生，使合同设定的权利义务归于消灭的法律现象。我国《合同法》规定了合同终止的六种原因，而第七种"其他情形"是概括性规定。合同终止的原因主要有以下几种：

1. 清偿。清偿又可称为履行，是指债务人按照合同的约定向债权人履行义务，实现债权目的的行为。我国《合同法》没有使用清偿的概念，而是规定为"债务已经按照约定履行"。清偿为合同消灭的常态，是合同终止最正常、最主要的原因。债务人清偿不需要有清偿的意思表示，只需要有实际的清偿或给付行为即可。因此，债的清偿不以有民事行为能力人所为为限。

2. 合同解除。合同解除是指合同有效成立后，当具备解除条件时，因当事人一方或双方的意思表示而使合同关系自始消灭或向将来消灭的一种行为。合同解除有约定解除和法定解除之分。所谓约定解除，是指双方当事人协商一致解除原合同关系，其特点在于当约定条件成就时，即可解除合同。所谓法定解除，是指按照法律直接规定的条件解除合同，法定解除条件包括：①因不可抗力致使不能实现合同目的；②在履行期限届满之前，当事人一方明确表示或者以自己的行为表明不履行主要债务；③当事人一方迟延履行主要债务，经催告后在合理期限内仍未履行；④当事人一方迟延履行债务或者有其他违约行为致使不能实现合同目的；⑤法律规定的其他情形。

3. 抵销。抵销是指合同双方当事人互负债务时，一方通知对方以其债权充当债务的清偿或者双方协商以债权充当债务的清偿，使双方的债务在对等数额内消灭的行为。抵销分为法定抵销和合意抵销。法定抵销是当事人互负到期债务，该债务的标的物种类、品质相同的，任何一方可以将自己的债务与对方的债务抵销，但依照法律规定或者按照合同性质不得抵销的除外；合意抵销是当事人互负债务，标的物种类、品质不同的，经双方协商一致，予以抵销。

4. 提存。提存是指由于债权人的原因无法向其交付合同标的物时，债务人将标的物交给提存机关，从而消灭债务的法律行为。其中，提存的客体是合同的标的物，如货币、有价证券、权利证书、贵重物品等；提存的原因是基于债权人无正当理由拒绝受领、债权人下落不明、债权人死亡未确定继承人或者丧失民事行为能力未确定监护人等情形。提存应办理提存公证，目前，我国公证提存的机关是公证机关。

标的物提存后，除债权人下落不明的以外，债务人应当及时通知债权人或者债权人的继承人、监护人。标的物不适于提存或者提存费用过高的，债务人依法可以拍卖或者变卖标的物，提存所得的价款。提存期间，标的物的孳息归债权人所有。提存费用由债权人负担。债权人领取提存物的权利，自提存之日起5年内不行使而消灭，提存物扣除提存物费用后归国家所有。

5. 免除。免除是债权人抛弃债权并发生债务消灭效力的单方行为。免除应具备以下条件：①债权人对债权必须有处分权，并具有相应的民事行为能力；②免除的意思表示须向债务人作出；③免除的意思表示不得撤回；④免除必须是无偿的，无须债务人支付对价；⑤免除不得损害债务人及第三人的合法利益。

6. 混同。混同是债权债务归属于同一人的事实。由于某种事实的发生，使一项合同中原本由一方当事人享有的债权和由另一方当事人负担的债务统归一方当事人，合同的履行就失去了实际意义，合同的权利义务终止。但是，涉及第三人利益的除外。

（二）合同终止的效力

合同终止后，便失去法律上的效力，除法律另有规定外，原债权人不得再主张合同权利，债务人也不再承担合同义务，债权债务关系归于消灭，并产生如下法律后果：①合同项下的从权利和从义务一并消灭；②债权凭证的返还；③合同当事人之间发生后合同义务；④合同中关于解决争议的方法、结算和清理条款继续有效，直至结算和清理完毕。

【案例】甲与乙签订合同，约定由乙为甲提供 10 台符合标准的机床，甲付货款 10 万元。甲将机床投入生产后，产品废品率大大超过合同规定的标准。经检查，原因是机床的重要参数不合格，乙多次派人进行维修仍达不到要求，给甲造成了 5 万元经济损失。甲遂通知乙解除合同，要求退回机床并返还 10 万元货款，同时要求赔偿其经济损失 5 万元，乙拒绝了甲的要求。问：

（1）甲解除与乙的合同是否合法？

（2）甲要求退回机床、返还货款并赔偿 5 万元经济损失是否合法？

【解析】

（1）本案中乙虽多次派人修理机床仍不合格，根据《合同法》规定，当事人一方延迟履行债务或者有其他违约行为致使不能实现合同目的时，当事人可以解除合同，因此，甲有权通知乙解除合同，其行为合法。

（2）《合同法》规定，合同解除后，已经履行的，根据履行情况和合同性质，当事人可以要求恢复原状、采取其他补救措施，并有权要求赔偿损失，所以，甲提出退回机床、返还货款并赔偿 5 万元经济损失的要求合法。

第六节　违约责任

一、违约责任的概念

违约责任是指当事人一方不履行合同义务或者履行合同义务不符合约定时所承担的法律后果。从性质上讲，这种后果是一种财产责任，我国《合同法》对此采取严格责任原则，只要一方违约，不考虑当事人主观上是否有过错，都应该承担违约责任，除非有法定或者约定的免责事由。

二、违约行为的类型

违约行为是指合同当事人违反合同义务的行为，《合同法》将其分为两种形态：①预期违约，是指在履行期限到来之前，当事人一方无正当理由而明确表示其在履行期到来之后将不履行合同，或者以其行为表明其在履行期到来以后将不可能履行合同。这是一种先期违约，通常以明示毁约与默示毁约的方式表现出来。②实际违约，是指在履行期限到来以后，当事人一方不履行或不完全履行合同。这是一种届期违约，主要包括拒绝履行、迟延履行、不适当履行、部分履行、其他不完全履行等。

三、违约责任的方式

（一）继续履行

继续履行是在当事人一方违约时，经另一方请求，法律强制其按约定继续履行合同约定的义务。它是一种补救方法，目的是恢复守约方的合同权利。据此，如果当事人一方未支付价款或者报酬，对方可要求其支付价款或者报酬；当事人一方不履行非金钱债务或者履行非金钱债务不符合约定的，对方可以要求履行，但有下列情形之一的除外：①法律上或者事实上不能履行；②债务的标的不适于强制履行或者履行费用过高；③债权人在合理期限内未要求履行。

（二）采取补救措施

采取补救措施是在已经出现质量违约的情况下，违约方采取必要的措施减少合同因质量不符合约定导致的损失，为恢复合同的全面履行创造条件。因此，质量不符合约定的，应当按照当事人的约定承担违约责任；对违约责任没有约定或者约定不明确的，如果不能达成补充协议，守约方根据标的的性质以及损失的大小，可以合理选择要求对方承担修理、更换、重作、退货、减少价款或者报酬等违约责任。

（三）赔偿损失

赔偿损失是因当事人一方的违约行为给另一方造成财产损失时，违约方向守约方承担的赔偿责任。这种方式以金钱赔偿为原则，实物赔偿为例外。赔偿的范围、方式等，均由当事人在合同中事先约定；事先未约定的，赔偿额应相当于违约行为给对方造成的损失，但不得超过违约方在订立合同时预见到或者应当预见到的因违反合同可能造成的损失。另外，当事人一方违约后，对方未尽防止损失扩大的义务，对于扩大的损失不能请求赔偿。

（四）支付违约金

违约金是指当事人一方违反合同时，根据合同约定，向对方当事人支付的一定数额的货币。违约金是一种发生在违约后的补救方式，具有一定的任意性，数额由当事人协商确定。如果约定的违约金低于或者过分高于违约行为所造成的损失，当事人可请求人民法院或者仲裁机构予以增加或者适当减少。

（五）给付或者双倍返还定金

定金既有担保合同履行的功能，也有违约救济的功能，是一种违约责任形式。如果当事人在合同中约定了定金责任的，合同履行后，定金抵作价款或者收回；当给付定金的一方不履行合同的，无权要求返还定金；收受定金的一方不履行合同的，应当双倍返还定金。当事人既约定违约金，又约定定金的，一方违约时，对方可以选择适用违约金或者定金条款，但两者不能并用。

四、违约责任的免除

违约责任免除是指在合同履行过程中，因出现了法定的免责条件或合同约定的免责事由而导致合同不能履行，债务人可不承担违约责任。由此可知，违约责任免除分为法定的免责事由和约定的免责事由两种。

不可抗力属于法定的免责事由，是指不能预见、不能避免并不能克服的客观情况，包括自然灾害、社会异常事件等。因不可抗力不能履行合同的，根据不可抗力的影响，债务人部分或者全部免除责任，但法律另有规定的除外。当事人因不可抗力不能履行合同的，应当及时通知对方，并在合理的期限内提供有关证明。但是，当事人迟延履行后发生不可抗力的，不能免除责任。

免责条款属于约定的免责事由，是指当事人双方在合同中事先约定的，旨在限制或者免除其未来责任的条款。值得注意的是，免责条款必须合法，其内容不能排除当事人的基本义务，也不能排除故意或重大过失的责任。因此，造成对方人身伤害的、因故意或者重大过失造成对方财产损失的两种免责条款属于无效条款。

【案例】2003 年 9 月，甲公司与乙公司签订合同，合同约定：乙公司在 2004 年 1 月向甲公司供应 1 万只家禽，甲公司支付货款 15 万元，如有纠纷提交仲裁机构裁决。2004 年 1 月，因当地发生禽流感，乙公司的家禽被全数扑杀，无法履行合同。甲公司闻讯后，通知乙公司解除合同并承担违约责任。乙公司认为造成合同不能履行的原因是不可抗力，而非主观过错，不应承担违约责任。甲公司无奈，向仲裁机构申请仲裁。问：

（1）甲公司是否有权解除合同？

（2）乙公司能否免除违约责任？

【解析】

（1）甲公司有权解除合同。根据《合同法》第 94 条规定，发生禽流感属于不可抗力，符合合同解除的法定条件。

（2）乙公司可以免除违约责任。根据《合同法》第 117 条规定，乙公司因不可抗力造成合同不能履行，属于法定的免责事由。

第七节　合同法分则

一、转让财产所有权的合同

（一）买卖合同

买卖合同是指出卖人转移标的物的所有权于买受人，买受人支付价款的合同。买卖合同具有以下法律特征：①买卖合同是转移标的物所有权的合同；②买卖合同是标的物所有权与价款对价转移的合同;③买卖合同是双务、有偿合同;④买卖合同是诺成性合同;⑤买卖合同是不要式合同,有特殊规定的除外。

在买卖合同中,合同标的物所有权自交付时转移,法律另有规定或当事人另有约定的除外。标的物毁损、灭失的风险,在标的物交付之前,由出卖人负担;交付之后,由买受人承担。

(二)供用电、水、气、热力合同

供用电、水、气、热力合同是指从事电、水、气、热力供应的企业依约定将相应数量的电、水、气、热力的所有权转让给使用人,使用人支付价款的合同。该种合同具有以下法律特征:①供应人提供的电、水、气、热力的消费对象是社会公众,供应人负有强制缔约义务;②供应人以促进公共生活水平等公益事业为重要目标,并非纯粹以营利为目的,国家对这类合同的收费标准有一定的限制;③供应人需要持续不断地履行合同义务;④多为格式合同。

(三)赠与合同

赠与合同是指赠与人将自己的财产无偿给予受赠人,受赠人表示接受赠与的合同。赠与合同具有以下法律特征:①赠与合同是转移财产所有权的合同;②赠与合同是单务、无偿合同;③赠与合同为诺成性合同。

在赠与财产的权利转移之前,赠与人可以行使任意撤销权,但具有救灾、扶贫等社会公益、道德义务性质或者经过公证的赠与合同,赠与人不得任意撤销。赠与人的经济状况显著恶化,严重影响其生产经营或家庭生活的,可以解除赠与合同。

(四)借款合同

借款合同是指借款人向贷款人借款,到期返还借款并支付利息的合同。借款合同具有以下法律特征:①借款合同是诺成性合同;②借款合同是双务合同;③借款合同可以是有偿合同,也可以是无偿合同;④借款合同的标的物为金钱,在约定的或法律规定的还款期限届至时,借款人无须返还原物,仅须返还同等数量的金钱即可。

二、使用财产的合同

(一)租赁合同

租赁合同是指出租人将租赁物交付承租人使用、收益,承租人支付租金的合同。租赁合同具有以下法律特征:①租赁合同是转移财产使用权的合同,合同终止后承租人须返还原物;②租赁合同为双务、有偿、诺成性合同;③租赁合同是以有体、特定的非消费物为标的的合同;④租赁期限在6个月以上的定期租赁合同,应当采取书面形式;⑤租赁合同具有临时性,租赁期限不得超过20年,超过20年的,超过部分无效。

（二）融资租赁合同

融资租赁合同是指出租人根据承租人对出卖人、租赁物的选择，向出卖人购买租赁物，提供给承租人使用，承租人支付租金的合同。融资租赁合同具有以下法律特征：①出租人须向承租人指定的出卖人购买承租人选定的标的物；②出卖人须将出租人购买的标的物直接交付给承租人，但该物的所有权归出租人；③出租人只能是专营融资租赁业务的租赁公司，而不是一般的自然人、法人或其他组织；④出租人对租赁标的物不负瑕疵担保责任。

三、完成工作的合同

（一）承揽合同

承揽合同是指承揽人按照定作人的要求完成一定工作，并交付工作成果，定作人接受承揽人的工作成果并给付报酬的合同。承揽合同除了是双务、有偿、诺成性合同外，还具有以下法律特征：①承揽人应当按照与定作人约定的标准和要求完成工作，未经定作人同意不得交由他人完成；②承揽合同的标的物具有特定性；③定作人可以留置定作物；④定作人有任意解除权，造成承揽人损失的应予以赔偿。

（二）建设工程合同

建设工程合同是指建设工程的发包方为完成工程建设任务，与承包方签订的关于承包方按照发包方的要求完成工作，交付建设工程，并由发包方支付价款的合同。建设工程合同具有以下法律特征：①建设工程合同的标的物为不动产，通常受到国家的干预；②承包方必须是经国家认可的具有一定资质等级的法人；③合同订立一般采用招标投标形式；④国家重大建设工程合同应当按规定的程序和批准的计划订立；⑤建设工程合同是要式合同，必须以书面形式订立。

四、提供服务的合同

（一）运输合同

运输合同是指承运人将旅客或货物从起运地点运输到约定地点，旅客、托运人或者收货人支付票款或者运输费用的合同。运输合同具有以下法律特征：①合同标的是运输行为；②运输合同多为格式合同；③运输合同是有偿合同并多为诺成性合同；④承运人有强制缔约的义务。

（二）保管合同

保管合同是指保管人保管寄存人交付的保管物，并在保管期限届满时返还该物的合同。保管合同具有以下法律特征：①保管合同为实践性合同，寄托人将保管物交付与保管人时合同才成立；②保管合同的标的是保管行为；③保管合同可以是有偿的，也可以是无偿的。

（三）仓储合同

仓储合同是指保管人储存存货人交付的仓储物，存货人支付仓储费的合同。仓储合同具有以下法律特征：①保管人须是具有仓储设备、专门从事仓储保管业务的主体；②仓储合同的标的物为特定物或者特定化了的种类物，仓储物为大宗生产资料、货物等动产；③仓储合同是诺成性、有偿合同；④存货方主张货物已交付或行使返还请求权以仓单为凭证。

（四）委托合同

委托合同是指委托人与受托人约定，由受托人处理委托人事务的合同。委托合同具有以下法律特征：①委托合同的标的是处理委托事务的行为；②委托合同建立在双方相互信任的基础上；③受托人在委托的权限内所实施的行为，其法律后果由委托人承担；④委托合同可以是有偿合同，也可以是无偿合同；⑤委托合同是诺成性和不要式合同。

（五）行纪合同

行纪合同是指行纪人以自己的名义为委托人从事贸易活动，委托人支付报酬的合同。行纪合同具有以下法律特征：①行纪合同的标的是行纪人为委托人进行贸易活动的行为；②行纪人只能是经批准经营行纪业务的自然人、法人或其他组织；③行纪人以自己的名义为委托人办理业务，所产生的权利义务由委托人承受；④行纪合同是双务、有偿合同。

（六）居间合同

居间合同是指居间人向委托人报告订立合同的机会，或者提供订立合同的媒介服务，委托人支付报酬的合同。居间合同具有以下法律特征：①居间人只向委托人提供订立合同的机会或媒介服务，是否订立合同，与居间人无关；②居间人对委托人与第三人之间的合同没有介入权；③居间人应具有相应的知识能力、从业条件和资格；④居间合同为双务、有偿、诺成性合同。

五、技术合同

（一）技术合同概念和特征

技术合同是当事人之间就技术开发、转让、咨询或者服务订立的确立相互之间权利义务的合同。技术合同具有以下法律特征：①技术合同的标的是一方为另一方提供技术成果的行为，是一种智慧财产化的给付；②技术合同是一种交易关系，属于有偿合同；③技术合同的价款、报酬和使用费的支付具有特殊性；④技术合同风险的负担由当事人约定，无约定或约定不明确的由当事人合理分担；⑤技术合同属于双务、诺成性、要式合同。

（二）技术合同的种类

技术合同分为四类，即技术开发合同、技术转让合同、技术咨询合同和技术服务合同。

1. 技术开发合同。技术开发合同是当事人之间就新技术、新产品、新工艺或者新材料及其系统的研究开发所订立的合同，包括委托开发合同和合作开发合同。

2. 技术转让合同。技术转让合同是一方当事人将一定的技术成果交给另一方当事人，另一方当事人接受技术成果并交付约定的价款或者报酬的合同，包括专利权转让、专利申请权转让、技术秘密转让、专利实施许可合同。

3. 技术咨询合同。技术咨询合同是当事人双方约定，咨询方用自己所拥有的专业知识、技术、经验和信息为委托方完成咨询报告、解答技术咨询、提供决策的服务工作，委托方支付报酬的合同。

4. 技术服务合同。技术服务合同是当事人一方以技术知识为另一方解决特定技术问题所订立的合同，包括技术辅助服务合同、技术中介合同和技术培训合同，但建设工程的勘察、设计、施工合同和承揽合同除外。

引例解析

1. 合同约定甲公司向乙公司给付 25 万元定金合法。根据规定，合同可以约定定金条款，定金数额不得超过主合同标的额的 20%。在本题中，甲公司与乙公司订立合同时约定的定金为 25 万元，占主合同标的额的 16.67%，符合法律规定。

2. 乙公司通知甲公司解除合同不合法。根据规定，依法订立的合同成立后，即具有法律约束力，任何一方当事人都不得擅自变更或解除合同。

3. 甲公司要求增加违约金数额的请求能够得到支持。根据规定，合同双方当事人约定的违约金低于造成的损失的，当事人可以请求人民法院或仲裁机构予以增加。

4. 甲公司要求乙公司继续履行合同的请求能够得到支持。根据规定，当事人一方不履行合同义务或者履行合同义务不符合约定的，对方当事人可以要求继续履行，违约方应当承担继续履行的违约责任。

5. 根据规定，在甲乙之间的合同纠纷经审判或仲裁，并就债务人乙公司的财产依法强制执行仍不能履行债务时，丙公司对甲公司应当承担一般保证责任。

思考题

1. 试论可撤销合同和无效合同的区别。

2. 顾客李某欲从某电器公司购买一台特价的 A 型冷暖空调机，但因该产品已售完，该公司销售人员便极力推荐李某购买 B 型空调机，称性能与 A 型空调机完全一样。李某一再要求电器公司对此作出保证，在此前提下支付了空调款，电器公司上门安装了空调。在使用过程中，李某发现 B 型空调机的性能与 A 型空调机的性能以及销售人员的介绍相距甚远，故要求该电器公司予以退换货，遭到电器公司拒绝。李某遂起诉至法院。问：

（1）李某与电器公司的买卖合同效力如何？

（2）法院是否应当支持李某要求退换货的主张？

第 八 章

竞争法

◆　引例

2008 年 9 月 18 日，美国可口可乐公司就其与中国汇源果汁集团有限公司的经营者集中向中国商务部递交了申报材料。可口可乐公司和汇源公司 2007 年在中国境内的营业额分别为 12 亿美元（约合91.2 亿人民币）和3.4 亿美元（约合25.9 亿人民币）。本次交易所涉相关产品主要包括无酒精饮料中的两大类——果汁类饮料和碳酸软饮料。根据商务部在审查中掌握的信息，两家公司在果汁类饮料产品类别中存在重叠，而碳酸软饮料产品只有可口可乐公司生产，汇源公司并不生产碳酸软饮料。根据中国饮料工业协会提供的数据，可口可乐公司占全国碳酸饮料市场份额为 60.60%。商务部依法对此项申报进行审查后决定，禁止此项经营者集中。

☞　要点

垄断的含义及表现形式；不正当竞争的含义及表现形式；竞争法的实施机制；反垄断法的适用除外

第一节　竞争法概述

一、竞争法的概念

竞争是市场经济最基本的运行机制。竞争过程中会出现排除或者限制竞争的行为以及不正当的竞争行为，这些行为导致资源利用的低效率和分配上的不公平，还会对消费者利益造成损害，而市场自身不具备维护自由竞争和公平竞争的机制，因而需要国家干预，并建立保护竞争机制的法律制度体系，以克服垄断和不正当竞争。竞争法就是规范市场竞争秩序的法律制度。具体来说，竞争法是调整在反垄断和反不正当竞争过程中发生的社会关系的法律规范的总称。竞争法的调整对象是在反垄断和反不正当竞争过程中发生的社会关系，因而竞争法由反垄断法和反不正当竞争法组成。

二、竞争法的立法模式

世界各国和地区的竞争立法主要有三种模式：

（一）分立式

分立式立法模式，就是对反垄断法和反不正当竞争法分别立法。这种立法模式以德国为代表，德国于 1896 年颁布了世界上第一部《反不正当竞争法》，于 1957 年颁布了《反对限制竞争法》。日本、韩国、瑞士等国也采取这种立法模式。采用分立式立法模式的理由是，尽管这两部法律中都有"竞争"的字样，但它们实际上相互之间没有什么联系。分立式立法模式的优点在于立法目的明确，分工清楚，便于实施。

（二）合并式

合并式立法模式，就是将反垄断法和反不正当竞争法合并立法，制定统一的竞争法调整竞争行为。如匈牙利于 1990 年颁布的《禁止不正当竞争法》，保加利亚于 1991 年颁布的《保护竞争法》，俄罗斯于 1992 年颁布的《竞争与限制商品市场垄断行为法》，我国台湾地区于 1991 年颁布的"公平交易法"，以及南非、澳大利亚的竞争立法，都是对垄断行为和不正当竞争行为作出统一规定。采用合并式立法模式的理由是，尽管保护自由竞争和保护公平竞争的着眼点不同，但它们都是为了促进和保护市场竞争，这两个方面合并在一起，有利于市场竞争规则的系统化。合并式立法模式的优点在于兼顾了反垄断法与反不正当竞争法之间的内在联系，突出二者的共性，便于协调，简化程序，节约经费。

（三）综合式

综合式立法模式，就是对垄断行为与不正当竞争行为的调整在立法上不作明确区分，而以单行法的形式进行调整。美国以《谢尔曼法》、《克莱顿法》、《联邦贸易委员会法》为核心形成规制竞争行为的法律体系，是采用这种模式的典型。美国采用这种模式与其作为英美法系国家，重判例法而轻成文法的传统有关。采用综合式立法模式的优点在于注重法的实用性，具有较强的灵活性。

各种竞争立法模式各有其优势与不足，一个国家采用哪种立法模式，取决于国情、立法传统、立法技术等诸多方面的因素。我国的竞争立法原本拟采用合并立法的模式，但由于当时《反垄断法》的立法时机尚不成熟，又急于通过《反不正当竞争法》，故采用了分立式的立法模式。

第二节　反垄断法

一、垄断与反垄断法概述

（一）垄断的基本含义

法律意义上的垄断是指特定主体实施的排除或者限制竞争的行为。其具有以下特征：①垄断是排除或者限制竞争的行为；②垄断的主体主要是从事商品生产、经营或者提供服务的经营者；③反垄断法规制的垄断是抑制竞争，阻碍市场机制的发挥，损害市场主体的竞争自由的行为；④反垄断法意义上的垄断是法律禁止的垄断。基于公共利益、国家安全等原因，各国反垄断法都豁免一些垄断行为。

（二）反垄断法

反垄断法是反对垄断和保护竞争的法律规范的总称。反垄断法在不同的国家和地区的称谓不尽相同。如反垄断法在美国通常被称为反托拉斯法；在德国被称为反对限制竞争法，也被称为卡特尔法；在日本通常被称为禁止垄断法；在欧盟通常被称为竞争法；在我国台湾地区则被称为公平交易法。1890 年美国颁布的《谢尔曼法》被认为是世界上第一部现代意义上的反垄断法；1914 年，美国颁布了《克莱顿法》和《联邦贸易委员会法》，这三部法律构成了美国反托拉斯法的主体。第二次世界大战结束后，世界主要市场经济国家也纷纷制定了自己的反垄断法。如德国于 1957 年颁布了《反对限制竞争法》，日本于 1947 年颁布了《关于禁止私人垄断及确保公正交易的法律》，英国于 1948 年颁布了《垄断与限制性行为法》，韩国于 1980 年颁布了《限制垄断与公平交易法》，我国台湾地区于 1991 年颁布了"公平交易法"，等等。

反垄断法是保护市场竞争，维护市场竞争秩序，充分发挥市场配置资源基础性作用的重要法律制度，素有"经济宪法"之称。同时，反垄断法也是市场经济国家调控经济的重要政策工具。特别是在经济全球化的条件下，世界各国普遍重视利用反垄断法律制度，防止和制止来自国内外的垄断行为，维护经营者和消费者的合法权益，促进技术创新和技术进步，提高企业竞争力，保证国民经济的健康、持续、协调发展。我国的《反垄断法》历经 13 年的起草历程。2007 年 8 月 30 日，第十届全国人民代表大会常务委员会第二十九次会议通过了《中华人民共和国反垄断法》，自 2008 年 8 月 1 日起施行。该法的立法目的是预防和制止垄断行为，保护市场公平竞争，提高经济运行效率，维护消费者利益和社会公共利益，促进社会主义市场经济健康发展。

二、垄断协议

（一）垄断协议的含义

垄断协议是指排除、限制竞争的协议、决定或者其他协同行为。垄断协议包括下列形式：书面协议或者书面决定；口头协议或者口头决定；未明确订立书面或者口头协议或决定，但经营者之间存在默契、协调一致等协同行为。经营者达成垄断协议是经济生活中一种最常见、最典型的垄断行为，往往造成固定价格、划分市场以及阻碍、限制其他经营者进入市场等排除、限制竞争的后果，对市场竞争危害很大，为各国反垄断法所禁止。

（二）垄断协议的表现形式

1. 横向垄断协议。横向垄断协议又称为水平垄断协议，是指在生产或者销售过程中处于同一环节的具有竞争关系的经营者之间达成的排除、限制竞争的协议、决定或者其他协同行为。我国《反垄断法》禁止的横向垄断协议包括：①固定或者变更商品价格；②限制商品的生产数量或者销售数量；③分割销售市场或者原材料采购市场；④限制购买新技术、新设备或者限制开发新技术、新产品；⑤联合抵制交易；⑥国务院反垄断执法机构认定的其他垄断协议。

2. 纵向垄断协议。纵向垄断协议又称为垂直垄断协议，是指处于不同经济阶段的经营者之间达成的排除、限制竞争的协议、决定或者其他协同行为。我国《反垄断法》禁止的纵向垄断协议包括：①固定向第三人转售商品的价格；②限定向第三人转售商品的最低价格；③国务院反垄断执法机构认定的其他垄断协议。

（三）垄断协议的豁免

在实践中，经营者达成的某些协议虽然具有限制竞争的后果，但整体上有利于技术进步、经济发展和社会公共利益。因此，各国反垄断法又大都规定在一定情况下，对经营者达成的这类协议予以豁免。根据我国《反垄断法》第15条的规定，经营者能够证明所达成的协议属于下列情形之一的，不适用关于禁止垄断协议的规定：①为改进技术、研究开发新产品的；②为提高产品质量、降低成本、增进效率，统一产品规格、标准或者实行专业化分工的；③为提高中小经营者经营效率，增强中小经营者竞争力的；④为实现节约能源、保护环境、救灾救助等社会公共利益的；⑤因经济不景气，为缓解销售量严重下降或者生产明显过剩的；⑥为保障对外贸易和对外经济合作中的正当利益的；⑦法律和国务院规定的其他情形。因属于前5种情形之一而不适用关于横向垄断协议和纵向垄断协议规定的，经营者还应当证明所达成的协议不会严重限制相关市场的竞争，并且能够使消费者分享由此产生的利益。

三、滥用市场支配地位

（一）市场支配地位的含义

市场支配地位是指一个经营者或者几个经营者作为整体在相关市场中具有能够控制商品价格、数量或者其他交易条件，或者能够阻碍、影响其他经营者进入相关市场能力的市场地位。一般来说，具有市场支配地位的经营者都是市场份额较大、实力较雄厚的大企业。反垄断法一般不禁止经营者通过竞争取得市场支配地位，但要禁止经营者滥用其市场支配地位排除、限制竞争的行为。

认定经营者具有市场支配地位，应当考虑的因素有：该经营者在相关市场中的市场份额，以及相关市场的竞争状况；该经营者控制销售市场或者原材料采购市场的能力；该经营者的财力和技术条件；其他经营者对该经营者在交易上的依赖程度；其他经营者进入相关市场的难易程度；与认定该经营者市场支配地位有关的其他因素。

有下列情形之一的，可以推定经营者具有市场支配地位：①一个经营者在相关市场的市场份额达到 1/2 的；②两个经营者在相关市场的市场份额合计达到 2/3 的；③ 3 个经营者在相关市场的市场份额合计达到 3/4 的。但在前两种情形下，其中有的经营者市场份额不足 1/10 的，不应当推定该经营者具有市场支配地位。

被推定具有市场支配地位的经营者，有证据证明其不具有市场支配地位的，不应当认定其具有市场支配地位。

（二）滥用市场支配地位的表现形式

滥用市场支配地位是指经营者获得一定的市场支配地位以后滥用这种优势，对市场中的其他经营者进行不公平的交易或者排除竞争对手的行为。我国《反垄断法》禁止具有市场支配地位的经营者从事的滥用市场支配地位的行为包括：

（1）以不公平的高价销售商品或者以不公平的低价购买商品。

（2）没有正当理由，以低于成本的价格销售商品。

（3）没有正当理由，拒绝与交易相对人进行交易。

（4）没有正当理由，限定交易相对人只能与其进行交易或者只能与其指定的经营者进行交易。

（5）没有正当理由搭售商品，或者在交易时附加其他不合理的交易条件。

（6）没有正当理由，对条件相同的交易相对人在交易价格等交易条件上实行差别待遇。

（7）国务院反垄断执法机构认定的其他滥用市场支配地位的行为。

（三）滥用市场支配地位的法律责任

经营者违反《反垄断法》的规定，滥用市场支配地位的，由反垄断执法机构责令停止违法行为，没收违法所得，并处上一年度销售额 1% 以上 10% 以下的罚款。

经营者滥用市场支配地位，给他人造成损失的，依法承担民事责任。

四、经营者集中

（一）经营者集中的含义

经营者集中是指经营者合并、经营者通过取得股权或者资产的方式取得对其他经营者的控制权、经营者通过合同等方式取得对其他经营者的控制权或者能够对其他经营者施加决定性影响的情形。

经营者集中是经济活动中的普遍现象。由于经营者集中的结果具有两面性，一方面有利于形成规模经济，提高经营者的竞争力；另一方面又可能产生或者加强其市场支配地位，对市场竞争产生不利影响。因此，反垄断法对经营者集中实行必要的控制，以防止因经济实力的过于集中而影响市场竞争。控制的主要手段是对经营者集中实行事先或者事后申报制度，并由反垄断执法机构进行审查，决定是否允许经营者实施集中。

（二）经营者集中的申报与审查

1. 经营者集中的申报。我国《反垄断法》第21条规定："经营者集中达到国务院规定的申报标准的，经营者应当事先向国务院反垄断执法机构申报，未申报的不得实施集中。"根据2008年8月3日公布的《国务院关于经营者集中申报标准的规定》规定，经营者集中达到下列标准之一的，经营者应当事先向国务院商务主管部门申报，未申报的不得实施集中：

（1）参与集中的所有经营者上一会计年度在全球范围内的营业额合计超过100亿元人民币，并且其中至少两个经营者上一会计年度在中国境内的营业额均超过4亿元人民币。

（2）参与集中的所有经营者上一会计年度在中国境内的营业额合计超过20亿元人民币，并且其中至少两个经营者上一会计年度在中国境内的营业额均超过4亿元人民币。

但在参与集中的一个经营者拥有其他每个经营者50%以上有表决权的股份或者资产的，以及参与集中的每个经营者50%以上有表决权的股份或者资产被同一个未参与集中的经营者拥有的情形之下，可以不向国务院反垄断执法机构申报。

2. 经营者集中的审查与决定。国务院反垄断执法机构应当自收到经营者提交的符合规定的文件、资料之日起30日内，对申报的经营者集中进行初步审查，做出是否实施进一步审查的决定，并书面通知经营者。国务院反垄断执法机构做出决定前，经营者不得实施集中。国务院反垄断执法机构做出不实施进一步审查的决定或者逾期未做出决定的，经营者可以实施集中。

国务院反垄断执法机构决定实施进一步审查的，应当自决定之日起90日内审查完毕，作出是否禁止经营者集中的决定，并书面通知经营者。做出禁止经营者集中的决定，应当说明理由。审查期间，经营者不得实施集中。有下列情形之一的，国务院反垄断执法机构经书面通知经营者，可以延长前款规定的审查期限，但最长不得超过60日：经营者同意延长审查期限的；经营者提交的文件、资料不准确，需要进一步核实的；经营者申报后有关情况发生重大变化的。国务院反垄断执法机构逾期未做出决定的，经营者可以实施集中。

经营者集中具有或者可能具有排除、限制竞争效果的，国务院反垄断执法机构应当做出禁止经营者集中的决定。但是，经营者能够证明该集中对竞争产生的有利影响明显大于不利影响，或者符合社会公共利益的，国务院反垄断执法机构可以做出对经营者集中不予禁止的决定。对不予禁止的经营者集中，国务院反垄断执法机构可以决定附加减少集中对竞争产生不利影响的限制性条件。国务院反垄断执法机构应当将禁止经营者集中的决定或者对经营者集中附加限制性条件的决定，及时向社会公布。对外资并购境内企业或者以其他方式参与经营者集中，涉及国家安全的，除依照《反垄断法》的规定进行经营者集中审查外，还应当按照国家有关规定进行国家安全审查。

（三）违反经营者集中规定的法律责任

经营者违反《反垄断法》的规定实施集中的，由国务院反垄断执法机构责令停止实施集中、限期处分股份或者资产、限期转让营业以及采取其他必要措施恢复到集中前的状态，可以处 50 万元以下的罚款。

经营者违反《反垄断法》的规定实施集中，给他人造成损失的，依法承担民事责任。

五、行政垄断

（一）行政垄断的含义

行政垄断是指行政机关和法律、法规授权的具有管理公共事务职能的组织滥用行政权力，排除、限制竞争的行为。行政垄断在性质上属于行政权力的不当行使，这类行为扭曲竞争机制，损害经营者和消费者的合法权益，妨碍全国统一、公平竞争市场体系的建立和完善，《反垄断法》作为保护竞争的专门性、基础性法律，必须切实解决影响我国市场竞争的突出问题。

（二）行政垄断的表现形式

1. 行政强制交易。行政强制交易是指行政机关和法律、法规授权的具有管理公共事务职能的组织限定或者变相限定单位或者个人经营、购买、使用其指定的经营者提供的商品。

2. 地区封锁。地区封锁是指行政机关和法律、法规授权的具有管理公共事务职能的组织滥用行政权力，实施下列行为，妨碍商品在地区之间的自由流通：对外地商品设定歧视性收费项目，实行歧视性收费标准，或者规定歧视性价格；对外地商品规定与本地同类商品不同的技术要求、检验标准，或者对外地商品采取重复检验、重复认证等歧视性技术措施，限制外地商品进入本地市场；采取专门针对外地商品的行政许可，限制外地商品进入本地市场；设置关卡或者采取其他手段，阻碍外地商品进入或者本地商品运出；妨碍商品在地区之间自由流通的其他行为。

3. 排斥或者限制外地经营者的招标投标活动。排斥或者限制外地经营者的招标投标活动，是指行政机关和法律、法规授权的具有管理公共事务职能的组织滥用行政权力，以设定歧视性资质要求、评审标准或者不依法发布信息等方式，排斥或者限制外地经营者参加本地的招标投标活动。

4. 排斥或者限制外地经营者投资或者设立分支机构。排斥或者限制外地经营者投资或者设立分支机构，是指行政机关和法律、法规授权的具有管理公共事务职能的组织滥用行政权力，采取与本地经营者不平等待遇等方式，排斥或者限制外地经营者在本地投资或者设立分支机构。

5. 强制经营者从事垄断行为。强制经营者从事垄断行为，是指行政机关和法律、法规授权的具有管理公共事务职能的组织滥用行政权力，强制经营者从事《反垄断法》禁止的垄断行为。

6. 从事排除、限制竞争的抽象行政行为。从事排除、限制竞争的抽象行政行为，是指行政机关滥用行政权力，制定含有排除、限制竞争内容的规定。

（三）行政垄断的法律责任

行政机关和法律、法规授权的具有管理公共事务职能的组织滥用行政权力，实施排除、限制竞争行为的，由上级机关责令改正；对直接负责的主管人员和其他直接责任人员依法给予处分。反垄断执法机构可以向有关上级机关提出依法处理的建议。

六、反垄断法的实施

（一）反垄断法的实施原则

在反垄断法的实施原则方面，美国的反垄断法实践形成了"本身违法原则"和"合理原则"。所谓"本身违法原则"，是指对于某些限制竞争的行为，不必考虑其具体情况与影响后果，均应当被视为非法而予以禁止。在美国的司法实践中，这个原则主要适用于以下四种行为：①事实上或者潜在的固定价格的协议；②维持最低转售价格的协议；③竞争者之间分割销售地域、客户、限制生产数量以及其他的市场限制行为；④以竞争为目的的联合抵制行为。适用本身违法原则，有利于原告胜诉，节约案件审理的时间和费用，增强反垄断法实施的确定性以及市场竞争行为法律后果的可预见性。所谓"合理原则"，是指对于某些限制竞争行为，并不必然被视为违法，违法与否须依具体情况而定。不属于本身违法的限制竞争行为，都属于应适用合理原则的范围。具体而言，依据合理原则，对于限制竞争行为，应考虑行为的目的、后果以及行为人的市场力量等因素，如果证明行为属于不合理地限制竞争行为，则构成违法并被禁止；反之，如果证明行为不属于不合理地限制竞争行为，则应认定为合法并允许实施。合理原则体现了反垄断法的政策性和灵活性，能够弥补本身违法原则的不足。

（二）反垄断执法机构

我国的反垄断执法采取"双层次多机构"的体制，分别设立反垄断委员会和反垄断执法机构。国务院设立反垄断委员会，负责组织、协调、指导反垄断工作，履行下列职责：研究拟订有关竞争政策；组织调查、评估市场总体竞争状况，发布评估报告；制定、发布反垄断指南；协调反垄断行政执法工作以及国务院规定的其他职责。国务院规定的承担反垄断执法职责的机构（以下统称国务院反垄断执法机构）依照《反垄断法》的规定，负责反垄断执法工作。国务院反垄断执法机构根据工作需要，可以授权省、自治区、直辖市人民政府相应的机构依照《反垄断法》的规定负责有关反垄断执法工作。

反垄断执法机构调查涉嫌垄断行为，可以采取下列措施：进入被调查的经营者的营业场所或者其他有关场所进行检查；询问被调查的经营者、利害关系人或者其他有关单位或者个人，要求其说明有关情况；查阅、复制被调查的经营者、利害关系人或者其他有关单位或者个人的有关单证、协议、会计账簿、业务函电、电子数据等文件、资料；查封、扣押相关证据；查询经营者的银行账户。采取前述规定的措施，应当向反垄断执法机构主要负责人书面报告，并经批准。

被调查的经营者、利害关系人或者其他有关单位或者个人应当配合反垄断执法机构依法履行职责，不得拒绝、阻碍反垄断执法机构的调查。被调查的经营者、利害关系人有权陈述意见。反垄断执法机构应当对被调查的经营者、利害关系人提出的事实、理由和证据进行核实。

反垄断执法机构对涉嫌垄断行为调查核实后，认为构成垄断行为的，应当依法做出处理决定，并可以向社会公布。

对反垄断执法机构调查的涉嫌垄断行为，被调查的经营者承诺在反垄断执法机构认可的期限内采取具体措施消除该行为后果的，反垄断执法机构可以决定中止调查。中止调查的决定应当载明被调查的经营者承诺的具体内容。反垄断执法机构决定中止调查的，应当对经营者履行承诺的情况进行监督。经营者履行承诺的，反垄断执法机构可以决定终止调查。有下列情形之一的，反垄断执法机构应当恢复调查：经营者未履行承诺的；做出中止调查决定所依据的事实发生重大变化的；中止调查的决定是基于经营者提供的不完整或者不真实的信息做出的。

对反垄断执法机构做出的禁止或不予禁止经营者集中的决定以及附加减少集中对竞争产生不利影响的限制性条件的不予禁止经营者集中的决定不服的，可以先依法申请行政复议；对行政复议决定不服的，可以依法提起行政诉讼。对反垄断执法机构做出的上述规定以外的决定不服的，可以依法申请行政复议或者提起行政诉讼。

（三）反垄断法的域外适用

反垄断法的域外适用，是指将作为国内法的反垄断法适用于发生在本国以外但对本国市场有影响的垄断行为的情形。

依据传统的法律适用理论，公法性质的法律仅具有域内效力，不能适用于发生在本国领土以外的行为。各国反垄断法作为国内法，也应仅在该国领土范围内具有约束力。但随着全球化进程的推进，发生于一国领域外的垄断行为也往往影响到国内的市场，如果一国的反垄断法不能适用于发生于该国领域外的垄断行为，保护自由和公平竞争的立法目标就可能落空。因此，在生产要素跨国流动非常普遍，特别是跨国公司的国际经济活动非常活跃的背景下，作为规制竞争关系的反垄断法的域外效力应运而生。1945 年美国第二巡回上诉法院在"美国诉美国铝公司"案的判决中确立了反垄断法域外适用的"效果原则"，即在美国以外订立的合同或实施的行为，如果对美国的国内贸易或对外贸易产生了较大的影响且与美国反托拉斯法的精神相抵触的，美国法院对其享有管辖权，而不论行为人的国籍。美国的"效果原则"虽然常常引起其他国家政府和企业的批评和反对，但一些国家和地区又纷纷效仿，赋予其反垄断法以域外效力。全世界约有五十个国家做出了反垄断法域外适用的规定，这说明赋予反垄断法以域外效力已经成为各国反垄断法的普遍做法。

我国《反垄断法》也对该法的域外适用问题做出了规定，该法第 2 条规定："中华人民共和国境内经济活动中的垄断行为，适用本法；中华人民共和国境外的垄断行为，对境内市场竞争产生排除、限制影响的，适用本法。"

第三节　反不正当竞争法

一、反不正当竞争法概述

（一）反不正当竞争法的概念

反不正当竞争法是保护公平竞争，制止不正当竞争行为的法律规范的总称。竞争是市场经济最基本的运行机制。竞争过程中会出现正当的竞争行为和不正当的竞争行为，各种不正当的竞争行为往往造成对公平竞争秩序的严重破坏，影响市场经济的健康发展。因此，实行市场经济的国家都把反不正当竞争的法律作为规范市场经济关系的基本经济法律之一。反不正当竞争法与反垄断法同属经济法的范畴，均为公法性与私法性兼具的法律，但两者比较而言，反垄断法的公法性更强，而反不正当竞争法的私法性更强。反不正当竞争法所调整的竞争关系，原本属于私法调整的对象，但随着不正当竞争行为越来越普遍，传统私法的调整越来越力不从心，公法的手段介入其中，形成了超越私法体系的反不正当竞争法。

（二）反不正当竞争法立法

1. 外国的反不正当竞争立法。早期的欧洲法官认为不正当竞争行为是侵权行为，应适用侵权法的一般规定。在法国，《法国民法典》被视为反不正当竞争法的母法，至今还没有专门的反不正当竞争法。美国的反不正当竞争立法采取了分散立法的模式，最主要的是美国国会于1946年通过的《兰哈姆法》和1914年通过的《联邦贸易委员会法》第5条。德国于1896年颁布的《反不正当竞争法》是世界上最早的规制不正当竞争行为的专门立法。瑞士1943年的《反不正当竞争法》，日本1934年的《不正当竞争防止法》，韩国1986年的《不正当竞争防止法》采用的都是这种单行立法模式。而我国台湾地区1991年颁布的"公平交易法"则采取了反不正当竞争法与反垄断法合并立法的模式。

2. 我国的反不正当竞争立法。我国实行改革开放以来，经济不断发展，市场日趋活跃。但是，在市场经营活动中出现的不正当竞争行为已不是个别偶然现象，有些行为甚至相当普遍，严重地危害了公平竞争秩序，损害了有关经营者的利益。因此，制定反不正当竞争法是十分必要的。1987年，国务院法制局和国家工商行政管理总局等七个有关部门就曾组成联合小组，开始起草制止不正当竞争法。1992年初，根据全国人大常委会的立法计划，国家工商行政管理总局承担《反不正当竞争法》的起草任务。1993年9月2日第八届全国人民代表大会常务委员会第三次会议通过了《中华人民共和国反不正当竞争法》，自1993年12月1日起施行。我国《反不正当竞争法》的立法目的是，保障社会主义市场经济健康发展，鼓励和保护公平竞争，制止不正当竞争行为，保护经营者和消费者的合法权益。在其他有关法律，如《产品质量法》、《消费者权益保护法》、《广告法》、《价格法》、《招标投标法》等法律中，也有一些反不正当竞争的法律规范。为了使《反不正当竞争法》更具有可操作性，国家工商行政管理总局制定了多部配套规章，对市场上表现突出、执法中难以操作的问题作出了具体规定。2007年1月12日，最高人民法院公布了《最高人民法院关于审理不正当竞争民事案件应用法律若干问题的解释》。此外，我国的一些地方也作了适用于本地区的反不正当竞争的地方立法。

二、不正当竞争的概念与构成要件

（一）不正当竞争的概念

不正当竞争，是指经营者违反《反不正当竞争法》的规定，损害其他经营者的合法权益，扰乱社会经济秩序的行为。我国《反不正当竞争法》列举了11种不正当竞争行为，但不应将这些列举视为穷尽式的列举。在实践中，大量的不正当竞争行为超出了立法列举的类型，需要依靠执法机关和司法机关对不正当竞争的概念进行解释而予以制止。需要说明的是，由于我国通过《反不正当竞争法》时，《反垄断法》无法同时出台，以致将一些原本应属《反垄断法》的内容纳入了《反不正当竞争法》中。由于目前《反垄断法》已经生效，故本节所述不正当竞争行为仅包含6种典型的不正当竞争行为。

（二）不正当竞争的构成要件

1. 不正当竞争行为的主体是经营者。经营者是指从事商品经营或者营利性服务（以下所称商品包括服务）的法人、其他经济组织和个人。非经营者不是竞争行为主体，所以也不能成为不正当竞争行为的主体。

2. 不正当竞争是违法行为。不正当竞争行为的违法性，主要表现在其违反了《反不正当竞争法》的规定，既包括违反了该法第二章关于禁止各种不正当竞争行为的具体规定，也包括违反了该法的原则性规定。经营者在市场交易中，应当遵循自愿、平等、公平、诚实信用的原则，遵守公认的商业道德。如果一个经营者的行为并未被《反不正当竞争法》明文列举为不正当竞争行为，但是该行为违背了自愿、平等、公平、诚实信用的原则，违背了公认的商业道德，损害了其他经营者的合法权益，扰乱了社会经济秩序，仍应认定为不正当竞争行为。

3. 不正当竞争行为侵害的客体是其他经营者的合法权益和社会经济秩序。不正当竞争行为侵害的其他经营者有时是特定的竞争对手，有时是不特定的竞争对手。这也使得不正当竞争行为具有了侵权行为的性质。同时，不正当竞争行为还往往侵害交易相对人尤其是消费者的合法权益。但不正当竞争行为并非单纯的民事侵权行为，该行为还破坏竞争的公平性，扰乱社会经济秩序，损害社会公共利益。

三、市场混淆行为

市场混淆行为，是指经营者采用假冒或者仿冒的手段，使其商品或者服务与他人的商品或者服务相混淆，导致或者足以导致购买者误认的行为。根据《反不正当竞争法》第5条的规定，市场混淆行为包括：①假冒他人的注册商标；②擅自使用知名商品特有的名称、包装、装潢，或者使用与知名商品近似的名称、包装、装潢，造成与他人的知名商品相混淆，使购买者误认为是该知名商品的行为；③擅自使用他人的企业名称或者姓名，引人误认为是他人的商品；④在商品上伪造或者冒用认证标志、名优标志等质量标志，伪造产地，对商品质量作引人误解的虚假表示。

经营者假冒他人的注册商标，擅自使用他人的企业名称或者姓名，伪造或者冒用认证标志、名优标志等质量标志，伪造产地，对商品质量作引人误解的虚假表示的，依照《商标法》、《产品质量法》的规定处罚。

经营者擅自使用知名商品特有的名称、包装、装潢，或者使用与知名商品近似的名称、包装、装潢，造成和他人的知名商品相混淆，使购买者误认为是该知名商品的，监督检查部门应当责令停止违法行为，没收违法所得，可以根据情节处以违法所得 1 倍以上 3 倍以下的罚款；情节严重的，可以吊销营业执照；销售伪劣商品，构成犯罪的，依法追究刑事责任。

四、商业贿赂行为

商业贿赂行为，是指经营者为销售或者购买商品而采用财物或者其他手段贿赂对方单位或者个人的行为。《反不正当竞争法》第 8 条第 1 款规定："经营者不得采用财物或者其他手段进行贿赂以销售或者购买商品。在帐外暗中给予对方单位或者个人回扣的，以行贿论处；对方单位或者个人在帐外暗中收受回扣的，以受贿论处。"这里所称"财物"，是指现金和实物，包括经营者为销售或者购买商品，假借促销费、宣传费、赞助费、科研费、劳务费、咨询费、佣金等名义，或者以报销各种费用等方式，给予对方单位或者个人的财物。"其他手段"，是指提供国内外各种名义的旅游、考察等给予财物以外的其他利益的手段。"回扣"，是指经营者销售商品时在帐外暗中以现金、实物或者其他方式退给对方单位或者个人的一定比例的商品价款。"帐外暗中"，是指未在依法设立的反映其生产经营活动或者行政事业经费收支的财务帐上按照财务会计制度规定明确如实记载，包括不记入财务帐、转入其他财务帐或者做假帐等。

经营者采用财物或者其他手段进行贿赂以销售或者购买商品，构成犯罪的，依法追究刑事责任；不构成犯罪的，监督检查部门可以根据情节处以 1 万元以上 20 万元以下的罚款，有违法所得的，予以没收。

五、引人误解的虚假宣传行为

引人误解的虚假宣传行为，是指经营者利用广告或者其他方法，对商品或服务作与实际情况不符的公开宣传，导致或足以导致交易相对人产生误解的行为。《反不正当竞争法》第 9 条规定："经营者不得利用广告或者其他方法，对商品的质量、制作成分、性能、用途、生产者、有效期限、产地等作引人误解的虚假宣传。广告的经营者不得在明知或者应知的情况下，代理、设计、制作、发布虚假广告。"

引人误解的虚假宣传包括虚假宣传和引人误解的宣传两种类型。所谓虚假宣传，是指经营者对商品的宣传与实际情况不相符合。所谓引人误解的宣传，是指经营者对商品的宣传可能是真实的，但其效果却是引人误解的。对引人误解的虚假宣传行为，应当根据日常生活经验、相关公众的一般注意力、发生误解的事实和被宣传对象的实际情况等因素进行认定。以明显的夸张方式宣传商品，不足以造成相关公众误解的，不属于引人误解的虚假宣传行为。

经营者具有下列行为之一，足以造成相关公众误解的，可以认定为《反不正当竞争法》规定的引人误解的虚假宣传行为：对商品作片面的宣传或者对比的；

将科学上未定论的观点、现象等当作定论的事实用于商品宣传的；以歧义性语言或者其他引人误解的方式进行商品宣传的。

经营者利用广告或者其他方法，对商品作引人误解的虚假宣传的，监督检查部门应当责令停止违法行为，消除影响，可以根据情节处以 1 万元以上 20 万元以下的罚款。广告的经营者，在明知或者应知的情况下，代理、设计、制作、发布虚假广告的，监督检查部门应当责令停止违法行为，没收违法所得，并依法处以罚款。

六、侵犯商业秘密行为

商业秘密是指不为公众所知悉，能为权利人带来经济利益，具有实用性并经权利人采取保密措施的技术信息和经营信息。"不为公众所知悉"，是指该信息是不能从公开渠道直接获取的。有关信息不为其所属领域的相关人员普遍知悉和容易获得，应当认定为《反不正当竞争法》规定的"不为公众所知悉"。具有下列情形之一的，可以认定有关信息不构成不为公众所知悉：该信息为其所属技术或者经济领域的人的一般常识或者行业惯例；该信息仅涉及产品的尺寸、结构、材料、部件的简单组合等内容，进入市场后相关公众通过观察产品即可直接获得；该信息已经在公开出版物或者其他媒体上公开披露；该信息已通过公开的报告会、展览等方式公开；该信息从其他公开渠道可以获得；该信息无需付出一定的代价而容易获得。"能为权利人带来经济利益、具有实用性"，是指该信息具有确定的可应用性，能为权利人带来现实的或者潜在的经济利益或者竞争优势。权利人为防止信息泄漏所采取的与其商业价值等具体情况相适应的合理保护措施，应当认定为《反不正当竞争法》规定的"保密措施"。"技术信息和经营信息"，包括设计、程序、产品配方、制作工艺、制作方法、管理诀窍、客户名单、货源情报、产销策略、招投标中的标底及标书内容等信息。

经营者不得实施以盗窃、利诱、胁迫或者其他不正当手段获取权利人的商业秘密；披露、使用或者允许他人使用以前项手段获取的权利人的商业秘密；违反约定或者违反权利人有关保守商业秘密的要求，披露、使用或者允许他人使用其所掌握的商业秘密等不正当竞争行为。此外，第三人明知或者应知前述所列违法行为，获取、使用或者披露他人的商业秘密，视为侵犯商业秘密。

违反《反不正当竞争法》的规定侵犯商业秘密的，监督检查部门应当责令停止违法行为，可以根据情节处以 1 万元以上 20 万元以下的罚款。

七、不正当有奖销售行为

有奖销售是指经营者销售商品或者提供服务，附带性地向购买者提供物品、金钱或者其他经济上的利益的行为。经营者不得从事下列有奖销售行为：

1. 采用谎称有奖或者故意让内定人员中奖的欺骗方式进行有奖销售。包括对所设奖的种类、中奖概率、最高奖金额、总金额、奖品种类、数量、质量、提供方法等作虚假不实的表示；故意将设有中奖标志的商品、奖券不投放市场或者不与商品、奖券同时投放市场；故意将带有不同奖金金额或者奖品标志的商品、奖券按不同时间投放市场等行为。

2. 利用有奖销售的手段推销质次价高的商品。此处所称"质次价高"，应根据同期市场同类商品的价格、质量和购买者的投诉进行认定。

3. 抽奖式的有奖销售，最高奖的金额超过 5000 元。以非现金的物品或者其他经济利益作奖励的，按照同期市场同类商品或者服务的正常价格折算其金额。

经营者举办有奖销售，应当向购买者明示其所设奖的种类、中奖概率、奖金金额或者奖品种类、兑奖时间、方式等事项。属于非现场即时开奖的抽奖式有奖销售，告知事项还应当包括开奖的时间、地点、方式和通知中奖者的时间、方式。经营者对已经向公众明示的上述事项不得变更。在销售现场即时开奖的有奖销售活动，对超过 500 元以上奖的兑奖情况，经营者应当随时向购买者明示。违反明示、告知义务，隐瞒事实真相的，视为欺骗性有奖销售。

经营者违反《反不正当竞争法》的规定进行有奖销售的，监督检查部门应当责令停止违法行为，可以根据情节处以 1 万元以上 10 万元以下的罚款。

八、商业诋毁行为

商业诋毁行为也称商业诽谤行为，是指经营者捏造、散布虚伪事实，损害竞争对手的商业信誉、商品声誉的行为。经营者不得捏造、散布虚伪事实，损害竞争对手的商业信誉、商品声誉。从事商业诋毁行为使其他经营者受到损害的，加害人应当承担损害赔偿责任，被侵害的经营者的损失难以计算的，赔偿额为侵权人在侵权期间因侵权所获得的利润；并应当承担被侵害的经营者因调查该经营者侵害其合法权益的不正当竞争行为所支付的合理费用。被侵害的经营者的合法权益受到不正当竞争行为损害的，可以向人民法院提起诉讼。

九、不正当竞争行为的监督检查

《反不正当竞争法》第 3 条第 2 款规定："县级以上人民政府工商行政管理部门对不正当竞争行为进行监督检查；法律、行政法规规定由其他部门监督检查的，依照其规定。"

县级以上监督检查部门对不正当竞争行为，可以进行监督检查。监督检查部门在监督检查不正当竞争行为时，有权行使下列职权：①按照规定程序询问被检查的经营者、利害关系人、证明人，并要求提供证明材料或者与不正当竞争行为有关的其他资料；②查询、复制与不正当竞争行为有关的协议、帐册、单据、文件、记录、业务函电和其他资料；③检查与市场混淆行为有关的财物，必要时可以责令被检查的经营者说明该商品的来源和数量，暂停销售，听候检查，不得转移、隐匿、销毁该财物。

引例解析

在可口可乐公司收购汇源公司一案中，交易后可口可乐公司将取得汇源公司绝大部分甚至全部的股权，从而取得对汇源公司的控制权，参与经营者集中的公司的年营业额超过了《国务院关于经营者集中申报标准的规定》的申报标准，因此必须事先向国务院反垄断执法机构申报，未申报的不得实施集中。在界定相关市场的过程中，商务部对果汁类饮料和碳酸软饮料之间的可替代性以及三种不同浓度果汁饮料之间的可替代性进行了深入分析，将本次并购的相关市场界定为果汁类饮料，其中包括100%纯果汁，浓度为26%～99%的混合果汁，以及浓度在25%以下的果汁饮料，理由是：根据市场调查和搜集的证据，果汁类饮料和碳酸软饮料之间替代性较低，且三种不同浓度果汁饮料之间存在很高的需求替代性和供给替代性。商务部依法对此项集中进行了全面评估，确认集中将产生如下不利影响：集中完成后，可口可乐公司有能力将其在碳酸软饮料市场上的支配地位传导到果汁饮料市场，对现有果汁饮料企业产生排除、限制竞争效果，进而损害饮料消费者的合法权益；品牌是影响饮料市场有效竞争的关键因素，集中完成后，可口可乐公司通过控制"美汁源"和"汇源"两个知名果汁品牌，对果汁市场控制力将明显增强，加之其在碳酸软饮料市场已有的支配地位以及相应的传导效应，集中将使潜在竞争对手进入果汁饮料市场的障碍明显提高；集中挤压了国内中小型果汁企业的生存空间，抑制了国内企业在果汁饮料市场参与竞争和自主创新的能力，给中国果汁饮料市场有效竞争格局造成不良影响，不利于中国果汁行业的持续健康发展。商务部认为，根据《反垄断法》的规定，此项经营者集中具有排除、限制竞争效果，将对中国果汁饮料市场有效竞争和果汁产业健康发展产生不利影响。鉴于参与集中的经营者没有提供充足的证据证明集中对竞争产生的有利影响明显大于不利影响或者符合社会公共利益，在规定的时间内，可口可乐公司没有提出可行的减少不利影响的解决方案，因此，决定禁止此项经营者集中。

思考题

1. 解析竞争法中的垄断与不正当竞争的含义。
2. 我国《反垄断法》规制的垄断行为有哪些？
3. 我国《反不正当竞争法》禁止的不正当竞争行为有哪些？

产品质量法

◆ 引例

李某于 2004 年 2 月从杨某个体经营的自行车商行购买了 A 牌电动自行车一辆，李某支付价款 1450 元。杨某将 A 牌电动自行车使用说明书、电动自行车保修卡和合格证随车交付给李某，其中保修卡中"三包"内容记载：若电动自行车前叉开焊、脱焊、断裂，"三包"时间为 3 年，服务内容为免费更换。2006 年 5 月，李某骑该电动自行车下班回家，在行驶过程中由于前叉突然断裂致李某跌倒受伤，被送往当地中心卫生院住院治疗。经法医鉴定，李某构成十级伤残。之后，李某因就赔偿问题与杨某和电动自行车生产公司未达成一致意见，遂将杨某和电动自行车生产公司告上法院。法院审理后，判决电动自行车生产公司赔偿李某因前叉断裂所造成的各项损失，杨某对上述义务承担连带责任。

☞ 要点

产品；产品责任；产品质量监督；产品质量义务

第一节　产品质量法概述

一、产品与产品质量

（一）产品

从广义的角度来说，产品泛指人类劳动创造的一切成果，例如：物质产品、精神产品、有形产品、无形产品、工业产品、农产品等。在美国的判例法中，产品的范围十分广泛，凡是具有使用价值，为进入市场而生产，且置于流通过程中的物品都可以视为产品。即不管是动产、不动产，还是工业品、农产品，都可以视为产品。在欧洲，根据欧洲理事会于 1976 年制定的《斯特拉斯堡公约》的规定，产品限于动产，无论其为自然生产还是工业制造，经过加工或者未经加工，也不论其独立存在还是与其他动产或不动产结合。

我国的《产品质量法》对产品范围的界定较为狭窄。依据该法第 2 条的规定：产品是指经过加工、制作，用于销售的产品。建设工程不适用本法的规定，但是，建设工程使用的建筑材料、建筑构配件和设备，适用本法规定。另外，军工产品也不属于《产品质量法》的调整范围。因核设施、核产品造成损害的赔偿责任，法律、行政法规另有规定的，依照其规定。根据法律规定，我国《产品质量法》所确认的产品应当具备以下条件：

1. 产品必须是经过加工、制作的。加工、制作的方式包括工业加工和手工制作等。经加工、制作的产品包括工业品，手工业品，经加工的农产品等。电力、煤气等虽然是无体物，但也是工业产品，因此也应包括在内。而未经加工、制作的，直接取之于自然界的天然物品不是《产品质量法》意义上的产品。比如原油、原煤、天然气等矿产品，以及稻谷、小麦、玉米等初级农产品，这些产品均属于天然形成的物品，在未经加工、制作之前，不受《产品质量法》调整。但是如果将稻谷、小麦、玉米等原粮加工成稻米、面粉、玉米面；将原煤洗选，按照国家煤炭分类标准进行分类、分等、分级；将采伐的原木，按照标准规定的规格进行加工，并根据不同的材质、径级和长度分等分级，这样一来就属于经加工制作的产品。另外，农作物种子也属于经过加工、制作的产品，应当受《产品质量法》的调整。

2. 产品必须是用于销售的。即必须是以销售为目的加工、制作的产品，才属于《产品质量法》调整的范围。"用于销售"是一个广义的概念，并不是说只有以有价交换的方式卖给消费者的才是产品，通过其他方式，如赠与、试用、买一送一、免费或搭售给消费者的同样是产品，也要接受《产品质量法》的调整和规范。而虽然经过加工制作，但没有用于销售的，不是《产品质量法》上的产品。例如，某工厂为了生产一种特殊零件，设计制作了一种生产工具，该工具是为了自己的使用而不是用于销售，因此它不属于《产品质量法》调整的产品的范围。

3. 建设工程不属于《产品质量法》调整的范围。建设工程包括土木工程、建筑工程、线路管道和设备安装工程及装修工程。建设工程有其特殊的质量要求，与一般加工制作的产品有很大不同，所以建设工程的质量问题一般由专门的建筑法调整，不适用《产品质量法》的规定。但"建设工程使用的建筑材料，建筑构配件和设备"等属于经过加工、制作并用于销售的产品，适用《产品质量法》的规定。例如，装修工程的质量不属于《产品质量法》调整范围，但是用于装修的油漆、涂料、水泥、板材等属于经过加工、制作并用于销售的产品，应该达到《产品质量法》规定的质量要求。

（二）产品质量

根据国际标准化组织（ISO）规定的产品质量的定义，产品质量是指产品能够满足规定的或者潜在需要的特性和特性的总和。所谓"总和"是指产品的安全性、适用性、可靠性、维修性、有效性、经济性等反映产品的质量状况的指标。根据产品标准进行检验，符合标准的即是合格产品，方可认为达到了质量要求。在我国，产品质量是指国家有关法律法规、质量标准以及合同规定的对产品适用、安全和其他特性的要求。产品质量责任即是指因产品的生产者、销售者以及对产品质量负有直接责任的人违反《产品质量法》规定的产品质量义务应承担的法律后果。

二、产品质量法

产品质量法是调整产品质量监督管理关系和产品质量责任关系的法律规范的总称。目前我国产品质量方面的法律规范主要有：《中华人民共和国产品质量法》、《中华人民共和国食品安全法》、《中华人民共和国药品管理法》、《中华人民共和国标准化法》、《中华人民共和国进出口商品检验法》、《中华人民共和国认证认可条例》、《强制性产品认证管理规定》、《产品质量国家监督抽查管理办法》、《产品质量申诉处理办法》等。我国以《产品质量法》为核心，以民事、刑事、行政及其他法律、法规中有关产品责任条款为补充的产品质量责任的规范体系已初步形成并日臻完善。

第二节　产品责任

一、产品责任的概念

产品责任的概念有广义和狭义之分。广义的产品责任亦称产品质量责任，是指产品经营者因产品质量不符合有关法律、法规的规定，而依法承担的法律后果。它包括民事责任、行政责任、刑事责任。狭义的产品责任是指产品的生产者、销售者等因生产或销售的产品存在缺陷而造成人身伤害或者财产损失而应承担的民事责任。狭义的产品责任仅限于民事责任，该民事责任是因产品缺陷所引起的。本书中的产品责任是指狭义的产品责任。

二、产品缺陷

（一）缺陷与瑕疵

在产品责任法律制度中，"缺陷"与"瑕疵"是两个不同的概念。"瑕疵"是指产品质量不符合有关法律、法规或者合同规定的情形，一般是轻微的，影响的是产品的使用功能。"缺陷"相对较为严重，它一般危及人身或财产的安全。即瑕疵表现为产品不适用，缺陷表现为产品不安全。

产品存在瑕疵并不意味着产品存在安全隐患。对于产品瑕疵，经营者应承担修理、重作、更换等违约责任；产品缺陷造成人身、他人财产损害的，责任主体则要承担侵权赔偿责任。如一台电脑运行不稳定，给使用者带来偶尔死机等问题，这种功能上的不适用属于产品瑕疵；如果电脑在正常使用的过程中突然爆炸，造成人身损害，这种不合理的危险就是产品的缺陷。

我国《产品质量法》第46条明确规定：本法所称缺陷，是指产品存在危及人身、他人财产安全的不合理的危险；产品有保障人体健康和人身、财产安全的国家标准、行业标准的，是指不符合该标准。根据该法的有关规定，我国为产品缺陷的界定确立了两个标准：不合理危险标准和国家与行业强制性标准。一般认为，"不合理危险标准"是基本标准，而"国家与行业强制性标准"只是在相关产品具有相应标准时才予以适用。即如果产品违反了国家与行业有关保障人体健康和人身、财产安全的国家标准、行业标准的，该产品无疑存在不合理危险，是缺陷产品。因此，国家标准、行业标准也是判断产品缺陷最直接的标准。但是随着科技发展日新月异，有些标准难免具有滞后性。有的产品虽然符合国家、行业标准，但仍可能会存在某种不合理的危险。因此，在相关产品有国家、行业标准的情况下，"不符合有关国家标准、行业标准"只是作为判断产品是否存在缺陷的充分条件，而非必要条件，即如果某产品符合有关国家、行业标准，但存在不合理的危险的，仍属于缺陷产品。同时，如果国家对相关产品暂无保障人体健康和人身、财产安全的国家标准、行业标准，则以该产品是否存在不合理危险作为判断是否有缺陷的标准。

（二）缺陷的分类

一般而言，产品缺陷可以划分为以下三类：制造缺陷、设计缺陷和警示缺陷。

1. 制造缺陷。制造缺陷，又称为结构缺陷、生产缺陷，是指产品因工艺操作失误或质量管理不善而产生的不合理危险。制造缺陷中产品存在的不合理危险产生于产品的生产、制造过程中。如生产者选用了劣质的材料、配件，或者在安装、装配产品时存在错误等。存在制造缺陷的产品常常偏离了制造者对产品安全的预期，没有达到设计要求的相关标准。例如，假设生产的幼儿玩具制品，未按照设计要求采用安全的软性材料，而是使用了金属材料并带有锐角，危及幼儿人身安全，该产品即存在制造上的缺陷。

2. 设计缺陷。设计缺陷是指产品因设计不当产生的不合理危险。设计缺陷存在于有关设计者对产品预先形成的构思、方案、计划、图样中。如果存在设计缺陷，则该缺陷必定与产品相伴而生，该缺陷无法在生产、销售过程中予以克服。例如，使用瓦斯炉的火锅，因结构或安全系数设计上的不合理，有可能导致在正常使用中爆炸的，该产品即为存在设计缺陷的产品。

3. 警示缺陷。警示缺陷，也被称为指示缺陷或说明缺陷，是指产品因缺少必要的说明或者警告而对使用者构成的不合理危险。某些产品由于本身的特性而具有一定合理的危险性，这类产品即使在产品设计、制造过程中都无可挑剔，但如果缺少对用户、消费者必要的警示，则仍可能使产品处于危及使用者安全的缺陷状态。如果生产者对产品做出了合理的警示，则该产品不存在警示缺陷。例如，燃气热水器在一定条件下对使用者有一定的危险性，生产者应当采用适当的方式告知安全使用注意事项，如必须将热水器安装在浴室外空气流通的地方等。如果生产者没有明确告知，就可认为该产品存在不合理的危险。生产者的警示可以使使用者充分注意产品使用过程中的风险，从而降低产品的致损风险，警示还可促使使用者认真考虑是否冒一定风险选择使用特定的产品。对使用者的警示内容应该完整、准确，有关标记应该易于识别。

三、损害赔偿

（一）产品责任的当事人

产品责任的当事人包括赔偿权利人和赔偿义务人。赔偿权利人，即请求权人，是指依法有权要求获得损害赔偿的人。赔偿义务人，即责任主体，是指因自己或者他人的侵权行为依法应当承担责任的自然人、法人或者其他组织。

为了便于消费者行使权利，《产品质量法》给予消费者选择起诉对象的权利，并规定了生产者和销售者之间的连带责任。该法第43条规定，因产品存在缺陷造成人身、他人财产损害的，受害人可以向产品的生产者要求赔偿，也可以向产品的销售者要求赔偿。属于产品的生产者的责任，产品的销售者赔偿的，产品的销售者有权向产品的生产者追偿。属于产品的销售者的责任，产品的生产者赔偿的，产品的生产者有权向产品的销售者追偿。

（二）赔偿范围

1. 人身伤害的赔偿范围。因产品存在缺陷造成受害人人身伤害的，侵害人应当赔偿医疗费、治疗期间的护理费、因误工减少的收入等费用；造成残疾的，还应当支付残疾者生活自助具费、生活补助费、残疾赔偿金以及由其扶养的人所必需的生活费等费用；造成受害人死亡的，并应当支付丧葬费、死亡赔偿金以及由死者生前扶养的人所必需的生活费等费用。

2. 财产损害的赔偿范围。因产品存在缺陷造成受害人财产损失的，侵害人应当恢复原状或者折价赔偿。受害人因此遭受其他重大损失的，侵害人应当赔偿损失。

（三）免责条款

根据《产品质量法》的规定，生产者能够证明有下列情形之一的，不承担赔偿责任：

1. 未将产品投入流通的。"投入流通"包括任何形式的出售、出租、租赁以及抵押等。未投入流通即未对产品进行任何形式的出售、出租、租赁以及抵押等，如产品仍处于生产阶段或生产后的仓储阶段。根据这一规定，如果产品没有投入流通，即使该产品存在缺陷，也可以免除赔偿责任。

2. 产品投入流通时，引起损害的缺陷尚不存在的。这是指产品的缺陷不是生产者造成的，而是在产品进入流通之后出现的。在这种情况下，产品的缺陷是在销售或者消费环节由其他人造成的，因此生产者可以免除赔偿责任。

3. 将产品投入流通时的科学技术水平尚不能发现缺陷的存在的。这是指受产品投入流通时的科学技术水平的限制，生产者无法预知产品存在缺陷，也就无法预防这种缺陷。因此法律规定生产者可以免除赔偿责任。

（四）诉讼时效

因产品存在缺陷造成损害要求赔偿的诉讼时效期间为2年，自当事人知道或者应当知道其权益受到损害时起计算。

因产品存在缺陷造成损害要求赔偿的请求权，在造成损害的缺陷产品交付最初消费者满10年丧失，但是，尚未超过明示的安全使用期的除外。

第三节　产品质量监督

一、产品质量监督管理体制

我国确立了统一管理与分工管理、层次管理与地域管理相结合的产品质量监督管理体制。根据我国《产品质量法》第8条规定，国务院产品质量监督部门主管全国产品质量监督工作。国务院有关部门在各自的职责范围内负责产品质量监督工作。县级以上地方产品质量监督部门主管本行政区域内的产品质量监督工作。县级以上地方人民政府有关部门在各自的职责范围内负责产品质量监督工作。法律对产品质量的监督部门另有规定的，依照有关法律的规定执行。

这里"国务院产品质量监督部门"是指国家质量技术监督检验检疫总局。"县级以上地方产品质量监督部门"是指各省、自治区、直辖市人民政府的质量技术监督检验检疫局以及作为其直属机构的下级产品质量监督部门。"有关部门"是指各级卫生行政部门、劳动部门、商品检验部门等。

二、产品质量管理制度

为了保证产品质量，必须从产品生产、流通各环节督促产品经营者重视产品质量问题，并采取有效措施进行质量监控。为此，我国建立了一系列质量管理制度。

（一）产品质量抽查制度

产品质量抽查制度是国家对产品质量监管的基本制度之一。国家对产品质量实行以抽查为主要方式的监督检查制度，对可能危及人体健康和人身、财产安全的产品，影响国计民生的重要工业产品以及消费者、有关组织反映有质量问题的产品进行抽查。

抽查的样品应当在市场上或者企业成品仓库内的待销产品中随机抽取。监督抽查工作由国务院产品质量监督部门规划和组织。县级以上地方产品质量监督部门在本行政区域内也可以组织监督抽查。法律对产品质量的监督检查另有规定的，依照有关法律的规定执行。

为了防止增加企业的负担，检验抽取样品的数量不得超过检验的合理需要，并不得向被检查人收取检验费用。监督抽查所需检验费用按照国务院规定列支。

为了避免重复抽查，国家监督抽查的产品，地方不得另行重复抽查；上级监督抽查的产品，下级不得另行重复抽查。根据监督抽查的需要，可以对产品进行检验。

生产者、销售者对抽查检验的结果有异议的，可以自收到检验结果之日起15日内向实施监督抽查的产品质量监督部门或者其上级产品质量监督部门申请复检，由受理复检的产品质量监督部门做出复检结论。

（二）企业质量体系认证制度

企业质量体系认证是由独立的认证机构对企业的质量保证和质量管理能力所作的综合评定。《产品质量法》第 14 条第 1 款规定："国家根据国际通用的质量管理标准，推行企业质量体系认证制度。企业根据自愿原则可以向国务院产品质量监督部门认可的或者国务院产品质量监督部门授权的部门认可的认证机构申请企业质量体系认证。经认证合格的，由认证机构颁发企业质量体系认证证书。"根据这一规定，企业质量体系认证制度主要包括以下内容：

（1）认证依据。企业质量体系认证的依据为国际通用的质量管理标准，即由国际标准化组织推荐的 ISO9000 系列的国际标准。

（2）认证原则。企业质量体系认证的原则为自愿申请原则。由企业自主向有资格的认证机构提出申请，即是否申请认证由企业自主决定。

（3）认证机构。企业质量体系认证的机构须为有资格的认证机构，即必须是国务院产品质量监督部门认可的，或者是国务院产品质量监督部门授权的部门认可的机构予以认证。

（4）认证对象。企业质量体系认证的对象是企业质量体系，即包括企业的质量管理、质量保证能力的整体水平。认证机构颁发的企业质量体系认证证书，其标志只能用在企业上，不能用在产品上。

企业质量体系认证是一种自愿性认证。其认证程序为：首先，由企业提出申请，提交认证申请书并和认证机构签署认证协议书；其次，由认证机构进行审核，审核包括文件审核和现场审核，审核活动直至每一个项目符合要求为止；最后，由认证机构对符合要求的企业进行注册，颁发企业质量体系认证证书。

目前，质量体系认证在全世界得到广泛的推行。对消费者来说，质量体系认证能够帮助消费者了解企业的质量保证能力，提高对企业的信任，有利于帮助消费者选择合适的企业，购买到优质满意的产品。对企业来说，质量体系认证能帮助企业提高产品质量保证能力，保证产品质量的稳定，提高企业整体质量管理素质，从而提高在市场中的质量竞争能力。对国家来说，质量体系认证能促进市场的质量竞争，引导企业加强内部质量管理，稳定和提高产品质量，帮助企业提升质量竞争能力，维护用户和消费者的权益，避免因重复检查与评定而给社会造成浪费。随着市场竞争的日益激烈，企业质量体系认证作为提高企业管理水平和信誉的一种手段，已经被越来越多的企业接受。

（三）产品质量认证制度

产品质量认证是依据产品标准和相应的技术要求，由独立的认证机构确认某一产品符合相应标准和相应技术要求的活动。国家参照国际先进的产品标准和技术要求，推行产品质量认证制度。企业根据自愿原则可以向国务院产品质量监督部门认可的或者国务院产品质量监督部门授权的部门认可的认证机构申请产品质量认证。

根据认证所涉及的内容，产品质量认证可以分为安全认证和合格认证两种。安全认证是以安全标准为依据进行的认证或者只对产品安全性能进行的认证。例如国际上著名的美国 UL 安全认证标志。而合格认证是指对产品的全部性能或者要求进行的认证。

按照认证是否由企业自主选择，产品质量认证可以分为自愿性产品认证和强制性产品认证。自愿性产品认证是指由生产企业自愿提出申请，并由认证机构根据相应的标准对其产品所进行的认证。该认证的自愿性体现在：①企业自愿决定是否申请质量认证；②企业自愿选择认证的机构，包括国内或国外的认证机构等；③企业自主选择认证的标准。而强制性产品认证是指根据我国的强制性产品认证制度的有关规定对特定产品所进行的认证。根据《强制性产品认证管理规定》的有关规定，国家对涉及人类健康和安全、动植物生命和健康以及环境保护和公共安全的产品实行强制性认证制度，对一般工业产品实行自愿认证。2001年 12 月，国家质检总局和国家认证认可监督管理委员会发布第一批强制性产品认证的产品目录，共 19 类 132 种产品，如电器、玩具、建筑材料、压力容器、防护用品、汽车、摩托车、汽车用安全玻璃等。属于强制性产品认证的相关产品通过认证后取得强制性产品认证证书，并在产品上使用强制性产品认证标志，标志名称为"中国强制认证"，英文缩写为 CCC（China Compulsory Certification），简称"3C"。

图 9 - 3 - 1 强制认证标志

经认证合格的，由认证机构颁发产品质量认证证书，准许企业在产品或者其包装上使用产品质量认证标志。我国目前已经批准的产品质量认证标志有方圆标志、长城标志和 PRC 标志等。产品质量认证由依法设立的社会中介机构进行认证，认证机构必须经国务院产品质量监督部门认可或者经国务院产品质量监督部门授权的部门认可。取得认证证书的产品准许在产品或其包装上使用规定的标志。不符合认证标准的产品或未经认证的产品，不得使用所规定的认证标志。同时，产品质量认证机构应当依照国家规定对准许使用认证标志的产品进行认证后的跟踪检查；对不符合认证标准而使用认证标志的，要求其改正；情节严重的，取消其使用认证标志的资格。

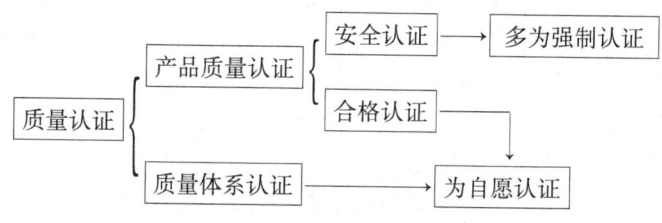

图 9 - 3 - 2 质量认证的分类

产品质量认证是国际上通行的提高产品与服务质量的有效方法。通过进行产品质量认证，可以提高产品信誉，增强产品竞争能力，特别是在国际贸易中，获得国际权威认证机构认证，可以扩大和促进产品出口，提高产品在国际市场上的地位。产品质量认证标志向社会和消费者提供了产品质量的明示保证，它代表了产品质量的信誉，所以产品质量认证制度实际上是一种提高产品信誉的标志制度。

（四）质量状况信息发布制度及社会监督制度

1. 质量状况信息发布制度。为了保证质量监督管理工作公开、透明，使社会公众及时了解产品质量状况，引导和督促市场经营主体切实提高产品质量，《产品质量法》第 24 条规定："国务院和省、自治区、直辖市人民政府的产品质量监督部门应当定期发布其监督抽查的产品的质量状况公告。"

2. 社会监督制度。

（1）消费者个人的监督权。消费者有权就产品质量问题，向产品的生产者、销售者查询；有权向产品质量监督部门、工商行政管理部门及其他有关部门申诉，接受申诉的部门应当负责处理。

（2）社会组织的监督权。保护消费者权益的社会组织可以就消费者反映的产品质量问题建议有关部门负责处理，支持消费者对因产品质量造成的损害向人民法院起诉。

（3）检举权。任何单位和个人均有权对违反《产品质量法》规定的行为，向产品质量监督部门或者其他有关部门检举，产品质量监督部门和有关部门应当为检举人保密，并按照省、自治区、直辖市人民政府的规定给予奖励。

三、产品质量检验、认证机构

产品质量检验机构是指专门承担产品质量检验工作的法定技术机构。其分为两类：一类是依法设置的县级以上政府技术监督部门所属的产品质量检验所；另一类是经授权依法从事产品质量检验的机构，如由省级以上技术监督部门授权的国家级产品质量监督检验中心、产品质量监督检验站等。

产品质量检验机构必须具备相应的检测条件和能力，经省级以上人民政府产品质量监督部门或者其授权的部门考核合格后，方可承担产品质量检验工作。法律、行政法规另有规定的，按照其规定执行。

产品质量认证工作应由专门的机构进行，我国的产品质量认证是由专门的认证委员会完成的，认证委员会在国务院认证认可监督管理部门的统一管理下，以独立于生产者、销售者的第三方身份开展认证活动。根据认证认可条例的规定，设立认证机构，应当经国务院认证认可监督管理部门批准，并依法取得法人资格后，方可从事批准范围内的认证活动。未经批准，任何单位和个人不得从事认证活动。

从事产品质量检验、认证的社会中介机构必须依法设立，不得与行政机关和其他国家机关存在隶属关系或者其他利益关系。同时，产品质量检验、认证机构必须依法按照有关标准，客观、公正地出具检验结果或者认证证明。

第四节　生产者、销售者的产品质量义务

一、生产者的产品质量义务

生产者的产品质量义务包括作为义务和不作为义务。

（一）作为义务

生产者应当对其生产的产品质量负责。

1. 产品质量应符合下列要求：

（1）不存在危及人身、财产安全的不合理的危险，有保障人体健康和人身、财产安全的国家标准、行业标准的，应当符合该标准。

（2）具备产品应当具备的使用性能，但是，对产品存在使用性能的瑕疵作出说明的除外。

（3）符合在产品或者其包装上注明采用的产品标准，符合以产品说明、实物样品等方式表明的质量状况。

2. 产品或者其包装上的标识必须真实，并符合下列要求：

（1）有产品质量检验合格证明。

（2）有中文标明的产品名称、生产厂家的厂名和厂址。

（3）根据产品的特点和使用要求，需要标明产品规格、等级、所含主要成份的名称和含量的，用中文相应予以标明；需要事先让消费者知晓的，应当在外包装上标明，或者预先向消费者提供有关资料。

（4）限期使用的产品，应当在显著位置清晰地标明生产日期和安全使用期或者失效日期。

（5）使用不当，容易造成产品本身损坏或者可能危及人身、财产安全的产品，应当有警示标志或者中文警示说明。裸装的食品和其他根据产品的特点难以附加标识的裸装产品，可以不附加产品标识。

3. 特殊产品的包装要求。易碎、易燃、易爆、有毒、有腐蚀性、有放射性等危险物品以及储运中不能倒置和其他有特殊要求的产品，其包装质量必须符合相应要求，依照国家有关规定做出警示标志或者中文警示说明，标明储运注意事项。

（二）不作为义务

（1）不得生产国家明令淘汰的产品。"国家明令淘汰的产品"是指国家行政部门通过颁布文件或命令等形式，宣布一律不得进口、生产和销售的产品。这些产品通常是那些违反国家法律法规、生产方式落后、产品质量低劣、环境污染严重、原材料和能源消耗高的落后产品。

（2）不得伪造产地，不得伪造或者冒用他人的厂名、厂址。

（3）不得伪造或者冒用认证标志等质量标志。

（4）不得掺杂、掺假，不得以假充真、以次充好，不得以不合格产品冒充合格产品。

二、销售者的产品质量义务

（一）进货验收义务

销售者应当建立并执行进货检查验收制度。严格执行进货检查验收制度，可以防止不合格产品进入市场，可以为准确判断和区分生产者及销售者的产品质量责任提供依据。

（二）保持产品质量的义务

销售者进货后应对保持产品质量负责，以防止产品变质、腐烂、丧失或降低使用性能，产生危害人身、财产的瑕疵等。如果进货时的产品符合质量要求，销售时发生质量问题的，销售者应当承担相应的责任。

（三）有关产品标识的义务

销售者在销售产品时，应保证产品标识符合《产品质量法》对产品标识的要求，符合进货时验收的状态，不得更改、覆盖、涂抹产品标识，以保证产品标识的真实性。

（四）不得违反法律禁止性规范

（1）不得销售国家明令淘汰并停止销售的产品和失效、变质的产品。

（2）不得伪造产地，不得伪造或者冒用他人的厂名、厂址。

（3）不得伪造或者冒用认证标志、名优标志等质量标志。

（4）不得掺杂、掺假，不得以假充真、以次充好，不得以不合格产品冒充合格产品。

第五节　违反产品质量法的法律责任及争议处理

产品生产者、销售者及相关经营者、行政机构等违反《产品质量法》的规定，不履行法律规定的义务所应承担的法律后果称为产品质量责任。该责任包括民事责任、行政责任和刑事责任。

一、生产者、销售者的法律责任

（一）生产者、销售者的民事责任

因产品存在缺陷造成人身、缺陷产品以外的其他财产损害的，除法定免责情形外，生产者应当承担赔偿责任。由于销售者的过错使产品存在缺陷，造成人身、他人财产损害的，销售者应当承担赔偿责任。

因产品存在缺陷造成人身、他人财产损害的，受害人可以向产品的生产者要求赔偿，也可以向产品的销售者要求赔偿。属于产品的生产者的责任，产品的销售者赔偿的，产品的销售者有权向产品的生产者追偿。属于产品销售者的责任，产品的生产者赔偿的，产品的生产者有权向产品的销售者追偿。

售出的产品有下列情形之一的，销售者应当负责修理、更换、退货；给购买产品的消费者造成损失的，销售者应当赔偿损失：①不具备产品应当具备的使用性能而事先未作说明的；②不符合在产品或者其包装上注明采用的产品标准的；③不符合以产品说明、实物样品等方式表明的质量状况的。

销售者依照规定负责修理、更换、退货、赔偿损失后，属于生产者的责任或者属于向销售者提供产品的其他销售者的责任的，销售者有权向生产者、供货者追偿。销售者不能指明缺陷产品的生产者也不能指明缺陷产品的供货者的，销售者应当承担赔偿责任。

（二）生产者、销售者的行政责任

（1）生产、销售不符合保障人体健康和人身、财产安全的国家标准、行业标准的产品的，责令停止生产、销售，没收违法生产、销售的产品，并处违法生产、销售产品（包括已售出和未售出的产品，下同）货值金额等值以上3倍以下的罚款；有违法所得的，并处没收违法所得；情节严重的，吊销营业执照。

（2）在产品中掺杂、掺假，以假充真，以次充好，或者以不合格产品冒充合格产品的，责令停止生产、销售、没收违法生产、销售的产品，并处违法生产、销售产品货值金额50%以上3倍以下的罚款；有违法所得的，并处没收违法所得；情节严重的，吊销营业执照。

（3）生产国家明令淘汰的产品的、销售国家明令淘汰并停止销售的产品的，责令停止生产、销售、没收违法生产、销售的产品，并处违法生产、销售产品货值金额等值以下的罚款；有违法所得的，并处没收违法所得；情节严重的，吊销营业执照。

（4）销售失效、变质的产品的，责令停止销售，没收违法销售的产品，并处违法生产、销售产品货值金额2倍以下的罚款；有违法所得的，并处没收违法所得；情节严重的，吊销营业执照。

（5）伪造产品产地的，伪造或者冒用他人厂名、厂址的，伪造或者冒用认证标志等质量标志的，责令改正，没收违法生产、销售的产品，并处违法生产、销售产品货值金额等值以下的罚款；有违法所得的，并处没收违法所得；情节严重的，吊销营业执照。

（6）产品标识不符合法律规定的，责令改正；有包装的产品标识不符合法律规定，情节严重的，责令停止生产、销售，并处违法生产、销售产品货值金额30%以下的罚款；有违法所得的，并处没收违法所得。

（7）拒绝接受依法进行的产品质量监督检查的，给予警告、责令改正；拒不改正的，责令停业整顿；情节特别严重的，吊销营业执照。

（8）隐匿、转移、变卖、损毁被产品质量监督部门或者工商行政管理部门查封、扣押的物品的，处被隐匿、转移、变卖、损毁物品货值金额等值以上 3 倍以下的罚款；有违法所得的，并处没收违法所得。

销售者销售以上第 1~6 项中禁止销售的产品，有充分证据证明其不知道该产品为禁止销售的产品并如实说明进货来源的，可以从轻或者减轻处罚。

行政处罚的种类包括责令停止违法行为、没收违法所得、罚款、吊销营业执照等。生产者、销售者违反《产品质量法》有关规定的行政处罚由产品质量监督部门或工商行政管理部门按照国务院规定的职权范围根据具体情节决定处罚的种类及单处还是并处。其中，吊销营业执照的行政处罚由工商行政管理部门决定。法律、行政法规对行使行政处罚权的机关另有规定的，依照有关法律、行政法规的规定执行。应当承担民事赔偿责任和缴纳罚款、罚金的，其财产不足以同时支付时，先承担民事赔偿责任。

（三）生产者、销售者的刑事责任

《产品质量法》规定，生产者、销售者实施下列违法行为，构成犯罪的，依法追究刑事责任：

（1）生产、销售不符合保障人体健康和人身、财产安全的国家标准、行业标准的产品的。

（2）在产品中掺杂、掺假，以假充真，以次充好，或者以不合格产品冒充合格产品的。

（3）销售失效、变质的产品的。

二、产品质量监督部门及相关行政部门的法律责任

（一）有关工作人员的责任

各级人民政府工作人员和其他国家机关工作人员有下列情形之一的，依法给予行政处分；构成犯罪的，依法追究刑事责任：

（1）包庇、放纵产品生产、销售中违反《产品质量法》规定行为的。

（2）向从事违反《产品质量法》规定的生产、销售活动的当事人通风报信，帮助其逃避查处的。

（3）阻挠、干预产品质量监督部门或者工商行政管理部门依法对产品生产、销售中违反《产品质量法》规定的行为进行查处，造成严重后果的。

（二）产品质量监督部门的法律责任

（1）产品质量监督部门在产品质量监督抽查中超过规定的数量索取样品或者向被检查人收取检验费用的，由上级产品质量监督部门或者监察机关责令退还；情节严重的，对直接负责的主管人员和其他直接责任人员依法给予行政处分。

（2）产品质量监督部门或者其他国家机关违反《产品质量法》第 25 条的规

定，向社会推荐生产者的产品或者以监制、监销等方式参与产品经营活动的，由其上级机关或者监察机关责令改正，消除影响，有违法收入的予以没收；情节严重的，对直接负责的主管人员和其他直接责任人员依法给予行政处分。产品质量检验机构有前款所列违法行为的，由产品质量监督部门责令改正，消除影响，有违法收入的予以没收，可以并处违法收入1倍以下的罚款；情节严重的，撤销其质量检验资格。

（3）产品质量监督部门或者工商行政管理部门的工作人员滥用职权、玩忽职守、徇私舞弊，构成犯罪的，依法追究刑事责任；尚不构成犯罪的，依法给予行政处分。

三、社会团体、社会中介机构的法律责任

（一）检验机构及认证机构的法律责任

产品质量检验机构、认证机构伪造检验结果或者出具虚假证明的，责令改正，对单位处5万元以上10万元以下的罚款，对直接负责的主管人员和其他直接责任人员处1万元以上5万元以下的罚款；有违法所得的，并处没收违法所得；情节严重的，取消其检验资格、认证资格；构成犯罪的，依法追究刑事责任。

产品质量检验机构、认证机构出具的检验结果或者证明不实，造成损失的，应当承担相应的赔偿责任；造成重大损失的，撤销其检验资格、认证资格。

产品质量认证机构违反《产品质量法》第21条第2款的规定，对不符合认证标准而使用认证标志的产品，未依法要求其改正或者取消其使用认证标志资格的，对因产品不符合认证标准给消费者造成的损失，与产品的生产者、销售者承担连带责任；情节严重的，撤销其认证资格。

（二）社会团体、社会中介机构的法律责任

社会团体、社会中介机构对产品质量作出承诺、保证，而该产品又不符合其承诺、保证的质量要求，给消费者造成损失的，与产品的生产者、销售者承担连带责任。

四、其他相关人的违法行为及责任

为了更好地促进企业提供产品质量，维护正常的社会经济秩序，《产品质量法》在对产品的生产者、销售者、产品质量监督机构及相关检验、认证机构的行为进行规范的同时，还规定了其他相关的组织及个人的法律责任。对知道或者应当知道属于《产品质量法》中规定禁止生产、销售的产品而为其提供运输、保管、仓储等便利条件的，或者为以假充真的产品提供制假生产技术的，没收全部运输、保管、仓储或者提供制假生产技术的收入，并处违法收入50%以上3倍以下的罚款；构成犯罪的，依法追究刑事责任。

服务业的经营者将《产品质量法》中规定禁止销售的产品用于经营性服务的，责令停止使用；对知道或者应当知道所使用的产品属于《产品质量法》中规定禁止销售的产品的，按照违法使用的产品（包括已使用和尚未使用的产品）的货值金额，依照该法对销售者的处罚规定处罚。

五、产品质量争议处理

我国《产品质量法》第 47 条规定："因产品质量发生民事纠纷时，当事人可以通过协商或者调解解决。当事人不愿通过协商、调解解决或者协商、调解不成的，可以根据当事人各方的协议向仲裁机构申请仲裁；当事人各方没有达成仲裁协议或者仲裁协议无效的，可以直接向人民法院起诉。"该条款明确规定了解决产品质量争议的四种途径，即协商、调解、仲裁、诉讼。

对于产品质量问题的行政争议，即不服行政处罚决定的，可通过行政复议或者行政诉讼的程序处理。当事人对行政处罚决定不服的，可以自接到处罚通知之日起 15 日内向作出处罚决定的机关的上一级机关申请复议；当事人也可以自接到处罚通知之日起 15 日内直接向人民法院起诉。复议机关应当自接到复议申请之日起 60 日内作出复议决定。当事人对复议决定不服的，可以自接到复议决定之日起 15 日内向人民法院起诉。复议机关逾期不作出复议决定的，当事人可以自复议期满之日起 15 日内向人民法院起诉。当事人逾期不申请复议也不向人民法院起诉，又不履行处罚决定的，作出处罚决定的机关可以申请人民法院强制执行。

引例解析

依据我国《产品质量法》的规定，因产品存在缺陷造成人身、他人财产损害的，受害人可以向产品的生产者要求赔偿，也可以向产品的销售者要求赔偿。因此，法院判定两被告要对李某的人身以及财产所受到的损失共同承担连带责任，符合我国相关法律的规定。

思考题

1. 《产品质量法》适用于哪些产品？
2. 如何界定产品缺陷？产品缺陷有哪些类型？
3. 我国的产品质量监督制度主要有哪些？
4. 生产者的产品质量义务是什么？销售者的产品质量义务是什么？

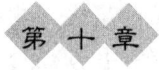

消费者权益保护法

❖ **引例**

2005 年 5 月 22 日，某咨询公司市场主管高某在进入敦煌公司开办的"The Den"酒吧时，酒吧工作人员因"面容不太好，怕影响店中生意"而拒绝其入内。2005 年 7 月，高某向北京市朝阳区人民法院提起诉讼，认为酒吧工作人员的行为侵害了其人格尊严，给其造成极大精神伤害，要求被告赔偿精神损失费 5 万元及经济损失 2847 元，并公开赔礼道歉。

☞ **要点**

消费者；消费者基本权利；消费者协会；违反消费者权益保护法的法律责任

第一节　消费者权益保护法概述

一、消费者权益保护法的立法宗旨及适用范围

（一）《消费者权益保护法》的立法宗旨

消费者权益保护法是调整在保护消费者权益过程中发生的社会关系的法律规范的总称。消费者权益保护法有广义和狭义之分。狭义的消费者权益保护法仅指 1993 年 10 月 31 日第八届全国人大常委会第四次会议通过，1994 年 1 月 1 日起施行的《中华人民共和国消费者权益保护法》，该法是我国保护消费者权益的基本法。广义的消费者权益保护法则包括所有有关保护消费者权益的法律、法规，具体来讲，除《消费者权益保护法》外，还包括《反不正当竞争法》、《产品质量法》、《商标法》、《广告法》、《标准化法》、《食品卫生法》、《药品管理法》等法律法规中有关保护消费者权益的内容。《消费者权益保护法》的立法宗旨是通过制定保护消费者的专门法律，保护消费者的合法权益，维护社会经济秩序，促进社会主义市场经济的健康发展。

（二）《消费者权益保护法》的适用范围

我国《消费者权益保护法》规定："消费者为生活消费需要购买、使用商品或者接受服务，其权益受本法保护；本法未做规定的，受其他有关法律、法规保护。"另外，"农民购买、使用直接用于农业生产的生产资料，参照本法执行"。

消费者是指为了满足个人生活消费需要而购买、使用商品或接受服务的自然人。消费者既包括为了满足个人或家庭生活需要而购买商品或接受服务的人，也包括使用他人购买的商品或接受由他人支付费用的服务的人。消费者进行消费的方式必须通过公开的市场交易，一般是通过支付等同于商品、服务价格的货币而实现的，同时还可以通过提供其他形式的代价（如劳力、提供便利条件等）来实现消费目的。至于不支付任何代价而由经营者赠与的商品或服务，也属于受消费者权益保护法保护的消费方式。但法律禁止购买、使用的商品和禁止接受的服务，不在此列。

二、消费者权益保护法的基本原则

（一）实质公正原则

实质公正，是指立法中的公正原则在社会现实中得到真实、客观的落实。《消费者权益保护法》规定，经营者与消费者进行交易应当遵循自愿、平等、公平、诚实信用的原则，依法进行交易。但是，经营者往往利用技术、管理、信息等专长和优势，违背消费者意愿进行交易，造成立法原则和规则难以体现。因此，坚持实质公正原则，有利于切实贯彻立法精神，保护消费者合法权益，维护社会经济秩序。

（二）消费者权益特别保护原则

在市场的消费活动中，消费者因缺乏有关知识、信息以及人格缺陷、受控制等因素，始终处于弱者的地位，其合法权益很容易被经营者所侵害。为了平衡这种不合理局面，我国《消费者权益保护法》赋予了消费者9项权利，规定了经营者诸多的义务，使消费者的权益得到了充分的保护，使双方的力量得到了有效平衡，以此保护弱者，抑制不法经营行为。

（三）全社会共同保护原则

基于消费者的特殊地位，我国《消费者权益保护法》规定："保护消费者的合法权益是全社会的共同责任，国家鼓励、支持一切组织和个人对损害消费者合法权益的行为进行社会监督。大众传播媒介应当做好维护消费者合法权益的宣传，对损害消费者合法权益的行为进行舆论监督。"社会保护是国家保护的必要补充，只有建立起全社会共同保护消费者权益的保护机制，才能使消费者的合法权益得到最充分、最有效的保护。

（四）促进市场经济健康发展原则

保护消费者合法权益是《消费者权益保护法》的首要目的，但不是唯一目的。还要通过保护消费者合法权益以促进经营者规范经营，达到市场健康发展的最终目的。经济健康发展与保护消费者合法权益是相辅相成的，要发展就要保护，保护也会促进发展。所以，在《消费者权益保护法》的执行、适用、遵守过程中应全面综合考虑，以维护市场的正常运行，促进经济发展。

三、消费者权益保护法的产生和发展

消费者权益，是指消费者依法享有的权利及该权利受到保护时能给消费者带来的应得利益。消费者权益的产生是伴随着商品经济的发展而产生的。市场竞争的日益激烈，使消费者的权益成了不法经营者的牺牲品，经营者出售不符合安全标准的商品或进行欺诈等违法行为侵犯消费者权利和利益。1936年全世界第一个消费者组织在美国诞生即美国消费者联盟，对消费者权益保护的立法、执法、司法以及守法产生了重要的影响。

1960年，成立了国际消费者联盟组织（International Organization of Consumers Unions，简称 IOCU）该组织不隶属于任何政府机构，是完全独立的非营利性组织，其宗旨是在世界范围内协助并积极推动各国消费者组织及政府努力做好保护消费者利益的工作；促进对消费服务进行比较、试验的国际合作；促进消费信息、消费教育和保护消费者方面的其他各种国际合作；收集、交流各国保护消费者法规及惯例；为各国家集团讨论有关消费者利益问题解决办法提供讲坛；出版有关消费者信息的资料；与联合国的相关机构及其他国际团体保持有效的联系，以起到能在国际范围内代表消费者利益的作用；通过联合国的机构和其它可行的方式，对发展中国家关于消费者教育和保护的发展计划给予一切实际的援助和鼓励。

1962年3月15日，时任美国总统约翰·肯尼迪在美国国会发表《关于保护消费者利益的总统特别咨文》首次提出了著名的消费者的"四项权利"，即：获得安全保障权、获得正确资料权、自由决定选择权和提出消费意见权。自从肯尼迪提出的这四项权利之后，消费者权利逐渐为世界各国消费者组织所公认，并得到了内容上的不断发展。

1983年，国际消费者联盟组织确定每年的3月15日为"国际消费者权益日"。

我国消费者权益保护工作始于20世纪80年代。1984年12月中国消费者协会由国务院批准成立。随后，各省、市、县的各级消费者协会也相继成立。中国消费者协会于1987年9月被国际消费者联盟组织接纳为正式会员。中国加入WTO之后，消费者权益的保护在我国有了长足的发展，消费者权益保护意识和能力也日益增强。

第二节　消费者的权利与经营者的义务

一、消费者的权利

消费者权利，是指由国家法律所确认的，在消费领域消费者能够作出或不作

出一定行为，以及相应地要求经营者作出或不作出一定行为的许可和保障。消费者的具体权利如下：

（一）安全保障权

安全保障权是指消费者在购买、使用商品和接受服务时所享有的保障其人身、财产安全不受损害的权利。安全权是消费者最基本的权利，包括人身安全权和财产安全权。人身安全权是指消费者保持身体健康和生命安全，使其免遭商品和服务侵害的权利。财产安全权是指消费者在消费商品或者服务时，其财产权免遭商品和服务侵害的权利。为保障消费者安全权的实现，经营者应当做到：①经营者提供的商品应具有合理的安全性，不得提供有可能对消费者人身及财产造成损害的不合格产品或服务；②经营者提供的服务必须有可靠的安全保障；③经营者提供的消费场所应当具有必要的安全保障。

消费者安全保障权主要是通过国家制定卫生、安全等标准，并加强监督检查来实现的。

（二）知悉真情权

知悉真情权，是指对于经营者提供的商品或服务，消费者有了解、知悉其相关真实情况的权利。消费者有权根据商品或者服务的不同情况，要求经营者提供商品的价格、产地、生产者、用途、性能、规格、等级、主要成份、生产日期、有效期限、检验合格证明、使用方法说明书、售后服务，或者服务的内容、规格、费用等有关情况。知悉真情权是消费者购买、使用商品或接受服务的前提，应当得到经营者的尊重。消费者因被欺诈或引人误解的宣传而与经营者交易的，有权主张该交易行为无效。

（三）自主选择权

自主选择权，是指消费者在消费时有根据自己的意愿去选择商品或服务的权利。这一权利的行使应建立在对商品或服务充分了解的基础上，具体包括以下方面：首先，消费者有权自由选择提供消费的经营者；其次，消费者有权选择商品的品种或服务的方式；再次，消费者有权自主决定购买或者不购买任何一种商品、接受或者不接受任何一项服务；最后，消费者有权对商品或服务进行比较、鉴别和挑选。

（四）公平交易权

公平交易权，是指消费者在进行消费行为时，有权获得质量保障、价格合理以及计量正确等公平交易条件，同时消费者有权拒绝经营者的强制交易行为。公平交易的核心是消费者以一定数量的货币可换得同等价值的商品或服务，这也是实际衡量消费者的利益是否得到保护的重要标志。此外，公平交易权还体现在交易双方的地位、商品或服务的计量、质量、交易的性质等方面。这些都需要经营者以诚实信用为原则，以消费者安全为前提，以平等互利为条件，以满足消费者需求为内容的经营理念来进行商业行为。因此，经营者应当以诚信为本，避免欺诈、胁迫、乘人之危等不公平交易行为。

（五）依法求偿权

依法求偿权，指消费者因购买、使用商品或接受服务受到人身、财产损害时，享有依法获得赔偿的权利。求偿权是对消费者损失的一种补救，也是对违规经营者的制裁，求偿权的范围包括人身损害和财产损害两个方面。求偿权的具体实现途径将在第四节中详细叙述。

（六）依法结社权

依法结社权，是指消费者享有的依法成立维护自身合法权益的社会团体的权利。目前我国这种社会团体主要是消费者协会。消费者的结社权是国际社会共同认可的权利，它能够使消费者从分散、弱小走向集中和强大，并通过集体的力量来改变自己的弱小地位，以此与实力雄厚的经营者相抗衡。因此，对消费者的依法结社权应予以保障，政府在制定有关消费者方面的政策和法律时，还应向消费者团体征求意见，以求更好地保护消费者权利。

（七）接受教育权

接受教育权，也称获取知识权，是从知悉真情权中引申出来的一种消费者权利，它是消费者所享有的获得有关消费和消费者权益保护方面知识的权利。此项权利中消费知识的来源不仅限于经营者，还包括消费者协会、相应的行政机关、其他社会机构或成员。但经营者是主要来源，如商品或服务的相关知识或说明；商品或服务的使用技巧、禁忌、注意事项等内容，同时相应的社会机构应当为消费者提供消费者权益保护的相关知识，还应当为消费者提供消费咨询的平台，尽可能地提高消费者的法律意识和安全意识。

（八）获得尊重权

获得尊重权，是指消费者在购买、使用商品和接受服务时所享有的其人格尊严、民族风俗习惯得到尊重的权利。尊重消费者的人格尊严和民族习俗，是社会文明进步的表现，也是尊重和保障人权的重要内容。消费者的受尊重权分为消费者的人格尊严受尊重和民族风俗习惯受尊重两部分。前者主要是指消费者在购买、使用商品和接受服务时所享有的姓名、名誉、荣誉、肖像等人格尊严不受侵犯的权利。后者是指消费者在消费时其民族风俗习惯不受歧视、不受侵犯，经营者应当对其予以充分的尊重和理解。

（九）监督批评权

监督批评权，是指消费者对经营者提供的商品或服务有检举、控告的权利和对保护消费者权益的工作有批评建议的权利。此项权利是消费者对经营者和国家机关及其工作人员享有的法定权利，其前提是经营者有侵害消费者权益的行为以及国家机关及其工作人员在保护消费者权益工作中有违法失职的行为，就此消费者有检举控告和批评建议的权利。

二、经营者的义务

经营者的义务与消费者的权利是对立统一的概念，是指根据法律规定或者消费者与经营者的约定，在消费过程中经营者必须对消费者作出一定行为或者不作出一定行为的约束。经营者负有以下义务：

（一）守法经营

遵守法律是经营者进行经营行为最基本的义务，指经营者向消费者提供商品或服务，应当依照我国的《产品质量法》和其他有关法律、法规的规定履行义务，即经营者必须依法履行其法定义务。此外，经营者和消费者有约定的，应当按照约定履行义务，但双方的约定不得违背法律、法规的规定。

（二）接受监督

经营者的经营行为应当接受消费者的监督，经营者应当听取消费者对其提供的商品或者服务的意见。对于经营者的监督还包括对经营者侵害消费者利益行为的检举控告。法律规定经营者的此项义务，有利于提高消费者的地位。一般来说，消费者对经营者的监督属于狭义监督，广义监督还包括相关行政机关以及消费者协会、新闻媒体等社会机构的监督。

（三）保障安全

保障消费者人身、财产安全是经营者经营行为的前提，安全权亦是消费者最基本的权利，这一权利要得到实现，就必须要求经营者提供的商品和服务具有可靠的安全性。首先，经营者应当保证其提供的商品或者服务符合保障人身、财产安全的要求；其次，经营者对可能危及人身、财产安全的商品和服务，应当向消费者作出真实的说明和明确的警示，并说明和标明正确使用商品或者接受服务的方法以及防止危害发生的方法；最后，经营者发现其提供的商品或者服务存在严重缺陷，即使正确使用商品或者接受服务仍然可能对人身、财产安全造成危害的，应当立即向有关行政部门报告和告知消费者，并采取防止危害发生的措施。

（四）提供真实信息

提供真实信息义务，是指经营者向消费者提供真实商品和服务信息的义务，它包括三个方面：①经营者应当向消费者提供有关商品或者服务的真实信息，不得作引人误解的虚假宣传；②经营者对消费者就其提供的商品或者服务的质量和使用方法等问题提出的询问，应当作出真实、明确的答复，不得有欺骗、误导的行为；③经营者提供商品应当明码标价，并置于醒目位置。

（五）标明真实名称和标记

经营者的名称，是其法律人格的体现。经营者的标记一般表现为企业的商标、本企业的形象设计等方面。它们共同承载着经营者的商誉，是经营者的无形财产。经营者应当在其所提供的商品或服务的包装或说明上标明其真实名称和标记，对于承租他人柜台或者场地的经营者，也应当在醒目位置标明其真实姓名和标记。规定经营者的此项义务有两方面的意义：①有利于消费者作出正确的判断、选择，避免上当受骗；②便于消费者救济。

（六）出具凭证或单据

经营者提供商品或者服务，应当按照国家有关规定或者商业惯例向消费者出具购货凭证或者服务单据；消费者索要购货凭证或者服务单据的，经营者必须出具。出具凭证或单据既可以反映经营者的经营活动，也有利于国家的管理，更重要的是可以反映经营者与消费者之间的消费关系，即可以反映出二者的权利义务关系。

（七）质量保证

经营者对于自己提供的商品或服务，一般应当保证在消费者正常使用的情况下其所应当具有的质量、性能、用途和有效期限，但是如果消费者在购买该商品或者接受该服务前已经知道其存在瑕疵的除外。经营者以广告、产品说明、实物样品或者其他方式表明商品或者服务的质量状况的，应当保证其提供的商品或者服务的实际质量与表明的质量状况相符。

（八）公平交易

经营者在经营活动中不得以格式合同、通知、声明、店堂告示等方式作出对消费者不公平、不合理的规定，或者减轻、免除其损害消费者合法权益应当承担的民事责任。对于格式合同、通知、声明、店堂告示等含有以上所列内容的，其内容无效。

经营者对于自己提供的商品或者服务，按照国家规定或者与消费者的约定，应承担三包责任（包修、包换、包退）或者其他责任的，应当按照国家规定或者与消费者的约定履行，不得故意拖延或者无理拒绝。

（九）尊重消费者人格

尊重消费者人格尊严的义务，是与消费者的人格尊严受尊重权相对应的。经营者在经营活动中应做到以下几点：首先，不得对消费者进行侮辱、诽谤，情节严重的应承担相应责任；其次，不得搜查消费者的身体及其携带的物品，必要时可寻求公安机关帮助；最后，不得侵犯消费者的人身自由，构成犯罪的应承担刑事责任。

【案例】2003 年 11 月某日，袁某和儿子到本区的百货商场电器柜台买收放机。袁某想买一个功能全质量好的收放机，但又不太懂这方面的知识，于是就请售货员帮助推荐一下。女售货员立即热情地拿出某牌收放机，说这种收放机功能全音质好，价钱还不算太高，买的人很多。袁某信以为真，没有认真检查便付款买了一台。回到家中，袁某的儿子根据说明书的介绍开始用该收放机学习英语。使用中发现，该收放机缺少自动倒带功能，而且有个按钮刚用上一天就已不太灵敏。看来，这台收放机的功能和质量同女售货员所介绍的不太一样。于是，袁某急匆匆赶到百货商场，找到那位女售货员要求退货。售货员往墙上一指说："你看，我们商场墙上贴着告示，上面写着'商品售出，概不退换'。我没法给你退货！"袁某一气之下便向法院提起诉讼。

【解析】《消费者权益保护法》第24条规定："经营者不得以格式合同、通知、声明、店堂告示等方式做出对消费者不公平、不合理的规定，或者减轻、免除其损害消费者合法权益应当承担的民事责任。格式合同、通知、声明、店堂告示等含有前款所列内容的，其内容无效。"百货商场以其店堂告示上规定的"商品售出，概不退换"为理由，拒绝退货，实际上是自行免除其损害消费者合法权益应当承担的民事责任，违反了法律的强制性规定，损害了消费者的合法权益。因此，该百货商场的店堂告示是无效的，经营者应承担相应的责任和义务。

第三节　消费者权益的保护

一、消费者权益的保护机构和组织

在消费者权益的保护方面，不仅经营者负有直接的义务，而且国家、社会也都负有相应的义务。只有各类主体都有效地承担起相应的保护消费者权益的义务，消费者的各项权利才能得到有效的保障。

（一）消费者权益的保护机构

有关消费者权益的各项法律、行政法规是由国家立法机关、国务院和地方各级人大及常委会制定和颁布的，它是国家充分有效地保护消费者合法权益的基础和依据。国家在制定有关消费者权益的法律、法规时，应当听取消费者的意见和要求，各级人民政府应当加强领导，组织、协调、督促有关行政部门做好保护消费者合法权益的工作。各级人民政府工商行政管理部门和其他有关行政部门（主要有技术监督部门、卫生监督部门、物价管理监督部门，进出口商品检验部门等）应当依照法律、法规的规定，在各自的职责范围内，采取措施，保护消费者的合法权益。此外，有关行政部门还应当听取消费者及其社会团体对经营者交易行为、商品和服务质量的意见，及时调查处理。对违法犯罪行为有惩处权力的有关国家机关，应当依照法律、法规的规定，惩处经营者在提供商品和服务中侵害消费者合法权益的违法犯罪行为，以切实保护消费者的合法权益。人民法院应当采取措施，方便消费者提起诉讼。对于符合我国《民事诉讼法》起诉条件的消费者权益争议，人民法院必须受理，并应及时审理，使消费者权益争议尽快得到解决。

（二）消费者权益的社会保护

保护消费者的合法权益是全社会的共同责任，国家鼓励、支持一切组织和个人对损害消费者合法权益的行为进行社会监督。大众传播媒体应当做好维护消费者合法权益的宣传，对损害消费者合法权益的行为进行舆论监督。

消费者组织是指依法成立的，对商品和服务进行社会监督的保护消费者合法权益的社会团体。消费者组织以维护消费者合法权益为宗旨，是保护消费者合法权益体系中的一个重要组成部分。我国的消费者组织分两种，一种是消费者协会，是指中国消费者协会和各地设立的消费者协会；另一种是其他消费者组织，是指除消费者协会系统之外，由消费者依法成立的旨在维护自身合法权益的社会团体。消费者协会履行下列职能：①向消费者提供消费信息和咨询服务；②参与有关行政部门对商品和服务的监督、检查；③就有关消费者合法权益的问题，向有关行政部门反映、查询，提出建议；④受理消费者的投诉，并对投诉事项进行调查、调解；⑤投诉事项涉及商品和服务质量问题的，可以提请鉴定部门鉴定，鉴定部门应当告知鉴定结论；⑥就损害消费者合法权益的行为，支持受损害的消费者提起诉讼；⑦对损害消费者合法权益的行为，通过大众传播媒介予以揭露、批评。各级人民政府对消费者协会履行职能应当予以支持。消费者组织不得从事商品经营或营利性服务，不得以牟利为目的向社会推荐商品或服务。

二、消费者权益争议的解决

消费者权益争议，是指消费者与经营者之间在买卖商品、接受和提供服务过程中，因权利受到侵害或者义务的不履行所产生的争议。

（一）消费者权益争议的解决途径

根据我国《消费者权益保护法》的规定，消费者与经营者发生消费者权益争议的，可以通过下列途径解决：①与经营者协商和解；②请求消费者协会调解；③向有关行政部门申诉；④根据与经营者达到的仲裁协议提请仲裁机构仲裁；⑤向人民法院提起诉讼。

（二）一般情况下赔偿主体的确定

（1）消费者在购买、使用商品时，其合法权益受到损害的，可以向销售者要求赔偿。销售者赔偿后，属于生产者的责任或者属于向销售者提供商品的其他

销售者的责任的，销售者有权向生产者或者其他销售者追偿。`

（2）消费者或者其他受害人因商品缺陷造成人身、财产损害的，可以向销售者要求赔偿，也可以向生产者要求赔偿。属于生产者责任的，销售者赔偿后，有权向生产者追偿。属于销售者责任的，生产者赔偿后，有权向销售者追偿。

（3）消费者在接受服务时，其合法权益受到损害的，可以向服务者要求赔偿。

（三）特殊情况下赔偿主体的确定

（1）消费者在购买、使用商品或者接受服务时，其合法权益受到损害，因原企业分立、合并的，可以向变更后承受其权利义务的企业要求赔偿。

（2）使用他人营业执照的违法经营者提供商品或者服务，损害消费者合法权益的，消费者可以向其要求赔偿，也可以向营业执照的持有人要求赔偿。

（3）消费者因经营者利用虚假广告提供商品或者服务，其合法权益受到损害的，可以向经营者要求赔偿。广告的经营者发布虚假广告的，消费者可以请求行政主管部门予以惩处。广告的经营者不能提供经营者的真实名称、地址的，应当承担赔偿责任。

（4）消费者在展销会、租赁柜台购买商品或者接受服务，其合法权益受到损害的，可以向销售者或者服务者要求赔偿。展销会结束或者柜台租赁期满后，也可以向展销会的举办者、柜台的出租者要求赔偿。展销会的举办者、柜台的出租者赔偿后，有权向销售者或者服务者追偿。

三、损害消费者权益的法律责任

经营者侵害消费者合法权益的行为是违法行为，应当承担相应的法律后果。《消费者权益保护法》根据违法行为的不同性质、损害大小、情节轻重，分别规定了民事责任、行政责任和刑事责任。

（一）民事责任

1. 人身损害的赔偿责任。

（1）经营者提供商品或者服务，造成消费者或者其他受害人人身伤害的，应当支付医疗费、治疗期间的护理费、因误工减少的收入等费用；造成残疾的，还应当支付残疾者生活自助具费、生活补助费、残疾赔偿金以及由其扶养的人所必需的生活费等费用。

（2）经营者提供商品或者服务，造成消费者或者其他受害人死亡的，应当支付丧葬费、死亡赔偿金以及由死者生前扶养的人所必需的生活费等费用。

（3）经营者侵害消费者的人格尊严或者侵犯消费者人身自由的，应当停止侵害、恢复名誉、消除影响、赔礼道歉，并赔偿损失。

2. 财产损害的赔偿责任。

（1）经营者提供商品或者服务，造成消费者财产损害的，应当按照消费者的要求，以修理、重作、更换、退货、补足商品数量、退还货款和服务费用或者赔偿损失等方式承担民事责任。消费者与经营者另有约定的，按照约定履行。

（2）对国家规定或者经营者与消费者约定包修、包换、包退的商品，经营者应当负责修理、更换或者退货。在保修期内两次修理仍不能正常使用的，经营者应当负责更换或者退货。对包修、包换、包退的大件商品，消费者要求经营者修理、更换、退货的，经营者应当承担运输费用等合理费用。

（3）经营者以邮购方式提供商品的，应当按照约定提供。未按照约定提供的，应当按照消费者的要求履行约定或者退回货款；并应当承担消费者必须支付的合理费用。

（4）经营者以预收款方式提供商品或者服务的，应当按照约定提供。未按照约定提供的，应当按照消费者的要求履行约定或者退回预付款；并应当承担预付款的利息和消费者必须支付的合理费用。

（5）依法经有关行政部门认定为不合格的商品，消费者要求退货的，经营者应当负责退货。

3. 惩罚性赔偿责任。经营者提供商品或者服务有欺诈行为的，应当按照消费者的要求增加赔偿其受到的损失，增加赔偿的金额为消费者购买商品的价款或者接受服务的费用的一倍。

（二）行政责任

经营者侵害消费者合法权益的行为，在损害消费者的同时往往也触犯了国家行政管理法规，扰乱了社会经济秩序，因此我国《消费者权益保护法》不仅规定了违法经营者的民事责任，还规定了违法经营者应承担的行政责任。经营者有下列行为之一，我国《产品质量法》和其他法律、法规对处罚机关和处罚方式有规定的，则应依照其规定执行；法律、法规未作规定的，由工商行政管理部门责令改正，并可以根据情节单处或者并处警告、没收违法所得、处以违法所得1倍以上5倍以下的罚款，没有违法所得的，处以1万元以下的罚款；情节严重的，责令停业整顿、吊销营业执照：

（1）生产、销售的商品不符合保障人身、财产安全要求的。

（2）在商品中掺杂、掺假、以假充真，以次充好，或者以不合格商品冒充合格商品的。

（3）生产国家明令淘汰的商品或者销售失效、变质的商品的。

（4）伪造商品的产地，伪造或者冒用他人的厂名、厂址，伪造冒用认证标志、名优标志等质量标志的。

（5）销售的商品应当检验、检疫而未检验、检疫或者伪造检验、检疫结果的。

（6）对商品或者服务作引人误解的虚假宣传的。

（7）对消费者提出的修理、重作、更换、退货、补足商品数量、退还货款和服务费用或者赔偿损失的要求，故意拖延或者无理拒绝的。

（8）侵害消费者人格尊严或者侵犯消费者人身自由的。

（9）法律、法规规定的对损害消费者权益应当予以处罚的其他情形。

经营者对上述行政处罚决定不服的，可以自收到处罚决定之日起15日内向上一级机关申请复议，对复议决定不服的，可以自收到复议决定书之日起15日内向人民法院提起诉讼；也可以直接向人民法院提起诉讼。

（三）刑事责任

根据《消费者权益保护法》的有关规定，以下三种情形可以追究刑事责任：

（1）经营者提供商品或者服务，造成消费者或者其他受害人人身伤害，构成犯罪的，依法追究刑事责任。经营者提供商品或者服务，造成消费者或者其他受害人死亡，构成犯罪的，依法追究刑事责任。

（2）以暴力、威胁等方法阻碍有关行政部门工作人员依法执行职务的，依法追究刑事责任；拒绝、阻碍有关行政部门工作人员依法执行职务，未使用暴力、威胁方法的，由公安机关依照《治安管理法》的规定处罚。

（3）国家机关工作人员有玩忽职守或者包庇经营者侵害消费者合法权益的行为的，由其所在单位或者上级机关给予行政处分；情节严重，构成犯罪的，依法追究刑事责任。

引例解析

此案涉及消费者的自主选择权和人格尊严权问题：①高某进入"The Den"酒吧，是行使消费者自主选择服务权的正当行为，而被告在正常的营业时间内拒绝高某进入酒吧，并且拒绝告知其真实原因，是对高某自主选择权的侵害。②被告在正常的营业时间内拒绝高某进入酒吧的理由构成对消费者人格尊严的侵害。《消费者权益保护法》第14条规定："消费者在购买、使用商品和接受服务时，享有其人格尊严、民族风俗习惯得到尊重的权利。"被告因为高某"面容不太好，怕进了店中影响生意"，拒绝高某进入酒吧，毫无疑问，被告对高某实施了歧视性的差别待遇，这种行为对高某是一种侮辱，使其内心受到伤害，人格受到贬损，侵害了高某的人格尊严，应承担相应的民事法律责任。③依据《消费者权益保护法》第43条规定："经营者对消费者进行侮辱、诽谤，侵害消费者的人格尊严或者侵犯消费者人身自由的，应当停止侵害、恢复名誉、消除影响、赔礼道歉，并赔偿损失。"高某要求被告赔礼道歉、赔偿经济损失和精神损失的诉讼请求，存在事实和法律依据，应予以认可。

思考题

1. 简述消费者的基本权利。
2. 简述经营者的义务。
3. 简述消费者权益争议的解决途径。

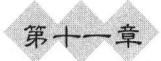

银行法

◆ **引例**

　　2005 年，某市新成立了一家城市商业银行，在其经营过程中，发生如下业务：①购买政府债券 500 万元人民币；②向该市某超市投资 100 万元人民币；③在证券交易所购买上市公司股票 500 万元人民币；④斥资 5000 万元收购了丙房地产股份公司的 51% 的股份，成为第一大股东。

☞ **要点**

　　中央银行的基本职能；商业银行的经营原则；存、贷款业务规则；政策性银行的法律性质

第一节　中央银行法

一、中央银行概述

　　中央银行是在一国金融体系中居于主导地位，负责制定和执行国家货币政策，调节和控制全国的货币流通和信用活动，依法实施金融监管的特殊金融机构。中国人民银行是我国的中央银行，1995 年 3 月 18 日通过、2003 年 12 月 27 日修正的《中华人民共和国中国人民银行法》是我国现行的中央银行法。

　　中国人民银行在国务院领导下，制定和执行货币政策，防范和化解金融风险，维护金融稳定；其全部资本由国家出资，属于国家所有，是一个特殊的国家行政机关。同时，中国人民银行应当向全国人民代表大会常务委员会提出有关货币政策情况和金融业运行情况的工作报告。在国务院领导下依法独立执行货币政策，履行职责，开展业务，不受地方政府、各级政府部门、社会团体和个人的干涉。

　　中国人民银行具有发行的银行、银行的银行、政府的银行三大基本职能。具体体现为以下职责：①发布与履行其职责有关的命令和规章；②依法制定和执行货币政策；③发行人民币，管理人民币流通；监督管理银行间同业拆借市场和银行间债券市场；④实施外汇管理，监督管理银行间外汇市场；⑤监督管理黄金市场；⑥持有、管理、经营国家外汇储备、黄金储备；⑦经理国库；⑧维护支付、

清算系统的正常运行；⑨指导、部署金融业反洗钱工作，负责反洗钱的资金监测；⑩负责金融业的统计、调查、分析和预测；⑪作为国家的中央银行，从事有关的国际金融活动；⑫以及国务院规定的其他职责。

中国人民银行实行行长负责制。设行长一人，副行长若干人。行长领导中国人民银行的工作，副行长协助行长工作。中国人民银行设立货币政策委员会作为制定货币政策的咨询议事机构。

中国人民银行根据履行职责的需要设立分支机构。分支机构是其派出机构，在授权范围内承办有关业务，维护本辖区的金融稳定。

二、中国人民银行的业务活动

中国人民银行作为国家管理金融业的特殊金融机构，通过金融业务活动履行职责。其业务活动不以营利为目的，也不经营一般银行业务。

（一）中国人民银行的业务范围

1. 制定和执行货币政策。货币政策是国家为实现一定的经济目标而确立的组织、管理、调控、干预社会信用的一种金融措施，是宏观经济管理的工具。正确地制定和实施货币政策，是各国中央银行的主要职责。我国的货币政策目标是保持货币币值的稳定，并以此促进经济增长。这是中国人民银行从事金融业务活动的出发点和目的。为实现这一目标，中国人民银行可以通过运用货币政策工具控制商业银行和其他金融机构的信贷活动，从而控制货币供应量，进而影响整个国民经济活动。

中国人民银行可以运用的货币政策工具有：①要求银行业金融机构按照规定的比例交存存款准备金；②确定中央银行基准利率；③为在中国人民银行开立账户的银行业金融机构办理再贴现；④向商业银行提供贷款；⑤在公开市场上买卖国债、其他政府债券和金融债券及外汇；⑥国务院确定的其他货币政策工具。

中国人民银行就年度货币供应量、利率、汇率和国务院规定的其他重要事项作出的决定，报国务院批准后执行。就除此以外的其他有关货币政策事项作出决定后，即予执行，并报国务院备案。

2. 管理人民币。人民币是我国的法定货币，也是唯一的合法通货，我国法律赋予人民币无限的清偿能力，并用国家强制力保证其流通。人民币由中国人民银行统一印制、发行。中国人民银行发行新版人民币，应当将发行时间、面额、图案、式样、规格予以公告。中国人民银行设立人民币发行库，保管、调拨发行基金。

人民币的发行必须遵循集中统一和经济发行的原则。任何单位和个人不得印制、发售代币票券，以代替人民币在市场上流通。禁止伪造、变造人民币及其相关的违法行为。禁止在宣传品、出版物或者其他商品上非法使用人民币图样。

3. 经理国库。国库就是国家金库，是负责办理国家预算资金的收入和支出的出纳机关。中国人民银行作为政府的银行，被授权经理国库，代理完成财政的收支。财政存款成为中国人民银行资金的主要来源，并且中国人民银行对财政存款不支付利息。

4. 银行间的清算业务。清算是指为避免现金支付的不便，而以转账方式了结银行间的债权债务关系的结算手段。商业银行或其他金融机构之间的资金往来，必须通过中国人民银行组织的清算系统进行清算。中国人民银行应当维护支付、清算系统的正常运行，组织或者协助组织银行业金融机构相互之间的清算系统，协调银行业金融机构相互之间的清算事项，提供清算服务。

5. 实施外汇管理，监督管理银行间外汇市场。外汇是指以外币表示的可以用于国际清偿的支付手段和资产。包括：外国货币、外币支付凭证、外币有价证券、特别提款权和欧洲货币单位以及其他外汇资产。外汇管理是一国政府为了稳定本国货币、防范外汇风险、平衡本国国际收支，授权国家货币金融管理当局或其他国家机关依法对外汇收支、买卖、接待、转移以及国际间结算、外汇汇率和外汇市场实施的管制措施。汇率也称汇价，即以一国货币表示的另一国货币的价格。

我国的外汇管理机关是国家外汇管理局，它直属国务院，由中国人民银行归口管理。我国目前的外汇管理体制属于部分外汇管理体制，国家对经常性国际支付和转移不予限制，而对资本项目实行一定限制。人民币汇率实行以市场供求为基础、参考一揽子货币进行调节、有管理的浮动汇率制度。中国人民银行负责根据国内外经济金融形势，以市场供求为基础，参考一揽子货币计算人民币多边汇率指数的变化，对人民币汇率进行管理和调节，维护人民币汇率的正常浮动，保持人民币汇率在合理、均衡水平上的基本稳定，促进国际收支的基本平衡，维护宏观经济和金融市场的稳定。

（二）对中国人民银行的业务限制

为保障中国人民银行依法履行其职责，保证货币政策的顺利实施，中国人民银行不得对政府财政透支；不得直接认购、包销国债和其他政府债券；不得向地方政府、各级政府部门提供贷款，不得向非银行金融机构以及其他单位和个人提供贷款，但国务院决定中国人民银行可以向特定的非银行金融机构提供贷款的除外；不得向任何单位和个人提供担保。

第二节　商业银行法

一、商业银行的概念

商业银行是金融体系的市场主体。它是以经营工商业存款、放款为主要业务，以利润为主要目标的货币经营企业，也是唯一能吸收、创造和收缩存款货币的金融中介组织。1995 年 5 月 10 日通过，于 2003 年 12 月 27 日进行了修正的《中华人民共和国商业银行法》（以下简称《商业银行法》），是我国的商业银行法。

《商业银行法》第 2 条规定："本法所称的商业银行是指依照本法和《中华人民共和国公司法》设立的吸收公众存款、发放贷款、办理结算等业务的企业法人。"它包括三层基本含义：①商业银行是企业法人，即是以营利为目的，具有自己的名称和独立财产，能够以自己的名义从事经济活动，享有权利并承担义务的独立法律主体；②商业银行的主要业务是吸收公众存款、发放贷款、办理结算等业务；③商业银行是依《商业银行法》和《中华人民共和国公司法》（以下简称《公司法》）设立的，即商业银行的组织形式只能是公司。

二、商业银行的设立

由于商业银行所从事的吸收公众存款并发放贷款的业务给存款人带来了巨大的风险，加之银行作为社会经济的枢纽具有重大的影响力，《商业银行法》规定了严格的商业银行准入制度。

（一）商业银行的设立条件

商业银行是依《公司法》和《商业银行法》设立的企业法人，其设立除了必须具备一般公司的设立条件外，还必须具备《商业银行法》所规定的条件，而这些条件相对于一般的公司的设立条件而言，则要求更高。这主要体现在以下几个方面：

1. 注册资本。注册资本是商业银行成立时，记载于银行章程并已经筹足的自有资本的总额，是其经营必需的财产基础，也是其对外承担财产责任的保障。《商业银行法》规定，设立全国性商业银行的注册资本最低限额为 10 亿元人民币。设立城市商业银行的注册资本最低限额为 1 亿元人民币，设立农村商业银行的注册资本最低限额为 5000 万元人民币。国务院银行业监督管理机构根据审慎监管的要求可以调整注册资本最低限额，但不得少于前款规定的限额。

2. 高级管理人员。高级管理人员，是指金融机构法定代表人和对经营管理具有决策权或对风险控制起重要作用的人员。《商业银行法》规定，有下列情形之一的，不得或者在一定期限内不得担任商业银行的董事、高级管理人员：①因犯有贪污、贿赂、侵占财产、挪用财产罪或者破坏社会经济秩序罪，被判处刑罚，或者因犯罪被剥夺政治权利的；②担任因经营不善破产清算的公司、企业的董事或者厂长、经理，并对该公司、企业的破产负有个人责任的；③担任因违法被吊销营业执照的公司、企业的法定代表人，并负有个人责任的；④个人所负数额较大的债务到期未清偿的。同时，《金融机构高级管理人员任职资格管理暂行规定》还要求高级管理人员应当同时具备在经济、金融领域的较长的工作经历、丰富的专业知识和较高的学历层次。

3. 组织机构和管理制度。组织机构是商业银行开展业务的基础，管理制度是维持银行正常运行的保障，因此商业银行必须设立健全的组织机构，包括股东（大）会、董事会、监事会；必须有健全的管理制度，包括人事管理制度、贷款、存款管理制度、结算管理制度和财务管理制度等。

（二）商业银行的设立程序

公司的设立，一般是经过工商行政管理部门核准即可；而银行业是一种特殊行业除了要求工商行政管理部门核准登记以外，更关键的是应经过银行业监督管理机构的审查批准。从程序上看，商业银行的设立必须经过三个基本步骤：①设立商业银行的发起人提出申请；②银行业监督管理机构审批并颁发银行业经营许可证；③向工商行政管理部门办理登记并领取《企业法人营业执照》。

三、商业银行的经营原则和业务范围

（一）商业银行的经营原则

商业银行经营的基本目标是追求盈利的最大化，但同时也要保护存款人及其他客户的合法权益，保障银行业的稳健运行。为此，在商业银行经营中必须遵循安全性原则、流动性原则和效益性原则。

1. 安全性原则。安全性原则是指商业银行在进行业务活动时，应充分考虑按期收回资金本息的可靠程度，确保资产的安全。这一原则主要是针对商业银行的资产业务而言的。安全性关系到银行自身和客户的利益。商业银行的大部分资金来源于客户的存款。这部分存款用于贷款，一旦发生了大面积的拖欠归还贷款的情况，银行支付就会发生困难，诱发挤兑，从而严重影响银行的信誉甚至可能发生银行倒闭和经济动荡。因此，商业银行在业务经营中，应尽可能地保持其资产免遭风险损失，以达到经济的长期稳定。

2. 流动性原则。流动性原则是指银行能随时应付客户提取存款，满足必要贷款。商业银行要通过对各类资产与负债进行计划、控制与调节，使之在总量上均衡，结构上优化，使银行资产始终能保持足够现金准备，具有迅速变现的能力。商业银行经营资产的流动性是安全性的基础，没有流动性，商业银行的经营不可能安全。

3. 效益性原则。效益性原则是指商业银行在从事资产负债等业务的过程中，必须以盈利为目标，并努力使盈利最大化，追求最佳的经济效益。这一原则是由商业银行的企业性质所决定的。作为企业法人，追求最佳的经济效益，获取一定的盈利是其经营的目标。商业银行的盈利水平取决于资产收益、其他收入和经营成本。努力增加资产收益和其他收入，降低经营成本，是提高商业银行盈利水平的根本途径。

（二）商业银行的经营范围

目前，我国实行的是分业经营制度，即银行业、证券业、信托业和保险业相分离。商业银行只能经营普通商业银行业务，法律禁止各类金融机构之间的业务交叉。

根据法律规定，商业银行可以经营以下全部或部分业务：

1. 吸收公众存款。存款是商业银行主要的资金来源。吸收公共存款是指商业银行收受客户（不特定的社会多数人）的货币资金，对客户负即期或定期偿付的义务。但是，商业银行不得吸收信托存款，也不得吸收委托存款；同时，商业银行吸收的财政性存款，应按规定划转中国人民银行。

2. 发放短期、中期和长期贷款。贷款是商业银行业务的核心，贷款收入构成商业银行的主要收入。发放贷款是指商业银行在借款人允诺定期或随时偿还本息的情况下，将货币资金贷给借款人。贷款是商业银行资金运用的主要形式。

3. 办理国内外结算。结算是单位或个人基于商品交易、劳务供应以及其他原因进行的货币收付活动。办理国内外结算，是指商业银行在客户开立结算存款账户的基础上，接受客户的委托，通过转账划拨代为办理货币收付。

4. 办理票据承兑与贴现。票据承兑是指汇票付款人承诺在汇票到期日支付汇票金额。票据贴现是指商业银行在扣除部分利息的前提下，购入未到期的票据，以向票据持有人提供短期的资金融通。

5. 提供信用证服务。信用证是银行根据客户的申请开具的，承诺在信用证规定的条件得到满足时，由银行向信用证的受益人承担付款责任的信用函件。

此外，商业银行还可从事相关的附属业务，包括发行金融债券，代理发行、代理兑付和承销政府债券，买卖政府债券、金融债券，从事同业拆借，买卖、代理买卖外汇，提供担保，代理收付款项及代理保险业务，提供保管箱业务，以及经银监会批准的其他业务。

（三）商业银行不得从事的业务

1. 信托投资业务。《中华人民共和国信托法》第2条规定，信托是指委托人基于对受托人的信任，将其财产权委托给受托人，由受托人按委托人的意愿以自己的名义，为受益人的利益或者特定目的，进行管理或者处分的行为。信托本质上是一种为他人利益管理财产的制度。信托有民事信托与商业信托、私益信托与公益信托、设定信托与法定信托、生前信托与遗嘱信托、自益信托与他益信托之分。所谓商业银行不得经营信托投资业务，即是指商业银行不得作为受托人经营信托投资业务。

2. 证券经营业务。在我国，证券公司是依法经营证券业务的金融机构。商业银行不得从事证券承销业务、证券经纪业务和证券自营买卖业务。

3. 向非银行金融机构和企业投资（国家另有规定的除外）。非银行金融机构是指除银行之外，依法从事金融业务的企业，如保险公司、信托投资公司、财务公司、证券公司、金融租赁公司等。法律禁止商业银行向非银行金融机构投资主要目的是防止商业银行变相从事混业经营，以避免酿成金融机构之间的系统性风险。禁止商业银行向企业投资是为了将银行业与工商产业严格分开，避免商业银行因企业的经营不善而受到不利影响，维护商业银行资产的流动性。

4. 投资于非自用不动产（国家另有规定的除外）。除自用目的以外，商业银行不得从事房地产的开发和买卖业务。禁止商业银行投资于非自用不动产，主要目的是为了提高商业银行资产的流动性，杜绝商业银行的房地产投机活动。

四、商业银行的业务规则

商业银行的业务活动具有广泛的社会性和一定的公益性，而特许经营制度在一定程度上又造成了银行与客户地位的不平等。为维护社会正常的经济秩序，必须对商业银行的基本业务进行必要的规范。

（一）存款业务规则

存款业务是商业银行业务资金的主要来源，存款业务规则主要包括存款的法律性质和存款人权益的保护两个方面。

1. 存款的法律性质。存款是商业银行接受客户存入资金，并承诺客户随时或按约定时间支取本金和利息的一种信用活动。商业银行与存款人之间的关系是存款合同关系。通过存款合同，商业银行与存款客户之间形成债权债务关系。商业银行是债务人，存款人是债权人，存折、存单等存款凭证是商业银行出具的借据。

2. 存款人权益的保护。对存款人权益的保护，不仅关系到银行自身的经营，而且直接关系到社会公众对银行体系的信任程度，并进而关系到资金的正常融通甚至社会的稳定。因此，保护存款人的合法权益成为《商业银行法》的一项基本原则。

《商业银行法》专门规定了"对存款人的保护"制度。其内容主要包括：商业银行办理个人储蓄存款业务，应当遵循存款自愿、取款自由、存款有息、为存款人保密的原则；对个人储蓄存款，商业银行有权拒绝任何单位或者个人查询，但法律、行政法规另有规定的除外，有权拒绝任何单位或者个人冻结、扣划，但法律另有规定的除外；商业银行应当保证存款本金和利息的支付，不得拖延、拒绝支付存款本金和利息；商业银行应当按照中国人民银行的规定，向中国人民银行交存存款准备金、留足备付金；等等。

（二）贷款业务规则

1. 贷款合同。贷款与借款相对，贷款合同是从商业银行的角度出发的，而借款合同则是从借款人角度出发的。《合同法》对借款合同进行了规范，主要包括：借款合同采用书面形式；借款合同的内容包括借款种类、币种、用途、数额、利率、还款期限和还款方式；借款人应当按照贷款人的要求提供与借款有关的业务活动和财务状况的真实情况等条款。在借款合同中，银行与借款人之间的法律关系是债权债务关系，银行是债权人，借款人是债务人。

2. 贷款管理规则。商业银行的贷款业务不仅关系到银行经营的安全性，还关系到国家的宏观信贷政策。因此，贷款管理是商业银行管理的重要内容。

（1）对借款人资格的限制。中国人民银行1995年发布的《贷款通则》第24条规定："如果借款人生产、经营或投资国家明文禁止的产品、项目的，或者生产经营或投资项目未取得环境保护部门许可的，等等，则银行不得发放贷款。"

（2）对借款人行为的限制。《贷款通则》规定借款人有下列行为的不得发放贷款：向贷款人提供虚假的或者隐瞒重要事实的资产负债表、损益表等；用贷款在有价证券、期货等方面从事投机经营；等等。

（3）对关系人贷款的限制。《商业银行法》规定商业银行不得向关系人发放信用贷款；向关系人发放担保贷款的条件不得优于其他借款人同类贷款的条件。这里的关系人是指：商业银行的董事、监事、管理人员、信贷业务人员及其近亲属以及这些人员投资或者担任高级管理职务的公司、企业和其他经济组织。

（4）对商业银行贷款比例的限制。《商业银行法》规定，商业银行贷款，应当遵守资本充足率不得低于8%，贷款余额与存款余额的比例不得超过75%，对同一借款人的贷款余额与商业银行资本余额的比例不得超过10%，等等。

（三）结算业务规则

结算是对债权债务的货币清算和了结。由于对现金的使用有较为严格的管理制度，通过银行来进行的票据和转账方式的清偿，成为了重要的清偿方式。

1. 结算合同。银行结算是社会经济活动中各项资金清算的中介。结算关系中有四方当事人：收款人、收款人的开户银行、付款人、付款人的开户银行。开户银行在该关系中具有双重身份：一方面是合同的当事人，与客户处于平等地位，享有民事权利，承担民事义务；另一方面根据法律的规定，负有依法对客户进行货币管理和结算监督的权力，如进行现金管理和对空头支票进行处罚等。

2. 结算规则。商业银行在办理结算时应当：①恪守信用，履约付款。对商业银行而言，就是要求及时划拨资金，以保护收款人的利益。②谁的钱进谁的账。这是指银行应当尊重客户的意愿，按户入账。③银行不垫款。银行在办理结算时，必须坚持"先收款，后付款，收付抵用"的规定，防止银行垫款。

3. 结算方式。根据《支付结算办法》和其他相关规定，目前国内可以采用的结算方式共有8种，即银行汇票、商业汇票、银行本票、支票、汇兑、委托收款、托收承付、银行卡。其中银行汇票、商业汇票、银行本票、支票、银行卡既是支付结算工具，也是支付结算方式。

五、商业银行的接管

（一）商业银行接管的概念和目的

商业银行的接管是指国务院银行业监督管理机构在商业银行已经或者可能发生信用危机，严重影响存款人利益时，对商业银行采取的整顿和改组等措施。

接管的目的是对被接管的商业银行采取必要措施，以保护存款人的利益，恢复商业银行的正常经营能力。由于接管是在不改变被接管银行名称的前提下实施的重整，因此，被接管的商业银行的债权债务关系不因接管而变化。

（二）商业银行接管的程序

商业银行的接管是对商业银行自身经营管理权的暂时剥夺，必须严格遵守法定程序。按照《商业银行法》的规定，商业银行的接管程序主要包括：

1. 出现接管理由。《商业银行法》规定："商业银行已经或者可能发生信用危机，严重影响存款人的利益时，国务院银行业监督管理机构可以对该银行实行接管。"信用危机主要表现为商业银行不能支付存款人的提款，不能清偿到期债务，以及同业拒绝拆借资金，原客户和市场普遍拒绝其服务。

2. 作出接管决定。接管由国务院银行业监督管理机构决定。国务院银行业监督管理机构的接管决定应当载明被接管的商业银行名称、接管理由、接管组织、接管期限等事项，并予以公告。

3. 实施接管措施。自接管开始之日起，由接管组织行使商业银行的经营管理权。接管组织的权力范围很大，只要是为了保护存款人利益，恢复商业银行的经营能力可以采取的措施，都是其权力范围，如对被接管银行采取的机构整顿措施，为防止存款人挤兑存款导致银行破产而宣布暂停支付存款等措施。

4. 终止接管行为。根据《商业银行法》的规定，有下列情形之一的，接管终止：①接管决定规定的期限届满或者国务院银行业监督管理机构决定的接管延期届满。具体的接管期限由银行业监督管理机构决定，但最长不能超过2年；②接管期限届满前，该商业银行已恢复正常经营能力；③接管期限届满前，该商业银行被合并或者被依法宣告破产。

六、商业银行的终止

（一）商业银行的终止事由

商业银行的终止，是指商业银行法律地位的丧失。商业银行可因解散、被撤销或被宣告破产而终止。

1. 解散。出现法定事由或者银行章程规定的情况，商业银行会被解散，其法人资格消灭。例如：银行被吸收合并；银行被新设分立；银行的经营期限已届满。商业银行解散的，应当依法成立清算组，清算组成员由银行业监管机构指定。

2. 被撤销。商业银行违反了法律、行政法规的有关规定，可以由行政机关依法撤销。例如：商业银行违反了金融管理的有关规定，情节特别严重的，可由银行业监管机构予以撤销。商业银行因吊销经营许可证被撤销的，银行业监管机构应当依法及时组织成立清算组，进行清算。

3. 被宣告破产。商业银行被宣告破产的条件必须同时具备：不能支付到期债务，经营状况持续恶化，债权人或银行自己申请并经银行业监管机构同意。破产由人民法院宣告。商业银行被宣告破产的，应由人民法院组织成立清算组，进行清算。

（二）商业银行的终止清算

商业银行的终止要依法成立清算组织。清算组织负责清缴所欠税款，清理债权、债务，处理剩余财产，代表参加民事诉讼等事项。

为了保护储户的权益，维护金融业的安全和社会秩序的稳定，按照《商业银行法》规定，商业银行在清算过程中，按下列顺序清偿债权：①清算费用；②商业银行所欠的职工工资和劳动保险费用；③个人储蓄存款的本金和利息；④商业银行所欠的税款；⑤其他债权。银行财产不足清偿同一顺序清偿要求的，按照比例分配。

第三节 政策性银行法

一、政策性银行概述

政策性银行是指由政府创立、参股或保证的，不以营利为目的，专门为贯彻、配合政府经济政策或产业政策，在特定的业务领域内，直接或者间接地从事政策性融资活动，帮助政府发展经济、促进社会进步、进行宏观经济管理的专门金融机构。

政策性银行与商业银行和其他非银行金融机构相比，有共性的一面，如要对贷款进行严格审查，贷款要还本付息、周转使用等。但作为政策性金融机构，也有其特征：①政策性银行的资本金多由政府财政拨付；②政策性银行经营时主要考虑国家的整体利益、社会效益，不以盈利为目标，但政策性银行的资金并不是财政资金，政策性银行也必须考虑盈亏，坚持银行管理的基本原则，力争保本微利；③政策性银行有其特定的资金来源，主要依靠发行金融债券或向中央银行举债，一般不面向公众吸收存款；④政策性银行有特定的业务领域，不与商业银行竞争。

政策性银行主动、积极地贯彻实施着政府的宏观经济政策，尤其是产业政策。通过其金融业务活动，体现政府的政策意图，引导资金的流向，同时通过对融资部门和领域的选择对商业银行金融活动的不足加以弥补。因而，具有倡导性职能、选择性职能、补充性职能和服务性职能。

政策性银行法是关于政策性银行设立宗旨、经营目标、业务领域、业务方式、组织体制的法律规范的总称。它往往以单独立法的形式，就某一家政策性银行设立的宗旨、银行的职能、业务范围、资金来源及运用、银行的外部关系、机构设置等作出规定，以保障政策性银行业务的规范运作。

二、我国的政策性银行

中国于 1994 年先后组建了国家开发银行、中国进出口银行和中国农业发展银行三家政策性银行，均直属国务院领导。成立政策性银行有利于专业银行向商业银行转变，有利于中央银行对货币总量、信用总量的调控，也有利于国家对固定资产投资规模的控制和国家产业结构的调整。虽然我国的政策性银行已成立并运作多年，但相应的专门立法尚未完成，法律空白亟须填补，以保障政策性银行的规范运作。

（一）国家开发银行

国家开发银行主要办理制约国民经济发展的"瓶颈"项目、直接增强综合国力的支柱产业的重大项目、高新技术在经济领域应用的重大项目、跨地区的重大政策性项目等。其资金来源主要靠财政部拨款和发行债券。近年来，国家开发银行大力进行商业化改革，通过开展机构存款业务筹集资金。2008 年 12 月 16日，国家开发银行股份有限公司挂牌成立，标志着开行改革发展进入了新阶段。

（二）中国进出口银行

中国进出口银行的主要业务是为机电产品和成套设备等资本性货物出口提供出口信贷、办理与机电产品出口有关的各种贷款以及出口信息保险和担保业务。资金来源主要通过在境内发行金融债券筹集，或者向中国人民银行申请再贷款以及在银行间市场拆入短期资金。

（三）中国农业发展银行

中国农业发展银行的主要任务是按照国家的法律、法规和方针、政策，以国家信用为基础，筹集农业政策性信贷资金，承担国家规定的农业政策性和经批准开办的涉农商业性金融业务，代理财政性支农资金的拨付，为农业和农村经济发展服务。其资金来源主要是业务范围内开户企事业单位的存款、发行金融债券、财政支农资金、向中国人民银行申请的再贷款、协议存款以及境外筹资。

第四节 银行业监督管理法

一、银行业监督管理机构

我国金融业实行分业经营、分业监管的模式。中国人民银行作为中央银行，主要负责货币政策的制定和执行；中国银行业监督管理委员会、中国证券监督管理委员会、中国保险监督管理委员会分别对银行业、证券期货市场、保险市场进行监管。2003 年 12 月 27 日通过的《中华人民共和国银行业监督管理法》（以下简称《银行监管法》）是专门规范银行业监管的法律。

我国自 1984 年开始由中国人民银行监管银行业。但从 2003 年 4 月开始，转由专门的监管机构中国银行业监督管理委员会（以下简称"银监会"）行使监管权。银监会可以根据履行职责的需要设立派出机构，对派出机构实行统一领导和管理。目前，银监会在省一级设监管局，地（市）一级设监管分局，县（市）一级视监管对象和任务设置必要的办事机构。银监会对设在地方的派出机构实行垂直管理。

二、银监会的监管对象

中国银监会根据国务院授权，统一监督管理银行业金融机构、金融资产管理公司、信托投资公司、债务公司、金融租赁公司及经银监会批准设立的其他金融机构，维护银行业的合法、稳健运行。

银监会的监管对象包括：

（1）商业银行。包括国有独资商业银行、股份制商业银行、城市商业银行。

（2）适用商业银行法的非银行机构。包括城市信用合作社、农村信用合作社、邮政储蓄机构、财务公司、外资银行类机构。

（3）政策性银行。包括国家开发银行、中国进出口银行和中国农业发展银行三家政策性银行。

（4）金融资产管理公司。金融资产管理公司是指经国务院决定设立的收购国有银行不良贷款，管理和处置因收购国有银行不良贷款形成的资产的国有独资非银行金融机构。现有信达、东方、长城和华融四家金融资产管理公司。

（5）信托投资公司。信托是指委托人基于对受托人的信任，将其财产权委托给受托人，由受托人按委托人的意愿以自己的名义，为受益人的利益或者特定目的，进行管理或者处分的行为。信托投资公司是指作为营业信托的受托人从事信托活动的公司。

（6）金融租赁公司。租赁是出租人将租赁物交付承租人使用、收益，承租人支付租金的行为。金融租赁，除了租赁以外，它还具备一部分金融业务，其中包括：接受法人或机构的委托租赁资金、接受租赁当事人的租赁保证金、发行金融债权、进入短期拆借市场、向金融机构借款和外汇借款等六大资金来源渠道，还可从事咨询和担保业务。我国现有的金融租赁公司有十余家。

三、对商业银行的监管

在银行业监管中，对商业银行的监管是重点。当前，对商业银行监管的主要内容是：

（一）市场准入监管

商业银行的设立必须经银行业监督管理委员会审查批准，经批准设立的商业银行应获得颁发的经营许可证，并凭该许可证向工商行政管理部门办理登记，领取营业执照。

准入审查的目的是为金融交易创造一个公平、安全、效率的环境，把那些本身实力不足且不符合《公司法》公司设立条件的，并存在很大风险的申请银行排斥在市场之外，以在本源上抑制风险的产生。准入审查的内容包括：商业银行发起人和投资人的资信、资本的来源和数量、法定代表人或主要负责人的任职资格、金融机构章程和管理规则等。

（二）市场退出监管

银监会对商业银行市场退出的监管是指商业银行在发生信用危机或可能发生信用危机时，银监会认为有必要关闭该银行，或者商业银行因分立、合并等原因而退出市场时，根据有关法律法规，对商业银行市场退出的全过程所做的监管。

商业银行市场退出主要有两种情形：主动退出和被动退出。主动退出是指商业银行为了追求利润和效率，采取分立、合并的方式退出市场；被动退出是指商业银行已经或可能发生信用危机，严重影响存款人的利益时，银监会对该银行实行接管，在接管期届满后，仍无法正常经营的情况下，依法关闭该银行，从而强令其退出市场。银监会加强对商业银行市场退出的监管，有利于保护存款人的利益，稳定金融秩序，从而在某种程度上弱化商业银行系统风险的连锁反应。

（三）交易行为的监管

《商业银行法》规定，商业银行不得在我国境内从事信托投资和证券经营业务，不得投资于非自用不动产，不得向非银行金融机构和企业投资。该规定确保了银行分业经营的实施。然而，我国目前的分业经营制度，是有限的分离，我国法律允许商业银行根据具体情况在某些领域以某种方式进行适当的交叉。

（四）资本充足率的监管

资本的充足情况，既是商业银行开业的前提，又是其不断发展的保障。按照《商业银行法》的规定，商业银行的资本充足率不得低于8%。银监会有权根据不同商业银行的具体经营状况，适时提高资本充足率，以使资本充足率能起到抑制商业银行风险滋生的作用。

（五）信息披露的监管

商业银行信息披露是指商业银行依法将反映其经营状况的主要信息，如财务会计报告、各类风险管理状况、公司治理、年度重大事项等，真实、准确、及时、完整地向投资者、存款人及相关利益人予以公开。

商业银行对外披露信息，有助于银行的投资人、存款人和相关利益人了解商业银行的信息，分析判断商业银行的经营状况和风险状况，维护自身权益；同时，也有利于从外部加强对商业银行的监督，促使商业银行完善公司治理结构，强化内控机制，提高经营水平和绩效。

四、对银行业的监管措施

（一）检查

银行业监管机构有权对银行业金融机构进行现场检查和非现场检查。监管机构根据审慎监管的要求，可以采取下列措施进行现场检查：①进入银行业金融机构进行检查；②询问银行业金融机构的工作人员，要求其对有关检查事项作出说明；③查阅、复制银行业金融机构与检查事项有关的文件、资料，对可能被转移、隐匿或者毁损的文件、资料予以封存；④检查银行业金融机构运用电子计算机管理业务数据的系统。

根据《商业银行法》和《银行业监督管理法》的规定，银行业监管机构根据履行职责的需要有权要求银行业金融机构报送有关材料，进行非现场检查。商业银行应当定期向监管机构报送资产负债表、利润表以及其他财务会计、统计报表和经营管理资料，编制年度财务会计报告，以及注册会计师出具的审计报告，及时向监管机构报送会计报表。

（二）监管会谈

银行业监督管理机构根据履行职责的需要，可以与银行业金融机构董事、高级管理人员进行监督管理谈话，要求银行业金融机构董事、高级管理人员就银行业金融机构的业务活动和风险管理的重大事项作出说明。

（三）行政强制措施

银行业金融机构未遵守银行业监管机构制定的有关审慎经营规则的，监管机构应当要求其在规定的时限内提交整改方案，并对其实施情况进行监督。银行业金融机构未按照要求整改的，监管机构可以区别不同情况，采取相应措施：①责令暂停部分业务；②限制资产转让、分配红利和其他收入；③限制有关股东的权利；④责令控股股东转让股权，使其不再占有控股地位；⑤责令调整董事、高级管理人员或者限制其权利；⑥停止对新业务和增设分支机构申请的审查批准。

银行业监管机构在监管中对违反法律、法规的银行业金融机构有权责令改正、罚款、责令停业整顿或者吊销其经营许可证等。

（四）接管

银行业金融机构已经或者可能发生信用危机，严重影响存款人和其他客户合法权益的，国务院银行业监督管理机构可以依法对该银行业金融机构实行接管或者促成机构重组。

引例解析

根据《商业银行法》的规定，商业银行可以买卖政府债券，但不得向非自用不动产和企业投资，不得经营证券业务。因此该商业银行发生的业务中，第1项是合法的，第2项和第4项都是向企业投资，第3项为证券自营买卖行为，均属违法行为。

思考题

1. 简述中国人民银行的货币政策目标及货币政策工具。
2. 简述商业银行的业务范围。
3. 简述商业银行贷款管理规则。
4. 简述我国银行业监管委员会的监管对象和内容。

第十二章

票据法

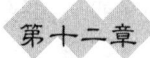

◆ 引例

2003 年 7 月 5 日，原告祥瑞综合服务公司为偿付欠德睦食品加工部的货款，签发金额为人民币 9000 元的中国工商银行某分行的转账支票一张，未记载收款人名称就交付了支票。7 月 7 日，有人持该支票到被告北京某饲料厂购买饲料，此时，该转账支票的大小写金额已为人民币 59 000 元，并且未进行任何背书。被告饲料厂收下支票当日，在背书人与被背书人栏内盖下自己的印章作为背书，再以持票人身份将支票交给中国工商银行某甲支行营业所，由该所于当日通过中国工商银行某乙支行营业所从原告祥瑞综合服务公司银行账户上划走人民币 59 000 元，转入被告饲料厂账户。同年 7 月底，原告祥瑞综合服务公司与开户银行对账时，发现账上存款短缺 50 000 元，经过双方核查，发现该转账支票金额与存根记载不同，已被改写。经协商无果，原告服务公司向北京某法院起诉。[1]

☞ 要点

票据法律关系；票据行为；票据权利；票据抗辩

第一节 票据法概述

一、票据

（一）票据的概念

日常生活中，人们常常使用票据这个概念，但是往往是在一个非常宽泛的意义上来讲的，通常包括汇票、本票、支票、股票、债券、提单、仓单、车票、发票等等一切可以体现财产权利或者具有财产价值的凭证。但是本章所指的票据专指《票据法》规定的票据，是指由出票人签发的，约定由自己或者委托他人，于见票时或者票据所载日期，向持票人无条件支付一定金额的有价证券。我国《票据法》规定的票据种类为汇票、本票和支票。

---

〔1〕 徐孟洲主编：《票据法教学案例》，法律出版社 2006 年版，第 18 页。

（二）票据的特征

无论是汇票、本票还是支票，都具有以下基本特征：

1. 票据是无因证券。票据上权利的产生，自然有其特定的原因关系，即票据当事人之间交付票据的理由，例如买卖关系等，但票据上权利一旦产生，即与原因关系相分离，这些原因的存在与否、效力如何，原则上都不影响票据的效力，持票人只要向票据债务人提示票据即可行使票据权利。

2. 票据是文义证券。票据上权利义务的内容，完全依据票据上记载的内容决定，即使票据上的记载与真实情况有出入，也要以票据记载内容为准。因此，票据是文义证券。

3. 票据是要式证券。票据的格式和记载事项必须严格遵守票据法的规定，否则就会影响票据的效力，甚至会造成票据的无效。此外，票据的其他行为，诸如转让、承兑、付款、追索等等，也都必须严格按照票据法规定的程序和方式进行。

4. 票据是完全有价证券。票据权利的产生、转移、行使，均须依票据才能进行。票据权利的产生，须做成票据；票据权利的转移，须交付票据；票据权利的行使，须提示票据，因此，票据是完全有价证券。

二、票据法

票据法是规定票据的种类、签发、转让和票据当事人的权利、义务等内容的法律规范的总称。票据法具有以下特点：

（一）强制性

票据法中的规定大多数属于强制性规定：首先，票据种类由法律规定，不得由当事人任意创设；其次，票据是严格的要式证券，各种票据行为也是严格的要式行为，当事人如果不按照票据法的规定进行相应的票据行为，除法律另有规定的场合以外，一般不承认当事人另行约定的优先效力。票据法的这种强制性，不仅是保障票据当事人合法权利的需要，同时也是维护票据合法流通、促进商品经济正常发展的需要。

（二）技术性

票据法中的许多规定都是技术性规范。例如，关于票据形式的严格规定、关于背书连续的规定、关于付款责任的规定等等，都是为了保证票据使用的安全，确保票据的流通与票据的付款，根据票据本身特有的规律专门设计出来并加以规定的，都属于技术性的规定。

（三）统一性

票据法是为商品经济和国际贸易服务的，随着商品经济和国际贸易的发展，不同地区不同国家的票据法遂要求统一。1930 年的《日内瓦统一汇票本票法》

和1931年的《日内瓦统一支票法》就是适应这一需要而为多数国家所接受。例如，现行的德国票据法和支票法同日本的票据法和支票法几乎相同，就是因为都是以日内瓦统一票据法为蓝本的。票据法发展到今天，不仅在参加日内瓦公约的国家之间，票据法是统一的，就是未参加公约的国家也力求使自己的票据法与其他多数国家的票据法统一起来。票据法是国际上统一程度最高的一种法律。

三、票据法律关系

票据法律关系是指票据当事人之间在票据的签发和转让等过程中发生的权利义务关系。票据法律关系可分为票据关系和非票据关系。票据关系是指当事人之间基于票据行为而发生的债权债务关系，如基于出票行为而产生的出票人与收款人之间的关系、基于背书行为而产生的背书人与被背书人之间的关系等，属于固有之票据关系。非票据关系则是指由《票据法》所规定的、不是基于票据行为直接发生的法律关系，如票据权利人对于因偷盗而取得票据的人行使票据返还请求权而发生的关系等，不属于固有之票据关系。

票据法律关系由主体、客体和内容三个要素构成。票据法律关系的主体，通常又称票据当事人，是指享有票据权利、承担票据义务以及与票据权利义务有密切关系的法律主体。以是否随出票行为而出现为标准，可将票据当事人分为基本当事人和非基本当事人。基本当事人是指票据一经发出就存在的当事人。在汇票关系中，包括出票人、付款人和收款人三个基本当事人。在本票关系中，只有出票人和收款人两个基本当事人。在支票关系中，包括出票人、付款人和收款人三个基本当事人。非基本当事人是指在票据发出后通过其他票据行为而加入票据关系之中的当事人。如通过背书、保证、承兑等而加入到票据关系中的背书人、被背书人、保证人、承兑人等等。票据法律关系的内容是指票据法律关系的主体依法所享有的权利和承担的义务。该权利是指票据当事人依照票据法可以为一定行为或要求他人为一定行为。该义务是指票据当事人依照票据法必须进行或不进行一定的行为。票据法律关系的客体是指票据法律关系的权利和义务所共同指向的对象。鉴于票据的签发和转让均是以支付或清偿票据上的金额为最终目的，即票据法律关系是因支付或清偿一定的金钱而发生的，所以，票据法律关系的客体只能是一定数额的金钱，而不能是某种物品，即不允许用其他物品代替金钱进行支付或清偿。

第二节　票据行为

一、票据行为概述

票据当事人之间产生票据关系，主要是为了享有票据上的权利和承担票据上的义务，而这都必须由票据行为所引发。票据行为是产生票据法律关系的基础。因此，票据行为是指以设立、变更或终止票据关系为目的的法律行为。

根据我国《票据法》的规定：汇票有出票、背书、承兑、保证四种票据行为；本票有出票、背书、保证三种票据行为；支票只有出票和背书两种票据行为。

1. 出票。出票亦称发票。我国《票据法》第 20 条规定："出票是指出票人签发票据并将其交付给收款人的票据行为。"票据的有效存在必须以出票行为的有效成立为前提，所以出票行为又称为主票据行为，其他则为附属票据行为。签发票据的人，称为出票人；接受票据交付的人，称为收款人。

2. 背书。我国《票据法》第 27 条中规定："背书是指在票据背面或者粘单上记载有关事项并签章的票据行为。"背书是收款人（持票人）为了转让票据权利或授予他人行使一定票据权利而作出的票据行为。作成背书的人，称为背书人；通过背书取得票据的人，称为被背书人。

3. 承兑。承兑是汇票独有的制度。承兑是指汇票付款人承诺在汇票到期日支付汇票金额的票据行为。汇票出票人的出票行为对付款人并不具有当然的法律约束力，只有在付款人进行承兑，即表示愿意支付汇票金额后，持票人才可以行使付款请求权。汇票上记载的付款人在完成承兑行为后，即成为承兑人。

4. 保证。保证是指票据债务人以外的第三人，以担保特定债务人履行票据义务而在票据上记载必要事项并进行签章的票据行为。表示承担保证责任的第三人，称为保证人；由其担保的特定的票据债务人，称为被保证人。我国票据法规定只有汇票和本票中存在保证行为。

二、票据行为的要件

（一）票据行为的实质要件

票据行为是民事法律行为，其必须符合民事法律行为的一般要件。根据我国《民法通则》和《票据法》的有关规定，票据行为的有效成立，必须符合以下条件：

1. 行为人必须具有从事票据行为的能力。我国民法上将自然人的民事行为能力分为完全民事行为能力、限制民事行为能力和无民事行为能力三种。《票据法》第 6 条规定："无民事行为能力人或者限制民事行为能力人在票据上签章的，其签章无效，但是不影响其他签章的效力。"依此规定，我国《票据法》仅赋予完全民事行为能力人拥有票据行为能力。至于法人是否具有从事票据行为的能力，只能依据法律的规定而定，从我国《票据法》及相关法律法规的规定来看，法人的票据能力无严格限制，法人可以依法从事各种票据行为。

2. 行为人的意思表示必须真实、合法。票据行为作为法律行为的一种，其意思表示应遵循真实、合法的原则。但票据行为的文义性和无因性决定了行为人的意思表示往往不易查明，其更重视外在的表现形式，采取表示主义，即依票据所记载的文义来判别行为人的意思表示，以促进票据流通，保护善意持票人的权利。但《票据法》第12条规定："以欺诈、偷盗或者胁迫等手段取得票据的，或者明知有前列情形，出于恶意取得票据的，不得享有票据权利。"该规定表明，尽管票据的形式符合法定条件，但从事票据行为的意思表示不真实或违法，票据持有人亦不得享有票据权利。

3. 票据行为的内容必须符合法律法规。票据行为是一种合法行为，其内容应当符合法律法规的规定。《票据法》第3条规定："票据活动应当遵守法律、行政法规，不得损害社会公共利益。"这里需要说明的是，合法主要是指票据行为本身合法，即票据行为的程序、记载的内容等要符合法律法规规定，至于票据的基础关系所涉及的行为是否合法，因为票据的无因性，与此无关。

（二）票据行为的形式要件

票据行为是一种特殊的民事法律行为，其必须采用法律规定的形式，我国《票据法》对此作了明确的规定，主要表现以下两方面：

1. 票据记载。在票据上记载相关的事项是票据行为的重要内容。票据记载事项一般分为绝对记载事项、相对记载事项、任意记载事项等。绝对记载事项是《票据法》明文规定必须记载的，否则票据无效的事项；相对记载事项是某些应该记载而未记载，直接适用法律规定的事项；任意记载事项是《票据法》规定可以由当事人任意记载的事项。我国《票据法》第22、75、84条分别规定了汇票、本票、支票的绝对必要记载事项；第23、76、86条分别规定了汇票、本票、支票的相对必要记载事项；第27、34条则属于非法定记载事项。

2. 票据签章。票据行为人在进行了相应的记载事项之后，还须进行票据签章，只有在票据上签章的人才承担票据责任。我国《票据法》第7条规定："票据上的签章，为签名、盖章或者签名加盖章。法人和其他使用票据的单位在票据上的签章，为该法人或者该单位的盖章加其法定代表人或者其授权的代理人的签章。在票据上的签名，应当为该当事人的本名。"据此规定，自然人的签名限于本名，应为身份证件上的姓名。法人和非法人单位的签章应为加盖公章和法定代表人或其授权的代理人的个人签章。

三、票据行为的异常形态

（一）票据的伪造

1. 票据伪造的概念。票据伪造是指行为人假冒或虚构出票人或者其他票据当事人的名义，在票据上进行签章和其他记载事项的行为。

2. 票据伪造的法律后果。票据的伪造行为是一种违法行为，在法律上不具有任何票据行为的效力。由于该行为并非因被伪造人的意思而完成，所以被伪造人不承担任何票据义务。对伪造人来说，由于票据上并没有以其名义进行的签章，因此也不承担票据责任。但是，如果伪造人的行为给他人造成损害，必须承担民事责任，构成犯罪的，承担刑事责任。

我国《票据法》第14条第2款规定："票据上有伪造、变造的签章的，不影响票据上其他真实签章的效力。"依此规定，如果票据上有真实签章，签章人仍应对持票人承担票据责任。

（二）票据的变造

1. 票据变造的概念。票据变造是指对票据记载内容无变更权限的人，对票据签章以外的记载内容加以变更，从而使票据法律关系的内容发生变化的行为。

2. 票据变造的法律后果。我国《票据法》第14条第3款规定："票据上其他记载事项被变造的，在变造之前签章的人，对原记载事项负责；在变造之后签章的人，对变造之后的记载事项负责；不能辨别是在票据被变造之前或者之后签章的，视同在变造之前签章。"

（三）票据的更改

票据更改是指有更改权限的票据行为人合法地更改票据上错误的记载的行为。我国《票据法》第9条中规定："票据金额、日期、收款人名称不得更改，更改的票据无效。对票据上的其他记载事项，原记载人可以更改，更改时应当由原记载人签章证明。"依此规定，票据金额、日期、收款人名称三项内容，任何人都不得更改，除此之外的其他事项，原记载人可以更改，但仅限于更改自己原来记载的事项，无权更改其他行为人的记载事项。

第三节　票据权利

一、票据权利的涵义

票据权利是指持票人向票据债务人请求支付票据金额的权利，包括付款请求权和追索权。付款请求权又称主票据权利、第一次请求权，是指持票人请求付款人按票面金额支付款项的权利。付款请求权的权利人是持票人，可以是票据所载的收款人，也可以是票据的最后被背书人；付款请求权的义务人是付款人，包括汇票的承兑人、本票的出票人等等。追索权又称从票据权利、第二次请求权，是在付款请求权遭到拒绝时，持票人向其前手请求支付票面金额及其他费用的权利。追索权的权利人可以是遭到拒绝承兑或拒绝付款的持票人，也可以是履行了追索义务的背书人、出票人（后者行使的权利一般称为再追索权）；追索权的义务人是所有票据义务人，包括出票人、背书人、保证人、承兑人等等，他们是连带债务人，持票人可以对其中的任何一人、数人或全体行使追索权。

二、票据权利的取得

票据权利是以持有票据为依据的，持票人只要合法取得票据，即取得票据权利。持票人取得票据，主要有以下几种情形：

1. 从出票人处取得。该种情形主要是通过出票人的出票行为而取得票据权利。出票是指出票人签发票据并将其交付给收款人的票据行为，收款人接受出票人交付的票据后，即取得票据权利。

2. 从持票人处取得。出票是最原始的票据行为，也是创设票据权利的行为，收款人在取得票据后可通过背书、贴现、质押、保证、交付等方式向第三人转让票据，第三人即取得票据权利，第三人也可通过上述方式再次转让票据权利，依次类推。

3. 其他方式取得。我国其他法律规定，票据权利还可以通过税收、继承、赠与、企业合并与分立等方式获得。

三、票据权利的行使、保全和消灭

（一）票据权利的行使和保全

票据权利的行使是指票据权利人向票据债务人提示票据，请求实现票据权利的行为，如请求承兑、请求付款、进行追索等。

票据权利的保全是指票据权利人为防止票据权利消灭的行为，如提示票据、作成拒绝证明、诉讼等。

（二）票据权利的消灭

票据权利的消灭是指票据权利因法定事由的出现而归于消灭。票据权利消灭后，票据上的债权债务关系即随之消灭。一般情况下，票据权利可因履行、免除、抵销等事由而消灭。这里着重强调票据权利因时效而消灭的情形。

票据权利属于债权，适用我国民法中的时效制度，即权利人在一定时间不行使权利，即引起权利丧失的制度。我国《票据法》第17条中规定："票据权利在下列期限内不行使而消灭：①持票人对票据的出票人和承兑人的权利，自票据到期日起2年。见票即付的汇票、本票，自出票日起2年；②持票人对支票出票人的权利，自出票日起6个月；③持票人对前手的追索权，自被拒绝承兑或者被拒绝付款之日起6个月；④持票人对前手的再追索权，自清偿日或者被提起诉讼之日起3个月。"其中第1、2项是关于付款请求权的时效规定，第3项是关于追索权的时效规定，第4项是关于再追索权的时效规定。

四、票据权利的救济

如前所述，票据是完全有价证券，票据权利的产生、转移、行使，均须依票据才能进行。票据如果丧失，势必会影响到票据权利的实现。我国《票据法》

第15条规定了票据丧失后的补救措施，主要有以下几种形式：

（一）挂失止付

1. 挂失止付的概念。挂失止付是指持票人丢失票据后，依照《票据法》规定的程序将丧失票据的情况通知付款人，请求其暂停支付的活动。我国《票据法》第15条第1款规定："票据丧失，失票人可以及时通知票据的付款人挂失止付，但是，未记载付款人或者无法确定付款人及其代理付款人的票据除外。"

2. 挂失止付的程序。

（1）失票人需要挂失止付的，应填写挂失止付通知书，签章后交由付款人或代理付款人。

（2）付款人或代理付款人收到挂失止付通知后，应当暂停支付；在挂失前已支付的，对其付款不承担责任。

（3）失票人应当在通知挂失止付后3日内，依法向人民法院申请公示催告，或者向人民法院提起诉讼，并向付款人或代理付款人提供上述证明。

（4）付款人或代理付款人在失票人通知挂失止付3日内，收到失票人向人民法院申请公示催告或提起诉讼的证明后，在3日期满的次日起12日内，收到人民法院的停止支付通知书，办理支付手续；未收到此通知书的，在12日期满后付款人或者代理付款人按票据的记载事项付款，发生冒领的，对其付款不承担责任。

挂失止付并不是票据丧失后票据权利补救的必经程序，仅仅是失票人在丧失票据后可以采取的一种暂时的预防措施，失票人既可在票据丧失后先采取挂失止付，再申请公示催告或提起诉讼，也可以不采取挂失止付，直接向人民法院申请公示催告或提起诉讼。

（二）公示催告

1. 公示催告的概念。公示催告是指人民法院根据失票人的申请，以公告的方法通知不确定的利害关系人在一定期限内向法院申报票据权利，逾期未申报者，则权利失效，而由人民法院通过除权判决宣告失票人所丧失的票据无效的活动。

2. 公示催告的程序。

（1）失票人向票据支付地的基层人民法院提出公示催告的申请。如果已通知挂失止付的，应当在挂失止付后3日内向人民法院提出该申请。

（2）人民法院受理后，应当同时向付款人或代理付款人发出止付通知，并自立案之日起3日内发出公告。公示催告的期间，由人民法院根据情况决定，但不得少于60日，涉外票据可适当延长，但最长不得超过90日。

（3）人民法院收到利害关系人的申报后，应当裁定终结公示催告程序。

（4）公示催告期间届满以及在判决作出前，没有利害关系人申报权利的，公示催告申请人应当自申报权利期间届满的次日起一个月内申请法院作出丧失票据无效的判决。

（三）普通诉讼

普通诉讼是指失票人直接向人民法院提起民事诉讼，要求法院判令付款人向其支付票据金额的活动。我国《票据法》第15条第3款规定："失票人应当在通知挂失止付后3日内，也可以在票据丧失后，依法向人民法院申请公示催告，或者向人民法院提起诉讼。"

第四节 票据义务

一、票据义务概述

票据义务和票据权利是不可分离的概念，是一个事物的两个方面。票据义务就是指票据债务人依票据所载文义应当履行的、向持票人支付票据所载金额及其他必要金额的义务。票据义务是票据权利的相对物，票据权利是一种金钱给付请求权，票据义务也就是一种金钱给付义务，票据义务人也被称为票据债务人。不同的票据行为产生各票据行为人的票据义务。

1. 出票人的票据义务。出票人签发汇票后，即承担保证该汇票承兑和付款的责任。出票人在汇票得不到承兑或者付款时，应当向持票人清偿规定的金额和费用。

2. 背书人的票据义务。背书人以背书转让汇票后，即承担保证其后手所持汇票承兑和付款的责任。背书人在汇票得不到承兑或者付款时，应当向持票人清偿规定的金额和费用。

3. 承兑人的票据义务。汇票上所载的付款人，在进行承兑后，就成为承兑人，是汇票上的主义务人，承担支付汇票金额的绝对付款义务。本票和支票不存在承兑制度。

4. 保证人的票据义务。保证人应当与被保证人对持票人承担连带责任。汇票到期后得不到付款的，持票人有权向保证人请求付款，保证人应当足额付款。

二、票据抗辩

（一）票据抗辩的概念和种类

票据抗辩是指票据债务人根据本法规定对票据债权人拒绝履行义务的行为，是票据义务人拥有的、和票据权利人的请求权相对立的一项权利。票据抗辩可分为以下两种：

1. 物的抗辩。指基于票据本身存在的事由所进行的抗辩。这种抗辩可以对一切持票人提出。票据债务人有权对持票人提出下列抗辩理由：①欠缺法定必要记载事项或者不符合法定格式的；②超过票据权利时效的；③人民法院作出的除权判决已经发生法律效力的；④以背书方式取得但背书不连续的；⑤其他依法不得享有票据权利的。

2. 人的抗辩。指基于持票人自身或者票据债务人与特定的持票人之间的关系而发生的抗辩。票据债务人有权对：①与票据债务人有直接债权债务关系并且不履行约定义务的人；②以欺诈、偷盗或者胁迫等非法手段取得票据，或者明知有前列情形，出于恶意取得票据的人；③明知票据债务人与出票人或者与持票人的前手之间存在抗辩事由而取得票据的人；④因重大过失取得票据的人；⑤其他依法不得享有票据权利的持票人提出抗辩。

（二）票据抗辩的限制

由于物的抗辩是绝对抗辩，是票据本身有问题而导致的抗辩，所以，一般不存在限制问题。而人的抗辩，由于是基于票据的原因关系产生的，仅得对存在抗辩事由的直接当事人才能主张，因此，存在限制问题。我国《票据法》规定："票据债务人不得以自己与出票人或者与持票人的前手之间的抗辩事由，对抗持票人。但是，持票人明知存在抗辩事由而取得票据的除外。"

第五节 汇票

一、汇票概述

汇票是出票人签发的，委托付款人在见票时或者在指定日期无条件支付确定的金额给收款人或者持票人的委付证券。根据我国《票据法》的规定，汇票分为银行汇票和商业汇票。银行汇票是指以银行为出票人，同时以银行为付款人的汇票。根据我国《支付结算办法》的规定，我国银行汇票的出票行和付款行为同一银行。汇款人将款项交存当地银行，银行发给汇款人银行汇票，以持往异地办理转账结算或支取现金。商业汇票是指以银行以外的其他企业或组织等为出票人，以银行或其他企业、组织等为付款人的汇票。其中，如果付款人为银行并由其进行承兑，那么即为银行承兑汇票；如果付款人为银行以外的企业或组织等并由其进行承兑，那么即为商业承兑汇票。

二、出票

（一）出票的概念

出票是指出票人签发票据并将其交付给收款人的票据行为。出票在本质上是一种支付委托，即出票人委托汇票所载付款人，向汇票所载收款人或持票人无条件支付票据金额。因此我国《票据法》规定："汇票的出票人必须与付款人具有真实的委托付款关系，并且具有支付汇票金额的可靠资金来源。不得签发无对价的汇票用以骗取银行或者其他票据当事人的资金。"

（二）记载事项

1. 绝对应记载事项。汇票必须记载下列事项：

（1）表明"汇票"的字样。汇票单据是统一格式，当事人不得私自印制汇票，出票人应合理选择"银行汇票"、"银行承兑汇票"或者"商业承兑汇票"。

（2）无条件支付的委托。这是汇票的支付文句，表明出票人委托付款人支付汇票金额不得附加任何条件，如果汇票上记载"收货后付款"等，该票据无效。

（3）确定的金额。货币的种类和金额都要确定，根据《票据法》第8条的规定，票据金额以中文大写和数码同时记载，二者必须一致，二者不一致的，票据无效。

（4）付款人名称。付款人是受汇票出票人委托而支付票据金额的人，其承兑后将成为主债务人，如未记载，汇票便无效。

（5）收款人名称。收款人是出票人记载的收取票据款项的最初的票据权利人。我国不允许签发无记名汇票，如未记载，汇票无效。

（6）出票日期。出票日对出票行为有重要意义，是确定各种期限到期日的计算基准日，为绝对应记载事项。

（7）出票人签章。出票人应在票据上签名或盖章，法人为公章（财务专用章或银行汇票专用章）和法定代表人或授权的代理人的签章。

2. 相对应记载事项。相对应记载事项如未记载，不影响汇票本身的效力，但其应根据法律的规定来确定。根据我国票据法的规定，票据的相对应记载事项主要包括：

（1）付款日期。汇票的付款日期有四种：见票即付、定日付款、出票后定期付款、见票后定期付款。汇票上未记载付款日期的，为见票即付。

（2）付款地。汇票上未记载付款地的，付款人的营业场所、住所或者经常居住地为付款地。

（3）出票地。汇票上未记载出票地的，出票人的营业场所、住所或者经常居住地为出票地。

三、背书

（一）背书的概念

背书是收款人（持票人）为了转让票据权利或授予他人行使一定票据权利而作出的票据行为。背书是我国《票据法》规定的汇票转让的法定方式。但出票人在汇票上记载"不得转让"字样的，汇票不得转让，背书人在汇票上记载"不得转让"字样，其后手再背书转让的，原背书人对后手的被背书人不承担保证责任。

（二）记载事项

1. 背书签章和背书日期的记载。我国《票据法》规定："背书由背书人签章并记载背书日期。背书未记载日期的，视为在汇票到期日前背书。"据次规定，背书签章属于绝对应记载事项，背书日期属于相对应记载事项。

2. 被背书人名称的记载。我国《票据法》规定："汇票以背书转让或者以背书将一定的汇票权利授予他人行使时，必须记载被背书人名称。"但是，《最高人民法院关于审理票据纠纷案件若干问题的规定》的第49条规定："背书人未记载被背书人名称即将票据交付他人的，持票人在票据被背书人栏内记载自己的名称与背书人记载具有同等法律效力。"

3. 不得记载的事项。我国《票据法》规定背书不得附有条件。背书时附有条件的，所附条件不具有汇票上的效力。将汇票金额的一部分转让的背书或者将汇票金额分别转让给二人以上的背书无效。

（三）背书连续

以背书转让的汇票，背书应当连续。所谓背书连续是指在票据转让中，转让票据的背书人与受让票据的被背书人在票据上的签章依次衔接。第一次背书人应当是票据上记载的收款人，第二次背书人应当是第一次被背书人，依此类推，最后的持票人应当是最后一次背书的被背书人。如果背书不连续，付款人可以拒绝向持票人付款。

四、承兑

（一）承兑的概念

承兑是指汇票付款人承诺在汇票到期日支付汇票金额的票据行为。汇票是委付证券，汇票出票人的出票行为对付款人并不具有当然的法律约束力，只有付款人在票据正面签章进行承兑，即表示愿意支付汇票金额后，承兑人（付款人）才成为主债务人，承担到期付款的责任。

（二）承兑的程序

1. 提示承兑。提示承兑是指持票人向付款人出示汇票，并要求付款人承诺付款的行为。提示承兑必须出示票据。在提示承兑中，提示人为持票人，被提示人为付款人。

见票即付的汇票无需提示承兑。定日付款或者出票后定期付款的汇票，持票人应当在汇票到期日前向付款人提示承兑。见票后定期付款的汇票，持票人应当自出票日起1个月内向付款人提示承兑。汇票未按照规定期限提示承兑的，持票人丧失对其前手的追索权。

2. 付款人承兑。我国《票据法》第 42 条规定："付款人对向其提示承兑的汇票，应当自收到提示承兑的汇票之日起 3 日内承兑或者拒绝承兑。付款人承兑汇票的，应当在汇票正面记载'承兑'字样和承兑日期并签章；见票后定期付款的汇票，应当在承兑时记载付款日期。汇票上未记载承兑日期的，以前条第 1 款规定期限的最后一日为承兑日期。"

付款人承兑汇票，不得附有条件；承兑附有条件的，视为拒绝承兑。

五、保证

（一）保证的概念

保证是指票据债务人以外的第三人，为担保特定债务人履行票据义务而在票据上记载必要事项并进行签章的票据行为。其中，票据债务以外的第三人为保证人，保证人为二人以上的，保证人承担连带责任。票据关系中已有的债务人，如出票人、背书人、承兑人等可为被保证人。被保证的汇票，保证人应当与被保证人对持票人承担连带责任。保证人清偿汇票债务后，可以行使持票人对被保证人及其前手的追索权。

（二）记载事项

1. 绝对应记载事项。保证人必须在汇票或者粘单上记载下列事项：①表明"保证"的字样；②保证人名称和住所；③被保证人的名称；④保证日期；⑤保证人签章。

2. 相对应记载事项。保证人在汇票或者粘单上未记载被保证人的名称的，已承兑的汇票，承兑人为被保证人；未承兑的汇票，出票人为被保证人。保证人在汇票或者粘单上未记载保证日期的，出票日期为保证日期。

3. 不得记载的事项。我国《票据法》第 48 条规定："保证不得附有条件，附有条件的，不影响对汇票的保证责任。"保证如附条件，所附条件无效，保证人仍应向持票人承担保证责任。

六、付款

（一）付款的概念

付款是指付款人或承兑人在票据到期时，依据票据文义无条件支付票据金额给持票人的行为。根据《票据法》第 60 条的规定，付款人依法足额付款后，全体汇票债务人的责任解除。票据活动始于出票终于付款，付款是消灭票据法律关系的行为。

（二）付款的程序

1. 提示付款。提示付款是指持票人向付款人或承兑人实际出示票据，请求付款的行为。提示付款是持票人行使其付款请求权的必要前提，也是付款人支付汇票金额的必要程序。

根据我国《票据法》的规定，持票人应当按照下列期限提示付款：①见票即付的汇票，自出票日起1个月内向付款人提示付款；②定日付款、出票后定期付款或者见票后定期付款的汇票，自到期日起10日内向承兑人提示付款。如果持票人未在上述期限内提示付款，则丧失对其前手的追索权，但是，对于承兑人并不发生丧失追索权的效果。因为承兑人承担绝对付款责任，即《票据法》第53条第3款规定"持票人未按照前款规定期限提示付款的，在作出说明后，承兑人或者付款人仍应当继续对持票人承担付款责任"。

2. 实际付款。实际付款是指持票人向付款人或承兑人提示付款后，付款人无条件地在当日足额支付票据金额给持票人的行为。我国《票据法》对付款人或承兑人的要求是"当日"、"足额"付款，如果付款人或承兑人违反该义务，则应承担迟延付款的责任。

同时，我国《票据法》第57条规定："付款人及其代理付款人付款时，应当审查汇票背书的连续，并审查提示付款人的合法身份证明或者有效证件。付款人及其代理付款人以恶意或者有重大过失付款的，应当自行承担责任。"当然，此种审查仅限于格式的审查，即票据形式上的审查，不负实质审查的义务。

七、追索权

（一）追索权的概念

追索权是指持票人在票据到期前不获承兑或到期不获付款或有其他法定原因，并依法履行保全手续后，可向其前手请求偿还票据金额及其他法定款项的权利。如前所述，追索权是从票据权利，是第二次请求权，是在付款请求权遭到拒绝时，为保护持票人票据权利的实现才行使的权利。

（二）追索权的行使要件

1. 实质要件。根据《票据法》第61条的规定，有下列情形之一的，持票人可以行使追索权：①汇票到期被拒绝付款；②汇票在到期日前被拒绝承兑的；③在汇票到期日前，承兑人或者付款人死亡、逃匿的；④在到期日前，承兑人或者付款人被依法宣告破产的或者因违法被责令终止业务活动的。

2. 形式要件。持票人行使追索权必须履行一定的保全手续，包括：

（1）在法定提示期限内提示承兑或提示付款。

（2）在不获承兑或不获付款时，提供拒绝证明或退票理由书。

（3）因承兑人或者付款人死亡、逃匿或者其他原因，不能取得拒绝证明的，可以依法取得其他有关证明。其他证明是指：①法院出具的宣告承兑人、付款人失踪或者死亡的证明、法律文书；②公安机关出具的承兑人、付款人逃匿或下落不明的证明；③医院或者有关单位出具的承兑人、付款人死亡的证明；④公证机构出具的具有拒绝证明效力的文书;⑤法院出具的关于承兑人或者付款人被依法宣告破产的司法文书;⑥有关行政机关出具的关于承兑人或者付款人因违法而被责令终止业务活动的处罚决定。

持票人不能出示拒绝证明、退票理由书或者未按照规定期限提供其他合法证明的,丧失对其前手的追索权。但是,承兑人或者付款人仍应当对持票人承担责任。

（三）追索权的行使程序

1. 发出追索通知。持票人应当自收到被拒绝承兑或者被拒绝付款的有关证明之日起 3 日内,将被拒绝事由书面通知其前手;其前手应当自收到通知之日起 3 日内书面通知其再前手。持票人也可以同时向各汇票债务人发出书面通知。

2. 确定追索对象。持票人是追索权人,被追索人为出票人、背书人、承兑人和保证人。根据《票据法》第 68 条的规定,汇票的出票人、背书人、承兑人和保证人对持票人承担连带责任。持票人可以不按照汇票债务人的先后顺序,对其中任何一人、数人或者全体行使追索权。

3. 确定追索金额。根据《票据法》第 70 条的规定,持票人行使追索权,可以请求被追索人支付下列金额和费用:①被拒绝付款的汇票金额;②汇票金额自到期日或者提示付款日起至清偿日止,按照中国人民银行规定的利率计算的利息;③取得有关拒绝证明和发出通知书的费用。同时,根据《票据法》第 71 条的规定,被追索人依照第 70 条规定清偿后,可以向其他汇票债务人行使再追索权,请求其他汇票债务人支付下列金额和费用:①已清偿的全部金额;②前项金额自清偿日起至再追索清偿日止,按照中国人民银行规定的利率计算的利息;③发出通知书的费用。

4. 受领清偿金额。被追索人清偿债务时,持票人应当交出汇票和有关拒绝证明,并出具所收到利息和费用的收据。行使再追索权的被追索人获得清偿时,应当交出汇票和有关拒绝证明,并出具所收到利息和费用的收据。被追索人清偿债务后,其责任解除。

第六节　本票和支票

一、本票

（一）本票概述

本票是出票人签发的,承诺自己在见票时无条件支付确定的金额给收款人或者持票人的票据,是由出票人本人对持票人付款的自付证券。在我国使用的本票只有银行本票一种。银行本票是银行签发的,承诺自己在见票时无条件支付确定的金额给收款人或者持票人的票据。银行本票又分为定额的银行本票和不定额的银行本票。根据我国《支付结算办法》的规定，定额银行本票面额为 1000 元、5000 元、1 万元和 5 万元。

（二）出票

本票的出票人必须具有支付本票金额的可靠资金来源，并保证支付。在我国，本票的出票人为银行等金融机构。

本票的记载事项包括绝对应记载事项和相对应记载事项。本票必须记载下列事项：①表明"本票"的字样；②无条件支付的承诺；③确定的金额；④收款人名称；⑤出票日期；⑥出票人签章。

相对应记载事项包括两项：①付款地。本票上未记载付款地的，出票人的营业场所为付款地；②出票地。本票上未记载出票地的，出票人的营业场所为出票地。

（三）付款

本票的出票人在持票人提示见票时，必须承担付款的责任。据此，本票的付款只能是见票即付。

本票自出票日起，付款期限最长不得超过 2 个月。如果本票的持票人未按照规定期限提示见票的，则丧失对出票人以外的前手的追索权。

二、支票

（一）支票概述

支票是出票人签发的，委托办理支票存款业务的银行或者其他金融机构在见票时无条件支付确定的金额给收款人或者持票人的票据。我国《票据法》第 83 条规定："支票可以支取现金，也可以转账，用于转账时，应当在支票正面注明。支票中专门用于支取现金的，可以另行制作现金支票，现金支票只能用于支取现金。支票中专门用于转账的，可以另行制作转账支票，转账支票只能用于转账，不得支取现金。"因此，我国的支票还可以进一步划分为普通支票、现金支票和转账支票。

（二）出票

1. 出票人。支票出票人应满足以下条件：①开立支票存款账户。申请人必须使用其本名，并提交证明其身份的合法证件。②存入足够款项。开立支票存款账户和领用支票，应当有可靠的资信，并存入一定的资金。③预留印鉴。开立支票存款账户，申请人应当预留其本名的签名式样和印鉴。

2. 记载事项。支票的记载事项包括绝对应记载事项和相对应记载事项。支票必须记载下列事项：①表明"支票"的字样；②无条件支付的委托；③确定的金额；④付款人名称；⑤出票日期；⑥出票人签章。

相对应记载事项包括两项：①付款地。支票上未记载付款地的，付款人的营业场所为付款地。②出票地。支票上未记载出票地的，出票人的营业场所、住所或经常居住地为出票地。

3. 出票的效力。出票人必须按照签发的支票金额承担保证向该持票人付款的责任。这一责任包括：①出票人必须在付款人处存有足够的资金，以保证票款的支付；②当付款人拒绝付款或者超过支票付款提示期限的，出票人应向持票人承担付款责任。

（三）付款

1. 提示付款。《票据法》第90条规定："支票限于见票即付，不得另行记载付款日期。另行记载付款日期的，该记载无效。"根据此规定，在我国使用的支票的付款只能是见票即付。

2. 付款期限。《票据法》第91条规定："支票的持票人应当自出票日起十日内提示付款；异地使用的支票，其提示付款的期限由中国人民银行另行规定。超过提示付款期限的，付款人可以不予付款；付款人不予付款的，出票人仍应当对持票人承担票据责任。"

（四）对汇票有关规定的引用

《票据法》第93条规定："支票的背书、付款行为和追索权的行使，除适用票据法有关支票的具体规定外，其余适用有关汇票的规定。"

第七节　法律责任

一、刑事责任

根据《刑法》第174、194条的规定，有伪造、变造票据的，故意使用伪造、变造的票据的，签发空头支票或者故意签发与其预留的本名签名式样或者印鉴不符的支票，骗取财物的，签发无可靠资金来源的汇票、本票，骗取资金的，汇票、本票的出票人在出票时作虚假记载，骗取财物的，冒用他人的票据，或者故意使用过期或者作废的票据，骗取财物等票据欺诈行为的，应依法追究刑事责任。根据《刑法》第174、194条的规定，其中，伪造、变造汇票、本票、支票的，处5年以下有期徒刑或者拘役，并处或者单处2万元以上20万元以下罚金；情节严重的，处5年以上10年以下有期徒刑，并处5万元以上50万元以下罚金；情节特别严重的，处10年以上有期徒刑或者无期徒刑，并处5万元以上50万元以下罚金或者没收财产。其他票据欺诈行为数额较大的，处5年以下有期徒刑或者拘役，并处2万元以上20万元以下罚金；数额巨大或者有其他严重情节的，处5年以上10年以下有期徒刑，并处5万元以上50万元以下罚金；数额特别巨大或者有其他特别严重情节的，处10年以上有期徒刑或者无期徒刑，并处5万元以上50万元以下罚金或者没收财产。

《刑法》第189条规定："银行或者其他金融机构的工作人员在票据业务中，对违反票据法规定的票据予以承兑、付款或者保证，造成重大损失的，处五年以下有期徒刑或者拘役；造成特别重大损失的，处五年以上有期徒刑。单位犯前款罪的，对单位判处罚金，并对其直接负责的主管人员和其他直接责任人员，依照前款的规定处罚。"

二、行政责任

实施票据欺诈行为情节轻微，不构成犯罪的，依照国家有关规定给予行政处罚。该类处罚主要有警告、罚款、没收非法所得、停止办理某项业务、停业整顿、吊销营业执照或经营许可证等。金融机构工作人员在票据业务中玩忽职守，对违反票据法规定的票据予以承兑、付款或者保证的，给予处分。这里的处分主要是由单位给予警告、记过、撤职、开除公职等行政处分。票据的付款人对见票即付或者到期的票据，故意压票，拖延支付的，由金融行政管理部门处以罚款，对直接责任人员给予处分。

三、民事责任

行为人实施前述票据欺诈行为，给他人造成损失的，还应当依法承担民事赔偿责任。由于金融机构工作人员在票据业务中玩忽职守，对违反票据法规定的票据予以承兑、付款或者保证。因票据违法行为给当事人造成损失的，由该金融机构和直接责任人员依法承担赔偿责任。票据的付款人故意压票，拖延支付，给持票人造成损失的，依法承担赔偿责任。

引例解析

本案主要涉及两个问题：①票据变造及其法律效力问题；②背书不连续的认定及法律后果。

票据的变造必须包括下列条件：①必须是无变更权的人所为的变更行为；②必须是变更票据签章以外的其他事项；③变更票据其他记载事项足以引起票据权利内容发生变化。关于票据变造的法律效力，我国《票据法》第14条第3款对票据变造在票据法上的法律后果作出了明确的规定，票据上其他记载事项被变造的，在变造之前签章的人，对原记载事项负责；在变造之后签章的人，对变造之后的记载事项负责；不能辨别是在票据被变造之前或者之后签章的，视同在变造之前签章。本案中，该转账支票在原告祥瑞综合服务公司出票之后被变造成了59 000元，依照上述规定，原告只应当承担原支票被变造之前开具的9000元的承付责任，被告北京某饲料厂在票据变造之后签章背书的，应当对变造之后的记载事项负责，由于本案中被告北京某饲料厂取得转账支票未经前手背书，只是自己在背书人与被背书人栏中加盖公章，造成票据背书的不连续，而其也不能证明该票据从前手何人处取得，故其应当承担造成背书不连续的责任。转账支票被更改的金额认定无效，持票人不应当享有变造票据金额中记载的利益。因此，原告服务公司多支付的款项应由被告饲料厂返还，原告在原支票上开具的 9000 元应由原告承付。

思考题

1. 如何理解票据的无因性？
2. 如何理解票据的提示付款期限？
3. 如何行使票据追索权？

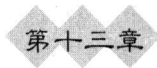

第十三章

证券法

◆　**引例**

　　朱某于 1996 年 9 月 9 日在四川省信托投资公司北京证券营业部开立账户，并于 9 月 12 日以每股 18.12 元的价格填单，欲购入 1600 股四川长虹股票，但在交易中被告知，上海证券交易所拒绝接受报单，理由是朱某的资金账户已被四通财务公司证券交易营业部指定交易。四通营业部的主体资格已于 1998 年 7 月被撤销，其原有的全部人、财、物以及所有的客户与业务全部归入联合证券有限责任公司航天桥营业部。朱某起诉到海淀区人民法院，要求联合证券有限责任公司航天桥营业部停止侵害，赔偿经济损失。

☞　**要点**

　　证券法的基本原则；证券交易所；证券公司；证券发行；证券法限制和禁止的交易行为

第一节　证券法概述

一、证券与证券市场

（一）证券

　　从一般意义上理解，证券是多种经济权益凭证的统称，可以概括为用来证明持券人有权按其券面所载内容取得应有权益的书面证明。其内容主要包括证据证券、凭证证券和有价证券。证据证券只是单纯地证明一种事实的书面证明文件，如收据等。凭证证券是指认定持证人是某种私权的合法权利者的书面证明文件，如存款单等。有价证券则是指标有票面金额，证明持券人有权按期取得一定收入并可自由转让和买卖的所有权或债权的凭证。

　　有价证券有广义与狭义两种概念，广义的有价证券包括商品证券、货币证券和资本证券。商品证券是证明持券人有商品所有权或使用权的凭证，取得这种证券就等于取得这种商品的所有权，持券者的这种证券所代表的商品所有权受法律保护。属于商品证券的有提货单、运货单、仓库栈单等。货币证券是指本身能使持券人或第三者取得货币索取权的有价证券，货币证券主要包括两大类：一类是商业证券，主要包括商业汇票和商业本票；另一类是银行证券，主要包括银行汇票、银行本票和支票。资本证券是指由金融投资或与金融投资有直接联系的活动而产生的证券。持券人对发行人有一定的收入请求权，它包括股票、债券及其衍生品种如基金证券、可转换证券等。狭义的有价证券仅指资本证券。

证券法上的证券仅指狭义的证券，即资本证券。根据我国《证券法》的规定，证券主要包括股票、公司债券和国务院依法认定的其他证券。[1]

（二）证券市场

证券市场是指证券发行与交易的场所。分为发行市场和交易市场。证券发行市场又称"一级市场"或"初级市场"，是发行人以筹集资金为目的，按照一定的法律规定和发行程序，向投资者出售证券所形成的市场。证券发行人通过证券发行市场将已获准公开发行的证券第一次销售给投资者，以获取现金。在证券发行市场上，不仅存在着由发行主体向投资者的证券流，而且存在着由投资者向发行主体的货币资本流。因此，证券发行市场不仅是发行主体筹措资金的市场，也是给投资者提供投资机会的市场。证券交易市场是已发行的证券通过买卖交易实现流通转让的场所。相对于发行市场而言，证券交易市场又称为"二级市场"或"次级市场"。证券经过发行市场的承销后，即进入交易市场，它体现了新老投资者之间投资退出和投资进入的市场关系。因此，证券交易市场具有两个方面的职能：其一是为证券持有者提供需要现金时按市场价格将证券出卖变现的场所；其二是为新的投资者提供投资机会。证券交易市场又可以分为有形的交易所市场和无形的场外市场。证券发行市场与交易市场紧密联系，互相依存，互相作用。发行市场是交易市场的存在基础，发行市场的发行条件及发行方式影响着交易市场的价格及流动性。而交易市场又能促进发行市场的发展，为发行市场所发行的证券提供了变现的场所，同时交易市场的证券价格及流动性又直接影响发行市场新证券的发行规模和发行条件。

证券市场的构成要素主要包括证券市场参与者、证券市场交易工具和证券交易场所三个方面。其中，证券市场参与人包括：证券发行人（企业、金融机构和政府部门）、证券投资者（机构投资者和个人投资者）、证券中介机构（证券公司和证券服务机构）、证券自律性组织（证券交易所、证券业协会）、证券监管机构等；证券交易工具主要包括政府债券（中央政府债券和地方政府债券）、金融债券、公司债券、股票、基金及金融衍生证券等；证券交易场所包括场内交易

---

[1] 其他证券主要指投资基金份额、非公司企业债券、国家政府债券等。

市场和场外交易市场两种形式。[1]

二、证券法

（一）证券法的概念与特征

证券法是调整证券市场的参与者与证券监督管理者在证券的募集、发行、交易、监督管理过程中所发生的社会经济关系的法律规范的总称。就我国而言，它包括《中华人民共和国证券法》[2]和其他法律中有关证券管理的规定，以及有关证券管理的行政法规和规章、地方性法规和规章等。此外，证券交易所等有关证券自律性组织依法制定的业务规则和行业活动准则等对我国证券市场的规范运作也起到重要的调整作用。

证券法具有以下基本特征：

1. 强制性。证券法的规范既有强制性的，也有任意性的，但以强制性为主。如强制发行人公开披露消息，禁止从事内幕交易、操纵市场、欺诈客户、虚假陈述等欺诈行为。证券法的强制性还体现在严格的法律责任上。违反证券法的法律责任，不仅有民事责任，还有行政责任、刑事责任。

2. 技术性。证券的发行和交易必须遵守一定的规则，才能保证证券发行和交易的公平、安全、快捷、有效。证券法中包含了大量的技术性操作规则，如证券交易集合竞价规则、持股信息披露规则、上市公司要约收购规则等，均具有较强的技术性。

3. 国际性。金融国际化促进了国际证券业的相互合作，证券法的诸多基本概念和基本模式世界各国大体相同，各国的证券法亦开始兼顾国际上的通行做法。我国的证券立法也在逐步与国际惯例接轨。所以证券法呈现出一定的国际性，如各国证券法规定的证券交易规则趋向一致，公开原则为大多数国家的证券立法采纳等。

4. 公法与私法相结合。证券法既调整证券发行人、证券承销商、证券交易所、投资者之间的平等主体关系，又调整国家证券管理机构与证券市场参与者之间隶属性质的监督管理关系，融公法规范与私法规范于一身。

5. 实体法与程序法相结合。有关证券发行人、证券商、投资者及其他主体

---

[1] 场内交易市场是指在证券交易所内进行的证券买卖活动，这是证券交易场所的规范组织形式；场外交易市场是在证券交易所之外进行证券买卖活动，它包括柜台交易市场（又称店头交易市场）、第三市场、第四市场等形式。

[2] 1998年12月29日，第九届全国人民代表大会常务委员会第六次会议通过了《证券法》，自1999年7月1日起施行。2004年8月28日，十届全国人大常委会第十一次会议对《证券法》作了个别条款的修正。2005年10月27日，第十届全国人大常委会第十八次会议对《证券法》作了大幅修订后重新颁布，自2006年1月1日起施行。

的权利和义务，法律责任等规范属于证券法的实体法规范；而证券的发行、上市、交易、收购等程序均属于程序法规范。

（二）证券法的基本原则

证券法的基本原则是指导证券市场交易的根本准则，它贯穿于法的制定与实施活动始终。简要归纳，我国证券法的基本原则主要包括：

1. 公开、公平、公正原则。公开原则是证券发行和交易制度的核心，它要求证券发行者必须依法将与证券有关的一切真实情况予以公开，以供投资者投资决策时参考。只有以公开为基础，才能实现公平和公正。公平原则是指在证券发行和交易活动中，发行人、投资人、证券商和证券专业服务机构的法律地位完全平等，其合法权益受到同等保护。公正原则是指证券监管机构和司法机关在履行职责时，应当依法行使职责，对一切主体给予公正的待遇。

2. 分业经营、分业管理的原则。《证券法》第6条规定："证券业和银行业、信托业、保险业实行分业经营、分业管理"，新修订的《证券法》还规定："国家另有规定的除外。"这为混业经营留下了空间。

3. 国家集中统一监管与行业自律相结合的原则。《证券法》规定："国务院证券监督管理机构依法对全国证券市场实行集中统一监督管理。国务院证券监督管理机构根据需要可以设立派出机构，按照授权履行监督管理职责。""在国家对证券发行、交易活动实行集中统一监督管理的前提下，依法设立证券业协会，实行自律性管理。""国家审计机关对证券交易所、证券公司、证券登记结算机构、证券监督管理机构进行审计监督。"

第二节 证券机构

一、证券交易所

（一）证券交易所的概念

证券交易所，也称场内交易所，一般是指依法设立的提供证券集中交易的场所和设施，组织和监督证券交易，实行自律管理的法人。证券交易所设理事会，并设总经理一人，由国务院证券监督管理机构任免。目前，我国有两家证券交易所，即1990年12月设立的上海证券交易所和1991年7月设立的深圳证券交易所。证券交易所的设立和解散，由国务院决定。

（二）证券交易所的职能

证券交易所具有以下职能：

（1）为组织公平的集中交易提供保障，公布证券交易即时行情，并按交易日制作证券市场行情表，予以公布。

（2）因突发性事件而影响证券交易的正常进行时，证券交易所可以采取技术性停牌的措施；因不可抗力的突发性事件或者为维护证券交易的正常秩序，证券交易所可以决定临时停市。

（3）对证券交易实行实时监控，并按照国务院证券监督管理机构的要求，对异常的交易情况提出报告；根据需要，可以对出现重大异常交易情况的证券账户限制交易，并报国务院证券监督管理机构备案。

（4）对上市公司及相关信息披露义务人披露信息进行监督，督促其依法及时、准确地披露信息。

（5）依照证券法律、行政法规制定上市规则、交易规则、会员管理规则和其他有关规则，并报国务院证券监督管理机构批准。

（6）对违反交易规则的证券交易人给予纪律处分，情节严重的，可撤销其交易资格，禁止其入场进行证券交易。

二、证券公司

（一）证券公司的设立

证券公司是指依照《公司法》和《证券法》规定设立的经营证券业务的有限责任公司和股份有限公司。根据《证券法》，设立证券公司应具备的条件包括：①合法的公司章程；②主要股东具有持续盈利能力，信誉良好，最近3年无重大违法违纪记录，净资产不低于人民币2亿元；③符合《证券法》规定的注册资本；④董事、监事、高级管理人员具备任职资格，从业人员具有证券从业资格；⑤完善的风险管理与内部控制制度；⑥合格的营业场所和业务设施；⑦法律、法规和证监会规定的其他条件。

设立证券公司必须经国务院证券监督管理机构审查批准，证券公司设立、收购或者撤销分支机构，或在境外设立、收购或参股证券经营机构，必须经国务院证券监督管理机构批准。国务院证券监督管理机构应自受理证券公司设立申请之日起6个月内，根据审慎监管原则依法审查，做出批准或不予批准的决定。证券公司设立获得批准的，申请人应在规定的期限内向公司登记机关申请设立登记，领取营业执照，并自领取营业执照之日起15日内，向国务院证券监督管理机构申请经营证券业务许可证。

（二）证券公司的业务范围及注册资本要求

新修订的《证券法》取消了对证券公司的分类管理制度，只规定了证券公司不同的业务范围及相应的注册资本要求。

证券公司可以经营的部分或全部业务包括：①证券经纪；②证券投资咨询；③与证券交易、证券投资活动有关的财务顾问；④证券承销与保荐；⑤证券自营；⑥证券资产管理；⑦法律许可的其他证券业务。

证券公司经营第 1~3 项业务的，注册资本最低限额为人民币 5000 万元；经营第 4~7 项业务之一的，注册资本最低限额为人民币 1 亿元；经营第 4~7 项业务中两项以上的，注册资本最低限额为人民币 5 亿元。证券公司的注册资本应当是实缴资本。国务院证券监督管理机构可以调整注册资本最低限额，但不得少于前面规定的限额。

（三）对证券公司的监管

1. 风险控制监管。国务院证券监督管理机构对证券公司的净资本，净资本与负债的比例，净资本与净资产的比例，净资本与自营、承销、资产管理等业务规模的比例，负债与净资产的比例，以及流动资产与流动负债的比例等风险控制指标作出规定。证券公司不得为其股东或股东的关联人提供融资或者担保。

2. 投资者保护基金和准备金监管。国家设立证券投资者保护资金，由证券公司缴纳的资金和其他依法筹集的资金组成。并且证券公司应每年从其税后利润中提取交易风险准备金，以弥补证券交易的损失，提取的具体比例由国务院证券监督管理机构规定。

3. 内控隔离监管。证券公司应当建立健全内部控制制度，采取有效隔离措施，防范公司与客户之间、不同客户之间的利益冲突。证券公司应将其证券经纪业务、证券承销业务、证券自营业务和证券资产管理业务分开办理，不得混合操作。

4. 客户交易结算资金和证券独立。证券公司客户的交易结算资金应存放在商业银行，以每个客户的名义单独立户管理。证券公司不得将客户的交易结算资金和证券归入其自有财产，禁止挪用客户的交易结算资金和证券。

5. 禁止接受全权委托。证券公司办理经纪业务，不得接受客户的全权委托而决定证券买卖、选择证券种类、决定交易数量或者买卖价格；不得以任何方式对客户证券买卖的收益或者赔偿证券买卖的损失作出承诺。客户的证券买卖委托，不论是否成交，其委托记录应当按照规定的期限，保存于证券公司。

三、证券登记结算机构

证券登记结算机构是为证券交易提供集中登记、存管与结算服务，不以营利为目的的法人。设立证券登记结算机构必须经国务院证券监督管理机构批准，并应具备：①自有资金不少于人民币 2 亿元；②具有证券登记、存管和结算服务所必需的场所和设施；③主要管理人员和业务人员必须具有证券从业资格；④国务院证券监督管理机构规定的其他条件。

证券登记结算机构履行下列职能：①证券账户、结算账户的设立；②证券的存管和过户；③证券持有人名册登记；④证券交易所上市证券交易的清算和交收；⑤受发行人的委托派发证券权益；⑥办理与上述业务有关的查询；⑦国务院证券监督管理机构批准的其他业务。

四、证券监督管理机构

我国依法对证券市场实行监督管理的机构是国务院证券监督管理委员会，其职责包括：①依法制定有关证券市场监督管理的规章、规则，并依法行使审批或者核准权；②依法对证券的发行、上市、交易、登记、存管、结算，进行监督管理；③依法对证券发行人、上市公司、证券交易所、证券公司、证券登记结算机构、证券投资基金管理公司、证券服务机构的证券业务活动，进行监督管理；④依法制定从事证券业务人员的资格标准和行为准则，并监督实施；⑤依法监督检查证券发行、上市和交易的信息公开情况；⑥依法对证券业协会的活动进行指导和监督；⑦依法对违反证券市场监督管理法律、行政法规的行为进行查处；⑧法律、行政法规规定的其他职责。

国务院证券监督管理机构依法履行职责时，有权采取下列措施：①对证券发行人、上市公司、证券公司、证券投资基金管理公司、证券服务机构、证券交易所、证券登记结算机构进行现场检查；②进入涉嫌违法行为发生场所调查取证；③询问当事人以及与被调查事件有关的单位和个人，要求其对与被调查事件有关的事项作出说明；④查阅、复制与被调查事件有关的财产权登记、通信记录等资料；⑤查阅、复制当事人以及与被调查事件有关的单位和个人的证券交易记录、登记过户记录、财务会计资料及其他相关文件和资料；对可能被转移、隐匿或者毁损的文件和资料，可以予以封存；⑥查询当事人以及与被调查事件有关的单位和个人的资金账户、证券账户和银行账户；对有证据证明已经或者可能转移或者隐匿违法资金、证券等涉案财产或者隐匿、伪造、毁损重要证据的，经国务院证券监督管理机构主要负责人批准，可以冻结或者查封；⑦在调查操纵证券市场、内幕交易等重大证券违法行为时，经国务院证券监督管理机构主要负责人批准，可以限制被调查事件当事人的证券买卖，但不得超过 15 个交易日；案情复杂的，可以延长 15 个交易日。

第三节　证券的发行与交易

一、证券发行

（一）证券发行的概念

证券发行是指符合发行条件的商业或政府组织为筹集资金，以同一条件向特定或不特定的公众招募或出售证券的行为。

证券发行分为公开发行和非公开发行。非公开发行又称私募，是指只针对特定投资者销售证券。《证券法》规定："非公开发行证券，不得采用广告、公开劝诱和变相公开方式。"

（二）股票公开发行

股票发行人必须是具有股票发行资格的股份有限公司，包括已成立的股份有限公司和经核准拟设立的股份有限公司。股票公开发行须由保荐人出具发行保荐书。股票发行一般有两种：①为设立新公司而首次发行股票，即设立发行；②为扩大已有的公司规模而发行新股，即增资发行。

1. 设立发行股票的条件。设立发行或称首次发行，是指发起人通过发行公司股票来筹措经营资本，成立股份有限公司的行为。设立发行除应具备《公司法》规定的条件外，还应符合国务院证券监督管理机构规定的其他条件。

2. 公开发行新股的条件。公司公开发行新股，必须符合的条件包括：①具备健全且运行良好的组织机构；②具有持续盈利能力，财务状况良好；③最近3年财务会计文件无虚假记载，无其他重大违法行为；④经国务院批准的国务院证券监督管理机构规定的其他条件。上市公司非公开发行新股，应当符合国务院批准的国务院证券监督管理机构规定的条件，并报国务院证券监督管理机构核准。

首次公开发行股票，应当通过向特定机构投资者（以下称询价对象）询价的方式确定股票发行价格。询价对象是指符合规定条件的证券投资基金管理公司、证券公司、信托投资公司、财务公司、保险机构投资者、合格境外机构投资者，以及经中国证监会认可的其他机构投资者。

首次公开发行股票数量在4亿股以上的，可以向战略投资者配售股票。发行人应当与战略投资者事先签署配售协议，并报中国证监会备案。

（三）债券公开发行

公开发行债券，应当符合下列条件：

（1）股份有限公司的净资产不低于人民币3000万元，有限责任公司的净资产不低于人民币6000万元。

（2）累计债券余额不超过公司净资产的40%。

（3）最近3年平均可分配利润足以支付公司债券1年的利息。

（4）筹集的资金投向符合国家产业政策。

（5）债券的利率不超过国务院限定的利率水平。

（6）国务院规定的其他条件。

上市公司发行可转换为股票的公司债券，除应当符合前述条件外，还应当符合《证券法》关于公开发行股票的条件，并报国务院证券监督管理机构核准。

（四）证券发行的承销

我国《证券法》规定的证券承销业务有代销和包销两种方式。证券代销是指证券公司代发行人发售证券，在承销期结束时，将未售出的证券全部退还给发行人的承销方式。上市公司非公开发行股票未采用自行销售方式或者上市公司配股的，应当采用代销方式。证券包销是证券公司将发行人的证券按照协议全部购入或者在承销期结束时将售后剩余证券全部自行购入的承销方式。

《证券法》规定："向不特定对象公开发行的证券票面总值超过人民币 5000 万元的，应当由承销团承销。"这实际上是关于巨额证券销售与承销团的规定。巨额销售涉及的金额大，销售成功后的利润大，但销售不成功的损失也大，为了保证销售者对巨额销售有足够的承受能力，《证券法》规定巨额销售必须要由相当资本实力的销售主体来承担，即应当由两个或两个以上的证券公司组成，这就是所谓的承销团。承销团应当由主承销以及参与承销的证券公司组成。组成承销团的承销商应当签订承销团协议，由主承销商负责组织承销工作。证券发行由两家以上证券公司联合主承销的，所有担任主承销商的证券公司应当共同承担主承销责任，履行相关义务。承销团由三家以上承销商组成的，可以设副主承销商，协助主承销商组织承销活动。

二、证券上市

证券上市交易是指已经发行的公司股票或债券在证券交易所内挂牌，进行公开竞价交易。上市公司应当向证券交易所提出申请，由证券交易所依法审核同意，并由双方签订上市协议。证券交易所根据国务院授权的部门的决定安排政府债券上市交易。

（一）股票上市的条件

申请股票上市必须具备如下条件：

（1）股票经国务院证券监督管理机构核准已公开发行。

（2）公司股本总额不少于人民币 3000 万元。

（3）公开发行的股份达到公司股份总数的 25% 以上；公司股本总额超过人民币 4 亿元的，公开发行股份的比例为 10% 以上。

（4）公司最近 3 年无重大违法行为，财务会计报告无虚假记载。

向证券交易所申请股票上市，须提交下列文件：①上市报告书；②申请股票上市的股东大会决议；③公司章程；④公司营业执照；⑤依法经会计师事务所审计的公司最近三年的财务会计报告；⑥法律意见书和上市保荐书；⑦最近一次的招股说明书；⑧证券交易所上市规则规定的其他文件。

上市申请经证券交易所审核同意，上市公司与证券交易所需签订上市协议。签订上市协议的公司应当在规定的期限内公告股票上市的有关文件，并将该文件置备于指定场所供公众查阅。

（二）债券上市的条件

债券上市必须满足以下条件：

（1）公司债券的期限为 1 年以上。

（2）公司债券实际发行额不少于人民币 5000 万元。

（3）公司申请债券上市时仍符合法定的公司债券发行条件。

向证券交易所申请债券上市，须提交下列文件：①上市报告书；②申请公司债券上市的董事会决议；③公司章程；④公司营业执照；⑤公司债券募集办法；⑥公司债券的实际发行数额；⑦证券交易所上市规则规定的其他文件。

申请可转换为股票的公司债券上市交易，还应报送保荐人出具的上市保荐书。

（三）上市公司的信息披露义务

发行股票、公司债券的公司，发行人必须根据真实、完整的原则公告招股说明书、公司债券募集办法；依法公开发行新股或者公司债券的，还应当公告财务会计报告。

上市公司和公司债券上市交易的公司，必须在每一会计年度内每半年公布一次其财务状况和经营情况，包括中期报告和年度报告。中期报告要求于每一会计年度的上半年结束之日起 2 个月内完成，报送证监会和证交所并公告，其内容包括公司财务报告和经营情况，涉及公司的重大诉讼事项，已发行的股票、公司债券变动情况，提交股东大会审议的重要事项，证监会规定的其他事项。年度报告要求在每一会计年度结束后 4 个月内编制完成，报送证监会和证交所并公告，其主要内容包括公司概况，公司财务会计报告和经营情况，董事、监事、高级管理人员简介及其持股情况，已发行的股票、公司债券情况，包括持有公司股份最多的前 10 名股东名单和持股数额，公司的实际控制人，证监会规定的其他事项。

此外，当公司发生可能对股票价格产生较大影响的重大事件时，上市公司应立即编制重大事件公告书报送证监会和证交所，并向社会披露。

重大事件指可能对公司的股票价格产生重大影响的情况：①公司的经营方针和经营范围的重大变化；②公司的重大投资行为和重大的购置财产的决定；③公司订立重要合同，可能对公司的资产、负债、权益和经营成果产生重要影响；④公司发生重大债务和未能清偿到期重大债务的违约情况；⑤公司发生重大亏损或者重大损失；⑥公司生产经营的外部条件发生的重大变化；⑦公司的董事、1/3 以上监事或者经理发生变动；⑧持有公司 5% 以上股份的股东或者实际控制人，其持有股份或者控制公司的情况发生较大变化；⑨公司减资、合并、分立、解散及申请破产的决定；⑩涉及公司的重大诉讼，股东大会、董事会决议被依法撤销或者宣告无效；⑪公司涉嫌犯罪被司法机关立案调查，公司董事、监事、高级管理人员涉嫌犯罪被司法机关采取强制措施；⑫证监会规定的其他事项。

发行人、上市公司依法披露的信息，必须真实、准确、完整，不得有虚假记载、误导性陈述或者重大遗漏。发行人、上市公司信息披露资料中有虚假记载、误导性陈述或者重大遗漏，致使投资者在证券交易中遭受损失的，发行人、上市公司应当承担赔偿责任；发行人、上市公司的董事、监事、高级管理人员和其他直接责任人员以及保荐人、承销的证券公司，应当与发行人、上市公司承担连带赔偿责任，但是能够证明自己没有过错的除外；发行人、上市公司的控股股东、实际控制人有过错的，应当与发行人、上市公司承担连带赔偿责任。

（四）证券的暂停和终止上市

上市公司丧失以下上市条件的，其股票依法暂停上市：①公司股本总额、股权分布等发生变化不再具备上市条件；②公司不按规定公开其财务状况，或者对财务会计报告作虚假记载，可能误导投资者；③公司有重大违法行为；④公司最近3年连续亏损；⑤证券交易所上市规则规定的其他情形。

证券交易所决定终止上市公司股票上市的情形有：①公司股本总额、股权分布等发生变化不再具备上市条件，在证券交易所规定的期限内仍不能达到上市条件；②公司不按照规定公开其财务状况，或者对财务会计报告作虚假记载，且拒绝纠正；③公司最近3年连续亏损，在其后一个年度内未能恢复盈利；④公司解散或者被宣告破产；⑤证券交易所上市规则规定的其他情形。

公司债券上市交易后，公司有下列情形之一的，由证券交易所决定暂停其公司债券的上市交易：①公司有重大违法行为；②公司情况发生重大变化不符合公司债券上市条件；③公司债券所募集资金不按照核准的用途使用；④未按照公司债券募集办法履行义务；⑤公司最近两年连续亏损。其中有第1、4项所列情形之一，经查实后果严重的；或者有上述第2、3、5项所列情形之一，在限期内未能消除的；公司解散或者被宣告破产的，由证券交易所决定终止该公司债券上市。

三、证券交易

（一）证券交易

证券交易是指证券持有人依照交易规则，将证券转让给其他投资者的行为。证券交易除应遵循《证券法》规定的证券交易规则，还应同时遵守《公司法》及《合同法》的规则。

证券交易一般分为两种形式：一种形式是上市交易，是指证券在证券交易所集中交易挂牌买卖。凡经批准在证券交易所内登记买卖的证券称为上市证券；其证券能在证券交易所上市交易的公司，称为上市公司。另一种形式是上柜交易，是指公开发行但未达上市标准的证券在证券柜台交易市场买卖。众多的股份有限公司发行了股票，但不是所有的股票都可以自由上市或上柜交易的。股票要上市或上柜交易，必须按一定条件和标准进行审查，符合规定的才能上市或上柜自由买卖。非依法发行的证券，不得买卖。依法发行的证券，应当在依法设立的证券交易所上市交易或者在国务院批准的其他证券交易场所转让。法律对其转让期限有限制性规定的，在限定的期限内，不得买卖。

（二）限制的证券交易行为

1. 证券交易所、证券公司、证券登记结算机构从业人员、证券监督管理机构的工作人员和法律、行政法规禁止参与股票交易的其他人员，在任期或者法定期限内，不得直接或者以化名、借他人名义持有、买卖股票，也不得收受他人赠送的股票。任何人在成为前款所列人员时，其原已持有的股票，必须依法转让。

2. 为股票发行出具审计报告、资产评估报告或者法律意见书等文件的证券服务机构和人员，在该股票承销期内和期满后 6 个月内，不得买卖该种股票。除上述规定外，为上市公司出具审计报告、资产评估报告或者法律意见书等文件的证券服务机构和人员，自接受上市公司委托之日起至上述文件公开后 5 日内，不得买卖该种股票。

3. 上市公司董事、监事、高级管理人员、持有上市公司股份 5% 以上的股东，将其持有的该公司的股票在买入后 6 个月内卖出，或者在卖出后 6 个月内又买入，由此所得收益归该公司所有，公司董事会应当收回其所得收益。但是，证券公司因包销购入售后剩余股票而持有 5% 以上股份的，卖出该股票不受 6 个月的时间限制。

（三）禁止的证券交易行为

1. 内幕交易行为。内幕交易是指知悉证券交易内幕信息的知情人和非法获取内幕信息的人，利用内幕信息进行证券交易的活动。

内幕信息是指证券交易活动中，涉及公司的经营、财务或者对该公司证券的市场价格有重大影响的尚未公开的信息，包括：①法律规定上市公司必须公开的、可能对股票交易价格产生较大影响、而投资者尚未得知的重大事件；②公司分配股利或者增资的计划；③公司股权结构的重大变化；④公司债务担保的重大变更；⑤公司营业用主要资产的抵押、出售或者报废一次超过该资产的 30%；⑥公司的董事、监事、高级管理人员的行为可能依法承担重大损害赔偿责任；⑦上市公司收购的有关方案；⑧国务院证券监督管理机构认定的对证券交易价格有显著影响的其他重要信息。

内幕信息的知情人包括：①发行人的董事、监事、高级管理人员；②持有公司 5% 以上股份的股东及其董事、监事、高级管理人员，公司的实际控制人及其董事、监事、高级管理人员；③发行人控股的公司及其董事、监事、高级管理人员；④由于所任公司职务可以获取公司有关内幕信息的人员；⑤证券监督管理机构工作人员，以及由于法定职责对证券的发行、交易进行管理的其他人员；⑥保荐人、承销的证券公司、证券交易所、证券登记结算机构、证券服务机构的有关人员；⑦国务院证券监督管理机构规定的其他人。

2. 操纵市场行为。操纵证券市场，是指以获取利益或者减少损失为目的，利用掌握的资金等优势影响证券市场价格，制造证券市场假象，诱导或者致使投资者在不了解事实真相的情况下作出证券投资决定，扰乱证券市场秩序的行为。

操纵市场的行为包括：①单独或者通过合谋，集中资金优势、持股优势或者利用信息优势联合或者连续买卖，操纵证券交易价格或者证券交易量；②与他人串通，以事先约定的时间、价格和方式相互进行证券交易，影响证券交易价格或者证券交易量；③在自己实际控制的账户之间进行证券交易，影响证券交易价格或者证券交易量等。

3. 信息误导和欺诈行为。信息误导是指国家工作人员、传播媒介从业人员以及证券交易所、证券公司、证券登记结算机构、证券服务机构及其从业人员、证券业协会、证券监督管理机构及其工作人员，编造、传播虚假信息，扰乱证券交易的行为。

欺诈是指代理人在证券交易及相关活动中：①违背客户的委托为其买卖证券；②不在规定时间内向客户提供交易的书面确认文件；③挪用客户所委托买卖的证券或者客户账户上的资金；④未经客户的委托，擅自为客户买卖证券，或者假借客户的名义买卖证券；⑤为牟取佣金收入，诱使客户进行不必要的证券买卖；⑥利用传播媒介或者通过其他方式提供、传播虚假或者误导投资者的信息；⑦其他违背客户真实意思表示，损害客户利益的行为。

第四节　违反证券法的法律责任

一、违反证券发行规定的法律责任
违反证券发行规定的法律责任表现为以下几个方面：

（1）未经法定机关核准，擅自公开或者变相公开发行证券的，责令其停止发行，退还所募资金并加算银行同期存款利息，处以非法所募资金金额1%以上5%以下的罚款；对擅自公开或者变相公开发行证券设立的公司，由依法履行监督管理职责的机构或者部门会同县级以上地方人民政府予以取缔。对直接负责的主管人员和其他直接责任人员给予警告，并处以3万元以上30万元以下的罚款。

（2）发行人，包括发行人的控股股东、实际控制人不符合发行条件，以欺骗手段骗取发行核准，尚未发行证券的，处以30万元以上60万元以下的罚款；已经发行证券的，处以非法所募资金金额1%以上5%以下的罚款。对直接负责的主管人员和其他直接责任人员处以3万元以上30万元以下的罚款。

（3）证券公司承销或者代理买卖未经核准擅自公开发行的证券的，责令停止承销或代理买卖，没收违法所得，并处以违法所得 1 倍以上 5 倍以下的罚款；没有违法所得或者违法所得不足 30 万元的，处以 30 万元以上 60 万元以下的罚款。给投资者造成损失的，应当与发行人承担连带赔偿责任。对直接负责的主管人员和其他直接责任人员给予警告，撤销任职资格或者证券从业资格，并处以 3 万元以上 30 万元以下的罚款。

二、违反证券交易规定的法律责任

违反证券交易规定的法律责任表现为：

（1）证券交易内幕信息的知情人或者非法获取内幕信息的人，在涉及证券的发行、交易或者其他对证券的价格有重大影响的信息公开前，买卖该证券，或者泄露该信息，或者建议他人买卖该证券的，责令依法处理非法持有的证券，没收违法所得，并处以违法所得 1 倍以上 5 倍以下的罚款；没有违法所得或者违法所得不足 3 万元的，处以 3 万元以上 60 万元以下的罚款。单位从事内幕交易的，还应当对直接负责的主管人员和其他直接责任人员给予警告，并处以 3 万元以上 30 万元以下的罚款。证券监督管理机构工作人员进行内幕交易的，从重处罚。

（2）违反《证券法》的规定，操纵证券市场的，责令依法处理其非法持有的证券，没收违法所得，并处以违法所得 1 倍以上 5 倍以下的罚款；没有违法所得或者违法所得不足 30 万元的，处以 30 万元以上 300 万元以下的罚款。单位操纵证券市场的，还应当对直接负责的主管人员和其他直接责任人员给予警告，并处以 10 万元以上 60 万元以下的罚款。

（3）编造并且传播影响证券交易的虚假信息，扰乱证券交易市场的，由证券监督管理机构责令其改正，没收违法所得，并处以违法所得 1 倍以上 5 倍以下的罚款；没有违法所得或者违法所得不足 3 万元的，处以 3 万元以上 20 万元以下的罚款。

（4）证券交易所、证券公司、证券登记结算机构、证券服务机构及其从业人员，证券业协会、证券监督管理机构及其工作人员，在证券交易活动中作出虚假陈述或者信息误导的，责令改正，处以 3 万元以上 20 万元以下的罚款；属于国家工作人员的，还应当依法给予行政处分。

（5）违反《证券法》规定，法人以他人名义设立账户或者利用他人账户买卖证券的，责令其改正，没收违法所得，并处以违法所得 1 倍以上 5 倍以下的罚款；没有违法所得或者违法所得不足 3 万元的，处以 3 万元以上 30 万元以下的罚款。对直接负责的主管人员和其他直接责任人员给予警告，并处以 3 万元以上 10 万元以下的罚款。

三、违反证券机构管理、人员管理的法律责任

违反证券机构管理人员管理的法律责任表现为：

（1）非法开设证券交易场所的，由县级以上人民政府予以取缔，没收违法所得，并处以违法所得 1 倍以上 5 倍以下的罚款；没有违法所得或者违法所得不足 10 万元的，处以 10 万元以上 50 万元以下的罚款。对直接负责的主管人员和其他直接责任人员给予警告，并处以 3 万元以上 30 万元以下的罚款。

（2）未经批准，擅自设立证券公司或者非法经营证券业务的，由证券监督管理机构予以取缔，没收违法所得，并处以违法所得 1 倍以上 5 倍以下的罚款；没有违法所得或者违法所得不足 30 万元的，处以 30 万元以上 60 万元以下的罚款。对直接负责的主管人员和其他直接责任人员给予警告，并处以 3 万元以上 30 万元以下的罚款。

（3）发行人、上市公司或者其他信息披露义务人未按照规定披露信息，披露的信息必须真实、准确、完整，不得有虚假记载、误导性陈述或重大遗漏。否则由证券监督管理机构责令改正，给予警告，处以 30 万元以上 60 万元以下的罚款。对直接负责的主管人员和其他直接责任人员给予警告，并处以 2 万元以上 30 万元以下的罚款。

发行人、上市公司或者其他信息披露义务人未按照规定报送有关报告，或者报送的报告有虚假记载、误导性陈述或者重大遗漏的，由证券监督管理机构责令改正，处以 30 万元以上 60 万元以下的罚款。对直接负责的主管人员和其他直接责任人员给予警告，并处以 3 万元以上 30 万元以下的罚款。发行人、上市公司或者其他信息披露义务人的控股股东、实际控制人指使从事上述行为也要按相关法规处罚。

（4）法律、行政法规规定禁止参与股票交易的人员，直接或者以化名、借他人名义持有、买卖股票的，责令依法处理非法持有的股票，没收违法所得，并处以买卖股票等值以下的罚款；属于国家工作人员，还应当依法给予行政处分。

（5）证券交易所、证券公司、证券登记结算机构、证券服务机构的从业人员或者证券业协会的工作人员，故意提供虚假资料，隐匿、伪造、篡改或者毁损交易记录，诱骗投资者买卖证券的，撤销证券从业资格，并处以 3 万元以上 10 万元以下的罚款；属于国家工作人员的，还应当依法给予行政处分。

（6）保荐人出具有虚假记载、误导性陈述或者重大遗漏的保荐书，或者不履行其他法定职责的，责令改正，给予警告，没收业务收入，并处以业务收入 1 倍以上 5 倍以下的罚款；情节严重的，暂停或者撤销相关业务许可。对直接负责的主管人员和其他直接责任人员给予警告，并处以 3 万元以上 30 万元以下的罚款；情节严重的，撤销任职资格或者证券从业资格。

四、证券机构的法律责任

《证券法》规定了大量的证券机构的法律责任，主要包括：

（1）证券公司违反《证券法》规定，为客户买卖证券提供融资融券的，没收违法所得，暂停或者撤销相关业务许可，并处以非法融资融券等值以下的罚款。对直接负责的主管人员和其他直接责任人员给予警告，撤销任职资格或者证券从业资格，并处以 3 万元以上 30 万元以下的罚款。

（2）证券公司违反《证券法》规定，假借他人名义或者以个人名义从事证券自营业务的，责令改正，没收违法所得，并处以违法所得 1 倍以上 5 倍以下的罚款；没有违法所得或者违法所得不足 30 万元的，处以 30 万元以上 60 万元以下的罚款；情节严重的，暂停或者撤销证券自营业务许可。对直接负责的主管人员和其他直接责任人员给予警告，撤销任职资格或者证券从业资格，并处以 3 万元以上 10 万元以下的罚款。

（3）证券公司违背客户的委托买卖证券、办理交易事项，或者违背客户真实意思表示，办理交易以外的其他事项的，责令改正，处以 1 万元以上 10 万元以下的罚款。给客户造成损失的，依法承担赔偿责任。

（4）证券公司、证券登记结算机构挪用客户的资金或者证券，或者未经客户的委托，擅自为客户买卖证券的，责令改正，没收违法所得，并处以违法所得 1 倍以上 5 倍以下的罚款；没有违法所得或者违法所得不足 10 万元的，处以 10 万元以上 60 万元以下的罚款；情节严重的，责令关闭或者撤销相关业务许可。对直接负责的主管人员和其他直接责任人员给予警告，撤销任职资格或者证券从业资格，并处以 3 万元以上 30 万元以下的罚款。

（5）证券公司办理经纪业务，接受客户的全权委托买卖证券的，或者证券公司对客户买卖证券的收益或者赔偿证券买卖的损失作出承诺的，责令改正，没收违法所得，并处以 5 万元以上 20 万元以下的罚款，可以暂停或者撤销相关业务许可。对直接负责的主管人员和其他直接责任人员给予警告，并处以 3 万元以上 10 万元以下的罚款，可以撤销任职资格或者证券从业资格。

（6）证券公司及其从业人员违反证券法规定，私下接受客户委托买卖证券的，责令改正，给予警告，没收违法所得，并处以违法所得 1 倍以上 5 倍以下的罚款；没有违法所得或者违法所得不足 10 万元的，处以 10 万元以上 30 万元以下的罚款。

（7）证券公司对其证券经纪业务、证券承销业务、证券自营业务、证券资产管理业务，不依法分开办理，混合操作的，责令改正，没收违法所得，并处以 30 万元以上 60 万元以下的罚款；情节严重的，撤销相关业务许可。对直接负责的主管人员和其他直接责任人员给予警告，并处以 3 万元以上 10 万元以下的罚款；情节严重的，撤销任职资格或者证券从业资格。

（8）未经国务院证券监督管理机构批准，擅自设立证券登记结算机构的，由证券监督管理机构予以取缔，没收违法所得，并处以违法所得 1 倍以上 5 倍以下的罚款。

投资咨询机构、财务顾问机构、资信评级机构、资产评估机构、会计师事务所未经批准，擅自从事证券服务业务的，责令改正，没收违法所得，并处以违法所得 1 倍以上 5 倍以下的罚款。

证券登记结算机构、证券服务机构违反证券法规定或者依法制定的业务规则的，由证券监督管理机构责令改正，没收违法所得，并处以违法所得 1 倍以上 5 倍以下的罚款；没有违法所得或者违法所得不足 10 万元的，处以 10 万元以上 30 万元以下的罚款；情节严重的，责令关闭或者撤销证券服务业务许可。

（9）证券监督管理机构的工作人员和发行审核委员会的组成人员，不履行《证券法》规定的职责，滥用职权、玩忽职守，利用职务便利牟取不正当利益，或者泄露所知悉的有关单位和个人的商业秘密的，依法追究法律责任。

引例解析

在 1998 年之前，证券投资者可以自愿办理指定交易，即通过其与证券公司的协议约定仅与该证券公司缔结行纪合同或代理关系。在 1998 年之后，根据上海证券交易所制定的一项交易规则，凡通过该证券交易所买卖证券的投资者在全国范围内只能在一家证券公司开户，只能委托一家证券公司。此即强制性的指定交易。本案中的四通营业部作为行纪人，在未经委托人朱某同意的情况下，于 1996 年单方为其办理了指定交易。当时，上海证券交易所的交易规则并未规定强制性的指定交易，朱某与四通营业部之间也没有约定朱某只委托四通营业部买卖证券。可见，四通营业部的行为，侵犯了朱某自由选择证券公司买卖股票的权利，给朱某造成了财产损失，是一种侵权行为。航天桥营业部作为继承四通营业部人、财、物的主体，理应对四通营业部的侵权行为后果承担责任。

思考题

1. 简述证券法上的证券涵义与内容。
2. 简述我国证券法的基本原则。
3. 简述我国法律禁止的证券交易行为。
4. 简述上市公司的信息披露义务。

第十四章

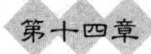

财政法

◆ 引例

甲公办院校欲修建一栋 2000 万元的教学楼，分别与乙、丙、丁、戊四家建筑公司接洽。审核四家公司的基本材料后，校务办公会决定由分管后勤的副校长带队考察乙、丙两家公司已经完工的工程质量，从中挑选一家公司承建教学楼。实地考察的结果是乙公司工程质量较差，丙公司工程质量较好。乙公司为争得这一建设项目，承诺给带队考察的副校长 5% 的中介费，其他考察组成员每人 2% 的中介费。最后，根据考察组的意见，校务办公会决定将项目交给乙公司承建，乙公司也如约兑现了中介费。

☞ 要点

财政法的概念；财政收入法；财政支出法；财政平衡法

第一节 财政和财政法概述

一、财政

财政是指国家为了满足公共利益需要而参与国民收入的分配。包括财政收入、财政管理、财政支出。它具有如下基本特征：[1]

（一）财政的主体是国家，也包括地方政府

以中央政府为代表的国家，无疑是财政的主体。在现代财政收支划分趋向民主、分权的情形下，地方政府也成为财政的主体之一。二者之间，无论是从财政政策的制定、财政管理权限的划分、还是财政资金量的控制来看，中央政府居于主导地位，地方政府处于从属地位。

（二）财政的分配对象是社会产品或国民收入中的剩余部分

财政的分配对象，主要是社会产品或国民收入中的剩余部分。国家通过税收的方式将社会产品或国民收入收进国库之后，这些社会产品或国民收入的所有权就发生了转移，权利主体变为国家。如果国家分配的范围超出了剩余产品的范

---

〔1〕 刘剑文：《财政税收法》（第三版），法律出版社 2004 年版，第 3~5 页。

围，就会影响到国民的生活以及再生产，进而影响整个社会的稳定和发展。

（三）财政的目的是满足统治者的需要和公共利益的需要

国家既是阶级的国家，也是社会的国家。国家在获取财政收入、从事财政管理、进行财政支出的过程中，在保证统治阶级利益的同时，也要兼顾整个社会各阶级、阶层包括被统治阶级的利益。在我国，由于人民当家作主，统治阶级的需要和公共利益的需要是一致的。

（四）以无偿性、强制性为主，兼有一定的有偿性和协商性

国家税收是无偿、强制课征的。国家不会给纳税人提供对等的交换条件，并对那些偷税、漏税、骗税、抗税的纳税人采取强制措施。而现代财政，则出现了一些变化。税收虽仍然是财政收入的主要来源，但政府基金、政府公债、彩票等也发展成为财政收入的新渠道，打破了税收一统天下的局面。这些新开拓的财源，赋予了现代财政一定的有偿性和协商性。

二、财政法

（一）财政法的概念

财政法是调整国家在参与社会产品或者国民收入分配与再分配过程中所产生的财政关系的法律规范的总称。是国家财政资金筹集、分配、使用、管理和监督的法律依据。

根据西方公共财政理论，满足私人需求的产品为私人产品，一般可以通过市场交换来获得。满足公共需求的产品为公共产品。公共产品一般只能由国家机构这一公共部门来提供。而国家要提供公共产品以满足公共需求，就必须通过税收等方式来筹集公共资金，再用于公共领域。国家在筹集、分配、使用、管理和监督这些公共资金的过程中，就产生了财政关系。在这一国家参与社会产品和国民收入分配的财政关系中，主体的一方固定是强势的国家或者国家机关。为了保证财政活动规范有序，保护公民基本权利，增进全民福利，促进社会发展，就必须有适当的法律规范来调整财政关系。这些法律规范，就是财政法。

（二）财政法的调整对象

财政法的调整对象是财政关系。这一关系是国家为履行公共职能、提供公共产品而参与社会产品或者国民收入分配过程中产生的，可以分为财政收入关系、财政管理关系和财政支出关系三种。财政收入关系主要包括税收征收关系、资产收益关系、公债发行关系、彩票发行关系、费用征收关系等；财政管理关系主要包括预算管理关系、国库经理关系和审计关系等；财政支出关系主要包括政府采购关系、财政贷款关系、财政投资关系、财政转移支付关系等。

（三）财政法的体系

作为经济法的一个重要组成部分，财政法主要由以下六个部分组成：[1]

1. 财政基本法。财政基本法主要规定财政法的一些基本制度，对财政收入、财政支出和财政管理等财政的各个领域具有普遍的效力，其内容涵盖了财政法的原则、财政权力的分配、政府间的财政关系、财政收入的主要渠道、财政支出的主要形式以及财政预算制度、财政收支制度、财政监督制度等重要的财政制度。这些财政基本法律规范具有宪法的特性。因此，从表现形式来看，有的国家是在宪法中加以规定，譬如《德意志联邦共和国基本法》；有的国家则以专门法来规定，譬如日本 1947 年的《财政法》。我国目前还缺乏财政基本制度方面的法律规范，需要尽快制定和完善。

2. 财政平衡法。财政平衡法也可称为财政收支划分法，经济学界和财政实践一般谓之"财政管理体制"。主要涉及政府间的财政关系，内容包括中央政府和各级地方政府的收支范围、下级政府对上级政府的财政上缴、上级政府对下级政府的财政拨款。其目的是通过科学规范各级财政的收支范围和转移支付的标准或额度，保证各级政府财力的真正均衡，以促进全国的统一、协调发展。目前，我国的财政平衡法主要表现形式是国务院的行政法规和财政部的部门规章。财政资金分配的权力操控在中央政府手中，这固然有利于保证中央政府宏观调控的力度，但也容易造成分配标准不明、分配程序混乱，进而影响财政资金分配的公平与合理。这种状况，应当由全国人民代表大会尽快通过立法来加以改变。

3. 财政预算法。预算是国家对未来一定时期内财政资金的筹集与供应的预先计划，是国家组织分配财政资金的重要工具，是管理国民经济、进行宏观调控的重要经济杠杆。预算法是调整预算关系的法律规范的总称。主要包括预算编制、审批、执行和监督等方面的法律规定，同时还包括财政资金入库、管理和出库的相关内容。

4. 财政支出法。财政支出法是规范政府财政支出行为的法律规定。其内容主要包括财政转移支付法、政府采购法、财政投资法和财政贷款法。财政转移支付法主要是规范政府无对价的资金拨付行为，譬如，上级政府对下级政府的拨款，政府对受灾群众的救济等；政府采购法主要是规范政府有对价的资金拨付行为，譬如，政府购买办公用品、修建办公楼等；财政投资法主要是规范政府对公用企业、基础设施、高科技企业等的投资行为，譬如，三峡工程的投资建设；财政贷款法主要是规范上级政府对下级政府的贷款行为以及政策性银行对企业或重

---

[1] 刘剑文、熊伟：《财政税收法》（第四版），法律出版社 2007 年版，第 11～13 页。

大工程项目的贷款行为。由于在财政支出关系中，相对人一方总是处于受益的地位，法律对其关注较少。目前这些方面我国只有公众关注的政府采购领域颁布了《政府采购法》，而其他三个领域还没有全国人民代表大会及其常委会颁布的法律，还停留在行政立法阶段。

5. 财政收入法。财政收入法主要包括税法、公债法、费用征收法、彩票法以及一些特别的财产收益法。税收是财政收入的主要来源，从逻辑体系来看，税法应该属于财政法的范畴。但是，由于税收在财政收入中的重要地位，一般把税法单列出来，以彰显税收和税法的重要性。公债是现代财政收入的重要来源，由于公债的发行规模、期限、利率、筹集资金的使用方向和偿还资金的来源等会影响整个财政体系的结构和代际间的财力分配，应当立法加以规范。公债法的主要内容包括公债规模控制、公债风险预警、公债发行、公债流通和国债偿还等。费用是政府基于一定的受益关系或者行政管制的目的而收取的代价的总称，包括规费、收益费和特别功课三种形式。目前，我国这方面的立法处于行政立法的层次，行政机关乱收费的现象虽然比过去有所改观，但仍然比较严重，需要尽快改变。彩票是现代财政收入的新渠道。我国目前发行的彩票有福利彩票和体育彩票，所获得的收入专门用于发展福利事业和体育事业。彩票发行关系到金融市场的稳定，彩票收入的使用关系到部门利益的平衡，应当以法律来进行规范。2009年5月4日，国务院颁布了《彩票管理条例》，对彩票的发行和销售、彩票的开奖和兑奖、彩票资金的管理进行了规定。资产收益是国家基于对一定资产拥有权利而获取的收益，包括土地出让金收入、国有资本投资收入、矿产资源使用费收入、国有资产转让收入等。这些资产都有专门的管理法规，财政法只需要规定这些收入的入库管理和使用。

6. 财政监督法。财政监督是国家为保障财政分配活动正常有序进行，对相关主体的财政行为进行监控、检查、稽核、督促和反映的总称。财政监督法专门规范和保障财政监督机关依法行使财政监督权，其内容包括财政监督机关的设立、财政监督机关的职权、财政监督的途径和程序等。目前我国的财政监督机关是审计机关，财政监督法主要表现为《审计法》。这种模式属于政府内部监督。在国外，不少国家在政府之外设立财政监督机关，作为国会的一个职能部门。这种独立监督模式能够防止政府对审计的不当干预，更能够提高财政监督的效率，可以作为我国审计制度改革的借鉴。

（四）财政法的基本原则

1. 财政民主原则。财政收入实际上来源于人民，理论上应该是用之于人民，因此，对于财政资金的筹集、支出、管理等事项，人民应该有决定权。不过，如果每一个成员都参与决定，显然不具有可操作性。因此，在实践中，人民主要是通过人民代表组成的代议制机关，譬如，西方的国会和我国的人民代表大会，来行使决定权。

2. 财政法定原则。财政行为必须满足合法性的要件，必须得到法律的明确许可或者立法机关的专门授权，财政权力（利）、财政义务、财政程序和财政责任都必须由法律来加以规定。实践证明，行政机关有自我扩张权力的本能，这一本能如果不受控制，很容易损害行政相对人的利益和公共利益。在财政法律关系中，固定有一方是代表国家或者政府的财政机关，为了防止财政机关超越职权或滥用职权，损害财政相对人的利益或公共利益，必须贯彻财政法定主义。

3. 财政健全原则。财政运行必须维持安全稳健。要达到这一要求，应当考虑两个方面：首先，量入为出，保证财政收支基本平衡。当然，由于经济发展有蓬勃期和萎缩期，要做到年度财政的绝对平衡几乎不可能，财政收支平衡应当建立在动态的基础上，即在一个经济周期内保持平衡。其次，控制公债发行总规模，防范财政风险。公债已经成为现代财政收入的重要来源。然而，公债和税收不同，并非"纯粹"的收入，实际上是把将来的财政收入拿到现在用。如果公债发行规模过大，一旦在偿还期经济萎缩，财政就会有崩溃的危险。因此，既要充分发挥公债的积极作用，又要积极防范公债所引发的风险。

4. 财政平等原则。财政平等包括在财政收入方面义务人的负担平等、财政支出方面受益人的权利平等以及财政程序上的平等。财政平等主义不仅要求形式公平，还关注实质公平。譬如，在税收方面，就不能穷人富人收一样的税，而是应该根据纳税人的负担能力，量能课税。在我国财政实践中，这一原则目前还不够受重视，在财政收入方面，存在乱收费的现象；在财政转移支付方面，还存在地区差异。

第二节 财政支出法

一、财政支出法概述

财政支出法是调整财政资金在拨付、投资、转移等使用过程中产生的财政支出关系的法律规范的总称。财政支出法主要包括财政拨款法、政府采购法、财政投资法和财政贷款法等四个方面的内容。财政拨款法主要规范政府无对价的资金拨付行为。政府采购法主要规范政府有对价的资金拨付行为。财政投资法主要规范政府对公用企业、基础设施、高科技企业等的投资行为。财政贷款法主要规范上级政府对下级政府的贷款行为，以及政府或政策性银行对企业或重大工程项目的贷款行为。

1994 年以来，我国开始进行分税制财政体制改革，目前已经取得了较大的成绩。但是，整个财政体制中，"收"、"支"两条线，"支"的建设要落后于"收"这条线，任务仍然比较艰巨，当务之急是要尽快完善并确实落实收支分离制度、国库集中支付制度和政府采购制度，加快向公共财政转变的步伐。

二、国库集中支付

国库是保存、管理政府预算内外资金和负债的机构，是财政机构的重要组成部分。国库的职责主要是两项：①负责办理国家预算资金的收入和支出；②认真贯彻执行国家的方针、政策和财经制度，发挥国库的促进和监督作用。按照《预算法》第48条的规定，县级以上各级预算必须设立国库；具备条件的乡、民族乡、镇也应当设立国库。根据《人民银行法》的规定，我国目前采用委托国库制，由人民银行"经理国库"。国库集中支付制度主要包括以下内容：

（一）建立国库单一账户体系

国库单一账户体系由国库单一账户、零余额账户、预算外资金财政专户、小额现金账户和特殊过渡性专户等组成。这一体系建立后，相应取消各类收入过渡性账户，预算单位的财政性资金逐步全部纳入国库单一账户管理。这些账户和专户要与财政部门及其支付执行机构、人民银行国库部门和预算单位的会计核算保持一致性，相互核对有关账务记录。并在建立健全现代化银行支付系统和财政管理系统的基础上，逐步实现由国库单一账户核算所有财政性资金的收入和支出，并通过各部门在商业银行的零余额账户处理日常支出和清算业务。

（二）规范支出拨付程序

支出拨付程序分为财政直接支付和财政授权支付两类。工资支出、购买支出、企业大型工程项目或大型设备采购资金、中央对地方的转移支付等，适用财政直接支付程序。由预算单位按照批复的部门预算和资金使用计划，向财政国库支付执行机构提出支付申请，财政国库支付执行机构审核无误后，向代理银行发出支付令，并通知中国人民银行国库部门，通过代理银行进入全国银行清算系统实时清算，财政资金从国库单一账户划拨到收款人的银行账户。未实行财政直接支付的购买支出和其他零星支出，采用财政授权支付。由预算单位按照批复的部门预算和资金使用计划，向财政部门国库支付执行机构申请授权支付的月度用款限额，财政国库支付执行机构将批准后的限额通知代理银行和预算单位，并通知中国人民银行国库部门，预算单位在月度用款限额内，自行开具支付令，通过财政国库支付执行机构转由代理银行向收款人付款，并用国库单一账户清算。

三、政府采购法

政府采购是政府部门及其授权的主体，为实现政府职能和公共利益，使用公共资金获得货物、工程和服务的行为。我国的《政府采购法》于2002年6月29日经第九届全国人大常委会第二十八次会议审议通过，正式颁布，于2003年1

月 1 日起生效。

（一）政府采购法的原则

我国政府采购法规定了公开透明、公平竞争、公正和诚实信用等四项原则。公开透明原则是指政府采购所进行的有关活动都必须公开进行，置于群众监督之下，其目的是防止政府采购中的腐败。公平竞争原则是指政府采购要通过公平竞争选择最优的供应商，采购程序有利于采购合同的履行，其目的是为了保证所采购的商品、服务和工程的质量。公正原则是指在公开、公平原则上所取得的结果的公正和整个操作程序和过程的公正，其具体的要求是选择供应商的标准明确严格、程序公正、利害人回避等。诚实信用原则是民事活动的基本原则，政府采购与一般的民事采购有相同之处，也应适用这一原则，其具体的要求是，政府采购各方都要诚实守信，不得有欺骗背信的行为，以善意的方式行使权利，尊重他人利益和公共利益，忠实地履行约定义务。

（二）政府采购法的适用范围

我国《政府采购法》规定，国家机关、事业单位和团体组织，使用财政性资金采购依法制定的集中采购目录以内的或者采购限额标准以上的货物、工程和服务的行为，适用政府采购法。此外，我国《政府采购法》还规定了一些特殊的适用除外，具体包括三项：①军事采购，由中央军事委员会另行制定法规；②采购人使用国际组织和外国政府贷款进行的政府采购，贷款方、资金提供方与中方达成的协议对采购的条件另有规定的，可以适用其规定；③因严重自然灾害和其他不可抗力事件所实施的紧急采购和涉及国家安全和秘密的采购，不适用《政府采购法》。

（三）政府采购法律关系的主体

1. 采购人。采购人是指依法进行政府采购的国家机关、事业单位和团体组织。依照《宪法》规定，国家机关包括权力机关、行政机关、审判机关、检察机关和军事机关。不过，军事采购不适用政府采购的规定。事业单位是指政府为实现特定目的而批准设立的事业法人，譬如，公共图书馆、公共博物馆。团体组织是指各党派及政府批准设立的社会团体，譬如，共青团、妇联等。我国的事业单位和团体组织一般由财政负担其经费或者负担其大部分经费，因此，其采购所使用的资金属于财政资金，应当适用《政府采购法》。而国有企业虽然资产国有，但属于经营性单位，其资金按照有关企业法律法规，属于自有资金，其采购等同于一般的民事采购，而不适用《政府采购法》。

2. 采购代理机构。采购代理机构是设区的市、自治州以上人民政府根据需要设立的，专门办理集中采购事务的非营利性事业法人。一般进入采购门槛的项目，依法应当委托采购代理机构代为采购。不过，属于本部门、本系统有特殊要求的项目，应当实行部门集中采购；而属于对本单位有特殊要求的项目，经省级以上人民政府批准，可以自行采购。因此，一般情况下，采购代理机构是政府采购法律关系的主体之一，但未必在每一个政府采购法律关系中都能成为主体。

3. 供应商。供应商是指向采购人提供货物、工程或者服务的法人、其他组织或者自然人。两个以上的法人、其他组织或者自然人可以组成一个联合体，以一个供应商的身份共同参加政府采购。由于政府采购毕竟不同于一般的民事采购，《政府采购法》对供应商参加政府采购活动规定了一些条件：①具有独立承担民事责任的能力；②具有良好的商业信誉和健全的财务会计制度；③具有履行合同所必需的设备和专业技术能力；④有依法缴纳税收和社会保障资金的良好纪录；⑤参加政府采购活动前3年内，在经营活动中没有重大违法纪录；⑥法律、行政法规规定的其他条件。

（四）政府采购的方式

按照《政府采购法》第26条的规定，政府采购采用公开招标、邀请招标、竞争性谈判、单一来源采购、询价采购和国务院采购监督管理部门认定的其他采购方式六种。其中，公开招标为主要采购方式，一般情况下都应当使用这一方式，只有满足特定条件的情况下，才能够采用其他的方式。

（五）政府采购的监督管理

各级人民政府财政部门是政府采购的监督管理部门，依法履行对政府采购活动的监督管理职责，对政府采购活动和集中采购机构进行监督检查。检查的主要内容是：①有关政府采购的法律、行政法规和规章的执行情况；②采购范围、采购方式和采购程序的执行情况；③政府采购人员的职业素质和专业技能。为保证政府采购监督部门的公正性，政府采购监督管理部门不得设置集中采购机构，不得参与政府采购项目的采购活动。采购代理机构与行政机关不得存在隶属关系或者其他利益关系。除财政部门外，审计部门、监察部门也应当按照各自的职责，对政府采购活动进行监督。

第三节　财政收入法

财政收入法是规范政府获取财政收入的法律。从现代财政法体系来看，财政收入法应当包括税法、公债法、费用法、彩票法以及某些特定的资产收益法等。税法由于其重要性，一般将其单列出来，而资产收益法目前还不稳定、不系统，因此，本节仅介绍费用征收法、公债法和彩票法。

一、费用征收法

费用包括广义和狭义两个层面的含义。狭义的费用，是指基于受益负担理论，以现实的和潜在的对待给付为要件，在政府和公民之间形成的价格关系和债权债务关系，具体包括规费和受益费两种。广义的费用，还包括基于特定经济社会政策需要，以专项基金方式收取和使用的各种政府性基金，德国和我国台湾地区将其称为"特别公课"。

在财政领域，费和税常常相伴出现。两者既有相同点，也有区别点。

相同点有五项：①两者的征收主体都是行政机关及其授权单位；②两者都是政府参与国民收入或国民生产总值分配的形式；③两者都以行政权力为依据；④两者都以行使社会职能为前提，都是国家提供公共产品、满足公共需要的一种方式；⑤两者都要按照预先规定的标准和程序来征收。

区别点也有五项：①费用具有有偿性，税收具有无偿性。②费用具有自愿性，税收具有强制性。③两者的功能不同。费用主要是弥补公共部门的经费不足，或者促使受益人节约公共资源并提高公共资源的使用效率，而税收主要是获取财政收入，调控国民经济。④两者的规模不同。税收是财政收入的主要来源，费用是财政收入的补充形式。⑤费用立项的灵活性和税收立法的稳定性。[1]

目前，行政事业性收费一般实行中央、省两级审批的管理制度。在中央层面，收费项目的设立，由财政部会同国家发展改革委员会审批；而收费标准的制定和调整，由国家发展改革委员会会同财政部审批；重要的收费项目和收费标准，由国家发展改革委员会和财政部审核后报国务院批准。在地方层面，收费项目的设立，由财政厅会同物价厅审批；而收费标准的制定和调整，由物价厅会同财政厅审批；重要的收费项目和收费标准，由财政厅和物价厅报省级人民政府审批。行政事业性收费中的全国范围内实施的管理性收费、资源性收费、全国性的证照收费和公共事业费，以及涉及中央和其他地区的地方性收费，实行中央一级审批。

和行政事业性收费一样，政府性基金也没有统一、系统的立法。主要是国务院、财政部和各地方颁布的行政法规、规章和地方性法规。政府性基金目前实行中央一级审批的制度，绝大部分的基金项目的设立和收费标准，由财政部会同有关部门批准，重要的，报国务院批准。政府性基金原本是预算外资金，从1996年开始，国务院逐步扩大政府性基金预算管理的范围。目前，已经基本将政府性基金纳入预算管理。

二、国债法

（一）国债的概念

国债是以国家信用为基础，按照债的一般原则，通过向社会筹集资金所形成

---

〔1〕 刘剑文、熊伟：《财政税收法》（第四版），法律出版社2007年版，第66页。

的债权债务关系。在现代市场条件下，国债既是获取财政收入的重要形式，也是国家调控宏观经济的重要杠杆。

（二）国债的分类

国债按照不同的标准，可以分为不同的类型：①按照举借债务方式，可以分为国家债券和国家借款。国家债券是通过发行债券形成的国债法律关系；国家借款则是双方按照一定程序协商一致达成合意形成的国债法律关系。②按照发行地域，可以分为国家内债和国家外债。国家内债是在国内发行的国债，国家外债则是在国外举借的国债。③按照发行性质，可以分为自由国债和强制国债。自由国债又称任意国债，是否购买由购买人自主决定；强制国债，则是按一定标准强制公民、法人或其他组织购买的国债。④按照使用用途，可以分为赤字国债、建设国债和特种国债。赤字国债是指用于弥补财政赤字的国债；建设国债是指用于增加对经济领域投资的国债；特种国债则是为实施某种特殊政策在特定范围内或者为特定用途而发行的国债。⑤按照是否可以流通，可分为上市国债和不上市国债。上市国债是指可以在证券交易所交易的国债；不上市国债是指不能自由买卖的国债，这类国债一般采用记名形式。

（三）国债的发行

我国先后采取行政分配、承购包销、柜台销售和招标发行四种发行方式。国债的发行价格可以分为三种，以高于票面金额发行的，为增价发行；以等于票面金额发行的，为平价发行；以低于票面金额发行的，为减价发行。我国一般采用平价发行。

国债的利率是指政府因举债所应支付的利息额和本金之间的比率。利率的确定，主要参考金融市场利率水平、政府信用状况和社会资金供给量等三个因素。从1981年起，我国发行的国债都是固定利率国债，通常比银行同期存款利率高0.5%~2.0%。国库券利息收入可以免缴个人所得税。

（四）国债的偿还

国债偿还的方式，一般有四种：①分次偿还法。在规定的期限内分若干次偿还，具体还可分为分期逐渐偿还法和抽签轮次偿还法。前者是对一种债券规定若干个还本期，每期偿付一定比例的本金，直到偿还完毕为止；后者是通过抽签来确定每次偿还的债券，直到偿还完毕为止。②一次偿还法。对发行的国债在债券到期日按票面金额一次性全部偿清。③市场购销偿还法。通过中央银行的公开市场业务在证券市场上就某种债券到期前陆续购进这种债券，购进后不再卖出，以致在期限届满时，已全部被政府所持有。④国债的调换和整理。政府发行一种新债券，凡是以前发行的旧债券，可以按照一定比例来调换这种新债券，从而达到收回旧债券的目的。

三、彩票法

(一) 彩票的概念和特征

根据我国相关法规的规定，彩票是指国家为筹集社会公益资金，促进社会公益事业发展而特许发行、依法销售，自然人自愿购买，并按照特定规则获得中奖机会的凭证。

我国的彩票具有以下特征：

1. 彩票由政府统一安排并实施监管。彩票的品种、发行规模、发行范围、发行方式以及开奖、兑奖规则等都必须呈报政府批准。彩票经营机构在彩票发行过程中，要接受政府的监督和管理，在彩票发行结束之后，要接受政府的审计和检查。

2. 彩票是政府筹措公益资金的渠道。彩票发行收入扣除发行费和彩票奖金后所得净收入的彩票公益资金，一般都由政府投入到社会公益项目中。我国主要用于社会福利和体育事业。国外还用于教育、科学、卫生、文化、环保、城建、就业、扶贫、治安等。

3. 彩票是风险与收益相伴而生的机会游戏。对于购买者来说，彩票存在中奖获利的可能性而不是必然性。如果中奖，则所获可能远超投入，如果不中奖，则血本无归。从这个意义上看，彩票和赌博有相似之处，都是追逐获益的几率。不过，由于彩票公益金用于社会公益事业，使彩票和赌博有本质的区别，这也是各国允许彩票而禁止赌博的原因。

(二) 彩票管理

1. 彩票的监管机制。根据《彩票管理条例》的规定，国务院和省级人民政府财政部门是彩票的监督管理部门，负责全国或本辖区彩票的监督管理工作。国务院和省级人民政府的民政部门和体育行政部门按照各自职责分别负责全国或本行政区域的福利彩票、体育彩票的管理工作。县级以上各级人民政府公安机关和县级以上工商行政管理机关，在各自的职责范围内，依法查处非法彩票，维护彩票市场秩序。

2. 彩票发行和销售管理。我国目前允许发行的彩票为福利彩票和体育彩票。分别由中央和省级人民政府的民政部门、体育部门依法设立的彩票发行机构组织发行、销售。彩票发行、销售机构必须采用法定标准的彩票设备和技术服务；自行管理彩票销售系统的数据、开奖兑奖和彩票资金的归集，不得委托他人管理。彩票发行、销售机构可以委托单位、个人代理销售彩票，但与彩票代销者必须签订国务院民政部门、体育部门制定的规范合同，并为彩票代销者配置彩票投注专用设备。彩票代销者不得委托他人代销彩票，且不得将彩票投注专用设备转借、出租、出售。彩票发行结束后，彩票发行、销售机构应当及时将发行、销售情况向社会公布。

3. 彩票的开奖和兑奖管理。彩票发行机构、彩票销售机构应当按照批准的彩票品种的规则和开奖操作规程开奖和兑奖；确保彩票销售数据的完整、准确和安全，当期彩票销售数据封存后至开奖活动结束前，不得查阅、变更或者删除销售数据；确保开奖设备正常运行，并配置备用开奖设备；在每期彩票销售结束后，及时向社会公布当期彩票的销售情况和开奖结果。彩票中奖者应当自开奖之日起 60 个自然日内，持中奖彩票到指定的地点兑奖，彩票品种的规则规定需要出示身份证件的，还应当出示本人身份证件，逾期不兑奖的视为弃奖；彩票中奖奖金应当以人民币现金或者现金支票形式一次性兑付；不得向未成年人兑奖。彩票发行机构、彩票销售机构、彩票代销者以及其他因职务或者业务便利知悉彩票中奖者个人信息的人员，应当对彩票中奖者个人信息予以保密。

4. 彩票资金管理。彩票资金包括彩票奖金、彩票发行费和彩票公益金，其构成比例由国务院决定。彩票发行机构、彩票销售机构应当按照国务院财政部门的规定开设彩票资金账户，用于核算彩票资金。彩票奖金用于支付彩票中奖者，其最高限额，由国务院财政部门根据彩票市场发展情况决定，逾期未兑奖的奖金，纳入彩票公益金。彩票发行费专项用于彩票发行机构、彩票销售机构的业务费用支出以及彩票代销者的销售费用支出；彩票发行机构、彩票销售机构的业务费实行收支两条线管理，其支出应当符合彩票发行机构、彩票销售机构财务管理制度。彩票公益金专项用于社会福利、体育等社会公益事业，不用于平衡财政一般预算；彩票公益金按照政府性基金管理办法纳入预算，实行收支两条线管理。彩票发行费、彩票公益金的管理、使用单位，应当依法接受财政部门、审计机关和社会公众的监督，每年向社会公告公益金的使用情况。

第四节　财政平衡法

财政平衡法主要涉及政府间的财政关系，包括财政收支划分法和财政转移支付法。其目的，在于维持一国中央和地方之间、地方相互之间的财力均衡，以满足各级政府履行职能的资金需要。当然，这种平衡不是静态的、绝对的平衡，而是动态的、相对的平衡。因为要科学界定各级财政的收支范围及转移支付的标准和额度，财政平衡法具有很强的技术性。

一、财政收支划分法

财政收支划分法是国家处理中央与地方、地方各级政府之间分配关系，确定各级财政收支范围和管理权限的法律规范的总称，其内容主要包括财政级次划分、财政收支权限与职责等。1993 年国务院颁布《关于实行分税制财政管理体制的决定》；2001 年印发《所得税收入分享改革方案》；2003 年发布《关于明确中央与地方所得税收入分享比例的通知》。这些规范性文件，成为我国财政收支划分法的主要渊源。此外，在《预算法》中也有一些财政收支划分的内容。

我国政府共分五级。最高是中央人民政府，即国务院；其次是省级，包括省、自治区和直辖市；再次是地区级，包括设区的市、自治州和内蒙古的盟等；第四是县级，包括不设区的市、市辖区、自治县和内蒙古的旗；最基层是乡镇级，包括民族乡。

中央财政主要承担国家安全、外交和中央国家机关运转所需经费，调整国民经济结构、协调地区发展、实施宏观调控所必需的支出以及由中央直接管理的事业发展支出，具体包括：国防费；武警经费；外交和援外支出；中央级行政管理费；中央统管的基本建设投资；中央直属企业的技术改造和新产品试制费；地质勘探费；由中央财政安排的支农支出；由中央负担的国内外债务还本付息支出；中央本级负担的公检法支出和文化、教育、卫生、科学等各项事业费支出。

地方财政主要承担本地区政权机关运转所需支出和本地区经济、事业发展所需支出，具体包括：地方行政管理费；公检法支出；部分武警经费；民兵事业费；地方统筹的基本建设投资；地方企业的技术改造和新产品试制经费；支农支出；城市维护和建设经费；地方文化、教育、卫生等各项事业费；价格补贴支出以及其他支出。

二、财政转移支付法

财政转移支付是为处理中央与地方政府及地方政府之间的财政分配关系，实现财力均衡而进行的财政资金相互转移。我国没有专门的财政转移支付法，财政转移支付的法律规范，散见于国务院和财政部的一些规范性文件中。譬如，《国务院关于实行分税制财政管理体制的决定》；国务院 2001 年颁布的《所得税收入分享改革方案》；1995 年财政部颁布的《过渡期财政转移支付办法》；财政部 2002 制定的《一般性财政转移支付办法》等。根据这些规范性文件的规定，我国目前转移支付的形式主要有以下几种：

1. 一般性补助范畴，即体制补助和体制上解。这是从原分级包干制中保留下来的，实行分税制后，中央对地方的补助继续按原体制规定执行，原体制中地方上解按定额上解的办法继续上解中央。

2. 中央财政对地方财政的税收返还。中央财政对地方税收返还数额以 1993 年为基期年核定，按照 1993 年地方实际收入以及税制改革和中央与地方收入划分情况，核定 1993 年中央从地方净上划的收入数额。1993 年中央净上划收入，全额返还地方，保证现有地方既得财力，并以此作为以后中央对地方的税收返还基数。1994 年以后，税收返还数额在 1993 年基础上逐年递增，递增率按全国增值税和消费税的平均增长率的 1∶0.3 系数确定。如果 1994 年以后中央净上划收入达不到 1993 年基数，则相应扣减税收返还额。

3. 专项转移支付。专项转移支付是指上级政府为实现特定的宏观政策目标，以及对委托下级代理的一些事务进行补偿而设立的专项补助金。资金接受者须按照规定用途使用资金。一般包括两个部分，一是中央对地方的专项拨款，譬如，对文化、教育、卫生、环保等公共福利项目的直接投入；二是扶贫救灾等临时支出，譬如，特大自然灾害救济费、支持不发达地区发展资金等。

第五节 预算法

一、预算法的涵义

预算又称为政府预算或财政预算，是按照法定程序编制、审查和批准的政府年度财政收支计划，是政府组织分配财政资金的重要工具。预算法是调整预算编制、审批、执行、调整和决算及监督管理行为的法律规范的总称。为了划分预算权责，规范预算编制方法和程序，明确审批程序，加强预算组织和管理，1994年 3 月 22 日第八届全国人大第二次会议通过了《中华人民共和国预算法》。

二、预算的编制和审批

（一）预算编制的形式

《预算法》要求预算编制必须采用复式预算。复式预算通常分为政府公共预算、国有资产经营预算、社会保障资金预算和其他预算等部分。而当前我国实际实行的复式预算，则是将国家预算分为经常性预算和建设预算。将国家以管理者和资产所有者身份取得的一般性收入、用于维护政府活动的经常费用、保障国家安全稳定、发展教育文化卫生等各项公共开支以及用于人民生活方面的支出，列为经常性支出；将国家特定用于建设方面的某些收入和直接用于国家建设方面的支出，列为建设性预算。

（二）预算的编制内容

中央预算编制内容包括：①本级预算收入和支出；②上一年度结余用于本年度安排的支出；③返还或者补助地方的支出；④地方上解的收入。中央财政本年度举借的国内外债务和还本付息数额应当在本级预算中单独列示。

地方各级政府预算的编制内容包括：①本级预算收入和支出；②上一年度结余用于本年度安排的支出；③上级返还或补助的收入；④返还或补助下级的支出；⑤上解上级的支出；⑥下级上解的收入。

（三）预算的审批

县级以上各级人民政府的财政部门，应当在本级人民代表大会召开前，将本级预算草案提交本级人大常委会的有关机构进行初步审查。

县级以上各级人民代表大会，审议本级预算和下级总预算，批准本级预算。乡镇级人民代表大会，审批本级预算。

（四）预算的备案

乡镇级人民政府应当将经过本级人民代表大会批准的预算，报县级人民政府备案。县级以上人民政府，应当将下级总预算报本级人大常委会备案；将本级总预算报上级人民政府备案。

（五）预算的批复

各级预算草案经本级人大批准后，成为本年度预算，具有法律效力。县级以上地方各级财政部门应当在人大批准后 30 日内批复本级政府各部门预算。地方政府各部门在本级财政部门批复本部门预算之日起 15 日内，批复本部门各单位预算。

三、预算的执行与调整

（一）预算的执行

预算的执行是指经各级权力机关审批后的预算方案，由相应的各级政府组织实施的行为。各级预算由本级政府组织执行，具体工作由本级政府财政部门负责。预算收入征收部门，必须依照法律、行政法规的规定，及时、足额征收应征的预算收入。各级政府财政部门必须依照法律、行政法规和国务院财政部门的规定，及时、足额地拨付预算支出资金，加强对预算支出的管理和监督。

（二）预算的调整

预算的调整是指经过各级权力机关批准的中央预算和本级政府预算，在执行过程中，因特殊情况需要增加支出或者减少收入，使原批准的收支平衡的预算的总支出超过总收入，或者使原批准的预算中举借债务的数额增加的部分变更。预算调整应当由财政部门具体编制调整方案，由政府报本级人大常委会批准。乡镇级的调整方案，由乡镇政府报乡镇人民代表大会批准。未经权力机关的批准，任何人不得调整预算。

四、决算

决算是指各级政府、各部门、各单位编制的经法定程序审查和批准的预算收支的年度执行结果。包括决算报表和文字说明两个部分，通常按照我国统一的决算体系逐级汇编而成。决算的构成和收支项目同预算是一致的。中央决算由中央各部门（含直属单位）决算组成，并包括地方向中央上解的收入数额和中央对地方返还或者给予补助的数额；地方决算由各省区的总决算组成；地方各级总决算由本级政府决算和汇总的下一级总决算组成。

县级以上各级政府决算草案经本级人大常委会批准后，财政部门应当自批准之日起 20 日内向本级各部门批复。各部门应当自本级财政部门批复本部门决算之日起 15 日内向所属各单位批复决算。地方各级政府应当将经过批准的决算，报上一级政府备案。

引例解析

公办院校属于财政拨款单位，其经费属于公共性的财政资金。因此，该院校修建 2000 万元的教学楼，属于事业单位使用财政性资金采购工程的行为，应当受《政府采购法》调整。依照《政府采购法》的规定，该校教学楼的承建人，应当通过公开招标的方式选定。因此，校务办公会挑选建筑公司的决定违法。甲院校管后勤的副校长带领的考查人员是代表一方当事人，不具有中间人的身份，他们所接受的所谓"中介费"并不成立，而是变相地收受贿赂，应当依法承担行政责任和刑事责任。而乙公司以违法的方式取得政府采购供应商的资格，应当承担法律责任并因此丧失供应商的资格。

思考题

1. 简述财政法的体系构成。
2. 简述政府采购法的基本原则。
3. 试述我国预算法的主要内容。

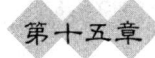

税　法

◇ 引例

某税务机关在一次税务检查中认定某企业有偷税行为，于是责令其补缴税款，加收滞纳金，并做出罚款决定。企业认为自己没有偷税，于是向人民法院提起诉讼，同时拒绝缴纳税款、滞纳金和罚款。该企业的做法是否正确？

☞ 要点

税收的特征；税法的分类及构成要素；增值税；营业税；企业所得税；消费税；个人所得税

第一节　税法总论

一、税收

税收是指国家为了满足一般的社会共同需要，凭借政治权力，按照国家法律规定的标准，强制地、无偿地取得财政收入的一种分配关系。税收是属于财政范畴的概念，是国家在一定客观经济条件下取得财政收入的一种主要方式。

税收与其他财政收入相区别的特征表现在：

（1）强制性。税收是国家以政治权力为依托，通过法律形式规定征收的，依法纳税是每一位纳税人的法定义务，国家通过法律的强制力保障税收按时足额地征收与缴纳。

（2）无偿性。国家取得纳税人缴纳的税款，是不需要付出任何形式的直接报酬或代价，也不对具体纳税人直接偿还，是一种无偿取得。

（3）固定性。这是指国家征税是采用法律形式，确定每种税的征税对象及征收比例，并保持相对稳定性，以便由税务机关和纳税人共同遵守。

二、税法

（一）税法的概念和特征

税法是国家权力机关及其授权的行政机关制定的调整税收关系的法律规范的总称。广义的税收法律规范不仅仅存在于单行专门税收法规中，还存在于其他与税收有关的法规之中，如《刑法》、《公司法》、《会计法》中就有有关税收的条款。

税法具有以下基本特点：

（1）税法在形式上具有相对稳定性而在执行过程中又具有相对灵活性。这是因为税法作为法律，就具有一定的稳定性，但它又不是僵化的，它要根据国家政治经济任务的变化而对税种的开征、停征、税目、税率有所调整。

（2）在确定税法主体的权利义务上，征纳双方的权力义务具有不对等性。

（3）在处理争议所适用的程序上，税法与其他部门法不同。税法规定纳税人对征税发生一般税务争议时，必须首先履行纳税义务，以保证国家税款征收任务，它不存在其他部门法所规定的协商、调解程序。

（二）税法的分类

（1）根据各级政府对税收的管理权限的不同，可以分为中央税法、地方税法、中央与地方共享税法。

（2）根据税法所规定的征税客体性质的不同，可分为流转税法、所得税法、财产税法、行为及目的税法。

（3）按照税法的职能作用的不同，可分为税收实体法和税收程序法。

三、税法的构成要素

1. 纳税人。纳税人即纳税主体，是指税法规定的直接负有纳税义务的自然人、法人或其他组织。

2. 征税对象。征税对象又称征收客体，是指税法规定对什么征税。征税对象是各个税种间相互区别的根本标志，每个税种都有其各自的征税对象，并通过税法予以明确界定。同时，在税率既定的情况下，征税的多少又直接取决于征税对象数量的多少。与征税对象相关的有以下两个概念，应当明确它们之间的联系。

（1）计税依据，又称征税基数或税基，是指计算应纳税额的依据。多数情况下，计税依据和征税对象是一致的，如营业税，但有些时候，计税依据和征税对象不是一致的，需按一定标准计算出计税依据。如企业所得税的征税对象是企业所得额，计税依据则是企业收入总额减除税法允许扣除的成本、费用和损失后的余额，即应纳税所得额。

（2）税目，是指税法规定的某种税的征税对象的具体范围，是征税对象在质上的具体化。

3. 税率。税率是计税依据与征税对象之间的比例，是计算应纳税额的尺度，体现着征税的深度，是税法构成内容的核心部分。我国的税率分为三种：

（1）比例税率。比例税率即对同一征税对象，不分数额大小，规定相同的征收比例。我国的增值税、营业税、企业所得税等采用的是比例税率。

（2）定额税率。定额税率即按征税对象确定的计算单位，直接规定一个固定的应纳税额。目前采用定额税率的有资源税、城镇土地使用税、车船税等。

（3）累进税率。累进税率指征收比例随着计税依据数额增加而逐级提高的税率，即根据计税依据的数额或者相对比例设置若干级距，分别适用由低到高的不同税率。累进税率多在所得、财产课税中应用。累进税率又分为超额累进税率和超率累进税率两种形式：①超额累进税率，是指将计税依据分为若干个不同的征税级距，相应规定若干个由低到高的不同的税率，当计税依据数额由一个征税级距上升到另一个较高的征税级距时，仅就达到上一级距的部分按照上升以后的征税级距的适用税率计算征税。这种税率通常用于个人所得税等税种。②超率累进税率，即以征税对象数额的相对率划分若干级距，分别规定相应的差别税率，相对率每超过一个级距的，对超过的部分就按高一级的税率计算征税。目前，采用这种税率的是土地增值税。

4. 纳税环节。纳税环节是指应税商品在整个流转过程中，税法规定应当缴纳税款的环节。如消费税中的纳税环节的问题。

5. 纳税期限。纳税期限是指纳税人按照税法规定缴纳税款的期限。比如，企业所得税在月份或者季度终了之日起 15 日内预缴，年度终了之日起 5 个月内汇算清缴，多退少补。能按照固定期限纳税的，可以按次纳税。

6. 纳税地点。纳税地点主要是根据各个税种纳税对象的纳税环节和有利于对税款的源泉控制而规定的纳税人的具体纳税地点。

7. 减免税。减免税是税法对同一税种某一部分特定的纳税人、应税产品等给予减轻或免除税负的一种优惠。减税是对应纳税额减征一部分，免税是对应征税款全部予以免征。

8. 违章处理。违章处理主要是对某些纳税人违反税法的行为采取的处罚措施。

第二节　流转税法

一、增值税法

增值税法是指调整增值税征纳关系的法律规范的总称。现行增值税法的基本规范，是 1993 年 12 月 13 日国务院颁布并于 2008 年 11 月 5 日通过修订的《中华人民共和国增值税暂行条例》，该条例已于 2009 年 1 月 1 日开始生效。

增值税是指以纳税人生产经营活动中的法定增值额为征税对象征收的一种税。所谓增值额，是指纳税人在生产经营过程中新创造的那部分价值。然而，由于新增价值在商品流通过程中是一个难以准确计算的数据，因此，在增值税的实际操作上采用间接计算办法，即从事货物销售以及提供应税劳务的纳税人，要根据货物或应税劳务销售额，按照规定的税率计算税款，然后从中扣除上一道环节已纳增值税税款，其余额即为纳税人应缴纳的增值税税款。这种计算办法同样体现了对新增价值征税的原则。

我国现行增值税的主要法律规定如下：

（一）纳税人

凡在中国境内销售货物或者提供加工、修理修配劳务以及进口货物的单位和个人，为增值税的纳税人。

根据纳税人的经营规模大小及会计核算是否健全为标准，我国税法把增值税的纳税人分为一般纳税人和小规模纳税人。小规模纳税人是指从事货物生产或者提供应税劳务的纳税人，以及以从事货物生产或者提供应税劳务为主，并兼营货物批发或者零售的纳税人，年应征增值税销售额在 50 万元以下的以及上述规定以外的纳税人，年应税销售额在 80 万元以下的。一般纳税人是指年应征增值税销售额，超过财政部规定的小规模纳税人标准的企业和企业性单位。年应税销售额超过小规模纳税人标准的其他个人按小规模纳税人纳税；非企业性单位、不经常发生应税行为的企业可选择按小规模纳税人纳税。小规模纳税人以外的纳税人应当向主管税务机关申请资格认定。一般纳税人可以使用增值税专用发票，可以按照规定的税率计算纳税，并可凭增值税专用发票进行税额抵扣；小规模纳税人不能使用增值税专用发票，只能按简易办法计算纳税，不允许进行税额抵扣。

（二）征税对象

1. 销售货物。销售货物是指有偿转让货物的所有权。有偿是指从购买方取得货币、货物和其他经济利益；货物是指有形动产，包括电力、热力、气体在内，但不包括不动产和无形资产。为了平衡商品间的税负，对下列情况视同销售，征收增值税：①将货物交付其他单位或者个人代销；②销售代销货物；③设有两个以上机构并实行统一核算的纳税人，将货物从一个机构移送其他机构用于销售，但相关机构设在同一县（市）的除外；④将自产或委托加工的货物用于非增值税应税项目；⑤将自产、委托加工或购买的货物用于集体福利或个人消费、作为投资提供给其他单位或个体经营者、分配给股东或投资者、无偿赠送其他单位或者个人。

2. 提供加工、修理修配劳务。加工，是指受托加工货物，即委托方提供原料及主要材料，受托方按照委托方的要求制造货物并收取加工费的业务；修理修配，是指受托对损伤或丧失功能的货物进行修复，使其恢复原状和功能的业务。

3. 进口货物。这里的货物也是指有形动产。当进口的货物报关到岸时，必须向海关申报缴纳增值税后方可让货物进关通行。

（三）税率

根据增值税暂行条例的规定，增值税的基本税率是 17%，适合于纳税人销售或进口货物，提供加工、修理修配劳务。低税率是 13%，适合于纳税人销售或进口下列货物：粮食、食用植物油；自来水、暖气、冷气、热水、煤气、石油液化气、天然气、沼气、居民用煤炭制品；图书、报纸、杂志；饲料、化肥、农药、农机、农膜；国务院规定的其他货物；对于报关出口的货物，国务院另有规定的除外，一律适用零税率。小规模纳税人从 2009 年 1 月 1 日起适用的征收税率为 3%。

（四）增值税应纳税额的计算

1. 一般纳税人应纳税额的计算。一般纳税人销售货物或提供加工、修理修配劳务，应纳税额为当期销项税额抵扣当期进项税额后的余额。如当期销项税额小于当期进项税额不足抵扣时，其不足部分可以结转下期继续抵扣。其计算公式为：

应纳增值税额 ＝ 当期销项税额 － 当期进项税额

（1）销项税额的计算。销项税额是纳税人销售货物或应税劳务，按照销售额和规定的税率计算并向购买方收取的增值税额，其计算公式为：

销项税额 ＝ 销售额 × 税率

这里的销售额是指销售方销售货物或者应税劳务时向购买方收取的价款和价外费用，但不包括下列项目：①受托加工应征消费税的消费品所代收代缴的消费税。②同时符合承运部门的运费发票开具给购货方和纳税人将该项发票转交给购货方两个条件的代垫运费。③同时符合以下条件代为收取的政府性基金或者行政事业性收费：由国务院或者财政部批准设立的政府性基金，由国务院或者省级人民政府及其财政、价格主管部门批准设立的行政事业性收费；收取时开具省级以上财政部门印制的财政票据；所收款项全额上缴财政。④销售货物的同时代办保险等而向购买方收取的保险费，以及向购买方收取的代购买方缴纳的车辆购置税、车辆牌照费。

如果纳税人取得的销售额包含向购买方收取的销项税额，应将其换算成不含税的销售额。换算公式为：

不含税销售额 ＝ 含税销售额 ÷ （1 ＋ 增值税税率）

（2）进项税额的计算。进项税额是指增值税纳税人在购进货物或接受应税劳务时所支付或者负担的增值税额。根据税法的规定，下列进项税额准予从销项税额中抵扣：①从销售方取得的增值税专用发票上注明的增值税额；②从海关取得的海关进口增值税专用缴款书上注明的增值税额；③购进农产品，除取得增值税专用发票或者海关进口增值税专用缴款书外，按照农产品收购发票或者销售发票上注明的农产品买价乘以 13% 的扣除率计算进项税额；④购进或者销售货物以及在生产经营过程中支付运输费用的，按照运输费用结算单据上注明的运输费用金额乘以 7% 的扣除率计算的进项税额。

纳税人购进货物或者应税劳务，取得的增值税扣税凭证不符合法律、行政法规或者国务院税务主管部门有关规定的，其进项税额不得从销项税额中抵扣。根据税法的规定，以下项目的进项税额不准从销项税额中抵扣：①用于非增值税应税项目、免征增值税项目、集体福利或者个人消费的购进货物或者应税劳务；②非正常损失的购进货物及相关的应税劳务；③非正常损失的在产品、生产成品所耗用的购进货物或者应税劳务；④国务院财政、税务主管部门规定的纳税人自用消费品；⑤上述货物的运输费用和销售免税货物的运输费用。

2. 小规模纳税人应纳税额的计算。小规模纳税人采用简易征收办法征税：

应纳增值税税额 = 不含税销售额 × 征收率

由于小规模纳税人销售货物只能开具普通发票，其收取的销售额多是含税价格，因此应将含税销售额换算成不含税销售额：

不含税销售额 = 含税销售额 ÷ （1 + 征收率）

3. 纳税人进口货物应纳税额的计算。纳税人进口货物，根据税法规定的组成计税价格和税率来计算应纳税额，不得抵扣任何税额，其中组成计税价格的计算公式为：

组成计税价格 = 关税完税价格 + 关税 + 消费税

（五）减免税规定

纳税人销售或者进口下列货物的，免征增值税：①农业生产者销售的自产农业产品；②避孕药品和用具；③古旧图书；④直接用于科学研究、科学实验和教学的进口仪器、设备；⑤外国政府、国际组织无偿援助的进口物资和设备；⑥由残疾人组织直接进口供残疾人专用的物品；⑦个人销售的自己使用过的除小汽车、摩托车、游艇以外的物品。另外，《中华人民共和国增值税暂行条例实施细则》还规定了增值税起征点，即销售货物的，为月销售额 2000 ~ 5000 元；销售应税劳务的，为月销售额 1500 ~ 3000 元；按次纳税的，为每次（日）销售额 150 ~ 200 元。

（六）征收管理

1. 纳税地点。固定业户应当向其机构所在地的主管税务机关申报纳税。非固定业户销售货物或者应税劳务，应当向销售地或者劳务发生地的主管税务机关申报纳税；未向销售地或者劳务发生地的主管税务机关申报纳税的，由其机构所在地或者居住地的主管税务机关补征税款。进口货物，应当向报关地海关申报纳税。

2. 纳税期限。增值税的纳税期限分别为 1 日、3 日、5 日、10 日、15 日、1 个月或者 1 个季度。纳税人的具体纳税期限，由主管税务机关根据纳税人应纳税额的大小分别核定；不能按照固定期限纳税的，可以按次纳税。纳税人以 1 日、3 日、5 日、10 日、15 日为 1 个纳税期的，应在期满之日起 5 日内预缴税款，于次月 1 日起 15 日内申报纳税并结清上月应纳税款。以 1 个月或一个季度为 1 个纳税期的，应在期满之日起 15 日内申报纳税。以 1 个季度为纳税期限的规定仅适用于小规模纳税人。纳税人进口货物，应当自海关填发税款缴纳证的次日起 15 日内缴纳税款。

二、消费税法

消费税法是调整消费税征纳关系的法律规范的总称。现行消费税的基本规范，是 1993 年 12 月 13 日国务院颁布并于 2008 年 11 月 5 日国务院第三十四次常务会议修订通过的《中华人民共和国消费税暂行条例》，该条例已于 2009 年 1 月 1 日生效。

消费税是以特定消费品的流转额为征收对象的流转税。我国现行消费税是 1994 年税制改革中新设置的一个税种。在对货物普遍征收增值税的基础上，选择少数消费品再征收一道消费税，目的是为了调节产品结构，引导消费方向，保证国家财政收入。我国现行消费税的主要法律规定如下：

（一）纳税人

在我国境内生产、委托加工和进口应税消费品的单位和个人，以及国务院确定的销售应税消费品的其他单位和个人，为消费税的纳税人。

（二）征税对象

消费税的征税对象限于在中国境内生产、委托加工和进口法定的应税消费品。其中生产应税消费品是消费税征收的主要环节，除了直接对外销售应征收消费税外，纳税人将生产的应税消费品换取生产资料、消费资料、投资入股、偿还债务，以及用于继续生产应税消费品以外的其他方面都应缴纳消费税。

（三）税目、税率

消费税税目采取列举方式，共有 14 个税目。凡征税的消费品才列入，不征税的不列入。消费税的税率采用比例税率、定额税率及比例税率与定额税率相结合三种类型。

消费税税目税率表

税　目	税　率
一、烟	
1. 卷烟	
（1）甲类卷烟	45%加0.003元/支
（2）乙类卷烟	30%加0.003元/支
2. 雪茄烟	25%
3. 烟丝	30%
二、酒及酒精	
1. 白酒	20%加0.5元/500克（毫克）
2. 黄酒	240元/吨
3. 啤酒	250元/吨（甲类）220元/吨（乙类）
4. 其他酒	10%
5. 酒精	5%
三、化妆品	30%
四、贵重首饰及珠宝玉石	
1. 金银首饰、铂金首饰和钻石及钻石饰品	5%
2. 其他贵重首饰和珠宝玉石	10%
五、鞭炮、焰火	15%
六、成品油	
1. 汽油	0.28元/升(含铅)0.20元/升(无铅)
2. 柴油	0.10元/升
3. 航空煤油	0.10元/升
4. 石脑油	0.20元/升
5. 溶剂油	0.20元/升
6. 润滑油	0.20/升
7. 燃料油	0.10/升
七、汽车轮胎	3%
八、摩托车	
1. 气缸容量（排气量，下同）在250毫升（含250毫升）以下的	3%
2. 气缸容量在250毫升以上的	10%

税 目	税 率
九、小汽车	
1. 乘用车	
（1）气缸容量（排气量，下同）在1.0升（含1.0升）以下的	1%
（2）气缸容量在1.0升以上至1.5升（含1.5升）的	3%
（3）气缸容量在1.5升以上至2.0升（含2.0升）的	5%
（4）气缸容量在2.0升以上至2.5升（含2.5升）的	9%
（5）气缸容量在2.5升以上至3.0升（含3.0升）的	12%
（6）气缸容量在3.0升以上至4.0升（含4.0升）的	25%
（7）气缸容量在4.0升以上的	40%
2. 中轻型商用客车	5%
十、高尔夫球及球具	10%
十一、高档手表	20%
十二、游艇	10%
十三、木制一次性筷子	5%
十四、实木地板	5%

（四）应纳消费额的计算

1. 消费税的一般计税方法。

（1）从价定率计算方法：

应纳税额＝销售额×比例税率

这里的销售额为纳税人销售应税消费品向购买方收取的全部价款和价外费用。销售额中不包括向购买方收取的增值税税款。

（2）从量定额计算方法：

应纳税额＝销售数量×定额税额

这里的销售数量是纳税人销售应税消费品的数量；自产自用应税消费品的，为移送使用数量；委托加工应税消费品的，为收回的应纳消费品的数量；进口应税消费品，为海关核定的进口征税数量。

（3）复合计税计算办法：

应纳税额 = 销售额 × 比例税率 + 销售数量 × 定额税率

2. 自产自用的应税消费品应纳税额的计算方法。自产自用的应税消费品用于连续生产应税消费品时，不纳税；用于其他方面则视同销售，用于移送使用时缴纳消费税。在计税时，按照纳税人生产的同类消费品的销售价格计算纳税，没有同类消费品销售价格的，按组成计税价格计算纳税：

组成计税价格 = （成本 + 利润）÷ （1 − 比例税率）

3. 委托加工应税消费品应纳税额的计算。委托加工应税消费品，应按照受托方的同类消费品的销售价格计算纳税，如果没有同类消费品的销售价格的，应按组成计税价格征税：

组成计税价格 = （材料成本 + 加工费）÷ （1 − 比例税率）

4. 进口应税消费品应纳税额的计算：

应纳消费税税额 = 组成计税价格 × 税率

组成计税价格 = （关税完税价格 + 关税）÷ （1 − 消费税比例税率）

（五）减免税

对纳税人出口应税消费品，免征消费税；国务院另有规定的除外。出口应税消费品的免税办法，由国务院财政、税务主管部门规定。

（六）征收管理

1. 纳税地点。纳税人销售的应税消费品，以及自产自用的应税消费品，除国务院财政、税务主管部门另有规定外，应当向纳税人机构所在地或者居住地的主管税务机关申报纳税。委托加工的应税消费品，除受托方为个人外，由受托方向机构所在地或者居住地的主管税务机关解缴消费税税款。进口的应税消费品，应当向报关地海关申报纳税。

2. 纳税期限。消费税的纳税期限分别为 1 日、3 日、5 日、10 日、15 日、1 个月或者 1 个季度。税人的具体纳税期限，由主管税务机关根据纳税人应纳税额的大小分别核定；不能按照固定期限纳税的，可以按次纳税。

三、营业税法

营业税法是调整营业税征纳关系的法律规范的总称。营业税是对纳税人从事经营活动的营业额征收的一种税。即对在境内提供应税劳务、转让无形资产和销售不动产的单位和个人，按其营业额征收的一种流转税。现行营业税的基本规范，是 1993 年 12 月 13 日国务院颁布并于 2008 年 11 月 5 日修订的《中华人民共和国营业税暂行条例》。

（一）纳税主体

在中华人民共和国境内提供应税劳务、转让无形资产或者销售不动产的单位和个人，为营业税的纳税人。针对于有些情况难以确定纳税人的，税法规定了扣缴义务人。营业税的扣缴义务人主要有以下几种：中华人民共和国境外的单位或者个人在境内提供应税劳务、转让无形资产或者销售不动产，在境内未设有经营机构的，以其境内代理人为扣缴义务人；在境内没有代理人的，以受让方或者购买方为扣缴义务人；国务院财政、税务主管部门规定的其他扣缴义务人。

（二）征税对象

营业税以在我国境内提供应税劳务、转让无形资产或者销售不动产为征税对象。一项销售行为如果既涉及应税劳务又涉及货物销售，为混合销售行为。除了《中华人民共和国营业税暂行条例实施细则》第 7 条的规定外，从事货物的生产、批发或零售的企业、企业性单位及个体经营者的混合销售行为，视为销售货物，不征收营业税；其他单位和个人的混合销售行为，视为提供应税劳务，应当征收营业税。

（三）税目和税率

营业税的税目按行业、类别共设置了 9 个，税率也实行行业比例税率。税目税率如下：交通运输业，税率为 3%；建筑业，税率为 3%；金融保险业，税率为 5%；邮电通信业，税率为 3%；文化体育业，税率为 3%；娱乐业，税率为 5%~20%；服务业，税率为 5%；转让无形资产，税率为 5%；销售不动产，税率为 5%。

（四）应纳税额的计算：应纳税额 = 营业额 × 税率

营业额为纳税人提供应税劳务、转让无形资产或者销售不动产向对方收取的全部价款和价外费用。营业额以人民币计算。纳税人以人民币以外的货币结算营业额的，应当折合成人民币计算。

（五）征收管理

1. 纳税地点。纳税人提供应税劳务应当向其机构所在地或者居住地的主管税务机关申报纳税，但是，纳税人提供的建筑业劳务以及国务院财政、税务主管部门规定的其他应税劳务，应当向应税劳务发生地的主管税务机关申报纳税。纳税人转让无形资产应当向其机构所在地或者居住地的主管税务机关申报纳税，但是，纳税人转让、出租土地使用权，应当向土地所在地的主管税务机关申报纳税。纳税人销售、出租不动产应当向不动产所在地的主管税务机关申报纳税；扣缴义务人应当向其机构所在地或者居住地的主管税务机关申报缴纳其扣缴的税款。

2. 纳税期限。营业税的纳税期限，分别为 5 日、10 日、15 日、1 个月或者 1 季度。纳税人的具体纳税期限，由主管税务机关根据纳税人应纳税额的大小分别核定；不能按照固定期限纳税的，可以按次纳税。

第三节 所得税法

一、企业所得税法

企业所得税法是指国家制定的用以调整企业所得税征收与缴纳之间权利及义务关系的法律规范。企业所得税是对我国境内企业和其他取得收入的组织的生产经营所得和其他所得所征收的一种税收。它是国家参与企业利润分配的重要手段。

2007年3月16号以前，我国企业所得税按内资、外资企业分别立法。造成这种立法分立的原因在于，我国在改革开放过程中，急需引进外部的资金、管理和技术，于是法律规定外资企业享受更加优惠的税收政策，实际税收负担远远低于内资企业。内外有别的企业所得税立法，事实上使内资企业处于不平等的竞争地位，影响统一、规范、公平竞争的市场环境的建立。为了解决这个问题，2007年3月16号，全国人大审议通过了《企业所得税法》，统一适用于内资企业和外资企业，并自2008年1月1日开始实施。

（一）纳税人

企业所得税的纳税人是指在中国境内，企业和其他取得收入的组织，但不包括个人独资企业、合伙企业。根据登记注册地标准和实际管理机构标准相结合的办法，我国税法将企业所得税的纳税人分为居民企业和非居民企业。居民企业，是指依法在中国境内成立，或者依照外国（地区）法律成立但实际管理机构在中国境内的企业。非居民企业是指依照外国（地区）法律成立且实际管理机构不在中国境内，但在中国境内设立机构、场所的，或者在中国境内未设立机构、场所，但有来源于中国境内所得的企业。

（二）征税对象

居民企业应以来源于中国境内、境外的所得作为征税对象。所得，包括销售货物所得、提供劳务所得、转让财产所得、股息红利等权益性投资所得以及利息所得、租金所得、特许权使用费所得、接受捐赠所得和其他所得。

非居民企业在中国境内设立机构、场所的，应当就其所设机构、场所取得的来源于中国境内的所得，以及发生在中国境外但与其所设机构、场所有实际联系的所得，缴纳企业所得税，非居民企业在中国境内未设立机构、场所的，或者虽设立机构、场所但取得的所得与其所设机构、场所没有实际联系的，应当就其来源于中国境内的所得缴纳企业所得税。

（三）税率

按照《企业所得税法》第4条的规定，企业所得税的基本税率为25%，适用于居民企业和在中国境内设有机构、场所且所得与机构、场所有关联的非居民企业。非居民企业在中国境内未设立机构、场所的，或者虽设立机构、场所但取得的所得与其所设机构、场所没有实际联系的，应当就其来源于中国境内的所得缴纳企业所得税，其适用的税率为20%。

（四）应纳税所得额

1. 居民企业和非居民企业所得的应纳税所得额。居民企业，以及在中国境内设立机构、场所的非居民企业，应当就其所设机构、场所取得的来源于中国境内的所得，以及发生在中国境外但与其所设机构、场所有实际联系的所得，缴纳企业所得税，其应纳税所得额的基本公式为：

应纳税所得额 = 收入总额 − 不征税收入 − 免税收入 − 各项扣除 − 以前年度亏损

其中收入总额是指企业以货币形式和非货币形式从各种来源取得的收入。收入总额中的下列收入为不征税收入：财政拨款、依法收取并纳入财政管理的行政事业性收费、政府性基金及国务院规定的其他不征税收入。企业的下列收入为免税收入：①国债利息收入；②符合条件的居民企业之间的股息、红利等权益性收益；③在中国境内设立机构、场所的非居民企业从居民企业取得与该机构、场所有实际联系的股息、红利等权益性投资收益，该收益都不包括连续持有居民企业公开发行并上市流通的股票不足12个月取得的投资收益；④符合条件的非营利组织的收入。

根据《企业所得税法》的规定，企业实际发生的与取得收入有关的、合理的支出，包括成本、费用、税金、损失和其他支出，准予在计算应纳税所得额时扣除。除此之外，企业所得税法还设置了限制扣除项目和禁止扣除项目。所谓限制扣除，是指只能按照企业所得税法规定的标准和范围扣除，对超范围、超标准的扣除部分，不得在计算应纳税所得额时扣除。主要包括企业发生的符合条件的公益性捐赠支出，不超过年度利润总额12%以内的部分，准予扣除；企业转让各类资产的净值、企业按规定计算的固定资产折旧费、无形资产和递延资产的摊销费、企业的存货成本准予扣除，具体的扣除范围、标准及资产的税务处理由国务院财政、税务部门规定。所谓禁止扣除项目，是指在计算应纳税所得额时，企业发生的税法上不允许扣除的成本、费用和损失等支出。具体包括：①向投资者支付的股息、红利等权益性投资收益款项；②企业所得税税款；③税收滞纳金；④罚金、罚款和被没收财物的损失；⑤超过规定标准的捐赠支出；⑥赞助支出；⑦未经核定的准备金支出；⑧企业之间支付的管理费、企业内营业机构之间支付的租金和特许权使用费，以及非银行企业内营业机构之间支付的利息；⑨与取得收入无关的其他支出。企业纳税年度发生的亏损可以用下一年度的所得弥补，下一年度的所得不足以弥补的，可以逐年延续弥补，但最长不得超过 5 年。

2. 非居民企业两种所得的应纳税所得额。对于在中国境内未设立机构、场所的，或者虽设立机构、场所但取得的所得与其所设机构、场所没有实际联系的非居民企业的所得，按照下列方法计算应纳税所得额：股息、红利等权益性投资收益和利息、租金、特许权使用费所得，以收入全额为应纳税所得额；转让财产所得，以收入全额减除财产净值后的余额为应纳税所得额；其他所得，参照前两项规定的方法计算应纳税所得额。

（五）应纳税额

1. 应纳税额的计算公式为：

应纳税额 = 应纳税所得额 × 适用税率 – 减免税额 – 抵免税额

其中的减免税额和抵免税额，是指根据企业所得税法和国务院的税收优惠规定减征、免征和抵免的应纳税额。

2. 税收抵免。税收抵免是解决跨国所得重复征税的方法之一。根据《企业所得税法》的规定，企业取得的下列所得已在境外缴纳的所得税税额，可以从其当期应纳税额中抵免，抵免限额为该项所得依照《企业所得税法》规定计算的应纳税额；超过抵免限额的部分，可以在以后 5 个年度内，用每年度抵免限额抵免当年应抵税额后的余额进行抵补：①居民企业来源于中国境外的应税所得；②非居民企业在中国境内设立机构、场所，取得发生在中国境外但与该机构、场所有实际联系的应税所得。

3. 税收优惠。《企业所得税法》第 25 条规定："国家对重点扶持和鼓励发展的产业和项目，给予企业所得税的优惠。"具体优惠方式包括法定免税、酌情减免税、低税率优惠、地区优惠、加计扣除、创业投资优惠、加速折旧、减计收入、抵扣应纳税所得额的优惠。

（六）特别纳税调整

特别纳税调整其实就是反避税，《企业所得税法》规定了一系列反避税条款，授权税务机关采取合理措施应对各种避税行为。

1. 独立交易原则。独立交易原则，是指没有关联关系的交易各方，按照公平成交价格和营业常规进行业务往来所遵循的原则。企业与其关联方共同开发、受让无形资产，或者共同提供、接受劳务发生的成本，在计算应纳税所得额时应当按照独立交易原则进行分摊。这里的关联方是指与企业有下列关联关系之一的企业、其他组织或者个人：在资金、经营、购销等方面存在直接或者间接的控制关系；直接或者间接地同为第三者控制；在利益上具有相关联的其他关系。

2. 预约定价安排，指的是纳税人事先将其和境内外关联企业之间的内部交易与财务收支往来所涉及的转让定价方法向税务机关申请报告，经税务机关审定认可后，可作为计征所得税的会计核算依据，并免除事后税务机关的转让定价调整的一种制度。

3. 转让定价规则。为了防止关联企业之间利用转让定价方式转移利润，逃避税收，《企业所得税法》规定："企业向税务机关报送年度企业所得税纳税申报表时，应当就其与关联方之间的业务往来，附送年度关联业务往来报告表。税务机关在进行关联业务调查时，企业及其关联方，以及与关联业务调查有关的其他企业，应当按照规定提供相关资料。"

4. 避税地。避税地是指实行低税制模式甚至无税的国家和地区。为了防止企业通过在避税地设立受控外国公司逃避税收，我国《企业所得税法》规定，由居民企业，或者由居民企业和中国居民控制的设立在实际税负明显低于25%的税率水平的国家（地区）的企业，并非由于合理的经营需要而对利润不做分配或者减少分配的，上述利润中应归属于该居民企业的部分，应当计入该居民企业的当期收入。

5. 资本弱化规则。资本弱化，是指企业通过有意安排加大负债资本，减少权益资本的资本结构，以增加税前扣除，降低企业税负的一种行为。我国《企业所得税法》规定，企业从其关联方接受的债权性投资与权益性投资的比例超过规定标准而发生的利息支出，不得在计算应纳税所得额时扣除。

6. 其他避税行为。由于现实生活中的避税形式多样，远远超出《企业所得税法》所能列举的范围，因此，《企业所得税法》规定："企业实施其他不具有合理商业目的的安排而减少其应纳税收入或者所得额的，税务机关有权按照合理方法调整。"

（七）征收管理

1. 源泉扣缴。企业所得税法对于非居民企业在中国境内未机构、场所的，或者虽设立机构、场所但取得的所得与其所设机构、场所没有实际联系的所得应缴纳的所得税实行源泉扣缴，以支付人为扣缴义务人。税款由扣缴义务人在每次支付或者到期应支付时，从支付或者到期应支付的款项中扣缴。

2. 纳税地点。除税收法律、行政法规另有规定外，居民企业以企业登记注册地为纳税地点；但登记注册地在境外的，以实际管理机构所在地为纳税地点。

3. 纳税期限。企业所得税按年计征，分月或者分季预缴，年终汇算清缴，多退少补。企业所得税分月或者分季预缴的，应当自月份或者季度终了之日起15日内，向税务机关报送预缴企业所得税纳税申报表，预缴税款。自年度终了之日起5个月内，向税务机关报送年度企业所得税纳税申报表，并汇算清缴，结清应缴应退税款。

二、个人所得税法

个人所得税是以个人的纯所得为课税对象的一种税。个人所得税法，是指调整征税机关与自然人之间在个人所得税的征纳与管理过程中所发生的社会关系的法律规范的总称。我国个人所得税法的基本规范是 1980 年 9 月 10 日制定并于 1993 年 10 月 31 日修改后的《中华人民共和国个人所得税法》。为了适应形势的变化，我国的个人所得税法又历经了 1999 年、2005 年和 2007 年几次修订，法律的内容日趋系统和完善。

（一）纳税人

个人所得税的纳税义务人是在中国境内居住有所得的个人，以及不在中国境内居住而从中国境内取得所得的个人。包括中国国内公民、在华取得所得的外籍人员和华侨、港澳台同胞。从 2000 年 1 月 1 日起，个人独资企业和合伙企业投资者也依法缴纳个人所得税。上述纳税义务人依据住所和居住时间两个标准，区分为居民和非居民，分别承担不同的纳税义务。

居民纳税人是指在中国境内有住所，或者无住所而在境内居住满 1 年的个人。居民负有无限纳税义务，无论从中国境内或境外取得所得，都应依照我国税法规定缴纳个人所得税。在中国境内没有住所又不居住或者无住所而在境内居住不满 1 年的个人，有来源于中国境内的所得，为非居民纳税义务人，只就从我国境内取得的所得缴纳个人所得税。

（二）征税对象

个人所得税的征税对象是纳税人的各项所得，具体包括：工资、薪金所得；个体工商户的生产、经营所得；对企事业单位的承包经营、承租经营所得；劳务报酬所得；稿酬所得；特许权使用费所得；利息、股息、红利所得；财产租赁所得；财产转让所得；偶然所得及经国务院财政部门确定征税的其他所得。

（三）税率

（1）工资、薪金所得，采取 5% 至 45% 的九级超额累进税率，按月计征。

个人所得税率表一

级 数	全月应纳所得税	税率（%）	速算扣除数
1	不超过 500 元的部分	5	0
2	超过 500～2 000 元的部分	10	25
3	超过 2 000～5 000 元的部分	15	125
4	超过 5 000～20 000 元的部分	20	375
5	超过 20 000～40 000 元的部分	25	1 375
6	超过 40 000～60 000 元的部分	30	3 375

级　数	全月应纳所得税	税率(%)	速算扣除数
7	超过 60 000～80 000 元的部分	35	6 375
8	超过 80 000～100 000 元的部分	40	10 375
9	超过 100 000 元的部分	45	15 375

（2）个体工商户的生产、经营所得和对企事业单位的承包经营、承租经营所得适用5%至35%的五级超额累进税率，按年计征，分月预缴。

个人所得税表二

级　数	全年应纳所得税额	税率(%)	速算扣除数
1	不超过 5 000 元的部分	5	0
2	超过 5 000～10 000 元的部分	10	250
3	超过 10 000～30 000 元的部分	20	1 250
4	超过 30 000～50 000 元的部分	30	4 250
5	超过 50 000 元的部分	35	6 750

（3）稿酬所得、劳务报酬所得、特许权使用费所得，利息、股息、红利所得，财产租赁所得，财产转让所得，偶然所得和其他所得，适用比例税率，税率为20%。

（四）应纳税所得额和应纳税额的计算

应纳税所得额是个人取得的各项应税项目的收入额减去税法规定的费用减除标准后的余额。由于个人所得税的应税项目不同，并且取得某项所得所需费用也不相同，因此，计算个人应纳税所得额和应纳税额时，需按不同应税项目分项计算。

1. 工资、薪金所得，以每月收入额减除费用2000元后的余额为应纳税所得额。考虑到外籍人员和在境外工作的中国公民的生活水平比国内公民要高，现行《个人所得税法实施条例》对外籍人员和在境外工作的中国公民的工资、薪金所得在减除2000元费用的基础上，再附加减除2800元。华侨和香港、澳门、台湾同胞参照上述附加减除费用标准执行。

应纳税额＝（每月收入额－2000元或4800元）×适用税率－速算扣除数

2. 个体工商户的生产、经营所得，以每一纳税年度的收入总额，减除成本、费用以及损失后的余额，为应纳税所得额。

应纳税额＝（全年收入总额－成本、费用以及损失）×适用税率－速算扣除数

3. 对企事业单位的承包经营、承租经营所得，以每一纳税年度的收入总额，减除必要费用后的余额，为应纳税所得额。这里的减除必要费用，是指按月减除2000元。

应纳税额 =（纳税年度收入总额 – 必要费用）×适用税率 – 速算扣除数

4. 劳务报酬所得、稿酬所得、特许权使用费所得、财产租赁所得，每次收入不超过4000元的，减除费用800元；4000元以上的，减除20%的费用，其余额为应纳税所得额。

（1）每次收入不足4000元的：

应纳税额 =（每次收入额 – 800）×20%

（2）每次收入在4000元以上的：

应纳税额 = 每次收入额×（1 – 20%）×20%

（3）对一次劳务报酬所得的应纳税所得额超过20 000元的，要加成征收，见下表：

级 距	应纳税所得额	税率(%)	速算扣除数
1	不超过20 000元	20	0
2	超过20 000~50 000元的部分	30	2000
3	50 000元以上的部分	40	7000

应纳税额 = 每次收入额×（1 – 20%）×适用税率 – 速算扣除数

（4）对稿酬所得可按应纳税额减征30%，即

应纳税额 = 应纳税所得额×20%×（1 – 30%）

5. 财产转让所得，以转让财产的收入额减除财产原值和合理费用后的余额，为应纳税所得额。

应纳税额 =（收入总额 – 财产原值 – 合理费用）×20%

6. 利息、股息、红利所得，偶然所得和其他所得，以每次收入额为应纳税所得额，没有任何费用减除。

应纳税额 = 每次收入额×适用税率

个人将其所得通过中国境内的社会团体、国家机关向教育和其他社会公益事业以及遭受严重自然灾害地区、贫困地区的捐赠，捐赠额未超过纳税人申报的应纳税所得额30%的部分，可以从其应纳税所得额中扣除。

（五）税收抵免

《个人所得税法》规定："对居民纳税人从中国境外取得的所得，准予其在应纳税额中扣除已在境外缴纳的个人所得税税额。但扣除额不得超过该纳税义务人境外所得依照我国个人所得税法规定计算的应纳税额。"纳税人在中国境外一个国家或者地区实际已经缴纳的个人所得税税额，低于抵免限额的，应当在中国

缴纳差额部分的税款；超过抵免限额的，其超过部分不得在本纳税年度的应纳税额中扣除，但是可以在以后纳税年度的抵免限额的余额中补扣，补扣期限最长不得超过5年。

（六）税收优惠

1. 免税。根据《个人所得税法》第4条的规定，下列各项个人所得，免予征税：①省级人民政府、国务院部委和中国人民解放军军以上单位，以及外国组织颁发的科学、教育、技术、文化、卫生、体育、环境保护等方面的奖金；②国债和国家发行的金融债券利息；③按照国家统一规定发给的补贴、津贴；④福利费、抚恤金、救济金；⑤保险赔款；⑥军人的转业费、复员费；⑦按照国家统一规定发给干部、职工的安家费、退职费、退休工资、离休工资、离休生活补助费；⑧依照我国有关法律规定应予免税的各国驻华使馆、领事馆的外交代表、领事官员和其他人员的所得；⑨中国政府参加的国际公约以及签订的协议中规定免税的所得；⑩经国务院财政部批准的其他所得。

2. 减税。根据《个人所得税法》第5条的规定，有下列情形之一的，经批准可以减征个人所得税：①残疾、孤老人员和烈属的所得；②因严重自然灾害造成重大损失的；③其他经国务院财政部门批准减税的。

（七）征收管理

1. 自行申报纳税。纳税人有下列情形之一的，应当按照规定到主管税务机关办理纳税申报：①自2006年1月1日起，年所得12万元以上的；②从中国境内两处或者两处以上取得工资、薪金所得的；③从中国境外取得所得的；④取得应税所得，没有扣缴义务人的；⑤国务院规定的其他情形。

2. 源泉扣缴。个人所得税以所得人为纳税义务人，以支付所得的单位或者个人为扣缴义务人。扣缴义务人向个人支付应税所得时，应代扣代缴个人所得税，并向纳税人开具税务机关统一印制的代扣代收税款凭证。

第四节　财产税、行为及目的税法

一、财产税法

（一）契税法

契税法是指国家制定的用以调整契税征收与缴纳之间权利及义务关系的法律规范。契税是在土地使用权、房屋所有权发生转移变动时，向产权承受人征收的一种财产税。契税的纳税义务人为在中华人民共和国首都境内转移土地、房屋权属时，承受的单位和个人；征税对象是在我国境内转移的土地、房屋权属；税率为3%～5%的幅度税率。

（二）房产税法

房产税法是指国家制定的调整房产税征收与缴纳之间权利及义务关系的法律规范。房产税是以房产为征税对象，依据房产价格或房产租金收入向房产所有人或经营人征收的一种税。房产税以在征税对象内的房屋产权所有人为纳税人；产权出典的，由承典人纳税；产权所有人、承典人不在房屋所在地的，由房产代管人或者使用人纳税。房产税的征税对象是房产，房产税的征税对象为城市、县城、建制镇和工矿区，不包括农村。房产税的计税依据是房产的计税价值或房产的租金收入。按照房产计税价值征税的，税率为1.2%；按照房产租金收入计征的，税率为12%。从2001年1月1日起，对个人按市场价格出租的居民住房，用于居住的，可暂减按4%的税率征收房产税。

（三）车船税法

车船税法是指国家制定的用以调整车船税征收与缴纳之间权利及义务关系的法律规范。车船税，是指对在中华人民共和国境内拥有车船的单位和个人征收的一种税。车船税的纳税人，是车辆、船舶的所有人或者管理人，即在我国境内拥有车船的单位或个人。车船税的征收范围，是指依法应当在我国车船管理部门登记的车船，具体可分为车辆和船舶两大类，其中，车辆包括机动车和非机动车，船舶包括机动船舶和非机动船舶。车船税采用幅度定额税率，如载客汽车年税额为每辆60~660元，载货汽车的年税额幅度为按自重每吨每年16~120元；包括私家车在内的各种车船的具体适用税额由省、自治区、直辖市人民政府在规定的子税目税额幅度内确定。

（四）车辆购置税法

车辆购置税法是指国家制定的用以确认和调整车辆购置税征收与缴纳之间权利及义务关系的法律规范。车辆购置税，是指对在中华人民共和国境内购置车辆的单位和个人征收的一种税。车辆购置税的纳税人是在我国境内购置应税车辆的单位和个人。这里的购置包括纳税人购买、进口、自产、受赠、获奖或者以其他方式取得并自用应税车辆的行为。这里的应税车辆即车辆购置税的征税对象包括汽车、摩托车、电车、挂车、农用运输车。车辆购置税以纳税人所购置的车辆的计税价格为计税依据，实行从价定率征收，税率为10%。

（五）城镇土地使用税法

城镇土地使用税法是指国家制定的用以调整城镇土地使用税征收与缴纳之间权利及义务关系的法律规范。城镇土地使用税是以城镇土地为征税对象，对拥有国有土地使用权的单位和个人征收的一种税。城镇土地使用税的纳税人是在城市、县城、建制镇、工矿区范围内使用土地的单位和个人；征税对象是包括在城市、县城、建制镇和工矿区内的国家所有和集体所有的土地；税率采用定额税率，每平方米具体标准如下：大城市 1.5~30 元；中等城市 1.2~24 元；小城市 0.9~18 元；县城、建制镇、工矿区 0.6~12 元。

二、行为及目的税法

（一）土地增值税法

土地增值税法是指国家制定的用以调整土地增值税征收与缴纳之间权利及义务关系的法律规范。土地增值税是对转让国有土地使用权、地上建筑物及其附着物并取得收入的单位和个人，就其转让房地产所取得的增值额征收的一种税。土地增值税的纳税人为转让国有土地使用权、地上的建筑物及其附着物并取得收入的单位和个人，征税对象包括转让国有土地使用权及其地上的建筑物和附着物的行为。土地增值税实行四级超率累进税率：增值额未超过扣除项目金额 50% 的部分，税率为 30%；增值额超过扣除项目金额 50%、未超过扣除项目金额 100% 的部分，税率为 40%；增值额超过扣除项目金额 100%、未超过扣除项目金额 200% 的部分，税率为 50%；增值额超过扣除项目金额 200% 的部分，税率为 60%。

（二）耕地占用税法

耕地占用税法是指国家制定的用以调整耕地占用税征收与缴纳之间权利及义务关系的法律规范。耕地占用税是指对在我国境内占用耕地建房或从事其他非农业建设用地的单位和个人征收的一种税。耕地占用税的纳税人，为在我国境内占用耕地建房或从事其他非农业建设用地的单位和个人，征税对象为耕地，税率采用幅度定额税率。

（三）资源税法

资源税法是指国家制定的用以调整资源税征收与缴纳之间权利及义务关系的法律规范。资源税，是对开发国家资源的单位和个人，就其资源和开发条件的差别而形成的级差收益征收的税。资源税的纳税人是在中华人民共和国境内开采应税资源的矿产品或者生产盐的单位和个人；征税对象包括矿产品和盐，矿产品包括原油、天然气、煤炭、其他非金属矿原矿、黑色金属矿原矿、有色金属矿原矿；盐包括固体盐和液体盐；资源税采用幅度定额税率。

（四）印花税法

印花税法是指国家制定的用以调整印花税征收与缴纳之间权利及义务关系的法律规范。印花税是对经济活动和经济交往中书立、使用、领受具有法律效力的凭证的单位和个人征收的一种税。印花税的纳税人是在中国境内书立、使用、领受印花税法所列举的凭证并应依法履行纳税义务的单位和个人。印花税的征税对象包括：合同或者具有合同性质的凭证；产权转移书据，如财产所有权、知识产权等产权买卖、继承、赠与、交换所立书据；营业账簿；权利、许可证照，包括商标注册证、专利证书、工商营业执照、房屋产权证、土地使用证；经财政部确定征税的其他凭证。

引例解析

某企业作为纳税人，在与税务机关发生纳税争议时，必须先依照税务机关的纳税决定缴纳或者解缴税款及滞纳金或者提供相应的担保，然后才能申请行政复议，对行政复议不服的，可以向人民法院提起行政诉讼；对税务机关的处罚决定不服的，可以提出行政复议，也可以直接向人民法院提起诉讼，但是在复议和诉讼期间，纳税人必须依照法律规定缴纳补缴税款、滞纳金及罚款。因此，该企业拒绝缴纳税款、滞纳金及罚款的做法是错误的。

思考题

某公司当月发生几笔购销业务：①购入货物取得的增值税专用发票上注明的货价为300万，同时支付货物的运输费用，取得的发票上注明的款额是5万；②销售货物，开具的专用发票上注明的销售价款为600万；③加工制作了一批广告性质的礼品，分送给客户及购货人，加工单位开具的专用发票上注明的价款为10万。上述各项购销货物税率均为17%，请计算该公司当月应纳增值税税额。

第十六章

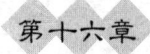

国有资产法

◆ 引例

运城市焦煤厂是运城市为解决城区居民燃气问题于 1989 年兴建的一家国有企业，产品也有市场，但该厂投产后却连年亏损，改制时，债务近两亿元。为救活这家企业，有关部门决定将该厂剥离少量资产后和拥有 7000 万吨煤炭储量、年利税一亿多元的运城市船窝煤矿捆在一起改制拍卖。有人估算，捆绑后，两厂可卖两亿多元。2003 年 5 月 28 日，有关部门拍卖时仅卖两厂的资产，却不管原焦煤厂的债务，未经依法评估和招标，就确定了 6000 万元的标的而匆匆拍卖。结果被一个民营企业以 6410 万元的价格将两厂买走。而原焦煤厂的近两亿元的债务却留给从焦煤厂分离出来的一个小企业；又因该小企业无力还债，最终将由政府买单。消息传出，立即在社会上产生很大反响。

☞ 要点

国有资产；产权界定；产权交易；资产评估

第一节　国有资产的界定

一、国有资产概述

国有资产法是调整国有资产关系的法律规范的总称。国有资产关系是指国有资产的所有者、管理者、投资者、占有者和其他主体，在国有资产运行过程中发生的，以国有资产全民所有制为基础和核心的社会关系。国有资产系指国家依法取得和认定的，或者国家以各种形式对企业投资和投资收益、国家向行政事业单位拨款等形成的资产，或者可以简单的理解为国有资产是所有权归国家的资产。

国有资产可以按照不同标准分类。①按照占有单位不同，可分为国家机关的国有资产、事业单位的国有资产、社会团体的国有资产、企业的国有资产；②按照经营属性不同，可分为经营性国有资产、非经营性国有资产；③按照表现形式不同，可分为实物型国有资产、货币型国有资产、知识产权型国有资产等。

国有资产立法涉及国有资产清产核资、资产评估、产权界定、产权登记、产权交易以及国有企业生产经营、国有企业财产监督等内容。

二、国有资产产权界定的适用领域

国有资产产权界定是指对于全部或部分占用国有资产单位的产权、全民所有制单位与其他所有制单位之间以及全民所有制单位之间的产权，依法划分归属国家享有的资产所有权和企业享有的经营权及其他相关权利，明确各类产权主体行使权利的财产范围及管理权限的法律行为。

国有资产产权界定主要存在于以下领域：

（一）全民所有制企业

（1）有权代表国家投资的部门和机构以货币、实物和所有权属于国家的土地使用权、知识产权等向企业投资，形成的国家资本金。

（2）全民所有制企业运用国家资本金及在经营中借入的资金等所形成的税后利润，经国家批准留给企业作为增加投资的部分以及从税后利润中提取的盈余公积金、公益金和未分配利润等。

（3）以全民所有制企业和行政事业单位（以下统称全民单位）担保，完全用国内外借入资金投资创办的或完全由其他单位借款创办的全民所有制企业，其收益积累的净资产。

（4）其他全民所有制企业中的国有资产。

（二）集体所有制企业中的国有资产

集体所有制企业中的国有资产包括：

（1）全民所有制单位以货币、实物和所有权属于国家的土地使用权、知识产权等独资（包括几个全民单位合资，下同）创办的以集体所有制名义注册登记的企业单位，其资产所有权界定按照全民所有制企业中的产权界定有关规定办理。但依国家法律、法规规定或协议约定并经国有资产监督管理机构认定的属于无偿资助的除外。

（2）全民所有制单位用国有资产在非全民所有制单位独资创办的集体企业（以下简称集体企业）中的投资以及按照投资份额应取得的资产收益，包括留给集体企业用于发展生产的资本金及其权益，界定为国有资产。

（3）集体企业依据国家规定享受税前还贷形成的资产，其中属于国家税收应收未收的税款部分，界定为国有资产；集体企业依据国家规定享受减免税形成的资产，其中列为"国家扶持基金"等投资性的减免税部分界定为国有资产。

（4）其他集体所有制企业中的国有资产。

（三）中外合资经营企业中的国有资产

中外合资经营企业中的国有资产包括：

（1）中方以国有资产出资投入的资本总额，包括现金、厂房建筑物、机器设备、场地使用权、无形资产等形成的资产。

（2）企业注册资本增加，按双方协议，中方以分得利润向企业再投资或优先购买另一方股份的投资活动中所形成的资产。

（3）可分配利润及从税后利润中提取的各项基金中中方按投资比例所占有的份额，不包括已提取用于职工奖励、福利等分配给个人消费的基金。

（4）其他中外合资经营企业中的国有资产。

（四）股份制企业中的国有资产

股份制企业中的国有资产包括：

（1）国家机关或其授权单位向股份制企业投资形成的股份，包括现有已投入企业的国有资产折成的股份，构成的股份制企业中的国家股。

（2）全民所有制企业向股份制企业投资形成的股份，构成的国有法人股。

（3）股份制企业公积金、公益金中，全民单位按照投资比例应占的相应份额。

（4）其他股份制企业中的国有资产。

（五）国家机关及其所属事业单位

国家机关及其所属事业单位占有、使用的资产以及政党、人民团体中由国家拨款等形成的资产，界定为国有资产。

第二节　国有资产产权登记制度

一、国有资产产权登记的概念和法律依据

国有资产产权登记是指有关产权登记主管部门代表国家和政府对行政事业资产和占有国有资产的企业进行登记，依法确认国家对国有资产的所有权和企业的经营权、行政事业单位的占有、使用权及相关权利的法律行为。

1992年5月11日，国家国有资产管理局、财政部和国家工商行政管理总局联合发布了《国有资产产权登记管理试行办法》，经国务院批准在全国范围内开展国有资产产权登记工作。国务院于1996年1月25日发布了《企业国有资产产权登记管理办法》。财政部2006年发布了《行政单位国有资产管理暂行办法》和《事业单位国有资产管理暂行办法》。以上法规是对我国国有资产产权进行登记的主要依据。

二、行政单位国有资产产权登记

行政单位国有资产产权登记，是指财政部门代表国家对行政单位国有资产进行登记，依法确认国家对国有资产的所有权及行政单位占有、使用国有资产的法律行为。

行政单位国有资产管理，实行国家统一所有，政府分级监管，单位占有、使

用的管理体制。各级财政部门是政府负责行政单位国有资产管理的职能部门，对行政单位国有资产实行综合管理。行政单位对本单位占有、使用的国有资产实施具体管理。财政部门根据工作需要，可以将国有资产管理的部分工作交由有关单位完成。有关单位应当完成所交给的国有资产管理工作，向财政部门负责，并报告工作的完成情况。

行政单位国有资产管理活动，应当遵循资产管理与预算管理相结合的原则、资产管理与财务管理相结合的原则以及实物管理与价值管理相结合的原则。

三、事业单位国有资产产权登记

事业单位国有资产产权登记是国家对事业单位占有、使用的国有资产进行登记，依法确认国家对国有资产的所有权和事业单位对国有资产的占有、使用权的行为。

事业单位国有资产包括国家拨给事业单位的资产，事业单位按照国家规定运用国有资产组织收入形成的资产，以及接受捐赠和其他经法律确认为国家所有的资产，其表现形式为流动资产、固定资产、无形资产和对外投资等。

事业单位国有资产管理体制和管理部门与行政单位基本相同。

事业单位国有资产管理活动，应当坚持资产管理与预算管理相结合的原则，推行实物费用定额制度，促进事业资产整合与共享共用，实现资产管理和预算管理的紧密统一；应当坚持所有权和使用权相分离的原则；应当坚持资产管理与财务管理、实物管理与价值管理相结合的原则。

四、企业国有资产产权登记

（一）企业国有资产产权登记的概念

企业国有资产产权登记是指国有资产管理机构代表政府对占有国有资产的各类企业的资产、负债、所有者权益等产权状况进行登记，依法确认产权归属关系的法律行为。

（二）企业国有资产产权登记的范围

国有资产登记的范围一般包括国有企业、国有独资公司、持有国家股权的单位和以其他方式占有国有资产的企业。如果企业产权归属不清楚或发生产权纠纷，可以申请暂缓办理产权登记。经批准允许暂缓办理产权登记的企业，应当在暂缓办理产权登记期限内，将产权界定清楚，或将产权纠纷处理完毕，并及时办理产权登记。

（三）企业国有资产产权登记的种类

企业国有资产产权登记的种类包括：

（1）占有产权登记。占有国有资产的企业都应向国有资产管理机构办理占有产权登记。国有资产管理机构向企业核发国有资产产权登记表。产权登记表是企业的资信证明文件。

（2）变动产权登记。企业的名称、住所、法定代表人、企业的资产、负债及所有者权益、企业的实有资本、国有资本、企业投资情况等发生变化时，应当在规定的时间内办理变动产权登记。

（3）注销产权登记。当企业解散、被依法撤销或被依法宣告破产、企业转让全部产权或被划转时，应当在规定时间内办理注销产权登记。

（四）产权登记年度检查

企业应当在每一年度终结后，在规定的时间内办理产权年度检查登记，向国有资产管理机构提交财务报告和国有资产经营年度报告书。

五、产权登记的一般程序

产权登记的一般程序包括：

（1）申请受理。申办产权登记的单位，向有管辖权的产权登记机关申办产权登记，经产权登记机关受理后，填写国有资产产权登记表。

（2）填报审查。申报产权登记的单位将填好的国有资产产权登记表报主管部门审查，并由主管部门签署意见。

（3）审核认定。国有资产产权登记表经主管部门签署意见后，申办产权登记的单位将此表提交产权登记机关，并同时提交有关文件、证件、资料，由产权登记机关予以审核认定，并办理有关手续。

（4）核发证书。产权登记机关向审查合格的占有国有资产的单位核发国有资产产权登记证。

第三节 国有资产产权交易制度

一、国有资产产权交易概述

（一）国有资产产权交易的概念和特征

国有资产产权交易是指交易双方当事人依照法律的规定和合同的约定，通过购买、出售、兼并、拍卖等方式，将一方当事人所享有的国有企业产权转让给另一方当事人的法律行为。

国有资产产权交易行为具有以下特征：

（1）交易主体一方应是国有单位，另一方是国有单位、非国有单位或个人。法律允许企业产权在不同的所有者之间交易。

（2）产权交易是以企业的产权，包括所有权和经营权这一特定的企业财产权利和经营权利为标的而进行的一种交易行为。

（3）产权交易一般是有偿的，转让方要收回企业产权的资产价值。因此，产权交易区别于行政指令下的企业合并、撤销等产权变动方式。

（4）产权交易行为最终导致被交易企业产权结构的改变，如果全部产权转让，则会导致被交易企业法人地位的消灭或法人实体的改变。

（二）国有资产产权交易的法律依据

1989 年 2 月 19 日国家发布了《关于出售国有小型企业产权的暂行办法》，1989 年 2 月 19 日又发布了《关于企业兼并的暂行办法》，1994 年 4 月 22 日国务院办公厅发布了《关于加强国有企业产权交易管理的通知》，1995 年 5 月 12 日国家国有资产管理局发布了《关于加强企业国有产权转让监督管理工作的通知》，2003 年 12 月 31 日国务院国有资产监督管理委员会、财政部发布了《企业国有产权转让管理暂行办法》，2004 年 8 月 25 日国务院国有资产监督管理委员会发布了《关于企业国有产权转让有关问题的通知》等，这些法规对于企业国有资产产权交易的审批权限、法律要求、交易的程序、交易的资产评估等有关问题作了明确的规定。

二、国有资产产权交易的原则和监督管理

（一）国有资产产权交易遵循的原则[1]

（1）经济责任制原则。经济责任制的确立和完善，责任承担机制的形成，是同整个国家的经济转轨和法治建设联系在一起的。

（2）效益优先、保值增值原则。效益优先、保值增值是贯穿于国有资产管理的全过程，尤其是国有资产形态转换全过程的一项重要原则。

（3）国家监督和社会监督相结合原则。从国有资产产权交易的国家监督方面来看，必须按照权力与责任挂钩、权力与利益脱钩的要求，建立权责明确、行为规范、监督有效、保障有力的执法体制，防止、纠正地方保护主义和部门本位主义。

（二）国有资产产权交易的监督管理[2]

国有资产监督管理机构负责企业国有资产产权转让的管理工作。根据《企业国有产权转让管理暂行办法》的规定，国有资产监督管理机构对企业国有资产产权转让履行下列监管职责：

（1）按照国家有关法律、行政法规的规定，制定企业国有资产产权交易监督制度和办法。

（2）决定或者批准所出资企业国有资产产权转让事项，研究、审议重大产

---

〔1〕　徐孟洲、席月民："论国有资产形态转换的法律规制"，载《辽宁大学学报》（哲学社会科学版）2005 年第 1 期。

〔2〕　徐孟洲：《经济法原理与教程》，中国人民大学出版社 2006 年版，第 259 页。

权转让事项并报本级人民政府批准。

（3）选择确定从事企业国有产权交易活动的产权交易机构。

（4）负责企业国有产权交易情况的监督检查工作。

（5）负责企业国有产权转让信息的收集、汇总、分析和上报工作。

（6）履行本级政府赋予的其他监管职责。

所称的出资企业，是指国务院，省、自治区、直辖市人民政府，设区的市、自治州级人民政府授权国有资产监督管理机构履行出资人职责的企业。

三、国有资产产权交易的程序

（一）企业国有产权转让的程序

1. 内部审议。企业国有产权转让应当做好可行性研究，按照内部决策程序进行审议，并形成书面决议。国有独资企业的产权转让，应当由总经理办公会议审议。国有独资公司的产权转让，应当由董事会审议；没有设立董事会的，由总经理办公会议审议。涉及职工合法权益的，应当听取转让标的企业职工代表大会的意见，对职工安置等事项应当经职工代表大会讨论通过。

2. 清产核资、审计与资产评估。企业国有产权转让事项经批准或者决定后，转让方应当组织转让标的企业按照有关规定开展清产核资，根据清产核资结果编制资产负债表和资产移交清册，并委托会计师事务所实施全面审计。转让所出资企业国有产权导致转让方不再拥有控股地位的，由同级国有资产监督管理机构组织进行清产核资，并委托社会中介机构开展相关业务。在清产核资和审计的基础上，转让方应当委托具有相关资质的资产评估机构依照国家有关规定进行资产评估。评估报告经核准或者备案后，作为确定企业国有产权转让价格的参考依据。

3. 披露转让信息。转让方应当将产权转让公告委托产权交易机构刊登在省级以上公开发行的经济或者金融类报刊和产权交易机构的网站上，公开披露有关企业国有产权转让信息，广泛征集受让方。产权转让公告期为 20 个工作日。

4. 提出受让条件，审查受让方条件。在征集受让方时，转让方可以对受让方的资质、商业信誉、经营情况、财务状况、管理能力、资产规模等提出必要的受让条件。

5. 确定转让方式。经公开征集产生两个以上受让方时，转让方应当与产权交易机构协商，根据转让标的的具体情况采取拍卖或者招投标方式组织实施产权交易。采取拍卖方式转让企业国有产权的，应当按照《中华人民共和国拍卖法》及有关规定组织实施。采取招投标方式转让企业国有产权的，应当按照国家有关规定组织实施。企业国有产权转让成交后，转让方与受让方应当签订产权转让合同，并应当取得产权交易机构出具的产权交易凭证。

经公开征集只产生一个受让方或者按照有关规定经国有资产监督管理机构批

准的，可以采取协议转让的方式。采取协议转让方式的，转让方应当与受让方进行充分协商，依法妥善处理转让中所涉及的相关事项后，草签产权转让合同，然后再按照有关规定办理产权交易合同。

6. 签订产权转让合同。产权转让合同应符合法律法规规定的主要内容。转让企业国有产权导致转让方不再拥有控股地位的，在签订产权转让合同时，转让方应当与受让方协商提出企业重组方案，包括在同等条件下对转让标的企业职工的优先安置方案。

7. 转让价款支付与转让收益处置。企业国有产权转让的全部价款，受让方应当按照产权转让合同的约定支付。转让价款原则上应当一次付清。如金额较大、一次付清确有困难的，可以采取分期付款的方式。采取分期付款方式的，受让方首期付款不得低于总价款的30%，并在合同生效之日起5个工作日内支付；其余款项应当提供合法的担保，并应当按同期银行贷款利率向转让方支付延期付款期间利息，付款期限不得超过1年。

8. 办理相关产权登记手续。企业国有产权转让成交后，转让和受让双方应当凭产权交易机构出具的产权交易凭证，按照国家有关规定及时办理相关产权登记手续。

（二）企业国有产权转让的批准程序

1. 确定批准机构。国有资产监督管理机构决定所出资企业的国有产权转让。其中，转让企业国有产权致使国家不再拥有控股地位的，应当报本级人民政府批准。所出资企业决定其子企业的国有产权转让。其中，重要子企业的重大国有产权转让事项，应当报同级国有资产监督管理机构会签财政部门后批准。其中，涉及政府社会公共管理审批事项的，需预先报经政府有关部门审批。

2. 审查相关文件。决定或者批准企业国有产权转让行为，应当审查下列书面文件：①转让企业国有产权的有关决议文件；②企业国有产权转让方案；③转让方和转让标的企业国有资产产权登记证；④律师事务所出具的法律意见书；⑤受让方应当具备的基本条件；⑥批准机构要求的其他文件。

3. 关键行业、领域产权转让的特殊要求。对于国民经济关键行业、领域中对受让方有特殊要求的，企业实施资产重组中将企业国有产权转让给所属控股企业的国有产权转让，经省级以上国有资产监督管理机构批准后，可以采取协议转让方式转让国有产权。企业国有产权转让事项经批准或者决定后，如转让和受让双方调整产权转让比例或者企业国有产权转让方案有重大变化的，应当按照规定程序重新报批。

第四节　国有资产评估制度

一、国有资产评估的概念和法律依据

（一）国有资产评估的概念

国有资产评估是指资产评估机构根据国家的法律、政策和特定目的，遵循一定的原则和法定程序，采用科学的方法，对国有资产现时价格进行评定和估算。

（二）国有资产评估的法律依据

国有资产评估必须依法进行，20 世纪 90 年代以来，国家制定了一系列资产评估的法规和规章制度，主要有 1991 国务院制定的《国有资产评估管理办法》，1992 年国家国有资产管理局发布的《国有资产评估管理办法施行细则》，2005 年 8 月国有资产监督管理委员会印发的《企业国有资产评估管理暂行办法》，2005 年 5 月 11 日财政部发布的《资产评估机构审批管理办法》，2001 年财政部制定的《国有资产评估违法行为处罚办法》等。这些法规和规章制度对于规范资产评估行业的管理，促使资产评估行业沿着法制化轨道不断发展和完善起到了十分重要的作用。

二、国有资产评估的适用范围

（一）应当进行资产评估的经济行为

应当进行的资产评估，是指在国有企业产权变动中，除国有资产管理部门批准可以不予评估外，都必须进行的资产评估。根据《企业国有资产评估管理暂行办法》，企业有下列行为之一的，应当对相关资产进行评估：①整体或部分改建为有限责任公司或者股份有限公司；②以非货币资产对外投资；③合并、分立、破产、解散；④非上市公司以外的国有股东股权比例变动；⑤产权（股权）转让；⑥资产转让、置换；⑦整体资产或者部分资产租赁给非国有单位；⑧以非货币资产偿还债务；⑨资产涉讼；⑩收购非国有单位的资产；⑪接受非国有单位以非货币资产出资；⑫接受非国有单位以非货币资产抵债；⑬法律、行政法规规定的其他需要进行评估的事项。

（二）可以不进行资产评估的经济行为

企业有下列行为之一的，可以不对相关国有资产进行评估：①经各级人民政府或其国有资产监督管理机构批准，对企业整体或者部分资产实施无偿划转；②国有独资企业与其下属独资企业（事业单位）之间或其下属独资企业（事业单位）之间的合并、资产（产权）置换和无偿划转。

（三）依据国家有关规定应当和需要进行资产评估的其他情况

对于境外国有资产，有关国有自然资源的有偿使用或开采，以及一些特定行

业及大范围的资产评估（如清产核资等），由国务院规定。

（四）评估的资产范围

评估的资产范围包括：流动资产、长期投资、固定资产、无形资产及其他资产，对负债及所有者权益也要进行相应调整。

三、国有资产评估机构

按照国有资产管理权限，国有资产评估工作由国有资产管理行政主管部门负责管理和监督。我国的资产评估机构主要有专营资产评估业务的资产评估公司（事务所）和兼营资产评估业务的会计师事务所、审计事务所、财务咨询公司等。另外，我国允许设立外商投资资产评估机构，允许外国资产评估机构在某些情况下来我国境内执业。专营资产评估机构指的是持有国务院或者省、自治区、直辖市人民政府国有资产管理行政主管部门颁发的国有资产评估资格证书的资产评估公司、会计师事务所、审计师事务所、财务咨询公司。兼营资产评估机构指的是经国务院或者省、自治区、直辖市人民政府国有资产管理行政主管部门认可的临时评估机构，可以接受占有单位的委托，从事国有资产评估业务。

四、国有资产评估项目管理

（一）国有资产评估项目的核准机构

经各级人民政府批准的经济行为事项涉及的资产评估项目，分别由其国有资产监督管理机构负责核准。

国有资产评估项目核准应在占有单位收到评估机构出具的评估报告后，应当上报其集团公司或有关部门初审，经集团公司或有关部门初审同意后，占有单位应在评估报告有效期届满前两个月向财政部门提出核准申请；财政部门收到核准申请后，对符合要求的，应在 20 个工作日内完成对评估报告的审核，下达核准文件；不符合要求的，予以退回。

（二）国有资产评估项目的备案管理

国有资产评估项目备案，是指国有资产占有单位（以下简称占有单位）按有关规定进行资产评估后，在相应经济行为发生前将评估项目的有关情况专题向财政部门、集团公司、有关部门报告并由后者受理的行为。

国有资产评估项目备案工作实行分级管理。中央管理的企业集团公司及其子公司，国务院有关部门直属企事业单位的资产评估项目备案工作由财政部负责；子公司或直属企事业单位以下企业的资产评估项目备案工作由集团公司或有关部门负责。地方管理的占有单位的资产评估项目备案工作比照前述规定的原则执行。评估项目涉及多个国有产权主体的，按国有股最大股东的资产财务隶属关系办理备案手续；持股比例相等的，经协商可委托其中一方办理备案手续。

备案工作程序如下：占有单位收到评估机构出具的评估报告后，对评估报告无异议的，应将备案材料逐级报送财政部门（集团公司、有关部门）；财政部门（集团公司、有关部门）收到占有单位报送的备案材料后，对材料齐全的，应在10个工作日内办理备案手续；对材料不齐全的，待占有单位或评估机构补充完善有关材料后予以办理。

（三）国有资产评估项目的抽查管理

国有资产评估项目抽查是指各级财政部门或国有资产监督管理机构定期或不定期地选取具体评估项目，对评估各方当事人的相关行为和评估报告的真实性、合法性进行检查，依法行使监督职能的行为。

国有资产评估项目抽查工作围绕评估各方当事人的相关行为和评估报告的真实性、合法性进行，重点检查以下内容：①占有单位经济行为的合法性；②被评估的资产范围与有关经济行为所涉及的资产范围；③占有单位提供的产权证明文件、生产经营资料及财务资料的真实性、完整性；④评估机构和评估人员的执业资格；⑤资产账面价值与评估结果的差异；⑥经济行为的实际成交价与评估结果的差异；⑦现场勘查活动及评估现场工作记录；⑧评估工作底稿；⑨必要的资产清查、函证工作；⑩评估依据的合理性；⑪评估报告对重大事项及对评估结果影响的披露程度；⑫其他。

国有资产评估项目抽查工作应当遵循以下程序：①准备阶段。选取评估项目，研究、拟订抽查计划，确定具体抽查内容；组织不少于2人的相关人员成立抽查小组；抽查小组在实施抽查前5个工作日将《评估项目抽查通知书》下达给当事人。②检查阶段。抽查小组对评估项目当事人的具体工作进行检查；对重大、疑难的问题，财政部门可委托专家进行鉴定并做出结论；抽查小组起草《评估项目抽查结果报告》，对应当予以行政处罚的，提出初步意见，报告同级财政部门。③告知阶段。财政部门在作出行政处罚决定之前，应当告知当事人拟作出处罚决定的事实、理由及依据，并告知当事人依法享有的权利。④处理阶段。财政部门下达《行政处罚决定书》；对有关单位或个人的违法违纪行为，财政部门可以建议提交有关部门处理，涉嫌犯罪的，移送司法机关处理。

引例解析

引例反映了在国有资产交易时，违反我国有关国有资产交易的方式、评估的法定程序等相关要求，造成国有资产的流失的基本事实，因而该国有资产交易的行为是无效的。据有关媒体的后续报道，山西运城市人大常委会认真审议了拍卖经过，认为买卖双方都有违规行为，依法否定了这家民营企业的竞标资格，最后两厂以2.3亿元的标的被另一家民营企业买走。

思考题

1. 国有企业产权交易的形式有哪些?
2. 在国有资产评估时应注意哪些方面的问题?

第十七章

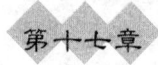

房地产法

◆ 引例

1998 年 6 月 8 日，甲市国土局与甲市新世纪房地产置业有限公司（下称新世纪公司）草签了 53 052 平方米的土地使用权出让协议书。7 月 9 日，新世纪公司又与甲市丙公司签订了该块土地使用权转让合同书。新世纪公司隐瞒了与丙公司签订合同的事情，于 7 月 23 日同该市国土局签订了土地使用权出让合同书，并由丙公司代其向国土局缴纳部分地价款。同年 8 月 12 日，新世纪公司收取了丙公司的管理费 26 万元人民币。后有群众举报，甲市国土局对此案进行了立案查处。

☞ 要点

房地产业；房地产开发；房地产交易；物业管理

第一节　房地产法概述

一、房地产

（一）房地产的概念

房地产是指土地、建筑物及附属物和固定于其上不可分离的部分，以及由此衍生的各种权益的总称。权益是指权利、利益和收益，包括法律属性和经济属性，它以房地产的自然属性为载体。单从经济属性看，房地产是房产与地产的合称。在生活资料方面，房产与地产属于财产范畴；在生产资料方面，房产与地产属于资产范畴。所谓"不可分离"，是指不能分离，或者虽能分离但分离后会严重破坏房地产的功能、价值和完整性。不可分离部分包括为提高房地产的使用价值而种植在土地上的花草、树木或人工建造的庭院、假山，也包括为提高建筑物的使用功能而安装在其上的水、暖、电、通风、消防、电梯等设备。房地产和不动产的含义不同，不动产是指不能移动或者移动后会使其价值、功能受到很大破坏的物体，包括房地产，以及水坝、机场、港口、地下工程等构筑物。因此，不动产是比房地产内涵更广的概念。

（二）房地产的特征

1. 固定性。房地产中的建筑物及附属物等都必须要建立在土地上，离开土地是不太可能的，而土地本身是固定不变的，只能存在于某个地方，无法移动，其本身的价值等依托在地理位置上，是无法改变的。虽然房地产市场可以对房地产进行交易，主体在不断地发生变化，但房地产本身的空间位置却不会移动，这就决定了在房地产投资中，地理位置的选择至关重要。

2. 永久性。在土地和房屋形成之后，其本身的使用价值不会因为被利用而被消耗掉，而是能够长期存在。就土地而言，土地具有不可毁灭性，即使一些发生的自然灾害也只是造成地表一定的毁坏，土地仍可修复或改为其他用途。就房屋而言，房屋会随着使用而陈旧，但一般还是能够使用几年或几十年。

3. 保值增值性。房地产投资项目资金大、成本高、期限长、风险多，但从长远角度看，房地产一般具有保值增值性。社会的发展、人口的增多及人们对住房的需求与日俱增，而土地本身却是有限的，这种资源稀缺性会制约房地产的增量，所以在越来越多的需求下，房地产的价格总是不断攀升，也成了人们投资的一大热点。

二、房地产业

房地产业是指从事房地产开发、经营、管理和服务的产业。1987年原城乡建设环境保护部《关于发展城市房地产业的报告》对房地产业的定义为："土地开发，房屋的建设、维修、管理，土地使用权的有偿划拨、转让，房屋所有权的买卖、租赁，房地产的抵押贷款，以及由此而形成的房地产市场。"

房地产业是国民经济的一个重要部门，属于第三产业。它具有以下基本特征：

1. 经营性和投机性。房地产业的经营性和投机性首先来源于房地产这种资产的特点，由于其稀缺、不可替代和不可移动，造成了投资者对房地产的热情；其次房地产符合了商品经济的内在要求，房地产可以作为经营的对象不断地进行流通，由于房地产在经营上和其他商品相比有着更高的要求，使经营房地产的经营者可以得到更多的回报，这样也形成了房地产的投机性；再者房地产业的投资特点使房地产业成为资金的聚集地，投资规模数以千万乃至亿计，这么高的资金投入往往会形成极大的风险，当然风险也意味着收益，所以房地产业就成为了投机的"重灾区"。

2. 综合性。如前所述，房地产业是第三产业，第三产业亦指广义的服务业，服务业决定了房地产业的基本功能是以满足最广大群众的住房需要为首要宗旨，保证房地产商品全面优质地实现在社会生活中的价值和使用价值。但由于房地产业的投机性，使经营者对一般的平均利润不感兴趣，而以炒作地价作为中心，这样造成了广大群众在购房上仍然面临很多压力，也造成了国家资源的巨大浪费，妨碍了国民经济的发展。所以我们对此要有清醒的认识，既要发挥房地产业的积极作用，也要防止消极作用的出现，保证房地产业朝着正确的方向发展。房地产业是诸多经济行业和部门共同进行的经济活动，房地产建设用地与作为第一产业的农业密切相关并相互制约，它的发展与建材、建筑、冶金、工程技术、能源、交通等第二产业部门以及金融、信贷、商业、服务业、信息业等第三产业部门直接联系并相互影响。房地产业是以这些一、二、三类产业部门的相关行业为基础组成和发展起来的综合性第三产业。

3. 导向性和泡沫性。房地产业在生产、流通和消费中需要大量的资金，同时又联系着许多相关的行业，使其成为现代社会经济系统的有机组成部分，直接影响着社会消费、社会就业以及金融、信贷和多种相关产业的发展的社会经济活动。在房地产业发展中，通过其明显的促进和导向作用，使工业化和城市化又不断的加深，所以有人形容房地产业是一个国家经济发展的"晴雨表"。在房地产业的发展中，出现了所谓的"房地产热"和"开发区热"，形成土地供应量大于实际投资开发量的"地产热"，以及房地产滞留在发展商或"炒房者"手中而没有最终消费的"房产热"，结果是过量的放地使政府的财政收入大增，房地产业的产值剧增，但这一切都是一种虚假的繁荣，背后是社会资源的巨大浪费和经济危机的隐患。

三、房地产法

(一) 房地产法的概念

房地产法是调整房地产经济关系的法律规范的总称。广义的房地产法包括确认和调整房地产产权、开发、经营、使用、交易、服务、管理及其他与房地产相关的各种社会关系的法律规范；狭义的房地产法指以《中华人民共和国城市房地产管理法》为核心的、及与之相配套的专门调整房地产关系的法律规范；最狭义的房地产法是特指《中华人民共和国城市房地产管理法》。[1]

(二) 房地产法的调整对象

房地产法的调整对象是指房地产法所调整的特定领域的房地产社会经济关系。房地产法律关系可以有不同的分类：

1. 按照所调整的社会关系来划分，分为房地产民事法律关系、房地产行政法律关系、房地产经济法律关系。房地产民事法律关系是平等主体之间依法形成的权利义务关系，如土地使用权出让、房地产租赁、房地产抵押等法律关系；房

---

〔1〕 李延荣、周珂：《房地产法》，中国人民大学出版社 2008 年版，第 37 页。

地产行政法律关系是房地产管理部门依据国家赋予的职权对房地产市场实施管理、监督、检查等形成的法律关系，如土地征用、房屋拆迁、建设用地审批、税收等；房地产经济法律关系是国家因宏观调控对经营者、消费者依法形成的法律关系，如房地产开发的规划和计划、价格管理等法律关系。

2. 按照调整对象不同，分为房地产开发法律关系、房地产交易法律关系和房地产管理法律关系。房地产开发法律关系是在房地产权利人与土地所有权人之间及其他法人或经济组织之间所发生的经济关系，如土地征用、土地使用权出让、土地使用权作价入股、合资开发房地产过程中产生的法律关系；房地产交易法律关系是房地产权利人与其他平等主体之间在房地产转让、抵押、租赁的过程中发生的经济关系；房地产管理法律关系是房地产管理部门与公民、法人或其他组织在房地产管理过程中发生的社会关系，如房地产开发用地的审批管理、房地产权属登记管理、房地产交易登记等法律关系。

第二节 房地产所有权法律制度

一、土地所有权

（一）土地所有权的概念和特征

1. 土地所有权的概念。土地所有权是指土地所有者在法律规定的范围内，对其拥有的土地享有占有、使用、收益和处分的权利。我国是社会主义国家，实行的是土地的社会主义公有制。我国《土地管理法》第 2 条第 1 款明确规定："中华人民共和国实行土地的社会主义公有制，即全民所有制和劳动群众集体所有制"。

2. 土地所有权的特征。

（1）主体的特定性。我国实行土地公有制，土地所有权的主体只限于国家和农民集体，私人以及其他主体不得成为土地所有人。我国的国家土地所有者也与其他一些国家和地区的法律规定不同，表现为国家主体的唯一性和统一性，县级以上各级政府并不是国有土地所有权独立的主体，这与美国等联邦制国家各州均为独立的土地所有权主体的"多元制国有土地所有权"不同，也与我国台湾地区的公有土地依行政设置分级所有的"一元多级制"不同。

（2）客体的差异性。我国土地所有权客体的差异性表现为地域上的差异，其划分基本上是按照城市和农村的地域为标准。这种客体的差异性在法律上表现为：首先，主体不得同时拥有两种土地的所有权，即拥有国有土地者不拥有集体土地，反之亦然。其次，两种土地所有权的确权形式也不同，集体土地所有权的范围经履行法定程序后个别确定的，以土地所有权证书为形式，而国有土地所有权的范围是法律一般确定的，即凡未确权给集体的土地都属于国家所有，不必履行任何程序，也不必以土地所有权证书为形式。

（3）内容的限制性。我国的两种土地所有权的权利义务内容均受到法律较严格的限制，主要表现在土地所有权不能以任何形式交易，无论是两种所有制的不同主体之间，还是集体所有制不同主体之间，均不得以买卖、赠与、互易等任何形式进行土地所有权的交易，其主体的变更仅限于国家对集体土地征用，或经政府有关部门审批在不同集体经济组织间进行极有限的土地边界调整。

（4）权能的分离性。土地归国家和农民集体所有，但是国家和农民集体一般不直接行使土地所有权，而是将土地的权能予以分离，国家把自己所有的土地以建设用地的形式划拨或出让给使用者进行占有、使用和收益，国家拥有最终的处分权。农民集体的土地主要以农村承包经营的方式承包给农民来占有、使用和收益。

（二）国家土地所有权

国家土地所有权是国家对自己所有的土地依法享有占有、使用、收益和处分的权利。我国《土地管理法》规定，国家土地所有权由国务院代表国家行使。国务院可通过制定行政法规或发布行政命令授权地方人民政府或其职能部门行使国家土地所有权。关于国有土地的范围，依据1998年12月27日国务院发布的《土地管理法实施条例》第2条规定，下列土地属于国家所有：城市市区的土地；农村和城市郊区中已经依法没收、征收、征购为国有的土地；国家依法征用的土地；依法不属于集体所有的林地、草地、荒地、滩涂及其他土地；农村集体经济组织全部成员转为城镇居民的，原属于其成员集体所有的土地；因国家组织移民、自然灾害等原因，农民成建制地集体迁移后不再使用的原属于迁移农民集体所有的土地。另外，原国家土地管理局在1995年3月11日发布了《确认土地所有权和使用权的若干规定》，详细规定了国有土地按照一些标准来确定。[1]

（三）集体土地所有权

集体土地所有权是农民集体组织对自己所有的土地依法享有占有、使用、收益和处分的权利。这是我国土地所有权的另一种形式。依照《民法通则》、《土地管理法》、《物权法》等法律规定，集体土地所有权的主体是农民集体组织，具体包括村农民集体、农村集体经济组织和乡（镇）农民集体，与国家土地所有权的主体具有唯一性相比，集体土地所有权具有多元性。关于集体土地所有权的范围，依据《土地管理法》第8条的规定，农村和城市郊区的土地，除由法律

---

〔1〕 参见《确定土地所有权和使用权的若干规定》第3~18条。

规定属于国家所有的以外，属于农民集体所有；宅基地和自留地、自留山，属于农民集体所有。同样原国家土地管理局在 1995 年 3 月 11 日发布的《确认土地所有权和使用权的若干规定》，详细规定了集体土地按照一些标准来确定。[1]

二、房屋所有权

（一）房屋所有权的概念

房屋所有权是指房屋所有权人对自己的房屋依法享有的占有、使用、收益和处分的权利。房屋所有权的主体相当广泛，国家、法人、非法人组织及任何自然人都可以成为房屋所有权的主体。在房屋一旦确定之后，房屋所有权的客体就固定了，就是表现为各种形状的建筑物和构筑物。房屋所有权的权能的部分或全部可以设定其他形式同所有权的整体相分离，这样就可以充分发挥房屋的使用价值。

（二）建筑物区分所有权

我国《物权法》第 70 条规定："业主对建筑物内的住宅、经营性用房等专有部分享有所有权，对专有部分以外的共有部分享有共有和共同管理的权利。"根据这一规定，建筑物区分所有权是指多个区分所有权人共同拥有一栋区分所有建筑物时，区分所有权人（即业主）所享有的对其专有部分的专有权和对共同部分的共有权和管理权的总称。建筑物区分所有权是当代民法发展起来的一种特殊的共有形式，是经济发展、城市人口增多、土地稀缺性显现和建筑技术提高的共同结果。

1. 专有部分的所有权。建筑物的专有部分指的是建筑物中具有构造上和使用上的独立性部分，由一定平面的长度和一定立体的厚度构成，与其他专有部分或共有部分以墙壁、天花板、地板相间隔。区分所有权人对建筑物内属于自己所有的专有部门可以直接占有、使用，实现居住或者经营的目的；也可以依法对自己的住宅、经营性用房等出租、出借，获取收益；还可以用来抵押贷款或出售给他人。

2. 共有部分享有共有权。建筑物的共有部分指供区分所有权人共用、属于区分所有权人共有的部分。区分所有权人在法律对所有权未作特殊规定的情形下，对专有部分以外的走廊、楼梯、过道、电梯、外墙面、水箱、水电气管线等共有部分，对小区内道路、绿地、公用设施、物业管理用房以及其他公共场所等共有部分享有占有、使用、收益、处分的权利。

3. 建筑物区分所有权的成员权。又称社员权，指区分所有权人基于在一栋

---

〔1〕　参见《确定土地所有权和使用权的若干规定》第 19～25 条。

建筑物的构造、权利归属及使用权上的不可分离的共同关系而产生的，作为一个建筑物的一个团体组织的成员而享有的权利和承担的义务。[1] 区分所有权人有权对共用部位与公共设备设施的使用、收益、维护等事项通过参加和组织业主大会进行管理，如享有表决权、参与制定规约权、选举及解任管理者的权利及对公共事项管理和公共利益应得份额的请求权等。

建筑物区分所有权三个方面的内容是一个不可分离的整体。在这三个方面的权利中，专有部分的所有权占主导地位，是区分所有权人对共有部分享有共有权以及对共有部分享有共同管理权的基础。如果业主转让建筑物内的住宅、经营性用房，其对共有部分享有的共有和共同管理的权利也一并转让。

第三节 房地产开发法律制度

一、房地产开发概述

（一）房地产开发的概念

房地产开发是指在依法取得国有土地使用权的土地上，进行基础设施、房屋建设的行为。所谓基础设施建设指的是给水、排水、供电、供热、供气、通讯和道路等设施建设和土地的平整。房屋建设包括住宅用房、工业厂房、商业用房等其他用房。

（二）房地产开发的分类

1. 按开发对象来划分，分为新区开发和旧区改造。新区开发主要是通过对城市郊区的农地和荒地的改造，使之变成建设用地，并进行一系列的房屋、道路、公用设施等方面的建设和铺设，使之变成新的城区。旧区开发也被称为旧城改造，主要是对建成区段某些区段的建筑和各项配套设施进行性质和功能的再开发。

2. 按开发方式来划分，分为单项开发、成片开发和小区开发。单项开发是指开发方式规模小，占地不大，项目功能单一，配套设施简单的开发形式。成片开发是指范围广阔（其范围大到可以相近于开辟一个新的城区）、投入资金巨大、项目众多、建设周期长的综合性开发。小区开发是指新城开发中一个独立小区的综合开发或旧城区改造中一个相对独立局部区域的更新改建，即等于相对独立街坊的更新改造。

3. 根据开发目的的不同，房地产的开发划分为经营性房地产开发和自用性房

---

〔1〕 陈华彬：《现代建筑物区分所有权制度研究》，法律出版社1995年版，第196页。

地产开发。经营性房地产开发是指由专业化的房地产开发企业进行，通过房地产的投资开发活动将开发产品（房屋、基础设施、土地使用权）作为商品进行交易，以追求利润回报的开发活动。自用性的房地产开发是指为自用而进行的房地产开发活动，开发者即使用者，开发的房地产产品不进入流通领域，只是满足开发者自己进行生产、经营或消费的需要，开发环节本身不追求营利。

二、房地产开发用地

（一）房地产开发用地的概念

房地产开发用地是指房地产开发商在房地产开发过程中所需要使用的土地，具体而言，就是对依法取得的国有土地使用权进行投资开发建设基础设施和房屋的国有土地，主要类型有国有土地使用权划拨、出让、转让、租赁、地下空间利用等。

（二）国有土地使用权划拨

国有土地使用权划拨是指县级以上人民政府依法批准，在土地使用者缴纳补偿、安置等费用后将该幅土地交付其使用，或者将土地使用权无偿交付给土地使用者使用的行为。根据《土地管理法》的规定，经县级以上人民政府依法批准，以下建设用地可以以划拨方式取得：①国家机关用地和军事用地；②城市基础设施用地和公益事业用地；③国家重点扶持的能源、交通、水利等基础设施用地；④法律、行政法规规定的其他用地。

（三）国有土地使用权出让

国有土地使用权出让是指县级以上人民政府和土地行政主管部门依法把符合规划要求的国有土地有期限有偿地转移给土地使用者的行为。根据《城镇国有土地使用权出让和转让暂行条例》规定，国有土地使用权出让过程中，出让方与受让方必须要签署土地使用权出让合同，出让方是代表国家行使权利的县级以上人民政府的土地行政主管部门，受让方可以是中国境内外的公司、企业、其他组织和公民自然人。

根据《城市房地产管理法》和《招标拍卖挂牌出让国有土地使用权规定》规定，我国当前的国有土地使用权出让方式有四种：协议出让、招标出让、拍卖出让和挂牌出让。

1. 协议出让。协议出让是指县级人民政府及其土地行政主管部门代表国家与土地的申请使用者就土地使用权的价格、使用年限、用地条件等问题相互协商成一致而进行的国有土地使用权出让。由于协议出让不对外公开，容易滋生暗箱操作、产生腐败现象，因此，政府对此有严格的报批程序。

2. 招标出让。招标出让是指市、县人民政府土地行政主管部门或者其委托的中介结构就国有土地的使用权发布招标公告，邀请特定或者不特定的公民、法人和其他组织参加国有土地使用权投标，根据投标结果确定土地使用者的行为。

3. 拍卖出让。拍卖出让是指市、县人民政府土地行政主管部门或者其委托的中介结构就国有土地的使用权发布拍卖公告，由竞买人在指定时间、地点进行公开竞价，根据出价结果确定土地使用者的行为。

4. 挂牌出让。挂牌出让是指市、县人民政府土地行政主管部门或者其委托的中介结构就国有土地的使用权发布挂牌公告，按公告规定的期限将拟出让土地的交易条件在指定的土地交易场所挂牌公布，接受竞买人的报价申请并更新挂牌价格，根据挂牌期限截止时的出价结果确定土地使用者的行为。

三、房地产开发企业

（一）房地产开发企业的概念

房地产开发企业是指按照城市房地产管理法的规定，是以营利为目的，从事房地产开发和经营的企业。它是房地产开发的专业服务企业，从事开发决策筹划、组织建造、经营销售、使用管理等活动。

按房地产开发业务在企业经营范围中地位的不同，可将房地产开发企业分为房地产开发专营企业、兼营企业和项目公司。专营企业是专门以房地产开发为经营内容或为主要内容的企业，主要形式是房地产综合开发公司。兼营企业是以其他经营为主，兼营房地产开发经营业务的企业。项目公司是以房地产开发项目为对象，从事单项房地产开发经营的企业，其经营对象只限于批准的项目，项目开发完毕后，即向工商部门核销或核减经营范围的登记。

（二）房地产开发企业的设立条件

房地产开发企业的设立，除了应遵守我国《公司法》规定的股份有限公司或有限责任公司的设立条件之外，还应遵循我国《城市房地产管理法》、《城市房地产开发经营管理条例》、《房地产开发企业资质管理规定》等相关法律法规的有关条件。

1. 有自己的名称和组织机构。房地产开发企业的名称应当符合企业、公司名称的相关法律规定，办理审批手续，同时向公司名称登记机构核准注册。一般说来，房地产开发企业的组织机构主要包括：①股东会（股东大会）。股东会（股东大会）是房地产开发公司的决策机构，即形成企业的意志、决定企业重大事务的机构，它是企业的最高权力机关。②董事会、经理。董事会是房地产开发公司的执行机构，即负责贯彻执行决策机关的决议、指示，经理是受董事会聘用、具体管理企业日常业务活动的机构。③监事会。监事会是房地产开发公司的监督机构，即对企业决策、执行机构的活动进行监督的机构。

2. 有固定的经营场所。房地产开发企业要有自己的经营场所，包括自有的或租赁的经营场所。企业必须拥有固定的经营场所，有企业法人的固定地址，而不能是无固定地点来从事生产经营活动。房地产开发企业的住所就是企业的主要办事机构所在地，经公司登记机关登记的公司的住所只能是一个。

3. 符合国务院规定的注册资本。根据国务院 1998 年 7 月 20 日实施的《城市房地产开发经营管理条例》的规定，设立房地产开发企业，除符合有关法律、行政法规规定的企业设立条件外，还应当有 100 万元以上的注册资本。原建设部 2000 年 3 月 23 日公布的《房地产开发企业资质管理规定》中，对房地产开发企业的四个资质等级，分别规定了不低于 5000 万元、2000 万元、800 万元和 100 万元的注册资本，100 万元是最低注册资本。

4. 有足够的专业技术人员。房地产开发企业必须具有 4 名以上持有资格证书的房地产专业、建筑工程专业的专职技术人员，2 名以上持有资格证书的专职会计人员。省、自治区、直辖市人民政府可以根据本地方的实际情况，对设立房地产开发企业的注册资本和专业技术人员的条件作出更高的规定。

5. 法律、行政法规规定的其他条件。房地产开发企业，在取得股份有限公司或有限责任公司形式后，应当按照公司法的有关公司设立条件来设立。如果外商投资设立房地产开发企业，应当按照外商投资企业的法律法规来办理有关审批手续。

第四节　房地产交易法律制度

一、房地产交易的概念和原则

（一）房地产交易的概念

房地产交易是指以房屋等建筑物、构筑物及其占用范围内的土地使用权为对象而进行的一种商品交换活动。《城市房地产管理法》第 2 条第 4 款规定："本法所称房地产交易，包括房地产转让、房地产抵押和房屋租赁。"

（二）房地产交易的原则

从目前我国房地产管理立法的规定来看，房地产交易主要遵循以下几项原则：

1. 房地一体原则。房地产转让、抵押时，房屋所有权和该房屋占用范围内的土地使用权同时转让、抵押。房产权与地产权是不能分割的，同一房地产的房屋所有权与土地使用权只能由同一主体享有，而不能由两个主体分别享有；如果由两个主体分别享有，他们的权利就会发生冲突，各自的权利都无法行使。

2. 房地产价格评估原则。房地产价格评估，应当遵循公正、公平、公开的原则，按照国家规定的技术标准和评估程序，以基准地价、标定地价和各类房屋的重置价格为基准，参照当地的市场价格进行评估。

3. 房地产成交价格申报原则。房地产权利人转让房地产，应当向县级以上地方人民政府规定的部门如实申报成交价，不得瞒报或者作不实的申报。

4. 依法登记原则。房地产转让、抵押时，当事人应当依法办理权属变更或抵押登记，房屋租赁当事人应当依法办理租赁登记备案。房地产转让、抵押，未办理权属登记，转让、抵押行为无效。

二、房地产转让

(一) 房地产转让的概念和形式

房地产转让是指房地产权利人通过买卖、赠与或者其他合法方式将其房地产转移给他人的行为。房地产权利人包括房地产所有人和房地产开发企业及其他使用人，转让的客体就是房屋所有权和占用的土地使用权。

房地产转让的形式包括买卖、赠与或者其他合法方式。房地产买卖是房地产转让的主要形式，权利人按照平等、自愿、等价有偿的原则转让给受让人，受让人支付相应的价款。房地产赠与即权利人无偿将房地产产权转移给受赠人的行为，城市中属于国家所有的房屋不能成为受赠的对象。其他合法方式有：①以房地产作价入股、与他人成立企业法人，使房地产权属发生变更的；②一方提供土地使用权，另一方或者多方提供资金，合资、合作开发经营房地产，而使房地产权属发生变更的；③因企业被收购、兼并或合并，房地产权属随之转移的；④以房地产抵债的；⑤法律法规规定的其他情形。

(二) 房地产转让的条件

1. 房地产转让应具备的条件。房地产转让是一种民事法律行为，其成立和生效和我国《民法通则》及《合同法》中规定的要件相同，如生效要件包括当事人具有相应的民事行为能力、意思表示真实、不违反法律和社会公共利益等。但是房地产转让又是一项特殊的民事法律行为，在转让时还应符合以下特殊的条件：

(1) 签订书面转让合同。《城市房地产管理法》第41条规定："房地产转让，应当签订书面转让合同，合同中应当载明土地使用权取得的方式。"《商品房销售管理办法》第16条也规定："商品房销售时，房地产开发企业和买受人应当订立书面商品房买卖合同。"

(2) 土地使用权必须符合要求。根据《城市房地产管理法》的规定，以划拨方式取得土地使用权的，转让房地产时应符合以下条件：按照国务院规定，报有批准权的人民政府审批。有批准权的人民政府准予转让的，应当由受让方办理土地使用权出让手续，并依照国家有关规定缴纳土地使用权出让金。以划拨方式取得土地使用权的，转让房地产报批时，有批准权的人民政府按照国务院规定决定可以不办理土地使用权出让手续的，转让方应当按照国务院规定将转让房地产所获收益中的土地收益上缴国家或者作其他处理。

以出让方式取得土地使用权的，转让房地产时，应当符合下列条件：按照出让合同约定已经支付全部土地使用权出让金，并取得土地使用权证书；按照出让合同约定进行投资开发，属于房屋建设工程的，完成开发投资总额的 25% 以上，属于成片开发土地的，形成工业用地或者其他建设用地条件。转让房地产时房屋已经建成的，还应当持有房屋所有权证书。

2. 房地产转让的禁止。根据《城市房地产管理法》的规定，下列房地产不得转让：①司法机关和行政机关依法裁定、决定查封或者以其他形式限制房地产权利的；②依法收回土地使用权的；③共有房地产，未经其他共有人书面同意的；④权属有争议的；⑤未依法登记领取权属证书的；⑥以出让方式取得土地使用权，不符合《房地产管理法》第 39 条规定条件的；⑦法律、行政法规规定禁止转让的其他情形。

三、房地产抵押

房地产抵押是指抵押人以其合法的房地产以不转移占有的方式向抵押权人提供债务履行担保的行为。当债务人不履行债务时，抵押权人有权依法以抵押的房地产拍卖所得的价款优先受偿。抵押人是指将依法取得的房地产提供给抵押权人，作为本人或者第三人履行债务担保的公民、法人或者其他组织。抵押权人是指接受房地产抵押作为债务担保的公民、法人或者其他组织。房地产抵押，应向县级以上人民政府规定部门办理抵押登记。在进行房地产抵押时，抵押人和抵押权人要签订书面抵押合同。

依据《担保法》和《物权法》的规定，下列房地产可以设定抵押权：①国有土地使用权；②依法承包并经发包方同意抵押的荒山、荒沟、荒丘、荒滩等荒地的土地使用权；③以乡（镇）、村企业的厂房等建筑物抵押的，其占用范围内的土地使用权同时抵押；④房屋；⑤在建工程等。

此外，《城市房地产抵押管理办法》还规定了下列房地产不得设定抵押：①权属有争议的房地产；②用于教育、医疗、市政等公共福利事业的房地产；③列入文物保护的建筑物和有重要纪念意义的其他建筑物；④已依法公告列入拆迁范围的房地产；⑤被依法查封、扣押、监管或者以其他形式限制的房地产；⑥土地所有权等。

四、房屋租赁

房屋租赁是指房屋出租人将房屋提供给承租人使用，承租人定期给付约定租金的行为。出租人是提供房屋给他人使用的个人或单位，承租人是使用房屋并支付租金的个人或单位。

房屋租赁一般采用合同的形式，《合同法》规定："租赁期限 6 个月以上的，应采用书面形式，未采用书面形式的，视为不定期租赁。"《城市房屋租赁管理办法》等房地产管理法规中，则要求房屋租赁需采用书面形式。可见在一般法和专门法中出现了冲突。房屋租赁合同中应约定租赁期限、租赁用途、租赁价格、修缮责任等条款，以及双方的其他权利和义务，并向房产管理部门登记备案。

在《城市房屋租赁管理办法》中规定下列房屋不得租赁：未依法取得房屋所有权证的；司法机关和行政机关依法裁定、决定查封或者以其他形式限制房地权利的；共有房屋未取得共有人同意的；权属有争议的；属于违法建筑的；不符合安全标准的；已抵押，未经抵押权人同意的；不符合公安、环保、卫生等主管部门有关规定的；有关法律、法规规定禁止出租的其他情形。

在房屋租赁中有三个法律规定需要注意：①买卖不破租赁。《合同法》第229条规定，租赁物在租赁期间发生所有权变动的，不影响租赁合同的效力。就是说，租赁房屋所有权在租赁期间发生转移的，不影响承租人的权利，原房屋租赁合同对租赁房屋的新的所有人仍然有效，新的所有人不得解除租赁合同。②承租人的优先购买权。《合同法》第229条规定，出租人出卖租赁房屋的，应当在出卖之前的合理期限内通知承租人，承租人享有以同等条件优先购买的权利。③房屋承租人的共同居住人的继续租赁权。《合同法》第229条规定，承租人在房屋租赁期间死亡的，与其生前共同居住的人可以按照原租赁合同租赁该房屋。

第五节　物业管理法律制度

一、物业管理的概念和种类

（一）物业的含义

"物业"是由香港传入大陆、逐渐流传，现在已被普遍接受和应用的一个专有名词，指的是单元性的房地产，确切地说是指已建成并投入使用的各类房屋建筑及其附属设施、设备和相关场地。近年来，随着物业管理业务领域的拓展，住宅楼、写字楼、商业大厦、公园、游乐场所等皆已成为物业管理的对象，因此，物业的含义有时被延伸至一定的空间场所，但一般要求它有明确的范围、确定的权益和价值。

（二）物业管理的概念

物业管理有广义与狭义之分，广义的物业管理既包括政府部门的行政管理和行业管理，又包括企业化专业化的管理，也包括个人的、分散的、自发性的房屋管理，并且涉及物业生产、交换、分配、消费的各个环节。狭义的物业管理仅指企业主要针对物业的消费环节对物业所做的维修、养护、管理。国务院2003年9月1日施行的《物业管理条例》第2条规定："本条例所称物业管理，是指业主通过选聘物业管理企业，由业主和物业管理企业按照物业服务合同约定，对房屋及配套的设施设备和相关场地进行维修、养护、管理，维护相关区域内的环境卫生和秩序的活动。"本节物业管理的概念取其狭义。

（三）物业管理的种类

1. 以是否成立了业主委员会的标准来划分，可分为前期物业管理和后期物业管理。业主委员会成立之前的物业管理被称为前期物业管理，业主委员会成立之后的物业管理被称为后期物业管理。

2. 依据开发商、业主和物业管理部门的关系，可分为委托管理型和自主经营型。前者指开发商、业主采用招投标或协议的方式，通过物业管理服务合同委托专业化的物业管理企业，按照"统一管理，综合服务"的原则，提供劳务、商品的管理行为。后者指开发商、业主将自有的物业由自己单位内部设立物业管理部门来管理。

二、物业管理法律关系主体及其权利和义务

（一）业主

"业主"意即物业的主人，即对物业享有所有权的人。在物业管理中，业主即是物业管理市场的需求主体，又是物业服务企业所提供的物业服务对象。

1. 业主的权利。业主的权利主要有以下几个方面：

（1）按照物业服务合同的约定，接受物业管理企业提供的服务。

（2）提议召开业主大会会议，并就物业管理的有关事项提出建议。

（3）提出制定和修改业主公约、业主大会议事规则的建议。

（4）参加业主大会会议，行使投票权。

（5）选举业委会委员，并享有被选举权。

（6）监督业主委员会的工作。

（7）监督物业管理企业履行物业服务合同。

（8）对物业共用部位、共用设施设备和相关场地使用情况享有知情权和监督权。

（9）监督物业共用部位、共用设施设备专项维修资金的管理和使用。

（10）法律、法规规定的其他权利。

2. 业主的义务。业主在物业管理活动中，履行下列义务：

（1）遵守业主公约、业主大会议事规则。

（2）遵守物业管理区域内物业共用部位和共用设施设备的使用、公共秩序和环境卫生的维护等方面的规章制度。

（3）执行业主大会的决定和业主大会授权业主委员会作出的决定。

（4）按照国家有关规定交纳专项维修资金和交纳物业服务费用。

（5）法律、法规规定的其他义务。

（二）业主大会

业主大会是由业主自行组成的维护业主整体利益的组织。其具有民主性、自治性、代表性的特征。依据《物业管理条例》规定，一个物业管理区域成立一个业主大会。物业管理区域的划分应当考虑物业的共用设施设备、建筑物规模、社区建设等因素。同一个物业管理区域内的业主，应当在物业所在地的区、县人民政府房地产行政主管部门的指导下成立业主大会，并选举产生业主委员会。但是，只有一个业主的，或者业主人数较少且经全体业主一致同意，决定不成立业主大会的，由业主共同履行业主大会、业主委员会职责。业主大会履行下列职责：[1]

（1）制定和修改业主大会议事规则。

（2）制定和修改管理规约。

（3）选举业主委员会或者更换业主委员会成员。

（4）选聘和解聘物业服务企业。

（5）筹建和使用专项维修资金。

（6）改建、重建建筑物及其附属设施。

（7）有关共有和共同管理权利的其他重大事项。

业主大会会议可以采用集体讨论的形式，也可以采用书面征求意见的形式；但应当有物业管理区域内专有部分占建筑物总面积过半数的业主且占总人数过半数业主参加。业主大会作出一般决定，必须经专有部分占建筑物总面积过半数的业主且占总人数过半数的业主同意。业主大会作出制定和修改筹集和使用专项维修资金以及改建、重建建筑物及其附属设施的决定，必须经专有部分占建筑物总面积 2/3 以上的业主且占总人数 2/3 以上的业主同意。

（三）物业服务企业

物业服务企业是指具有法人资格，根据合同接受业主或者业主委员会的委托，依照有关法律、法规的规定或合同的约定，对特定区域内的物业实行专业化管理以获取相应报酬的经济组织。

国家对从事物业管理活动的企业实行资质管理制度，我国的物业服务企业分为四个等级，具体标准由建设部的《物业服务企业资质管理试行办法》规定。

1. 物业服务企业的权利。物业服务企业的权利包括：

（1）根据有关法律、法规规定和物业管理服务合同，对物业及其环境秩序

---

〔1〕 2007 年国务院关于修改《物业管理条例》的决定。

进行管理。

（2）依照物业管理服务合同和有关规定收取物业服务费用。

（3）制止物业管理区域内损害公共利益的行为。

（4）有权选聘专业机构承担某项专项服务业务。

（5）法律、法规规定的其他权利。

2. 物业服务企业的义务。物业服务企业的义务包括：

（1）履行物业管理服务合同，提供安全防范、卫生保洁服务，提供共用部分及设施设备和园林景观等维护养护服务。

（2）公布日常维护费用等公共费用的使用情况。

（3）接受业主委员会和业主的监督。

（4）对于专项维修资金必须按照规定用途使用，不得挪作他用。

（5）法律、法规规定以及物业管理服务合同约定的其他义务。

三、物业管理的主要方法

（一）物业管理规约

物业管理规约是由业主承诺或订立的，对全体业主具有约束力的，由全体业主共同遵守的有关物业的使用，维护及管理等方面的行为准则。它是业主自治原则的主要体现。

管理规约的主要内容一般包括：物业的基本情况；业主及业主大会的权利和义务；物业服务和使用；物业的维修养护；违约责任。

（二）物业服务合同

物业服务合同是指物业管理区域内的业主委员会代表全体业主与业主大会选聘的物业服务企业签订的，确立物业服务企业、业主和业主委员会在物业管理活动中的权利、义务关系的协议。

物业服务合同应当对物业管理事项、服务质量、服务费用、双方的权利义务、专项维修资金的管理与使用、物业管理用房、合同期限、违约责任等内容进行约定。

引例解析

本章引例中甲市新世纪公司在还没有支付全部土地使用权出让金的情况下，无权转让土地使用权。如果进行转让必须按照出让合同约定已经支付全部土地使用权出让金，并取得土地使用权证书；按照出让合同约定进行投资开发，属于房屋建设工程的，完成开发投资总额的25%以上，属于成片开发土地的，形成工业用地或者其他建设用地条件。转让房地产时房屋已经建成的，还应当持有房屋所有权证书。

思考题

1. 试分析我国房地产业近几年的发展变化。
2. 我国房地产开发用地在实践中存在哪些问题?
3. 我国物业的业主委员会的地位如何?

会计法

◆ **引例**

某公司召开会议，研究财务分工问题。会上，公司负责人程某提议：自己的特长在于市场，主要精力应集中放在科研和技术推广、创收方面，公司的财务会计工作以后由财务总监汪某全权负责，所有财务收支和对外报送的财务会计报告最终由汪某审批、签署。会议通过了公司负责人程某的提议。分析该公司负责人程某的提议有无不妥之处。

☞ **要点**

会计法的调整对象、基本原则；会计监督；会计机构设置；会计从业人员资格

第一节　会计法概述

一、会计法的概念及调整对象

会计是以货币计量为基本形式，采用专门方法，连续、完整、系统地反映和控制单位的经济行为，进而达到加强经济管理，提高经济效益目的的一种管理活动。会计法是指调整会计法律关系的法律，有广义和狭义之分。广义的会计法是指国家颁布的有关会计方面的法律、法规和规章的总称，狭义的会计法是专指全国人民代表大会常务委员会通过的《中华人民共和国会计法》。本章所述的是狭义的会计法。

《会计法》调整国家机关、社会团体、公司、企业、事业单位和其他组织（以下统称单位），在办理会计事务中产生的经济管理关系。这种关系包括上述单位内部的会计事务管理关系、上述单位之间在办理会计事务中产生的经济关系、上述单位与国家会计管理机关和有关行政管理机关之间在会计事务管理中产生的行政管理关系等。

二、会计法的基本原则

1. 会计事务办理必须依法。根据《会计法》规定，单位办理会计事务必须依照《会计法》的规定进行。无论何种单位在进行独立核算，独立记载经济业

务，独立办理会计事务时，必须依照《会计法》的规定进行。

2. 会计账簿的设置必须真实、完整。根据《会计法》的规定，国家机关、社会团体、公司、企业、事业单位和其他组织都必须依法设置会计账簿，并保证其真实、完整。会计账簿是指具备一定格式，用以记载各项经济业务的账册。会计账簿是重要的会计信息，它既是编制会计报表的主要依据，同时也是审计工作的重要依据，因此，各单位必须依法设置会计账簿。

3. 单位负责人对本单位的会计工作负责。单位负责人有广义和狭义之分，狭义的单位负责人是指一个单位的最高领导者。国家机关的负责人是指该机关的最高行政首长；社会团体的负责人是指该社会团体的行政事务负责人，如有的是会长负责制，有的则为秘书长负责制；企业单位和事业单位的负责人是指其法定代表人；其他组织的负责人是指该组织的最高行政负责人等。广义的单位负责人除包含狭义的单位负责人之外，还包括该单位的副职领导人。会计法所指的单位负责人应是指狭义的单位负责人。

4. 会计机构、会计人员依法进行会计核算，实行会计监督。会计机构和会计人员应依照《会计法》的规定进行会计核算，实行会计监督。任何单位或者个人不得以任何方式授意、指使、强令会计机构、会计人员伪造、变造会计凭证、会计账簿和其他会计资料，提供虚假财务会计报告。任何单位或者个人不得对依法履行职责、抵制违反《会计法》规定行为的会计人员实行打击报复。

第二节　会计监督

一、单位内部的会计监督

（一）各单位的内部会计监督制度

1. 单位内部会计监督的主体和对象。根据《会计法》、《会计基础工作规范》和《内部会计控制规范（试行)》的规定，各单位的会计机构、会计人员对本单位的经济活动进行会计监督。内部会计监督的主体是各单位的会计机构、会计人员；内部会计监督的对象是单位的经济活动。尽管单位内部会计监督的主体是各单位的会计机构、会计人员，但内部会计监督不仅仅是会计机构、会计人员的事情，单位负责人应当积极支持、保障会计机构、会计人员行使好会计监督职权。根据规定，单位负责人负责单位内部会计监督制度的组织实施，对本单位内部会计监督制度的建立及有效实施承担最终责任。

2. 各单位内部会计监督制度的要求。各单位建立、健全本单位内部会计监督制度应当符合四项要求：①记账人员与经济业务事项和会计事项的审批人员、经办人员、财物保管人员的职责权限应当明确，并相互分离、相互制约；②重大对外投资、资产处置、资金调度和其他重要经济业务事项的决策和执行的相互监督、相互制约程序应当明确；③财产清查的范围、期限和组织程序应当明确；④对会计资料定期进行内部审计的办法和程序应当明确。

（二）单位负责人的义务和会计机构、会计人员的职权

1. 单位负责人的义务。单位负责人在会计监督方面的义务主要有：①应当保证会计机构、会计人员依法履行职责；②不得授意、指使、强令会计机构、会计人员违法办理会计事项。

2. 会计机构、会计人员的职权。会计机构、会计人员在会计监督方面的职权主要是，发现会计账簿记录与实物、款项及有关资料不相符的，按照国家统一的会计制度的规定有权自行处理的，应当及时处理；无权处理的，应当立即向单位负责人报告，请求查明原因，作出处理。

二、政府会计监督

（一）会计工作国家监督的实施主体

会计工作的国家监督，是一种外部监督，主要是指财政部门代表国家对各单位和单位中相关人员的会计行为实施的监督检查，以及对发现的违法会计行为实施行政处罚。这是我国经济监督体系的一个重要方面，它与单位内部会计机构、会计人员实行的会计监督是相辅相成的。根据《会计法》的规定，县级以上人民政府财政部门为各单位会计工作的监督检查部门，对各单位会计工作行使监督权，对违法会计行为实施行政处罚。因此，财政部门是《会计法》的执法主体，是会计工作国家监督的实施主体。这里所说的财政部门，是指国务院财政部门、国务院财政部门的派出机构和县级以上人民政府财政部门。

此外，《会计法》规定，除财政部门外，审计、税务、人民银行、证券监管、保险监管等部门依照有关法律、行政法规规定的职责和权限，可以对有关单位的会计资料实施监督检查。如根据我国《税收征收管理法》的规定，税务机关有权检查纳税人的账簿、记账凭证、报表和有关资料。

（二）财政部门实施会计监督的内容

根据《会计法》的规定，财政部门可以依法对各单位的下列情况实施监督：

（1）是否依法设置会计账簿。

（2）会计凭证、会计账簿、财务会计报告和其他会计资料是否真实、完整。

（3）会计核算是否符合《会计法》和国家统一的会计制度的规定。

（4）从事会计工作的人员是否具备会计从业资格。

根据《会计法》的规定，财政部门在对各单位的会计凭证、会计账簿、财务会计报告和其他会计资料的真实性、完整性实施监督检查中，发现重大违法嫌疑时，国务院财政部门及其派出机构可以向与被监督单位有经济业务往来的单位

和被监督单位开立账户的金融机构查询有关情况，有关单位和金融机构应予以支持。

【案例】某市财政局在《会计法》执法检查中，发现本市一家国有企业甲公司有重大经济违法嫌疑，随即要求与甲公司有经济业务往来的 B 银行提供有关甲公司资金往来情况，B 银行没有受理。

【解析】根据《会计法》的规定，只有国务院财政部门及其派出机构才可以向与被监督单位有经济业务往来的单位和被监督单位开设账户的金融机构查询有关情况，有关单位和金融机构应予以支持。本题中，该市财政局无权要求 B 银行提供甲公司的资金往来情况。

三、社会会计监督

(一) 会计工作的社会监督

会计工作的社会监督，主要是指由注册会计师及其所在的会计师事务所等中介机构接受委托，依法对受托单位的经济活动进行审计，出具审计报告，发表审计意见的一种监督制度。根据《会计法》的规定，法律、行政法规规定须经注册会计师进行审计的单位，应当向接受委托的会计师事务所如实提供会计凭证、会计账簿、财务会计报告和其他会计资料以及有关情况。任何单位或者个人不得以任何方式要求或者示意注册会计师及其所在的会计师事务所出具不实或者不当的审计报告。

《会计法》规定，任何单位和个人对违反《会计法》和国家统一的会计制度规定的行为，有权检举。这是为了充分发挥社会各方面力量的作用，鼓励各单位和个人检举违法会计行为，也属于会计工作社会监督的范畴。

(二) 注册会计师的业务范围

注册会计师，是依法取得注册会计师资格证书并接受委托从事审计和会计咨询、会计服务业务的执业人员。注册会计师及其所在的会计师事务所可依法承办下列审计业务：①审查企业财务会计报告，出具审计报告；②验证企业资本，出具验资报告；③办理企业合并、分立、清算事宜中的审计业务，出具有关的报告；④法律、行政法规规定的其他审计业务。

注册会计师承办业务必须由其所在的会计师事务所统一受理，并与委托人签订委托合同；注册会计师与委托人有利害关系的，应当回避；注册会计师对执业中知悉的商业秘密负有保密义务；注册会计师执行审计业务时，必须按照独立审计准则确定的工作程序出具审计报告，其依法执行审计业务所出具的审计报告，具有证明效力。

第三节　会计机构和会计人员

会计机构，是指各单位办理会计事务的职能部门；会计人员，是指直接从事会计工作的人员。建立健全会计机构，配备与工作要求相适应的、具有一定素质和数量的会计人员，是做好会计工作，充分发挥会计职能作用的重要保证。《会计法》、《会计基础工作规范》等对会计机构设置和会计人员配备作出了具体规定。

一、会计机构

（一）会计机构的设置

根据《会计法》的规定，各单位应当根据会计业务的需要，设置会计机构，或者在有关机构中设置会计人员并指定会计主管人员。一个单位是否单独设置会计机构，往往取决于以下几个因素：①单位规模的大小；②经济业务和财务收支的繁简；③经营管理的要求。根据上述要求，一般来说，大、中型企业和具有一定规模的行政、事业单位，以及财务收支数额较大、会计业务较多的社会团体和其他经济组织，应单独设置会计机构，以便及时组织本单位各项经济活动和财务收支的核算，实行有效的会计监督。对于不具备单独设置会计机构条件的单位，如财务收支数额不大、会计业务比较简单的企业、机关、团体、事业单位等，可以在有关机构中配备专职会计人员，也可依法委托中介机构代理记账。

（二）会计机构内部应当建立稽核制度

会计机构内部稽核制度是会计机构自身对于会计核算工作进行的一种自我检查、自我审核的制度。根据《会计基础工作规范》的规定，各单位应当根据会计业务需要设置会计工作岗位。会计工作岗位一般可分为：会计机构负责人或者会计主管人员；出纳；财产物资核算；工资核算；成本费用核算；财务成果核算；资金核算；往来结算；总账报表；稽核；档案管理等。开展会计电算化和管理会计的单位，可以根据需要设置相应工作岗位，也可以与其他工作岗位相结合。会计工作岗位，可以一人一岗、一人多岗或者一岗多人。但出纳人员不得兼管稽核、会计档案保管和收入、费用、债权债务账目的登记工作。

二、会计人员

（一）总会计师

总会计师是主管本单位财务会计工作的行政领导。总会计师协助单位主要行政领导人工作，直接对单位主要行政领导人负责。《会计法》以及国务院于1990年12月31日发布的《总会计条例》等，对总会计师的设置范围、任职资格、职责权限等作出了规定。

1. 总会计师的设置范围。根据《会计法》的规定，国有的和国有资产占控股地位或者主导地位的大、中型企业必须设置总会计师。《会计法》并不限制其他单位根据需要设置总会计师。其他单位可以根据业务需要，自行决定是否设置总会计师。

2. 总会计师的地位。总会计师是单位行政领导成员，是单位财务会计工作的主要负责人，全面负责单位的财务会计管理和经济核算，参与单位的重大经营决策活动，是单位主要行政领导人的参谋和助手。总会计师依法行使职权。根据规定，凡是设置总会计师的单位，不应当再设置与总会计师职责重叠的行政副职。

3. 总会计师的职责。根据规定，总会计师的职责主要有以下几项：

（1）编制和执行预算、财务收支计划、开辟财源，有效地使用资金。

（2）进行成本费用预测、计划、控制、核算、分析和考核，督促本单位有关部门降低消耗、节约费用、提高经济效益。

（3）建立健全经济核算制度，利用财务会计资料进行经济活动分析。

（4）负责对本单位财务会计机构的设置和会计人员的配备、会计专业职务的设置和聘任提出方案，组织会计人员的业务培训和考核，支持会计人员依法行使职权。

（5）协助单位主要行政领导人对企业的生产经营、行政事业单位的业务发展以及基本建设投资等问题作出决策，参与重大合同和经济协议的研究、审查。

（二）会计从业资格

1. 取得会计从业资格的范围。在国家机关、社会团体、公司、企业、事业单位和其他组织从事会计工作的人员，必须取得会计从业资格，持有会计从业资格证书，并进行注册登记。

2. 会计从业资格证书的取得实行考试制度。考试科目、考试大纲由财政部统一制定并公布。考试科目为：财经法规与会计职业道德、会计基础、初级会计电算化（或者珠算五级）。申请人符合基本条件，并具备国家教育行政主管部门认可的中专以上（含中专）会计类专业学历（或学位）的，自毕业之日起2年内（含2年），免试会计基础、初级会计电算化（或者珠算五级）。会计类专业包括：会计学、会计电算化、注册会计师专门化、财务管理、审计学、理财学。

3. 会计从业资格的管理。会计从业资格管理实行属地原则。县级以上人民政府财政部门（含县级）负责本行政区域内的会计从业资格管理。财政部委托中共中央直属机关事务管理局、国务院机关事务管理局按照各自权限分别负责中央在京单位的会计从业资格管理，铁道部、中国人民武装警察部队后勤部中国人民解放军总后勤部财务部分别负责本系统的会计从业资格管理。会计从业资格考试由省级财政部门负责组织实施。

三、会计人员工作交接

会计人员工作交接，是指会计人员工作调动或因故离职时，与接替人员办理交接手续的一种工作程序。办理好会计工作交接，有利于分清移交人员和接管人员的责任，可以使会计工作前后衔接，保证会计工作顺利进行。《会计法》规定，会计人员调动工作或者离职，必须与接管人员办清交接手续。

（一）交接前的准备工作

会计人员工作调动或者因故离职，必须将本人所经管的会计工作全部移交接管人员。没有办清交接手续的不得调动或者离职。根据《会计基础工作规范》的规定，会计人员在办理交接之前必须做好如下准备工作：

（1）已经受理的经济业务尚未填制会计凭证的，应当填制完毕。

（2）尚未登记账目的，应当登记完毕，结出余额，并在最后一笔余额后加盖经办人员印章。

（3）整理应该移交的各项资料，对未了事项和遗留问题要写出书面说明材料。

（4）编制移交清册，列明移交的凭证、账簿、会计报表、印章、现金、有价证券、支票簿、发票、文件、其他会计资料和物品等内容；实行会计电算化的单位，从事该项工作的移交人员应在移交清册上列明会计软件及密码、会计软件数据盘、磁带等内容。

（5）会计机构负责人、会计主管人员移交时，应将全部财务会计工作、重大财务收支问题和会计人员的情况等向接替人员介绍清楚。

（二）交接的基本程序

1. 移交点收。移交人员在离职前必须将经管的会计工作，在规定的期限内，全部向接替人员移交清楚。接替人员应认真按照移交清册逐项点收，具体要求是：

（1）现金要根据会计账簿记录余额进行当面点交，不得短缺。接替人员发现不一致或者"白条顶库"现象时，移交人员在规定期限内负责查清并处理。

（2）有价证券的数量要与会计账簿记录一致。有价证券面额与发行价不一致时，按照会计账簿余额交接。

（3）会计凭证、账簿、报表和其他会计资料必须完整无缺，不得遗漏。发现有短缺，必须查明原因，并在移交清册上注明，由移交人员负责。

（4）银行存款账户余额要与银行对账单核对一致，如有未达账项，应编制银行存款余额调节表调节相符；各种财产物资和债权债务的明细账户余额要与总账有关账户余额核对相符；对重要实物要实地盘点，对余额较大的往来账户要与往来单位、个人核对。

（5）公章、收据、空白支票、发票、科目印章以及其他物品等必须交接清楚。

（6）实行会计电算化的单位，交接双方应在电子计算机上对有关数据进行实际操作，确认有关数字正确无误后，方可交接。

2. 专人负责监交。会计人员在办理交接手续时，必须有人监交，以起到督促、公正作用。对监交的具体要求是：

（1）一般会计人员办理交接手续，由单位的会计机构负责、会计主管人员负责监交。

（2）会计机构负责人、会计主管人员办理交接手续时，由单位领导人负责监交，必要时，主管单位可以派人会同监交。当出现下列情况时，由上级主管部门派人会同监交：①所属单位领导人不能监交，需要由上级主管单位派人代表主管单位监交。如因单位撤并而办理交接手续等。②所属单位领导人不能尽快监交，需要由上级主管单位派人督促监交。如由上级主管单位责成所属单位撤换不合格的会计机构负责人、会计主管人员，所属单位领导人以种种借口拖延不办理交接手续时。③不宜由单位领导人单独监交，而需要上级主管单位会同监交。如所属单位领导人与办理交接手续的会计机构负责人、会计主管人员有矛盾，交接时需要上级主管单位派人会同监交。④上级主管单位认为存在某些问题需要派人会同监交的，也可以派人会同监交。

3. 交接后的有关事宜。

（1）会计工作交接完毕后，交接双方和监交人要在移交清册上签名盖章，并在移交清册上注明：单位名称、交接日期、交接双方和监交人的职务、姓名，移交清册页数及需要说明的问题和意见等。

（2）接管人员应继续使用移交的账簿，不得擅自另立账簿，以保证会计记录前后衔接，内容完整。

（3）移交清册填制一式三份，交接双方各持一份，存档一份。

（三）会计工作临时交接

会计工作临时交接，是指会计人员临时离职或者因病暂时不能工作，需要有人临时接替或者代理工作时所办理的工作交接手续。根据《会计基础工作规范》规定，会计人员临时离职或者因其他原因暂时不能工作的，都要办理交接手续。

（1）临时离职或因病不能工作需要接替或代理的，会计机构负责人、会计主管人员或单位领导人必须指定专人接替或者代理，并办理会计工作交接手续。临时离职或因病不能工作的会计人员恢复工作时，应当与接替人员或代理人员办理交接手续。

（2）移交人员因病或其他特殊原因不能亲自办理移交手续的，经单位领导人批准，可由移交人委托他人代办交接，但委托人应当对所移交的会计凭证、会计账簿、会计报表和其他有关资料的合法性、真实性承担法律责任。

（四）会计资料移交后的责任界定

根据《会计基础工作规范》的规定，移交人员对所移交的会计凭证、会计账簿、会计报表和其他会计资料的合法性、真实性承担法律责任。移交人员所移交的会计资料是在其经办会计工作期间内所发生的，应当对这些会计资料的真实性、完整性负责。即便接替人员在交接时因疏忽没有发现所接收会计资料在合法性、真实性、完整性方面存在的问题，如事后发现，仍应由原移交人员负责，原移交人员不应以会计资料已移交而推脱责任。接替人员不对移交过来的材料的真实性、完整性负法律上的责任。

【案例】 2005 年 1 月，A 厂发生如下事项：

（1）7 日，该厂会计人员吴某请假一周，财务总监指定出纳唐某临时兼管债权债务账目的登记工作，未办理会计工作交接手续。

（2）10 日，该厂档案科会同会计科销毁了一批保管期限已满的会计档案，未报经厂领导批准，也未编造会计档案销毁清册，销毁后未履行任何手续。

【解析】

（1）出纳人员不能兼管债权债务账目的登记工作，因此唐某不能接替吴某的工作。虽然王某只请假一周，但也需要办理会计工作的交接手续。

（2）会计档案保管期满需要销毁的，需要编造会计档案销毁清册，经单位负责人签署意见后方可销毁。销毁后，监销人应当在会计档案销毁清册上签章，并将监销情况报告单位负责人。

第四节　违反会计法律制度的法律责任

对违反会计法律制度的违法行为应当承担的法律责任，《会计法》及相关法律、行政法规、规章作出了相应的规定。

一、违反国家统一的会计制度行为的法律责任

根据《会计法》的规定，违反《会计法》和国家统一的会计制度规定，有下列行为之一的，由县级以上人民政府财政部门责令限期改正，可以对单位并处3000 元以上 5 万元以下的罚款；对直接负责的主管人员和其他直接责任人员，可以处 2000 元以上 2 万元以下的罚款；属于国家工作人员的，还应当由其所在单位或者有关单位依法给予行政处分；构成犯罪的，依法追究刑事责任：

（1）不依法设置会计账簿的。

（2）私设会计账簿的。

（3）未按照规定填制、取得原始凭证或者填制、取得的原始凭证不符合规定的。

（4）以未经审核的会计凭证为依据登记会计账簿或者登记会计账簿不符合规定的。

（5）随意变更会计处理方法的。

（6）向不同的会计资料使用者提供的财务会计报告编制依据不一致的。

（7）未按照规定使用会计记录文字或者记账本位币的。

（8）未按照规定保管会计资料，致使会计资料毁损、灭失的。

（9）未按照规定建立并实施单位内部会计监督制度或者拒绝依法实施的监督或者不如实提供有关会计资料及有关情况的。

（10）任用会计人员不符合《会计法》规定的。

会计人员有上述所列行为之一，情节严重的，由县级以上人民政府财政部门吊销会计从业资格证书；有关法律对上述所列行为的处罚另有规定的，依照有关法律的规定办理。

二、伪造、变造会计凭证、会计账簿，编制虚假财务会计报告行为的法律责任

根据《会计法》的规定，对于伪造、变造会计凭证、会计账簿或者编制虚假财务会计报告的行为，构成犯罪的，依法追究刑事责任；尚不构成犯罪的，由县级以上人民政府财政部门予以通报；可以对单位并处5000元以上10万元以下的罚款，对其直接负责的主管人员和其他直接责任人员，可以处3000元以上5万元以下的罚款；属于国家工作人员的，还应当由其所在单位或者有关单位给予撤职直至开除的行政处分；对其中的会计人员，由县级以上人民政府财政部门吊销会计从业资格证书。

三、隐匿或者故意销毁依法应当保存的会计凭证、会计账簿、财务会计报告行为的法律责任

根据《会计法》的规定，隐匿或者故意销毁依法应当保存的会计凭证、会计账簿、财务会计报告，构成犯罪的，依法追究刑事责任。根据《刑法》第162条第2款的规定，隐匿或者故意销毁依法应当保存的会计凭证、会计账簿、财务会计报告，情节严重的，处5年以下有期徒刑或者拘役，并处或者单处2万元以上20万元以下罚金。单位犯前款罪的，对单位判处罚金，并对其直接负责的主管人员和其他直接责任人员，依照前款的规定处罚。

隐匿或者故意销毁依法应当保存的会计凭证、会计账簿、财务会计报告，尚不构成犯罪的，由县级以上人民政府财政部门予以通报，可以对单位并处 5000 元以上 10 万元以下的罚款；对其直接负责的主管人员和其他直接责任人员，可以处 3000 元以上 5 万元以下的罚款；属于国家工作人员的，还应当由其所在单位或者有关单位依法给予撤职直至开除的行政处分；对其中的会计人员，由县级以上人民政府财政部门吊销会计从业资格证书。

四、授意、指使、强令会计机构、会计人员及其他人员伪造、变造会计凭证、会计账簿，编制虚假财务会计报告或者隐匿、故意销毁依法应当保存的会计凭证、会计账簿、财务会计报告行为的法律责任

根据《会计法》的规定，授意、指使、强令会计机构、会计人员及其他人员伪造、变造会计凭证、会计账簿，编制虚假财务会计报告或者隐匿、故意销毁依法应当保存的会计凭证、会计账簿、财务会计报告的行为，构成犯罪的，依法追究刑事责任；尚不构成犯罪的，可以处 5000 元以上 5 万元以下的罚款，属于国家工作人员的，还应当由其所在单位或者有关单位依法给予降级、撤职、开除的行政处分。

五、单位负责人对依法履行职责、抵制违反《会计法》规定行为的会计人员实行打击报复的法律责任

根据《会计法》的规定，单位负责人对依法履行职责、抵制违反《会计法》规定行为的会计人员以降级、撤职、调离工作岗位、解聘或者开除等方式实行打击报复，构成犯罪的，依法追究刑事责任。根据《刑法》第 255 条规定，公司、企业、事业单位、机关、团体的领导人，对依法履行职责、抵制违反《会计法》规定行为的会计人员实行打击报复，情节严重的，处 3 年以下有期徒刑或者拘役。单位负责人对依法履行职责、抵制违反《会计法》规定行为的会计人员实行打击报复，尚不构成犯罪的，由其所在单位或者有关单位依法给予行政处分。对受打击报复的会计人员，应当恢复其名誉和原有职务、级别。

六、违反《企业财务会计报告条例》行为应承担的法律责任

违反《企业财务会计报告条例》的规定，有下列行为之一的，由县级以上人民政府财政部门责令限期改正，对企业可以处 3000 元以上 5 万元以下的罚款；对直接负责的主管人员和其他直接责任人员，可以处 2000 元以上 2 万元以下的罚款；属于国家工作人员的，依法给予行政处分或者纪律处分：

（1）随意改变会计要素的确认和计量标准的。

（2）随意改变财务会计报告的编制基础、编制依据、编制原则和方法的。

（3）提前或者延迟结账日结账的。

（4）在编制年度财务会计报告前，未按照《企业财务会计报告条例》规定全面清查资产、核实债务的。

（5）拒绝财政部门和其他有关部门对财务会计报告依法进行的监督检查，或者不如实提供有关情况的。

会计人员有上述所列行为之一，情节严重的，由县级以上人民政府财政部门吊销会计从业资格证书。企业编制、对外提供虚假的或者隐瞒重要事实的财务会计报告，构成犯罪的，依法追究刑事责任。有上述行为，尚不构成犯罪的，由县级以上人民政府财政部门予以通报，对企业可以处 5000 元以上 10 万元以下的罚款；对直接负责的主管人员和其他直接责任人员，可以处 3000 元以上 5 万元以下的罚款；属于国家工作人员的，并依法给予撤职直至开除的行政处分或者纪律处分；对其中的会计人员，情节严重的，并由县级以上人民政府财政部门吊销会计从业资格证书。

七、会计从业资格有关罚则

会计从业资格的有关罚则如下：

（1）参加会计从业资格考试舞弊的，由会计从业资格管理机构取消其相关科目的成绩；情节严重的，取消其全部考试科目的成绩。

（2）用假学历、假证书等手段获得免试考试科目、取得会计从业资格证书的，由会计从业资格管理机构吊销其会计从业资格证书。

（3）持证人员未办理注册、调转登记的，会计从业资格管理机构予以警告并责令限期改正；逾期不改正的，予以公告。

（4）持证人员有《会计法》第 42～44 条所列违法违纪情形之一的，由会计从业资格管理机构按照《会计法》的规定予以处理并向社会公告。会计从业资格管理机构发现单位任用（聘用）未经注册、调转登记的人员从事会计工作的，应责令其限期改正；逾期不改正的，予以公告。

引例解析

程某的提议不符合《会计法》有关规定。《会计法》第 4 条规定："单位负责人对本单位的会计工作和会计资料的真实性、完整性负责。"程某作为该公司主要负责人，应当依法对本单位的财务会计工作负全责，也必须在单位对外报送的财务会计报告上签名并盖章。

思考题

1. 如何理解会计法的基本原则？

2. 单位内部的会计监督如何实施？

3. 从事会计工作的人员应具备的基本条件有哪些？

劳动法

◆ **引例**

李某于 2008 年 2 月 1 日入职深圳某外贸公司，月薪 3000 元，公司一直未与李某签订劳动合同，2008 年 12 月 31 日，李某向公司提出辞职，并依据《劳动合同法》的规定要求公司另行支付工资 33000 元（从 2008 年 2 月 1 日计算至 2008 年 12 月 31 日），李某的主张是否符合《劳动合同法》的规定？

☞ **要点**

劳动法的调整对象；劳动合同；社会保险；劳动争议

第一节 劳动法概述

一、劳动法的概念

劳动法的概念有广义和狭义之分，广义的劳动法是指国家制定的、调整劳动关系以及与劳动关系有密切联系的其他关系的法律规范的总和。狭义的劳动法是指由国家最高权力机关颁布的关于调整劳动关系以及与劳动关系有密切联系的其他关系的，全国性的、综合性的法律，即《中华人民共和国劳动法》。我们一般在广义上使用劳动法的概念。

二、劳动法的调整对象

劳动法的调整对象包括两个方面：一是劳动关系，这是劳动法调整的最主要、最基本的关系；二是与劳动关系有密切联系的其他关系。

1. 劳动关系。劳动关系是指劳动者在运用劳动能力，实现劳动过程中与劳动力使用者（用人单位）之间发生的关系。在我国境内的企业、个体经济组织、民办非企业单位、依法成立的会计师事务所、律师事务所等合伙组织和基金会，劳务派遣单位等组织的劳动关系都归劳动法调整；国家机关、事业组织、社会团体中，除公务员和参照公务员法管理的工作人员以外的劳动关系归劳动法调整；国家机关、事业组织、社会团体的非合同劳动关系，即公务员和依法参照执行公务员制度的劳动者的劳动关系，以及农村农业劳动者、现役军人、家庭保姆等的劳动关系，不归劳动法调整。

2. 与劳动关系有密切联系的其他关系。除了劳动关系之外，劳动法还调整与劳动关系有密切联系的其他一些关系，主要有：管理劳动力方面的关系、社会保险方面的关系、处理劳动争议所发生的某些关系、工会组织与单位行政机关之间的关系、有关国家机关对执行劳动法进行监督检查而发生的关系。

第二节　劳动合同

一、劳动合同概述

劳动合同是指劳动者与用人单位确立劳动关系，明确双方权利和义务的协议。按照劳动合同期限的长短，劳动合同可分为三种：

1. 有固定期限的劳动合同。具体是指劳动合同双方当事人在劳动合同中明确规定了合同效力的起始和终止的时间。劳动合同期限届满，劳动关系即告终止。

2. 无固定期限的劳动合同。具体是指劳动者与用人单位无确定终止时间的劳动合同。这里所说的无确定终止时间，是指劳动合同没有一个确切的终止时间，劳动合同的期限长短不能确定，但并不是没有终止时间。只要没有出现法律规定的条件，双方当事人就要继续履行劳动合同规定的义务。一旦出现了法律规定的情形，无固定期限劳动合同也同样能够解除。订立无固定期限劳动合同有两种情形：一是用人单位与劳动者协商一致，可以订立无固定期限劳动合同。二是在法律规定的情形出现时，劳动者提出或者同意续订劳动合同的，应当订立无固定期限劳动合同。根据《劳动合同法》的有关规定，只要出现了以下三种情形，在劳动者主动提出续订劳动合同或者用人单位提出续订劳动合同劳动者同意的情况下，除劳动者提出订立固定期限劳动合同外，就应当订立无固定期限劳动合同。①劳动者已在该用人单位连续工作满10年的；②用人单位初次实行劳动合同制度或者国有企业改制重新订立劳动合同时，劳动者在该用人单位连续工作满10年且距法定退休年龄不足10年的；③连续订立二次固定期限劳动合同，且劳动者没有过错和《劳动合同法》第40条规定的健康不佳、欠缺劳动能力的情形，续订劳动合同的。

3. 以完成一定工作任务为期限的劳动合同。用人单位与劳动者协商一致，可以订立以完成一定工作任务为期限的劳动合同。某一项工作或工程开始之日，即为合同开始之时，此项工作或工程完毕，合同即告终止。如以完成某项科研，以及带有临时性、季节性的劳动合同。这种劳动合同实际上属于固定期限的劳动合同，只不过表现形式不同。

二、劳动合同的形式和内容

劳动合同的形式是指订立劳动合同的方式。劳动合同应当以书面形式订立。法律之所以这样规定，其目的在于用书面形式明确劳动合同当事人双方的权利与义务，以及有关劳动条件及工资福利待遇等事项，便于履行和监督检查，在发生劳动争议时，便于当事人举证，也便于有关部门处理。用人单位自用工之日起超过 1 个月不满 1 年未与劳动者订立书面劳动合同的，应当向劳动者每月支付 2 倍的工资。

劳动合同的内容是指劳动者与用人单位双方经过协商所达成的关于劳动权利、劳动义务的条款，是劳动合同的核心部分，一经签订，双方应认真履行，不得随意废除或修改。劳动合同的内容主要包括两个方面：

（一）必备条款

必备条款是指法律规定的劳动合同必须具备的内容。劳动合同的必备条款分为普通必备条款和特殊必备条款。

1. 普通必备条款是指法律规定的一般的劳动合同都必须具备的条款。主要包括：①用人单位的名称、住所和法定代表人或者主要负责人；②劳动者的姓名、住址和居民身份证或者其他有效身份证件号码；③劳动合同期限；④工作内容和工作地点；⑤工作时间和休息休假；⑥劳动报酬；⑦社会保险；⑧劳动保护、劳动条件和职业危害防护；⑨法律、法规规定应当纳入劳动合同的其他事项。

2. 特殊必备条款是指法律要求某种或某几种劳动合同必须具备的条款。《劳动合同法》规定，劳务派遣单位与被派遣劳动者订立的劳动合同，还应当载明被派遣劳动者的用工单位以及派遣期限、工作岗位等情况。

（二）可备条款

可备条款是指对于某些事项，法律不做强制性规定，由当事人根据意愿选择是否在合同中约定，劳动合同缺乏这种条款不影响其效力。它分为法定可备条款和约定可备条款。其中约定可备条款是指劳动合同当事人经双方商议约定的劳动合同的有关条款，法定可备条款是指法律明文规定的劳动合同可以具备的条款。

根据我国劳动法的规定，法定可备条款主要包括：

1. 试用期。劳动合同可以约定试用期，试用期最长不得超过 6 个月。劳动合同期限 3 个月以上不满 1 年的，试用期不得超过 1 个月；劳动合同期限 1 年以上不满 3 年的，试用期不得超过 2 个月；3 年以上固定期限和无固定期限的劳动合同，试用期不得超过 6 个月。同一用人单位与同一劳动者只能约定 1 次试用期。以完成一定工作任务为期限的劳动合同或者劳动合同期限不满 3 个月的，不得约定试用期。劳动者在试用期的工资不得低于本单位相同岗位最低档工资的

80%或者不得低于劳动合同约定工资的80%，并不得低于用人单位所在地的最低工资标准。

2. 服务期。用人单位为劳动者提供专项培训费用，对其进行专业技术培训的，可以与该劳动者订立协议，约定服务期。劳动者违反服务期约定的，应当按照约定向用人单位支付违约金。约定违反服务期违约金的数额不得超过用人单位提供的培训费用。违约时，用人单位要求劳动者所支付的违约金不得超过服务期尚未履行部分所应分摊的培训费用。用人单位与劳动者约定服务期的，用人单位应当按照工资调整机制提高劳动者在服务期期间的劳动报酬。

3. 保守商业秘密。对负有保密义务的劳动者，用人单位可以在劳动合同或者保密协议中与劳动者约定竞业限制条款，并约定在解除或者终止劳动合同后，在竞业限制期限内按月给予劳动者经济补偿。劳动者违反竞业限制约定的，应当按照约定向用人单位支付违约金。竞业限制是指劳动合同解除或者终止后，劳动者不得到与本单位生产或经营同类产品、从事同类业务的有竞争关系的其他用人单位，或自己开业生产或者经营同类产品、从事同类业务，竞业限制期限不得超过2年。

4. 福利待遇。福利待遇包括住房补贴、通讯补贴、交通补贴、子女教育等。不同的用人单位福利待遇也有所不同，福利待遇已成为劳动者就业选择的一个重要因素。用人单位招用劳动者，不得扣押劳动者的居民身份证或其他证件，不得要求劳动者提供担保或者以其他名义向劳动者收取财物。

三、劳动合同的订立及效力

劳动合同的订立是指劳动者和用人单位经过相互选择和平等协商，就劳动合同条款达成协议，从而确立劳动关系和明确相互权利义务的法律行为。它一般包括确定合同当事人和确定合同内容两个阶段。

劳动合同的生效是指具备有效要件的劳动合同按其意思表示的内容产生了法律效力，此时这份劳动合同的内容才对签约双方具有法律约束力。

劳动合同的有效要件包括以下几个方面：①合同主体必须合格，即双方当事人都必须具备法定的主体资格，或者说必须具备相应的权利能力与行为能力；②意思表示真实，即缔约人的表示行为应真实地反映其内在的真实意思；③合同内容合法，劳动合同必须符合法律、行政法规的要求，也不得违反社会公共利益、社会公德；④合同的形式必须合法；⑤订立程序必须合法。

劳动合同的无效是指劳动合同由于缺少有效要件而全部或部分不具有法律效力。其中，全部无效的劳动合同，它所确立的劳动关系应予以消灭；部分无效的劳动合同，它所确立的劳动关系可依法存续，只是部分合同条款无效，如果不影响其余部分的效力，其余部分仍然有效。劳动合同的无效原因有：①以欺诈、胁迫的手段或者乘人之危，使对方在违背其真实意思的情况下订立或者变更劳动合同的；②用人单位免除自己的法定责任、排除劳动者权利的，即用人单位在劳动合同中凭借其优势地位，规定了一系列的免除其法定责任条款，例如：合同中约定用人单位与缔约劳动者之间不适用最低工资限制、劳动安全卫生保障等等，其客观效果就是免除自己的法定义务，剥夺了劳动者的基本权利，以实现其利益最大化，降低用工成本与风险；③违反法律、行政法规规定的。劳动合同无效由劳动争议仲裁机构或者人民法院确认。

四、劳动合同的终止和解除

（一）劳动合同的终止

劳动合同的终止是指在一定法律事实发生后将导致劳动合同所确立的劳动关系终结的情形，也就是说，双方当事人之间劳动关系的终结，彼此之间原有的权利和义务关系不复存在。

劳动合同终止的事由包括：①劳动合同期满的；②劳动者达到法定退休年龄的；③劳动者死亡，或者被人民法院宣告死亡或者宣告失踪的；④用人单位被依法宣告破产的；⑤用人单位被吊销营业执照、责令关闭、撤销或者用人单位决定提前解散的；⑥劳动者开始依法享受基本养老保险待遇的；⑦法律、行政法规规定的其他情形。

劳动合同的终止限制是指虽然一定法律事实的发生可导致劳动合同的法律效力消灭，但依据法律的规定却不发生法律效力消灭的情形。终止限制的事由，劳动合同法作了列举式规定，包括：①从事接触职业病危害作业的劳动者未进行离岗前职业健康检查，或者疑似职业病病人在诊断或者医学观察期间的；②在本单位患职业病或者因工负伤并被确认丧失或者部分丧失劳动能力的；③患病或者非因工负伤，在规定的医疗期内的；④女职工在孕期、产期、哺乳期的；⑤在本单位连续工作满 15 年，且距法定退休年龄不足 5 年的；⑥法律、行政法规规定的其他情形。

（二）劳动合同解除

劳动合同的解除是指劳动合同在订立以后，尚未履行完毕或者未全部履行以前，由于合同双方或者单方的法律行为导致双方当事人提前消灭劳动关系的法律行为。劳动合同的解除，按照合同解除的方式不同，可分为协议解除和单方解除。

1. 劳动合同的协议解除。劳动合同的协议解除，是指劳动合同经当事人双方协商一致而解除。协议解除的具体方式与程序并无强行性规定，可以遵循劳动合同订立的程序。为维护劳动关系的稳定，《劳动合同法》规定，用人单位首先提出协议解除的动议须支付经济补偿金，而劳动者首先提出动议的，用人单位可以不支付经济补偿金。

2. 劳动合同的单方解除。劳动合同的单方解除，是指享有单方解除权的当事人以单方意思表示而解除劳动合同。单方解除权是当事人依法享有的，无需对方当事人同意而单方决定解除合同的权利。故单方解除是一种法定解除。

（三）劳动合同解除和终止的经济补偿

1. 支付经济补偿的事由。劳动合同解除的经济补偿事由包括：因用人单位未按照劳动合同约定提供劳动保护或者劳动条件的；未及时足额支付劳动报酬的；未依法为劳动者缴纳社会保险费的；用人单位的规章制度违反法律、法规的规定，损害劳动者权益的；以欺诈、胁迫的手段或者乘人之危，使对方在违背真实意思的情况下订立或者变更劳动合同，致使劳动合同无效的；法律、行政法规规定劳动者可以解除劳动合同的其他情形，以及用人单位以暴力、威胁或者非法限制人身自由的手段强迫劳动者劳动的，或者用人单位违章指挥、强令冒险作业危及劳动者人身安全的。用人单位依法向劳动者提出解除劳动合同并与劳动者协商一致解除劳动合同的。因劳动者患病或者非因工负伤，在规定的医疗期满后不能从事原工作，也不能从事由用人单位另行安排的工作的；劳动者不能胜任工作，经过培训或者调整工作岗位，仍不能胜任工作的；劳动合同订立时所依据的客观情况发生重大变化，致使劳动合同无法履行，经用人单位与劳动者协商，未能就变更劳动合同内容达成协议的，用人单位经努力仍无效果而解除劳动合同的；用人单位依法进行经济性裁员而解除劳动合同的。

劳动合同终止的经济补偿事由包括：①除用人单位维持或者提高劳动合同约定条件续订劳动合同，劳动者不同意续订的情形外，劳动合同期满终止固定期限劳动合同的，应当支付经济补偿金；②用人单位被依法宣告破产的，被吊销营业执照、责令关闭、撤销或者用人单位决定提前解散而终止的。

2. 经济补偿的标准。经济补偿按劳动者在本单位工作的年限，每满1年支付1个月工资的标准向劳动者支付。6个月以上不满1年的，按1年计算；不满6个月的，向劳动者支付半个月工资的经济补偿。劳动者月工资高于用人单位所在直辖市、设区的市级人民政府公布的本地区上年度职工月平均工资3倍的，向其支付经济补偿的标准按职工月平均工资3倍的数额支付，向其支付经济补偿的年限最高不超过12年。月工资是指劳动者在劳动合同解除或者终止前12个月的平均工资。

第三节 工作时间和休息休假

一、工作时间

工作时间又称法定工作时间，是指劳动者根据国家法律规定，在一昼夜之内和一周之内用于完成本职工作的时间。工作时间的表现形式主要有工作小时、工作日和工作周三种。工作日是指法律规定的一昼夜内从事工作的小时数的总和；工作周是指一周内从事工作的工作日的总和，其中工作日是工作时间的基本形式。

（一）标准工时

标准工时是指法定的在正常情况下普遍适用的，按照正常作息办法安排的工作日和工作周。它是最常见、适用范围最广的一种工作时间的形式，是确定其他工作时间的基础。标准工时分为标准工作日和标准工作周两种形式。标准工作日是指根据法律规定在正常情况下一个工作日内的工作时间；标准工作周是指根据法律规定在正常情况下一个工作周内的工作时间。标准工时的基本内容为：劳动者每日工作时间不超过 8 小时，每周工作时间不超过 44 小时；每周至少休息一日，即劳动者每周至少有一个连续 24 小时的休息时间。

（二）非标准工时

非标准工时是指法定只适用于特殊情形，并且工时长度和作息办法都不同于标准工时制的工时形式。主要有以下几种形式：①缩短工作日，是指在法定的特殊条件下实行的工作时间少于标准工作日长度的工作日；②延长工作日，是指在法定特殊条件下实行的超过标准工作日长度的工作日；③不定时工作日，是指在法定特殊条件下实行的每日无固定起讫时点，亦即不固定计算工作日长度的工作日；④连续工作日，是指在法定特殊条件下实行的两个以上工作日连续使用、相邻工作日之间无离岗休息时间的工作日；⑤综合计算工作时间，是指分别以周、月、季、年等为周期综合计算工作时间，但其平均日工作时间和平均周工作时间应与法定标准工作时间基本相同的工作时间制度；⑥弹性工作制，是指在完成规定的工作任务或固定的工作时间长度的前提下，员工可以自由选择工作的具体时间安排，以代替统一固定的上下班时间的制度；⑦非全日制用工，是指以小时计酬为主，劳动者在同一用人单位一般平均每日工作时间不超过 4 小时，每周工作时间累计不超过 24 小时的用工形式。

二、休息休假

休息休假的概念有广义和狭义之分。广义的休息休假是指劳动者按法律规定不必从事生产和工作，而由自己自行支配的时间；狭义的休息时间是指劳动者的工作日内的休息时间、工作日之间的休息时间、周休日。休假是指法定的节假日、探亲假和年休假等假期。

休息休假的特征：①劳动者在休息时间内无需向用人单位提供劳动；②休息时间由劳动者自行支配，是劳动者实现休息权的必要保证；③在休假时间里，用人单位仍须向劳动者支付劳动报酬；④用人单位不得非法占用劳动者的休息时间。如需依法占用，应当依法给予补偿。

休息休假的种类：①一个工作日内的休息时间；②两个工作日之间的休息时间；③公休日；④法定节假日（是由国家法律统一规定的用于开展纪念、庆祝活动的休息时间）；⑤探亲假（是指与父母或配偶分居两地的职工，在一定期限内所享受的带薪假期）；⑥年休假（是指职工每年享有保留职务和工资的一定期限连续休息的假期）；⑦婚丧假（是指职工本人结婚或直系亲属死亡时享受的假期）；⑧女职工的产假。

三、延长工作时间

延长工作时间，是指工作时间超出标准工作时间和周工作天数。它有两种形式：①加班，是用人单位经过一定的程序，要求劳动者在法定节日或者公休假日从事工作的时间；②加点，是用人单位经过一定的程序，要求劳动者在标准工作时数以外继续从事劳动的时间。

1. 延长工作时间的限制。①延长工时的人员范围限制。我国立法规定，禁止安排未成年工、怀孕 7 个月以上的女工和哺乳未满周岁婴儿的女工参加加班加点。②一般情况下延长工时的条件、程序和长度限制。劳动法规定，用人单位由于生产经营需要，经与工会和劳动者协商后可以延长工作时间，一般每日不超过 1 小时；因特殊原因需要延长工作时间的，在保障劳动者身体健康的条件下延长工作时间每日不得超过 3 小时，但是每月不得超过 36 小时。

2. 延长工时不受程序和长度限制的特殊情形。①发生自然灾害、事故或者因其他原因，威胁劳动者生命健康和财产安全，需要紧急处理的；②生产设备、交通运输线路、公共设施发生故障，影响生产和公众利益，必须及时抢修的；③法律、行政法规规定的其他情形。[1] 以三种情形，属于非正常情况，只要具备上述情形之一，用人单位既不需要审批，也不需要与工会和劳动者协商就可以安排处长工时。劳动者不仅要自觉服从单位安排，而且应当积极参加。

《劳动法》规定，用人单位应当向劳动者支付高于正常工作时间工资的加班加点工资，其标准分别为：安排劳动者延长工作时间的，支付不低于工资的

---

[1]《劳动法》第42条。

150%的工资报酬；休息日安排劳动者工作又不能安排补休的，支付不低于工资的200%的工资报酬；法定休假日安排劳动者工作的，支付不低于工资的300%的工资报酬。[1]

第四节 工资

一、工资的概念

工资是用人单位依据国家有关规定或劳动合同的约定，以货币形式直接支付给本单位劳动者的劳动报酬。它包括计时工资、计件工资、加班加点工资，奖金、津贴和补贴以及特殊情况下支付的工资也属于工资的范畴。工资分配应当遵循按劳分配原则，实行同工同酬。工资水平在经济发展的基础上逐步提高。国家对工资总量实行宏观调控。用人单位根据本单位的生产经营特点和经济效益，依法自主确定本单位的工资分配方式和工资水平。工资应当以货币形式按月支付给劳动者本人。不得克扣或者无故拖欠劳动者的工资。劳动者在法定休假日和婚丧假期间以及依法参加社会活动期间，用人单位应当依法支付工资。

二、工资的构成和工资的形式

我国立法所规定的工资，一般由基本工资和辅助工资构成。基本工资是指劳动者在法定工作时间或约定工作时间内提供正常劳动所得的报酬，它构成劳动者所得工资额的基本组成部分；辅助工资即基本工资以外，在工资构成中处于辅助地位的工资组成部分。它通常是用人单位对劳动者的支出的、超出正常劳动之外的劳动耗费所给予的报酬。常见的有：奖金，是指用人单位对劳动者的超额劳动或增收节支实绩所支付的奖励性报酬；津贴，是为了补偿劳动者在特殊劳动条件下所付出的额外劳动消耗和生活费用而支付给劳动者的劳动报酬；补贴，是为了保障劳动者的工资水平不受特殊因素的影响而支付给劳动者的劳动报酬。

工资形式即计量劳动和支付工资的方式。它是以基本工资制度为基础，按照劳动者实际付出的劳动量支付劳动报酬，主要包括：①计时工资，是按照单位时间工资率（即计时工资标准）和工作时间支付给劳动者个人的劳动报酬；②计件工资，是在一定的技术条件下根据劳动者完成的合格产品数量或工作量，按计件单价支付的劳动报酬；③年薪，又称年工资收入，是指以企业财务年度为时间单位所计发的工资收入。

三、最低工资标准

最低工资标准是指劳动者在法定工作时间或依法签订的劳动合同约定的工作

---

[1] 《劳动法》第44条。

时间内提供了正常劳动的前提下，用人单位依法应支付的最低劳动报酬。所谓正常劳动，是指劳动者按依法签订的劳动合同约定，在法定工作时间或劳动合同约定的工作时间内从事的劳动。劳动者在依法享受带薪年休假、探亲假、婚丧假、生育（产）假、节育手术假等国家规定的假期期间，以及法定工作时间内依法参加社会活动期间，视为提供了正常劳动。

确定和调整月最低工资标准，应参考当地就业者及其赡养人口的最低生活费用、城镇居民消费价格指数、职工个人缴纳的社会保险费和住房公积金、职工平均工资、经济发展水平、就业状况等因素。确定和调整小时最低工资标准，应在颁布的月最低工资标准的基础上，考虑单位应缴纳的基本养老保险费和基本医疗保险费因素，同时还应适当考虑非全日制劳动者在工作稳定性、劳动条件和劳动强度、福利等方面与全日制就业人员之间的差异。最低工资标准发布实施后，如原最低工资标准所依据的因素发生变化，应当适时调整。最低工资标准每 2 年至少调整一次。用人单位应在最低工资标准发布后 10 日内将该标准向本单位全体劳动者公示。

在劳动者提供正常劳动的情况下，用人单位应支付给劳动者的工资在剔除下列各项以后，不得低于当地最低工资标准：①延长工作时间工资；②中班、夜班、高温、低温、井下、有毒有害等特殊工作环境、条件下的津贴；③法律、法规和国家规定的劳动者福利待遇等。实行计件工资或提成工资等工资形式的用人单位，在科学合理的劳动定额基础上，其支付劳动者的工资不得低于相应的最低工资标准。

第五节　社会保险

一、社会保险的涵义

社会保险是政府通过立法强制实施，由劳动者所在的工作单位或社区以及国家三方面共同筹资，帮助劳动者及其亲属在遭遇年老、疾病、工伤、生育、失业等风险时，防止收入的中断、减少和丧失，以保障其基本生活需求的社会保障制度。

社会保险的结构由三个部分构成：国家基本保险，它是由国家统一建立并强制实行的为全体劳动者平等地提供基本生活保障的社会保险；用人单位补充保险，它是由用人单位根据自己的经济实力，自主地为劳动者建立，旨在使本单位劳动者在已有基本生活保障的基础上进一步获得物质帮助的社会保险，它是对国家基本保险的补充；个人储蓄保险，它是由劳动者个人根据自己的收入情况自愿以储蓄形式为自己建立的社会保险，它是对国家基本保险和用人单位补充保险的补充。

二、社会保险的险种

（一）养老保险

养老保险是国家和社会根据一定的法律和法规，为保证劳动者在达到国家规定的解除劳动义务的劳动年龄界限或因年老丧失劳动能力，退出劳动领域后的基本生活需要而建立的一种社会保险制度。我国的基本养老保险制度就是通常所说的社会统筹与个人账户相结合。该制度在养老保险基金的筹集上采用国家、企业和个人共同负担的形式，社会统筹部分由国家和企业共同筹集，个人账户部分则由劳动者个人缴纳。其中，企业缴纳的基本养老保险费的比例，一般不超过企业工资总额的20%，具体比例由省、自治区、直辖市人民政府确定；个人缴纳的基本养老保险费的标准是本人缴费工资的8%。基本养老保险是由国家强制实施的，其目的是保障离退休人员的基本生活需要。

（二）失业保险

1. 失业保险的概念。它是指国家通过立法强制实行的，由社会集中建立基金，对因失业而暂时中断生活来源的劳动者提供物质帮助的制度。

2. 失业保险待遇的享受条件。根据《失业保险条例》的规定，享受失业保险待遇的条件是：按照规定参加失业保险，所在单位和本人已按照规定履行缴费义务满1年的；非因本人意愿中断就业的；已办理失业登记，并有求职要求的。[1]

3. 失业保险待遇的内容

（1）失业救济金，即失业者在规定的失业期间领取的生活费。失业救济金依下列标准支付：失业人员失业前所在单位和本人按照规定累计缴费时间满1年不足5年的，领取失业保险金的期限最长为12个月；累计缴费时间满5年不足10年的，领取失业保险金的期限最长为18个月；累计缴费时间10年以上的，领取失业保险金的期限最长为24个月。重新就业后，再次失业的，缴费时间重新计算，领取失业保险金的期限可以与前次失业应领取而尚未领取的失业保险金的期限合并计算，但是最长不得超过24个月。

（2）失业者在领取失业救济金期间的医疗费、丧葬补助费及其所供养亲属的抚恤费、救济费。

（3）参加由失业保险经办机构组织和扶持的就业训练和生产自救。

4. 停止享受失业保险待遇的法定情形。失业人员在领取失业保险金期间有

---

〔1〕《失业保险条例》第14条。

下列情形之一的，停止领取失业保险金，并同时停止享受其他失业保险待遇：①重新就业的；②应征服兵役的；③移居境外的；④享受基本养老保险待遇的；⑤被判刑收监执行或者被劳动教养的；⑥无正当理由，拒不接受当地人民政府指定的部门或者机构介绍的工作的；⑦有法律、行政法规规定的其他情形的。

用人单位按照本单位工资总额的2%缴纳失业保险费，职工个人按照本人工资的1%缴纳失业保险费。城镇企业事业单位招用的农民合同制工人本人不缴纳失业保险费。

（三）工伤保险

1. 工伤保险的概念。又称职业伤害赔偿保险，是指劳动者因工而致伤、病、残、死亡，依法获得经济赔偿和物质帮助的一种社会保险制度。

2. 工伤范围的界定。

（1）应当认定为工伤的情形包括：①在工作时间和工作场所内，因工作原因受到事故伤害的；②工作时间前后在工作场所内，从事与工作有关的预备性或者收尾性工作受到事故伤害的；③在工作时间和工作场所内，因履行工作职责受到暴力等意外伤害的；④患职业病的；⑤因工外出期间，由于工作原因受到伤害或者发生事故下落不明的；⑥在上下班途中，受到机动车事故伤害的；⑦法律、行政法规规定应当认定为工伤的其他情形。

（2）视同工伤的情形包括：①在工作时间和工作岗位，突发疾病死亡或者在48小时之内经抢救无效死亡的；②在抢险救灾等维护国家利益、公共利益活动中受到伤害的；③职工原在军队服役，因战、因公负伤致残，已取得革命伤残军人证，到用人单位后旧伤复发的。

（3）不得认定为工伤或者视同工伤的情形包括：①因犯罪或者违反治安管理伤亡的；②醉酒导致伤亡的；③自残或者自杀的。

3. 停止享受工伤保险待遇的情形。工伤职工有下列情形之一的，停止享受工伤保险待遇：①丧失享受待遇条件的；②拒不接受劳动能力鉴定的；③拒绝治疗的；④被判刑正在收监执行的。[1]

工伤保险费用全部由用人单位负担，即由用人单位按照工资总额的一定比例缴纳工伤保险费，职工个人不缴纳工伤保险费。

（四）医疗保险

医疗保险是指保障劳动者及其供养亲属非因工患病或负伤后在医疗上获得物质帮助的一种社会保障制度。根据我国现行立法的规定，医疗保险待遇有以下主

---

〔1〕《工伤保险条例》第40条。

要内容：

1. 医疗期待遇。职工享受医疗保险待遇，除完全丧失劳动能力者以外，只限于规定的医疗期内，医疗期的长度根据职工本人连续工龄和本单位工龄分档次确定，最短不低于 3 个月，最长不超过 24 个月；[1] 对某些患特殊疾病（如癌症、精神病、瘫痪等）的职工，在 24 个月内尚不能痊愈的，经企业和劳动主管部门批准，可以适当延长医疗期。但延长期限最多为 6 个月。

2. 疾病津贴。又称病假工资。职工患病或非因工负伤治疗期间，在规定的医疗期间内由企业按有关规定支付其病假工资或疾病救济费，病假工资或疾病救济费可以低于当地最低工资标准支付，但不能低于最低工资标准的 80%。[2]

3. 医疗待遇。职工一般可在与社会保险经办机构签订医疗保险合同的定点医院选择就医。其保险待遇项目主要有：规定范围内的药品费用，规定的检查费用和治疗费用，规定标准的住院费用。其中，职工个人账户用于支付小额医疗费用，社会统筹基金用于支付大额医疗费用。此外，职工供养的亲属患病治疗时，一般仅就某些项目（如药费、手术费等）的医疗费用给予一定比例（一般为50%）的医疗补助。

基本医疗保险费由用人单位和职工共同缴纳。用人单位缴费率应控制在职工工资总额的 6% 左右，职工缴费率一般为本人工资收入的 2%。

（五）生育保险

生育保险是指保障女职工因怀孕和分娩而从社会上获得物质帮助的一种社会保障制度。它在我国只适用于达到法定结婚年龄的已婚女职工，并且还必须符合国家计划生育的规定。生育保险的待遇包括：

1. 医疗服务。医疗服务是为妇女生育提供的医疗帮助。我国规定，女职工生育的检查费、接生费、手术费、住院费和药费由生育保险基金支付。超出规定的医疗服务费和药费（含自费药品和营养药品的药费）由职工个人负担。女职工生育出院后，因生育引起疾病的医疗费，由生育保险基金支付；其他疾病的医疗费，按照医疗保险待遇的规定办理。女职工产假期满后，因病需要休息治疗的，按照有关病假待遇和医疗保险待遇规定办理。

2. 产假。女职工产假为 90 天，其中产前休假 15 天。难产的，增加产假 15 天。多胞胎生育的，每多生育一个婴儿，增加产假 15 天。[3]

---

〔1〕《企业职工患病或非因工负伤医疗期规定》（劳部发〔1994〕479 号）第 3 条。
〔2〕《关于贯彻执行〈中华人民共和国劳动法〉若干问题的意见》（劳部发〔1995〕309 号）第 59条。
〔3〕《女职工劳动保护规定》第 8 条。

3. 生育津贴。产假期间的生育津贴按照本企业上年度职工月平均工资计发，由生育保险基金支付。

第六节 劳动争议的处理

一、劳动争议概述

劳动争议，又称劳动纠纷，是指劳动关系双方当事人及其团体之间关于劳动权利和劳动义务的争议。劳动争议的范围包括：因确认劳动关系发生的争议；因订立、履行、变更、解除或终止劳动合同发生的争议；因除名、辞退和辞职、离职发生的争议；因工作时间、休息休假、社会保险、福利、培训以及劳动保护发生的争议；因劳动报酬、工伤医疗费、经济补偿或者赔偿金等发生的争议；法律、法规规定的其他劳动争议。[1]

劳动争议的处理方式，可分为合意方式和裁判方式两大类。合意方式，即当事人双方通过自己协商或者在特定机构干预下协商，互相妥协或单方妥协，从而达成解决劳动争议的协议。其具体形式主要表现为：①和解，即当事人双方自行协商，达成解决劳动争议的协议。协商和解成功后，当事人双方应当签订和解协议。如果当事人不愿协商、协商不成或者达成和解协议后不履行的，另一方当事人仍然可以向劳动争议调解组织申请调解，或者向劳动争议仲裁机构申请仲裁。②调解，即在第三人主持下，通过说服、劝导，使劳动争议在双方当事人互谅互让的基础上得到解决。调解包括用人单位调解机构调解、仲裁程序中的调解和诉讼程序中的调解。③调停，即当事人双方在第三人的居中调和下，按照第三人提出的调停方案，达成解决劳动争议的协议。裁判方式，即由特定机构对劳动争议依法进行审理并做出具有法律效力的处理决定，使其得以解决。其具体形式主要表现为：①裁决，即由仲裁机构或有关的行政机构依法对劳动争议作出裁决；②判决，即由审判机构依法对劳动争议做出判决。

二、劳动争议的基层调解

劳动争议的基层调解是指劳动争议调解组织对当事人双方自愿申请调解的劳动争议，在查明事实、分清是非的前提下，依据法律、法规、政策的规定和集体合同、劳动合同的约定，通过说服、劝导和教育，促使当事人双方在平等协商、互谅互让的基础上自愿达成解决劳动争议的协议。

劳动调解组织包括企业劳动争议调解委员会、基层人民调解组织和乡镇、街

---

[1]《劳动争议调解仲裁法》第2条。

道设立的具有劳动争议调解职能的组织。当事人申请劳动争议调解可以书面申请，也可以口头申请。口头申请的，调解组织应当当场记录申请人基本情况、申请调解的争议事项、理由和时间。调解劳动争议，应当充分听取双方当事人对事实和理由的陈述，耐心疏导，帮助其达成协议。经调解达成协议的，应当制作调解协议书。调解协议书由双方当事人签名或者盖章，经调解员签名并加盖调解组织印章后生效，对双方当事人具有约束力，当事人应当履行。自劳动争议调解组织收到调解申请之日起 15 日内未达成调解协议的，当事人可以依法申请仲裁。达成调解协议后，一方当事人在协议约定期限内不履行调解协议的，另一方当事人可以依法申请仲裁。因支付拖欠劳动报酬、工伤医疗费、经济补偿或者赔偿金事项达成调解协议，用人单位在协议约定期限内不履行的，劳动者可以持调解协议书依法向人民法院申请支付令。人民法院应当依法发出支付令。

三、劳动争议的仲裁

（一）劳动争议仲裁的概念

劳动争议的仲裁是指劳动争议仲裁机构对当事人请求解决的劳动争议，依法居中公断的执法行为，包括对劳动争议依法审理并进行调解、裁决的一系列活动。在我国的劳动争议处理体制中，它作为诉讼前的法定必经程序，是处理劳动争议的一种主要方式。

（二）劳动争议仲裁委员会

劳动争议仲裁委员会是指依法设立，由法律授权依法独立对劳动争议案件进行仲裁的专门机构。劳动争议仲裁委员会由劳动行政部门代表、工会代表、企业方面代表组成，组成人数必须是单数，三方代表权利义务相同。主任由劳动行政部门负责人担任；副主任由仲裁委员会协商产生。

劳动争议仲裁委员会依法履行下列职责：聘任、解聘专职或者兼职仲裁员；受理劳动争议案件；讨论重大或者疑难的劳动争议案件；对仲裁活动进行监督。劳动争议仲裁委员会实行集体领导，在召开会议决定有关事项时应有 2/3 以上的委员参加，并且应当按照少数服从多数的原则作出决定。

劳动争议仲裁委员会裁决劳动争议案件实行仲裁庭制。仲裁庭由三名仲裁员组成，设首席仲裁员。简单劳动争议案件可以由一名仲裁员独任仲裁。劳动争议仲裁的仲裁员是指由劳动争议仲裁委员会依法聘任后，专门从事劳动争议裁决工作的人员，包括兼职仲裁员和专职仲裁员。

仲裁员的主要职责是：①接受劳动争议仲裁委员会交办的劳动争议案件，参加仲裁庭；②进行调查取证，有权向当事人及有关单位、人员进行调阅文件、档案，询问证人，现场勘察，技术鉴定等与争议事实有关的调查；③根据国家有关法律、法规、规章、政策提出处理方案；④对争议当事人双方进行调解工作，促使当事人达成和解协议；⑤审查申请人的撤诉请求。

（三）劳动仲裁的管辖

劳动争议仲裁管辖，是指确定各个劳动争议仲裁委员会审理劳动争议案件的分工和权限，明确当事人应当到哪一个劳动争议仲裁委员会申请劳动争议仲裁，由哪一个劳动争议仲裁委员会受理的法律制度。劳动争议仲裁委员会负责管辖本区域内发生的劳动争议。劳动争议由劳动合同履行地或者用人单位所在地的劳动争议仲裁委员会管辖。双方当事人分别向劳动合同履行地和用人单位所在地的劳动争议仲裁委员会申请仲裁的，由劳动合同履行地的劳动争议仲裁委员会管辖。

（四）劳动仲裁的时效

劳动争议仲裁时效，是指劳动者和用人单位在法定期限内不向劳动争议仲裁机构申请仲裁，而丧失请求劳动争议仲裁机构保护其权利实现之权利的制度。劳动争议申请仲裁的时效期间为 1 年。仲裁时效期间从当事人知道或者应当知道其权利被侵害之日起计算。劳动关系存续期间因拖欠劳动报酬发生争议的，劳动者申请仲裁不受 1 年的仲裁时效期间的限制；但是，劳动关系终止的，应当自劳动关系终止之日起 1 年内提出。仲裁时效因当事人一方向对方当事人主张权利，或者向有关部门请求权利救济，或者对方当事人同意履行义务而中断。从中断时起，仲裁时效期间重新计算。因不可抗力或者有其他正当理由，当事人不能在仲裁时效期间申请仲裁的，仲裁时效中止。从中止时效的原因消除之日起，仲裁时效期间继续计算。

（五）劳动仲裁的效力

1. 终局裁决。终局裁决的适用范围仅限于两种情形：①追索劳动报酬、工伤医疗费、经济补偿或者赔偿金，不超过当地月最低工资标准 12 个月金额的争议；②因执行国家的劳动标准在工作时间、休息休假、社会保险等方面发生的争议。终局裁决生效的条件是，劳动者未因不服仲裁裁决而依法起诉，且用人单位未依法申请撤销裁决的，裁决书自作出之日起发生法律效力。终局裁决的司法监督的形式有两种：①劳动者对仲裁裁决不服的，可以自收到仲裁裁决书之日起 15 日内向人民法院提起诉讼；②用人单位有证据证明仲裁裁决适用法律、法规确有错误的；或者劳动争议仲裁委员会无管辖权的；或者违反法定程序的；或者裁决所根据的证据是伪造的；或者对方当事人隐瞒了足以影响公正裁决的证据的；或者仲裁员在仲裁该案时有索贿受贿、徇私舞弊、枉法裁决行为的，可以自收到仲裁裁决书之日起 30 日内向劳动争议仲裁委员会所在地的中级人民法院申请撤销裁决。人民法院经组成合议庭审查核实后，应当裁定撤销。仲裁裁决被人民法院裁定撤销的，当事人可以自收到裁定书之日起 15 日内就该劳动争议事项向人民法院提起诉讼。

2. 其他裁决。当事人对拖欠争议、执行劳动标准争议以外的其他劳动争议案件的仲裁裁决不服的，可以自收到仲裁裁决书之日起 15 日内向人民法院提起诉讼；期满不起诉的，裁决书发生法律效力。仲裁调解书自送达当事人之日起生效；仲裁裁决书在法定起诉期满后生效。当事人对发生法律效力的调解书、裁决书，应当依照规定的期限履行。一方当事人逾期不履行的，另一方当事人可以申请人民法院强制执行。

四、劳动诉讼

劳动诉讼是指法院在劳动争议双方当事人和其他诉讼参与人的参加下，依法审理和解决劳动争议案件的活动。根据《劳动法》的规定，劳动争议当事人对仲裁裁决不服的，可以自收到仲裁裁决书之日起 15 日内向人民法院提起诉讼。一方当事人在法定期限内不起诉又不履行仲裁裁决的，另一方当事人可以申请人民法院强制执行。诉讼程序具有较强的法律性、程序性，作出的判决也具有强制执行力。在我国，劳动诉讼是法院以民事诉讼的方式来审理和解决劳动争议案件，实体上适用《劳动法》，程序上适用《民事诉讼法》。

引例解析

劳动合同法规定，建立劳动关系，应当订立书面劳动合同，如果不能够在建立劳动关系同时订立书面劳动合同时，可以给予 1 个月的宽限期。用人单位需在 1 个月的时间内与劳动者订立书面劳动合同，1 个月的宽限期是法律赋予用人单位的期限，"应当向劳动者每月支付 2 倍的工资"指从用工之日起第二个月的第一天开始计算，宽限期用人单位可不支付 2 倍工资，所以本案中用人单位应当自 2008 年 3 月 1 日开始向李某每月支付 2 倍的工资，即用人单位还需支付周明 30 000 元。

思考题

1. 试述劳动法的调整对象。
2. 试述劳动合同的内容。
3. 停止享受失业保险待遇的法定情形有哪些？

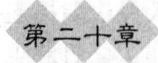

第二十章

经济纠纷的解决

◆ **引例**

甲县加工厂与乙县食品厂，在丙县签订一份加工承揽合同。合同约定，由甲县加工厂设在丁县的加工一分厂为乙县食品厂加工一批真空食品包装袋，合同还约定，如果将来发生争议，当事人应当向合同签订地丙县仲裁委员会申请仲裁，或者向原告住所地或被告住所地人民法院起诉。合同签订后，甲县加工厂并没有在其设在丁县的加工一分厂完成加工任务，而是在甲县加工厂设在戊县的加工二分厂实际完成了合同约定的真空食品包装袋的加工任务。乙县食品厂将真空食品包装袋投入使用后，因该批真空食品包装袋存在质量问题，导致乙县食品厂用该批真空食品包装袋包装后存放在乙县食品厂仓库内和运往乙县销售的食品大量腐烂变质，致使乙县食品厂遭受严重的经济损失。就该损失赔偿问题，乙县食品厂与甲县加工厂多次交涉未能解决。该合同中约定的仲裁协议是否有效？约定的管辖协议是否有效？乙县食品厂可以通过何种方式解决该损失赔偿问题？如果进行诉讼，哪些法院有管辖权？

☞ **要点**

自决与和解；调解与仲裁；行政裁决与民事诉讼

第一节　经济纠纷的解决途径概述

经济纠纷的解决途径，是指缓解和消除经济纠纷的方式和方法。经济纠纷的解决途径有以下三种形式。

一、自力救济

自力救济，包括自决与和解。它是指纠纷主体依靠自身力量解决纠纷，以达到维护自己的权益。自决与和解两者的共同点是：都是依靠自我的力量来解决争议，无须第三者参与，也不受任何规范制约。自力救济是最原始、最简单的民事纠纷的处理机制，这与生产力低下、文明程度不高的人类早期社会有密切联系。这种纠纷解决机制现在仍有保留的必要，可以作为社会救济和公力救济的必要补充。

（一）自决

所谓自决，是指当事人一方自行来解决纠纷或保护权益。自决很难受到正当程序的控制，自决的过程和结果中难免强者以其优势强行解决纠纷，从而弱者获得不公平的对待或结果，所以在现代法治社会，当事人一方能够使用的须是法律允许的"自决"方式。

在我国现行民事法律中，当事人可以运用的"自决"方式主要有：

（1）当事人的自助行为和自卫行为（包括正当防卫、紧急避险等）。采取此种自决方式，应当符合法律所规定的行为要件。

（2）权利人可以自力行使实体法上的救济权，来保护受到侵害的民事实体权。比如，物权人可以自力行使物上请求权来保护受到侵害的物权；权利人可以自力行使合同解除权来解除合同等。若采取此种方式没有达到预期效果，权利人可以寻求其他的救济方式。

（二）和解

"和解"，又称"协商"，是以"和"的方式，达到"解"的目的。换言之，是指双方纠纷主体以平等协商、相互妥协的方式和平解决纠纷。如果一方纠纷主体以其优势强行解决纠纷的话，则是压服而不是和解。

和解的法律特征包括：①最高的自治性，即和解是依照双方纠纷主体自身力量解决纠纷，没有第三者协助或主持解决纠纷，和解的过程和结果均取决于双方纠纷主体的意思自治；②非严格的规范性，即和解的过程和结果不受也无须规范（尤其是法律规范）的严格制约，既不必严格依据程序规范进行和解，也不必严格依据实体规范达成和解协议。和解通常是以民间习惯的方式或者纠纷主体自行约定的方式进行，甚至可以在请客吃饭、电话交谈中达成协议。

虽然和解具有最高的自治性和非严格的规范性，但是现代法治社会也要求"和解"必须遵守：①基本自由与基本公平的原则，和解的过程和结果应当建立在纠纷主体双方自愿与公平的基础上，其间不得存在强迫、欺诈、显失公平或重大误解等内容；②基本合法的原则，和解的过程和结果应当符合法律强行规范的规定，遵循社会公共利益。

通常情况下，和解协议具有民事合同或民事契约的性质和效力，但是不具有强制执行力。应当注意，一些特殊的和解协议还具有特殊的法律效力，比如破产和解协议、执行和解协议等。不过，和解协议经过法定（转化）程序而具有强制执行力。比如，仲裁过程中，当事人达成和解协议的，可以请求仲裁庭根据和解协议作出裁决书（也可以撤回仲裁申请）；民事诉讼中，当事人达成和解协议的，可以请求法院根据和解协议制作调解书（也可以撤诉）；公证机构根据和解协议，可依法制作公证债权文书等。

二、社会救济

社会救济，包括调解（诉讼外调解）和仲裁，它是指依靠社会力量处理民事纠纷的一种机制。调解和仲裁的共同点是，第三者对争议处理起着重要作用；不同之处是，调解结果更多地体现了主体的意愿，而仲裁的结果还体现了仲裁者的意愿（仲裁将在本章第二节具体介绍）。调解是以"调"的方式达到"解"的目的。在调解中，调解人是中立的第三方，可以是国家机关、社会组织或个人。我国现行法律规定或允许的调解主要有人民调解、法院调解、仲裁调解、行政机关调解、劳动调解、消费者协会调解等。

调解具有居中性、自治性和非严格规范性的特征。也就是说调解人应当公平对待双方纠纷主体，是否运用调解、如何调解和调解结果如何等，取决于纠纷主体的合意。同时调解也不要求严格遵循程序（法）规范和实体（法）规范，具有较高的自治性和灵活性。

调解协议具有民事合同或民事契约的性质和效力，不具有强制执行力，只能依靠当事人自觉履行。当事人达成调解协议后不履行的，是就调解协议还是对原纠纷申请仲裁或提起诉讼呢？我国现行法律对此多未作出明文规定。根据最高人民法院《关于审理涉及人民调解协议的民事案件的若干规定》第9条的规定，调解协议被法院撤销或者被认定无效后，当事人可以就原纠纷起诉。

调解协议经过一定程序而具有与法院判决相同的效力。通过一定程序来审查判断调解是否遵循基本自由与基本公平原则、基本合法原则。若遵循之，则赋予其既判力、形成力或执行力。比如，仲裁庭依据调解协议制作的调解书或裁决书，调解书与裁决书具有同等法律效力；在我国，法院调解协议和经过公证的具有债权内容的调解协议，具有与法院判决相同的既判力、形成力或执行力。

需补充阐释的是，当事人在调解与和解程序中使用过的证据、对事实所做过的陈述和自认等，其可采性或可适用性在以后的仲裁或诉讼中将被剥夺或被限制。最高人民法院《关于民事诉讼证据的若干规定》（2001年）第67条规定："在诉讼中，当事人为达成调解协议或者和解的目的作出妥协所涉及的对案件事实的认可，不得在其后的诉讼中作为对其不利的证据。"《中国国际经济贸易仲裁委员会仲裁规则》第40条、《国际商事调解示范法》第10条也作出了同样的规定。

三、公力救济

公力救济主要包括行政裁决和民事诉讼。按照我国现行法律的有关规定，行政机关或具有行政职能的机构只能对特定的经济纠纷依职权解决。在经济纠纷解决领域，民事诉讼是主要的公力救济（民事诉讼将在本章第三节具体介绍）。此外，行政裁决也发挥着重要的作用。我国许多法律直接规定了行政机关或具有行政职能的机构依职权解决特定的经济纠纷。比如：《土地管理法》、《环境保护法》、《商标法》、《专利法》、《婚姻法》、《中国互联网络信息中心域名争议解决办法》等法律中都规定了行政裁决机制。

以行政裁决处理经济纠纷应当采取法律明定原则。法律没有明文规定的，行政机关或具有行政职能的机构不得以行政裁决处理经济纠纷，以免行政机关滥用权力侵害经济纠纷主体的合法权益。在法律没有明文规定的情况下，当事人则只能依法通过和解、调解、仲裁或者民事诉讼的方式来解决经济纠纷。一般说来，国家行政机关负有维护公益的职责，所以行政裁决的经济纠纷多具有公益性。至于纯粹私益的经济纠纷由于尊重当事人的处分权而不应以行政裁决来处理，据此我国法律有关赔偿的责任和金额以行政裁决来确定，应当说是不合理的。

第二节　仲　裁

仲裁是指由经济纠纷的各方当事人共同选定仲裁机构，对纠纷依法定程序作出具有约束力的裁决的活动。1994年8月31日第八届全国人大常委会第九次会议通过，1995年9月1日起施行的《中华人民共和国仲裁法》（以下简称《仲裁法》）是仲裁活动进行的基本法律依据。

一、仲裁的适用范围

仲裁的适用范围是指仲裁作为一种解决纠纷的方式，可以解决哪些纠纷，不能解决哪些纠纷，也就是纠纷的可仲裁性问题。

仲裁范围是由仲裁法加以规定的。根据我国《仲裁法》第2、3条的规定，平等主体的公民、法人和其他组织之间发生的合同纠纷和其他财产权益纠纷，可以仲裁。下列纠纷不能仲裁：①婚姻、收养、监护、扶养、继承纠纷；②依法应当由行政机关处理的行政争议。

根据《仲裁法》第77条的规定，劳动争议和农业集体经济组织内部的农业承包合同纠纷的仲裁另行规定，即劳动争议和农业集体经济组织内部的农业承包合同纠纷，不属于仲裁法所规定的仲裁范围。

【案例】田某等5人从一封闭落后的山区来到某城市一个企业求职。企业提出，田某等5人都可以在该企业工作，但不能提出参加社会保险的要求。田某等5人初到城市，对社会保险一无所知，因此，他们5人分别与企业签订了为期5年的劳动合同。合同明确约定，企业不为田某等5人缴纳社会保险费。田某等人在企业工作半年以后，得知企业为职工缴纳各项社会保险费是企业的法定义务，因此，田某等5人明确要求企业为他们缴纳社会保险费。企业以劳动合同有约定为由，拒绝田某等5人的请求，田某等人向某市仲裁委员会申请仲裁。

【解析】 某市仲裁委员会不应受理田某等人的申请，告知田某等人向劳动争议仲裁委员会申请。因为，《仲裁法》规定劳动争议的仲裁由法律另行规定，即适用《劳动争议仲裁委员会组织规则》的规定。

该劳动争议仲裁委员会应根据《劳动法》确认，企业与田某等人所签订的劳动合同中不缴纳社会保险费的约定为无效条款，要求该企业按有关规定，从该劳动合同履行之日起，为田某等 5 人缴纳各项社会保险费。

二、仲裁法的基本原则和基本制度

（一）基本原则

1. 自愿原则。自愿原则是仲裁制度的根本原则，是仲裁制度存在和发展的基础。仲裁的自愿原则主要体现在：①当事人是否将他们之间所发生的纠纷提交仲裁，由双方当事人自愿协商决定；②当事人将哪些争议事项提交仲裁，由双方当事人在法律规定的范围内自行约定；③当事人将他们之间的纠纷提交哪个仲裁委员会仲裁，由双方当事人自愿协商决定；④仲裁庭如何组成，由谁组成，由当事人自主选定；⑤双方当事人还可以自主约定仲裁的审理方式、开庭方式等有关的程序事项。

2. 根据事实、符合法律规定、公平合理解决纠纷的原则。即在仲裁中要坚持以事实为根据、以法律为准绳的原则，同时，在法律没有规定或者规定不完备的情况下，仲裁庭可以按照公平合理的一般性原则来解决纠纷。

3. 独立仲裁原则。仲裁法明确规定仲裁应依法独立进行，不受行政机关、社会团体和个人的干涉。独立仲裁原则体现在仲裁与行政脱钩，仲裁委员会独立于行政机关，与行政机关没有隶属关系，仲裁委员会之间也没有隶属关系。

（二）基本制度

1. 协议仲裁制度。仲裁协议是当事人仲裁意愿的体现。当事人申请仲裁、仲裁委员会受理仲裁案件以及仲裁庭对仲裁案件的审理和裁决都必须依据双方当事人之间所订立的有效的仲裁协议，没有仲裁协议就没有仲裁制度。

2. 或裁或审制度。仲裁与诉讼是两种不同的争议解决方式，在两者之间，当事人之间发生的争议只能由双方当事人在仲裁或者诉讼中选择其一加以采用。有效的仲裁协议即可排除法院对案件的司法管辖权，只有在没有仲裁协议或者仲裁协议无效的情况下，法院才可以行使司法管辖权予以审理。

3. 一裁终局制度。我国仲裁法明确规定，仲裁实行一裁终局制度，即仲裁裁决一经仲裁庭作出，即为终局裁决。仲裁裁决作出后，当事人就同一纠纷再申请仲裁或者向人民法院起诉的，仲裁委员会或者人民法院不予受理。当事人应当自动履行仲裁裁决，一方当事人不履行的，另一方当事人可以向法院申请强制执行。

三、仲裁庭的组成

仲裁庭是指由当事人选定或者仲裁委员会主任指定的仲裁员组成的，对当事人申请仲裁的案件依仲裁程序进行审理并作出裁决的组织形式。

我国《仲裁法》第30条规定："仲裁庭可以由3名仲裁员或者1名仲裁员组成。由3名仲裁员组成的，设首席仲裁员。"根据这一规定，在我国，仲裁庭的组成形式有两种，即合议仲裁庭和独任仲裁庭。合议仲裁庭是指由3名仲裁员组成的仲裁庭，即以集体合议的方式对争议案件进行审理并作出裁决。合议仲裁庭应设首席仲裁员，首席仲裁员是合议仲裁庭的主持者，与其他仲裁员有同等的权利，但在裁决不能形成多数意见时，仲裁裁决则应当按照首席仲裁员的意见作出。独任仲裁庭是指由1名仲裁员组成的仲裁庭，即由1名仲裁员组成仲裁庭对争议案件进行审理并作出裁决。

四、仲裁协议

（一）仲裁协议的概念

仲裁协议是指当事人双方自愿把已经发生或将来可能发生的经济纠纷提交仲裁机构解决的书面约定。《仲裁法》规定，仲裁协议应采取书面形式。

（二）仲裁协议的内容

仲裁协议包括合同中订立的仲裁条款和以其他书面方式在纠纷发生前或者纠纷发生后达成的请求仲裁的协议。仲裁协议应当具有下列内容：①请求仲裁的意思表示；②仲裁事项；③选定的仲裁委员会。仲裁协议对仲裁事项或者仲裁委员会没有约定或者约定不明确的，当事人可以补充协议；达不成补充协议的，仲裁协议无效。

（三）仲裁协议的效力

一份有效的仲裁协议，对法院的效力表现为排斥了法院对该案件的管辖权。仲裁协议独立存在，合同的变更、解除、终止或者无效，不影响仲裁协议的效力。

当事人对仲裁协议的效力有异议的，可以请求仲裁委员会作出决定或者请求人民法院作出裁定。一方请求仲裁委员会作出决定，另一方请求人民法院作出裁定的，由人民法院裁定。当事人对仲裁协议的效力有异议，应当在仲裁庭首次开庭前提出。

五、仲裁程序

（一）申请和受理

《仲裁法》规定，仲裁不实行级别管辖和地域管辖，由当事人协议选定仲裁委员会。当事人申请仲裁应当符合下列条件：①有仲裁协议，仲裁协议一经依法成立，即具有法律约束力；②有具体的仲裁请求和事实、理由；③属于仲裁委员会的受理范围。

当符合申请仲裁的条件时,当事人可以向双方约定的仲裁机构申请仲裁,向仲裁委员会递交仲裁协议、仲裁申请书及副本。仲裁委员会收到仲裁申请书之日起 5 日内,认为符合受理条件的,应当受理,并通知当事人;认为不符合受理条件的,应当书面通知当事人不予受理,并说明理由。

(二)组成仲裁庭

仲裁庭可以由 3 名仲裁员或者 1 名仲裁员组成。由 3 名仲裁员组成的,设首席仲裁员,当事人约定由 3 名仲裁员组成仲裁庭的,应当各自选定或者各自委托仲裁委员会主任指定 1 名仲裁员,第 3 名仲裁员由当事人共同选定或者共同委托仲裁委员会主任指定。第 3 名仲裁员是首席仲裁员。当事人约定由 1 名仲裁员成立仲裁庭的,应当由当事人共同选定或者共同委托仲裁委员会主任指定。当事人没有在仲裁规则规定的期限内约定仲裁庭的组成方式或者选定仲裁员的,由仲裁委员会主任指定。仲裁庭组成后,仲裁委员会应当将仲裁庭的组成情况书面通知当事人。

仲裁员有下列情形之一的,必须回避,当事人也有权提出回避申请:①是本案当事人或者当事人、代理人的近亲属;②与本案有利害关系;③与本案当事人、代理人有其他关系,可能影响公正仲裁的;④私自会见当事人、代理人,或者接受当事人、代理人的请客送礼的。

(三)开庭和裁决

1. 开庭。仲裁应当开庭进行。当事人协议不开庭的,仲裁庭可以根据仲裁申请书、答辩书以及其他材料作出裁决。仲裁不公开进行。当事人协议公开的,可以公开进行,但涉及国家秘密的除外。

2. 自行和解和先行调解。当事人申请仲裁后,可以自行和解。达成和解协议的,可以请求仲裁庭根据和解协议作出裁决书,也可以撤回仲裁申请。当事人达成和解协议,撤回仲裁申请后反悔的,可以根据仲裁协议申请仲裁。仲裁庭在作出裁决前,可以先行调解。当事人自愿调解的,仲裁庭应当调解。调解不成的,应当及时作出裁决。调解达成协议的,仲裁庭应当制作调解书或者根据协议的结果制作裁决书。调解书与裁决书具有同等法律效力。

3. 裁决。仲裁庭的裁决应当按照多数仲裁员的意见作出,少数仲裁员的不同意见可以记入笔录。仲裁庭不能形成多数意见时,裁决应当按照首席仲裁员的意见作出。仲裁庭仲裁纠纷时,其中一部分事实已经清楚,可以就该部分先行裁决。裁决书自作出之日起发生法律效力。

4. 执行。当事人应当履行裁决。一方当事人不履行的,另一方当事人可以依照《民事诉讼法》的有关规定向人民法院申请执行。受理申请的人民法院应当执行。

【案例】 海岛公司与寰岛公司签订了一份买卖节能灯的合同。双方在合同中约定：如果发生纠纷，应提交仲裁委员会仲裁。后来，寰岛公司作为买受人提货时发现海岛公司提供的货有严重的质量问题，于是向海岛公司提出赔偿损失的要求，海岛公司不允，双方协商未果。寰岛公司遂向仲裁委员会申请仲裁，提出申请的时间为 8 月 18 日，仲裁委员会于 8 月 28 日受理此案，并决定由 3 名仲裁员组成仲裁庭。寰岛公司、海岛公司分别选定了 1 名仲裁员。寰岛公司作为申请方又委托仲裁委员会主任指定了首席仲裁员。寰岛公司所选的仲裁员恰好是寰岛公司上级单位的常年法律顾问。此 3 名仲裁员对此案进行了审理。当事人当庭达成和解协议。仲裁庭依和解协议制作了仲裁调解书。

【解析】 ①本案中仲裁委员会从收到申请书到受理申请之间间隔的时间违反程序。《仲裁法》第 24 条规定，仲裁委员会应当在收到仲裁申请书之日起 5 日内做出受理或不受理的决定。本案的间隔时间已经有 10 天。②选定仲裁员的方法错误。《仲裁法》第 31 条规定，第三名仲裁员由当事人共同选定或者共同委托仲裁委员会主任指定。本案中，寰岛公司独自委托仲裁委员会主任指定首席仲裁员的做法是违背程序的。③仲裁员没有自行回避。《仲裁法》第 34 条规定，与本案当事人有其他关系，可能影响公正仲裁的仲裁员，应当申请回避。而本案中，寰岛公司选定的仲裁员是自己上级单位的常年法律顾问，属于应当回避的情形，仲裁员应当回避。

第三节　民事诉讼

民事诉讼是指人民法院在双方当事人和其他诉讼参与人的参加下，审理和解决民事案件的活动，以及由这些活动所发生的诉讼关系。民事诉讼是国家强制解决经济纠纷的一种方式，是权利主体凭借国家力量维护其经济权益的司法程序。

一、第一审程序

审判程序，是指人民法院对民事案件进行审理和作出裁判所适用的程序。基于我国实行两审终审的审级制度，经济争议案件的审判程序，有一审程序和二审程序之分。此外，为了纠正已经发生法律效力的裁判中的错误，在审级制度之外又设立了特殊的救济程序，即再审程序。其中第一审程序根据所审理的案件的类型不同，分为普通程序和简易程序。非讼案件的审判程序，根据我国民事诉讼法规定，包括特别程序、督促程序、公示催告程序。此处只介绍第一审普通程序。

（一）管辖

经济案件的管辖，是指确定各级人民法院之间和同级人民法院之间受理第一审经济案件的分工和权限。我国民事诉讼法规定的管辖，包括级别管辖、地域管辖、移送管辖、指定管辖和管辖权的转移。

级别管辖是指上、下级人民法院之间受理第一审经济案件的分工和权限。我国四级人民法院由于职能分工不同，受理第一审经济案件的权限范围也不同。基层人民法院管辖第一审经济案件，中级人民法院管辖的第一审经济案件有：重大涉外案件、在本辖区有重大影响的案件、最高人民法院确定由中级人民法院管辖的案件；高级人民法院管辖在本辖区有重大影响的第一审经济案件；最高人民法院只受理在全国有重大影响的案件。

地域管辖是指同级人民法院之间受理第一审经济案件的分工和权限。根据《民事诉讼法》的规定，地域管辖分为一般地域管辖、特殊地域管辖、专属管辖、共同管辖和协议管辖。

一般地域管辖又称普通管辖，是指以当事人住所地与法院辖区的关系来确定管辖法院。一般地域管辖的原则是"原告就被告"，即民事诉讼由被告住所地人民法院管辖。在某些特殊情况下由原告住所地人民法院管辖，原告的住所地与经常居住地不一致的，由经常居住地人民法院管辖。这些情况包括：①对不在中华人民共和国领域内居住的人提起的有关身份关系的诉讼；②对下落不明或者宣告失踪的人提起的有关身份关系的诉讼；③对被劳动教养的人提起的诉讼；④对被监禁的人提起的诉讼。

特殊地域管辖是指以诉讼标的所在地或者引起民事法律关系发生、变更、消灭的法律事实所在地为标准确定的管辖。《民事诉讼法》规定了特殊地域管辖的九种情形：①因合同纠纷提起的诉讼，由被告住所地或者合同履行地人民法院管辖；②因保险合同纠纷提起的诉讼，由被告住所地或者保险标的物所在地人民法院管辖；③因票据纠纷提起的诉讼，由票据支付地或者被告住所地人民法院管辖；④因铁路、公路、水上、航空运输和联合运输合同纠纷提起的诉讼，由运输始发地、目的地或者被告住所地人民法院管辖；⑤因侵权行为提起的诉讼，由侵权行为地或者被告住所地人民法院管辖；⑥因铁路、公路、水上和航空事故请求损害赔偿提起的诉讼，由事故发生地或者车辆、船舶最先到达地、航空器最先降落地或者被告住所地人民法院管辖；⑦因船舶碰撞或者其他海事损害事故请求损害赔偿提起的诉讼，由碰撞发生地、碰撞船舶最先到达地、加害船舶被扣留地或者被告住所地人民法院管辖；⑧因海难救助费用提起的诉讼，由救助地或者被救助船舶最先到达地人民法院管辖；⑨因共同海损提起的诉讼，由船舶最先到达地、共同海损理算地或者航程终止地人民法院管辖。

专属管辖是指对某些特定类型的案件，法律强制规定只能由特定的人民法院行使管辖权。根据《民事诉讼法》第 34 条的规定，下列案件由人民法院专属管辖：①因不动产纠纷提起的诉讼，由不动产所在地人民法院管辖；②因港口作业中发生纠纷提起的诉讼，由港口所在地人民法院管辖；③因继承遗产纠纷提起的诉讼，由被继承人死亡时住所地或者主要遗产所在地人民法院管辖。

共同管辖是指依照法律规定两个或两个以上的人民法院对同一诉讼案件都有管辖权。这种情况既可以因诉讼主体或诉讼客体的原因发生，也可以因法律的直接规定而发生。在几个人民法院对同一案件都有管辖权的情况下，就形成了管辖权的积极冲突。解决管辖权冲突的最主要的办法，是赋予原告选择权，原告可以向其中任一法院起诉。如果原告向两个以上有管辖权的人民法院起诉，由最先立案的人民法院管辖。

协议管辖是指双方当事人在纠纷发生之前或发生之后，以合意方式约定解决他们之间纠纷的管辖法院。《民事诉讼法》第 25 条规定："合同的双方当事人可以在书面合同中协议选择被告住所地、合同履行地、合同签订地、原告住所地、标的物所在地人民法院管辖，但不得违反本法对级别管辖和专属管辖的规定。"协议管辖必须符合以下几个条件：①当事人协议管辖的案件，只限于合同纠纷案件，并且只限于第一审经济纠纷案件中的合同案件。②当事人协议选择管辖法院的范围，只限于被告住所地、合同履行地、合同签订地、原告住所地、标的物所在地人民法院。如果当事人选择了与合同没有实际联系地点的人民法院，该协议无效。③必须以书面合同的形式选择管辖，包括书面合同中的协议管辖条款或者是诉讼前双方当事人达成的书面管辖协议，口头协议无效。④当事人必须进行确定的、单一的选择。当事人必须在上述五个法院中选择其一，如果选择的法院在两个或两个以上，约定管辖的协议或有关条款无效。⑤协议管辖不得违反《民事诉讼法》关于级别管辖和专属管辖的规定。

（二）诉讼时效

诉讼时效是权利人不行使权利经过法定期间，即发生权利功效减损的法律效果的制度。

1. 诉讼时效的种类。

（1）普通诉讼时效。指由民事基本法统一规定的，普遍适用于各种民事法律关系的时效。除法律另有规定外，所有的民事法律关系皆适用普通诉讼时效，《民法通则》第 135 条规定了普通诉讼时效期间为 2 年。

（2）特别诉讼时效。指由民事基本法或特别法就某些民事法律关系规定的短于或长于普通诉讼时效期间的诉讼时效。特别诉讼时效通常短于普通诉讼时效，特别诉讼时效不具有普遍性，只适用于特殊的民事法律关系。

《民法通则》第 136 条规定了下列民事法律关系的特别诉讼时效期间为 1 年：①身体受到伤害要求赔偿的；②出售质量不合格的商品未声明的；③延付或拒付租金的；④寄存财物被丢失或者损毁的。

我国《海商法》第 257 条规定，就海上货物运输向承运人要求赔偿的请求权，时效期间为 1 年。第 260 条规定，有关海上拖航合同的请求权，时效期间为 1 年。第 263 条规定，有关共同海损分摊的请求权，时效期间为 1 年。第 265 条规定，有关船舶发生油污损害的请求权，时效期间为 3 年。另外，《合同法》第 129 条规定，因国际货物买卖合同和技术进出口合同发生纠纷，要求保护权利的诉讼时效期间为 4 年。

（3）最长权利保护期限。《民法通则》第 137 条同时规定，从权利被侵害之日起超过 20 年的，人民法院不予保护。其意思为，即使权利人不知道或不应该知道权利已被侵害，自权利被侵害之日起经过 20 年的，其权利也失去法律的保护。

2. 诉讼时效届满后的法律后果。按照我国《民法通则》的有关规定，诉讼时效届满后，当事人丧失请求人民法院保护其民事权利的权利，即胜诉权。换言之，我国法院将诉权划分为起诉权和胜诉权。起诉权是向法院提起诉讼而发动民事诉讼程序的权利，是程序意义上的权利；胜诉权是保护实体权利的权利，即起诉后能够胜诉的权利。诉讼时效届满后，权利人仍然享有向人民法院提起诉讼的起诉权，而且法院受理后，还可以审查是否存在诉讼时效届满的事实以及是否存在诉讼时效延长的理由，然后再决定是否否定其胜诉权。

（三）起诉

1. 起诉的概念。起诉是指公民、法人或者其他组织认为其民事权益受到侵害或者与他人发生民事争议时，请求人民法院通过审判方式予以司法保护的诉讼行为。

2. 起诉的条件。根据《民事诉讼法》第 108 条规定，当事人起诉必须具备以下条件：

（1）有适格的原告。原告必须是有诉讼权利能力、与本案有直接利害关系的公民、法人或其他组织。所谓"直接利害关系"是指公民、法人或其他组织自己的或自己管理、支配的经济权益受到了侵害或与他人发生经济争议。但这种直接利害关系只要原告认为存在并声明即可，至于是否客观真实尚有待法院通过审理加以认定。与争议案件没有直接利害关系的，不是适格的原告，不能以自己的名义向人民法院起诉。

（2）有明确的被告。诉讼所要解决的是相互对立的当事人之间的权利义务争议，因此，原告起诉时要指明发生争议的相对一方。如果被告不明确，诉讼无法进行。

（3）有具体的诉讼请求和事实、理由。"具体的诉讼请求"是指原告在起诉时必须明确请求法院予以司法保护的具体内容和方式。例如，是请求法院判令对方履行一定的义务，还是请求法院变更某种经济法律关系或者确认某种经济法律关系的存在。"事实"是指原告向法院提出诉讼请求所依据的案件事实和证据事实。"理由"是指证明该诉讼请求是合理、合法的，应得到法院支持的原因。

（4）属于人民法院主管范围和受诉人民法院管辖。

3. 起诉的方式。起诉方式以书面起诉为原则，以口头起诉为例外。《民事诉讼法》第109条第1款规定："起诉应当向人民法院递交起诉状，并按照被告人数提出副本。"同时，《民事诉讼法》第109条第2款规定："书写起诉状确有困难的，可以口头起诉，由人民法院记入笔录，并告知对方当事人。"

（四）受理

人民法院收到原告的起诉状或口头起诉后，应当对起诉进行审查，查明是否符合法律的规定，以便确定是否立案受理。根据《民事诉讼法》第112条的规定，人民法院对起诉的审查期限为7日。人民法院收到起诉状或者口头起诉后，必须在7日内完成对起诉的审查，并根据审查的结果确定受理或不予受理。经审查，认为符合起诉条件的，应当在7日内立案，并通知当事人；认为不符合起诉条件的，应当在7日内裁定不予受理；原告对裁定不服的，可以提起上诉。

（五）审理前准备

审理前的准备，又称审前准备程序，是指人民法院受理案件后至开庭审理之前为开庭审理所进行的一系列诉讼活动。审前准备程序是在普通程序中，为保证开庭审理的顺利进行和案件的及时、公正审理而设立的必经程序，具有重要的作用。

根据我国《民事诉讼法》和最高人民法院司法解释的规定，审前准备程序的内容包括：①在法定期间内及时送达诉讼文书；②告知当事人的诉讼权利和合议庭的组成人员；③指定举证时限；④组织当事人交换证据；⑤审核诉讼材料，整理争点；⑥调查收集必要的证据；⑦追加当事人。

（六）开庭审理

开庭审理，是指人民法院在当事人和其他诉讼参与人的参加下，按照法定的方式和程序对案件进行全面审查并作出裁判的诉讼活动。

人民法院审理第一审民事案件，都必须开庭审理。开庭审理有公开审理和不公开审理两种方式。公开审理是指开庭审理时向群众和社会公开，允许群众旁听，允许新闻媒体对案件审理的情况进行采访报导，将案情公诸于众。不公开审理是指不向社会公开，禁止群众旁听和新闻媒体采访报导。开庭审理以公开审理为原则，不公开审理为例外。根据《民事诉讼法》第 120 条的规定，人民法院审理民事案件，除涉及国家秘密、个人隐私或者法律另有规定的以外，应当公开进行。离婚案件，涉及商业秘密的案件，当事人申请不公开审理的，可以不公开审理。

开庭审理的过程分为几个既相互独立又相互联系的阶段：庭审准备；法庭调查；法庭辩论；合议庭评议和宣告判决。

二、第二审程序

第二审程序也称上诉审程序，是指当事人不服第一审人民法院作出的尚未生效的判决或裁定，依法向上一级人民法院提起上诉，要求撤销或变更原判决或裁定，上一级人民法院据此对案件进行审理和作出裁判所适用的诉讼程序。

（一）上诉的提起和受理

上诉是指当事人不服第一审人民法院作出的尚未生效的裁判，在法定期间内，请求上一级人民法院对上诉请求的有关事实和法律适用进行审理并撤销或者变更第一审裁判的诉讼行为。

上诉必须符合法定的条件，根据《民事诉讼法》第 141、147、148 条规定，当事人提起上诉必须同时符合以下四个条件：①上诉必须针对依法可以上诉的裁判提出；②上诉必须有合格的上诉人与被上诉人；③上诉必须在法定期间内提出；④上诉必须递交上诉状。未在法定上诉期间内递交上诉状的，视为未提出上诉。

第二审人民法院经审查，认为上诉符合法定条件的，应当决定立案审理，这便是上诉的受理。认为不符合法定条件的，应当裁定不予受理，已经受理的，应当裁定驳回上诉。

（二）上诉案件的审理和判决

1. 上诉案件的审理。《民事诉讼法》规定："第二审人民法院应当对上诉请求的有关事实和适用法律进行审查。"第二审人民法院审理上诉案件有两种方式，即开庭审理和迳行裁判，而且在具体适用上，应当以开庭审理为原则，以迳行裁判为例外。第二审人民法院审理上诉案件，可以在本院进行，也可以到案件发生地或者原审人民法院所在地进行。上诉案件调解的范围不受上诉请求范围的限制，也不受第一审诉讼请求范围的限制，第二审人民法院可以对当事人在第一审程序中的全部诉讼请求以及在第二审程序中提出的新请求一并进行调解。上诉案件的调解书，有两点值得注意：①与第一审案件的调解不同的是，在第二审程序中，经调解达成协议的，人民法院应当毫无例外地制作调解书；②上诉案件的调解书送达各方当事人后，原审人民法院的判决即视为撤销。根据《民事诉讼法》第 159 条的规定，人民法院审理对判决的上诉案件，应当在第二审立案之日起 3

个月内审结，有特殊情况需要延长的，由本院院长批准。人民法院审理对裁定的上诉案件，应当在第二审立案之日起 30 日内作出终审裁定。

2. 上诉案件的判决。第二审人民法院对上诉案件，经过审理，按照下列情形分别处理：①原判决认定事实清楚，适用法律正确的，判决驳回上诉，维持原判；②原判决适用法律错误的，依法改判；③原判决认定事实错误或者原判决认定事实不清，证据不足，裁定撤销原判决，发回原审法院重新审理，或者查清事实后改判；④原判决违反法定程序，可能影响案件正确判决的，也应裁定撤销原判决，发回原审法院重审。由于我国实行二审终审制，因而上诉法院的判决为终审判决，当事人不得再上诉。当事人对该裁判仍然不服的，可以通过法定的程序申请再审或者向有关机关进行申诉，请求通过再审程序维护自己的合法权益。但在申请再审和申诉期间，不影响裁判的执行；在依再审程序作出撤销或者部分撤销该裁判的再审裁判之前，不影响该裁判的效力；经再审部分撤销该裁判的，不影响未被撤销部分的效力。

引例解析

该合同中约定的仲裁协议无效。因为仲裁协议中约定的丙县仲裁委员会不存在，依据《仲裁法》规定，县级是不设仲裁委员会的。

约定的协议管辖也无效。因为协议管辖只能协议选择被告住所地、合同签订地、合同履行地、原告住所地、标的物所在地人民法院，且当事人的选择必须是确定的一个，选择两个或两个以上法院的无效。

乙县食品厂可以通过以下几种方式解决损失赔偿问题：①与甲县加工厂协商重新签订有效仲裁协议后，通过仲裁方式解决其损失赔偿问题；②与甲县加工厂达成关于管辖协议的有效补充协议，由双方选择的法院通过诉讼方式解决损失赔偿问题；③按照法定管辖的规定，直接向有管辖权的人民法院起诉，通过诉讼方式解决。就本案而言，法定有管辖权的法院包括甲县法院、乙县法院、丁县法院、戊县法院和己县法院。

在本案件中，法定有管辖权的法院之所以包括上述多个法院，是因为甲县加工厂与乙县食品厂之间既存在加工合同关系，同时也存在产品质量侵权关系。此时，应当分别从加工合同纠纷与产品质量侵权纠纷两个不同的角度分别确定案件的管辖。就加工合同纠纷而言，甲县法院作为被告住所地法院对该案有管辖权；至于合同履行地，虽然实际加工行为地在戊县，但是合同约定的履行地为丁县，因此，丁县法院作为合同约定履行地的法院对本案有管辖权。就产品质量侵权纠纷而言，甲县法院作为被告住所地法院仍然对该案有管辖权，此外，戊县法院作为侵权行为实施地法院、乙县法院与己县法院作为侵权行为的结果发生地法院，对该案件也有管辖权。

思考题

1. 试述解决经济纠纷的途径。

2. 简述仲裁协议的内容和效力。

3. 简述起诉的条件和上诉的条件。

4. 王某诉刘某房屋租赁纠纷一案由丹江县人民法院受理。第一次开庭时，因原告未带有关证据的原件，法庭决定休庭；第二次开庭时，原告在法庭辩论时提出，本案中的书记员刘江为刘某的弟弟，故要求刘江回避，审判长以法庭调查已经结束为由，驳回了原告的回避申请。一审法院判决后，原告以一审法院判决认定事实不清、且程序上违法——刘江应当回避而没有回避为由，提起上诉。二审法院经审理认为，一审法院的判决认定事实清楚，适用实体法正确，同时还查明刘江确实是刘某的弟弟。试分析：

（1）在上述情况下，二审法院对本案应当如何处理？

（2）如果二审法院将案件发回重审，原审法院对该案做出了新的判决，此时当事人可否再次上诉？

图书在版编目（CIP）数据

经济法 / 赵立新主编. —北京：中国政法大学出版社，2010.2
ISBN 978-7-5620-3416-2

Ⅰ.经... Ⅱ.赵... Ⅲ.经济法 - 基本知识 - 中国 Ⅳ.D922.29

中国版本图书馆CIP数据核字(2010)第013302号

出版发行	中国政法大学出版社
经　　销	全国各地新华书店
承　　印	固安华明印业有限公司

720mm×960mm　　16开本　　24.25印张　　420千字
2010年3月第1版　　2015年2月第5次印刷
ISBN 978-7-5620-3416-2/D•3376
印　　数: 14 001-16 000　　定　价: 36.00元

社　　址	北京市海淀区西土城路25号
电　　话	(010)58908435(编辑部)　　58908325(发行部)　　58908334(邮购部)
通信地址	北京100088信箱8034分箱　　邮政编码 100088
电子信箱	fada. jc@sohu. com(编辑部)
网　　址	http://www.cuplpress.com　（网络实名：中国政法大学出版社）